World Classics Courses

{ 法国卷 / French Volumes } （上册）

世界名著大师课

柳鸣九　王智量　蓝英年 —————— 主编

天地出版社 | TIANDI PRESS

目录
Contents

001
《巨人传》
饱含人文主义精神的现代小说鼻祖
余中先

029
《蒙田随笔集》
在阁楼上思索人生的价值与生活的哲学
郭宏安

051
《莫里哀喜剧选》
在幽默欢笑间揭露人的伪善与滑稽
陈　惇

087
《费加罗的婚礼》
以巧妙的骗局捍卫自己的爱情和权利
罗国祥

113
《红与黑》
现代心理独白小说的先河之作
郑克鲁

143
◆
《欧也妮·葛朗台》
金钱原则统治下的异化人生
刘洪涛

173
◆
《高老头》
金钱社会中爱的扭曲与亲情的瓦解
王宏图

199
◆
《巴黎圣母院》
世间的善恶美丑总是相辅相生
郑克鲁

217
◆
《悲惨世界》
从恶走向善,从地狱走向天堂
郑克鲁

247
◆
《三个火枪手》
在风云变幻的动荡时代中英勇冒险
罗国祥

《巨人传》
饱含人文主义精神的现代小说鼻祖

Gargantua et Pantagruel

中国社会科学院·余中先

拉伯雷

📖 作品介绍

《巨人传》是法国人文主义复兴时期杰出小说家拉伯雷的长篇讽刺小说。全书共五卷,讲述了两个巨人国王高康大及庞大固埃的神奇事迹,比如高康大不同凡响的出生,庞大固埃在巴黎求学时的奇遇,高康大和庞大固埃对婚姻问题的探讨等。小说中的笑料俯拾皆是,令人读来忍俊不禁。

这部小说自出版之日起,便以传奇般的人物、荒诞不经的情节与妙趣横生的叙事,赢得了读者们的喜爱,成为西方文学史中的经典。小说鞭挞了法国封建社会,揭露了中世纪教会的种种黑暗和腐朽,反映了文艺复兴时期人文主义者对个性解放的追求,是一部高扬人性、讴歌人性的人文主义伟大杰作。

✒ 《巨人传》思维导图

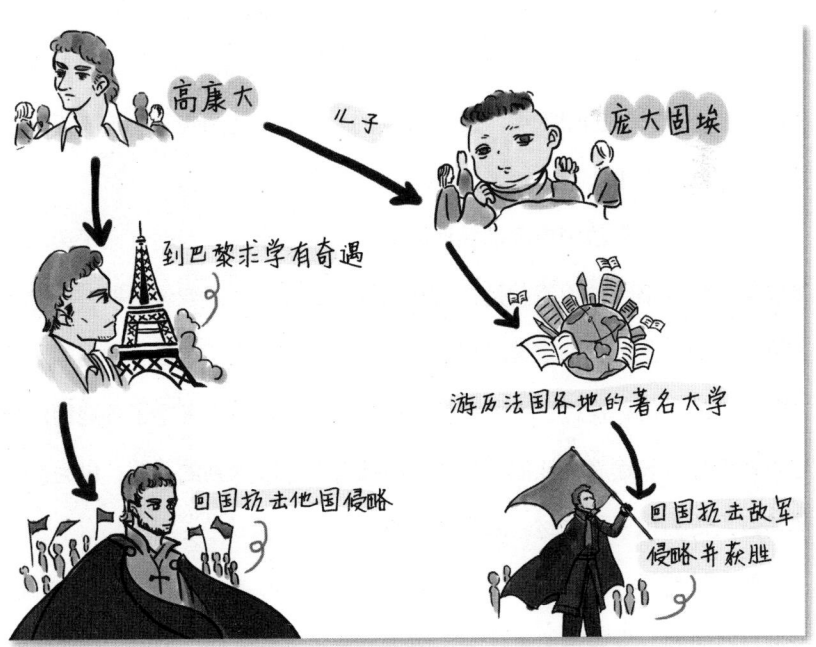

第一节
米兰·昆德拉推崇备至的禁书

如果你熟悉欧洲文明史,那么不用我多说,你也知道文艺复兴是怎样的一个时期。它既是欧洲从中世纪到现代社会的过渡,也是从以"神"为本的政教合一的封建社会,到以"人"为本的现代资本主义社会的过渡。具体言之,这部文艺复兴时期的小说在世界文学史上的地位极为崇高。有人认为,长篇小说开始在法国文学史上确立独树一帜的地位,就是以《巨人传》为起点的。

《巨人传》的作者是弗朗索瓦·拉伯雷(François Rabelais)。拉伯雷生于什么年份已无法考据,不同的资料之间居然相差了11年,有的说是1483年,有的说是1494年,但他去世的年份是公认的,是1553年,计算下来,活了六七十岁。

拉伯雷出生在法国中部都兰地区的一个富裕家庭。当时富家子弟幼时多在修道院读书,拉伯雷就是在这样的传统下长大的。青年时期,他曾入方济各会当修士。拉伯雷曾经有一段时期以在俗教士(相当于中国的所谓"居士")的身份,作过一次周游半个法国的旅行,重点考察了各地的法律与教育情况。长途旅行让他对整个法国社会有了较深刻的了解,也为他创作《巨人传》积累了素材,酝酿了思路。

他生性好学,对文学、法学、医学、考古学、哲学等学科均有兴趣,且都有些研究,发表过关于法学、医学、考古学的著作。也因为他满脑子的人文主义思想,当时相对封闭的教会人士也对他有过迫害。

我们知道，文艺复兴时期的许多大作家，同时也是学识渊博的学者，拉伯雷就是这样的一个人。他在医学方面很有建树，是个远近闻名的医生。当然，作为文艺复兴时期的一个伟人，拉伯雷的成就主要体现在文学上，具体而言，就是他的五大卷小说《巨人传》。据说他写这部小说足足花了二十多年，从 1530 年左右他在里昂居住行医期间开始写作，一直写到他逝世为止。

你可能会好奇，一部小说怎么会耗时这么久呢？

其实原因是多重的。那时候写作，没有打字机，全靠手写，速度很慢；而且作者又写写停停，浪费了很多时间；此外，书中的很多篇章都是对当时占据主流话语地位的教会的批评，遭到了教会的迫害，中间波折很多。

《巨人传》共五卷。奇怪的是，其中第二卷《庞大固埃》（*Pantagruel*）的故事是最早写成的（发表于 1532 年），且用的是笔名亚勒戈弗里巴·奈西埃（Alcofribas Nasier）。这个笔名是什么意思呢？实际上，它是弗朗索瓦·拉伯雷这个真名打乱字母顺序后生成的。第一卷《高康大》（*Gargantua*）的故事反而到了后来才发表（发表于 1534 年）。

第一、二卷的卷名都是用人名命名的，那么高康大和庞大固埃这两个人又是什么关系呢？如果你看过书，当然就知道高康大是庞大固埃的父亲，是巨人国王，而高康大的父亲则叫高朗古杰（Grangousier），意思是"大肚量"。这里，我们要注意，两位巨人国王的名字也是有象征意义的。高康大（Gargantua）有"你的嗓门多么大"的意思，而庞大固埃（Pantagruel），据作者说，是"十分干渴"的意思。在希腊语中，"Panta"是法语中的"tout"的意思，意为非常、十分，而"gruel"是法语中的"altéré"的意思，意为饥渴、干渴。这一名字规定了人物强烈的"求知，求喝,求食"的欲望。从中我们可以看到,汉语译文取了其中的一层意思"庞""大",略去了另一层"干渴"的意思。

我们先从《巨人传》的前两卷来看一看巨人国王高康大和儿子庞大固埃的英勇经历。

《巨人传》的第一卷叫作《高康大》,书名全称为《庞大固埃的父亲,巨人高康大骇人听闻的传记》。乌托邦国国王高朗古杰的王后嘉佳美丽怀孕,十一个月后生子,王子高康大出生时便是个巨人。他从小就能吃能喝,从三岁到五岁,他的生活就是吃、喝、睡。高康大一开始由于受经院式的诡辩术教育而变得愚蠢,后来他转向巴黎求学,他的新老师请教某大师,开了一帖泻药,把他原有的一切毛病和恶习完全清除出身体,让他接受了人文主义的教育,用心攻读,一刻光阴也不白费。

不久,他的国家遭到敌国侵略,一时间战事吃紧。高康大在巴黎接到父亲的家信后,连忙赶回国内,在路上遇见约翰修士(Frère Jean des Entommeures),两人结为朋友,共同抗击侵略者。在战斗中,高康大的大马一松肚子,撒了一泡尿,结果变成漫延七里的洪水。敌人猝不及防,几乎全被淹死,只有几个逃到山坡上,才得幸免。

堡垒中的残敌一股脑儿向高康大开了九千零二十五发炮弹,却分毫没有伤到他。高康大拔起大树,对着堡垒砸下去,结果堡垒被彻底摧毁,敌人身首异处,肢体破碎。之后,他又率领父亲的军队,在约翰修士的协助下,打得敌将毕克罗寿丢盔弃甲,落荒而逃。在战斗中,他的同伴约翰修士同样也大显神威,立下战功。

胜利后,高康大对将士论功行赏,同时不忘酬谢约翰修士的汗马功劳。他为约翰修士建造了象征着未来理想社会的特来美修道院,而约翰修士也随之提出了种种新鲜的社会主张。

小说第一卷主要写的就是高康大的事迹。特来美修道院的建成，标志着他的事业的伟大胜利，第一卷也就这样宣告结束。第二卷讲述的则是高康大的儿子，也就是另一个巨人的故事了。

最先写作的第二卷叫作《庞大固埃》，书名全称为《渴人国国王庞大固埃传，还其本来面目并附惊人英勇事迹》。高康大活到四百八十再加四十又四岁时，他的老婆乌托邦大王的女儿巴德贝克公主生下一子，即为庞大固埃。本来是喜事一桩，公主自己却因产子丧生，只因庞大固埃实在太肥大、太笨重了。庞大固埃身体长得飞快，令人难以置信。他每顿饭要喝四千六百头母牛的奶，人们让母牛给他喂奶，他居然挣脱了固定摇篮的绳索，几乎将母牛囫囵吞下。

庞大固埃上学后，读书识字，度过少年时代。后来他到普瓦蒂埃大学念书，学业长进非常迅速。之后，他游历全法国各地：波尔多、图卢兹、蒙彼利埃、瓦朗斯、昂热、布尔日、奥尔良等，访问求学，最后前往巴黎，继续努力学习知识。后来，渴人国侵略乌托邦，庞大固埃回国抗击侵略，最终征服了渴人国。

在小说的前两卷中，拉伯雷以大无畏的精神蔑视和亵渎了社会上一切看起来威严神圣的东西，其思想的解放程度，揭露的大胆程度，语言的泼辣程度，挖苦的刻薄程度，前所未有。也正是这个原因，作者没有用自己的真名发表作品。

不久以后，巴黎法院就判定《巨人传》为禁书。1535 年，法国国王弗朗索瓦一世完全倒向天主教，国内一切反教会、主张新思想的人士便都处在危险之中。好在拉伯雷在朋友的帮助下，获得了教皇的特许，才得以继续行医。写完第三卷之后，因为在书中加了一首献给王后的诗歌，他才争取到了国王的特许发行证，也才第一次用真名出版作品。但是，来自各方的迫害仍在继续。迫于压力，他甚至不得不逃亡外国。

《巨人传》第三、四、五卷的题目一般就叫《第三卷》《第四卷》《第五卷》，但有其共同的全称，称为《善良的庞大固埃英勇言行录》。

第三卷描写的是庞大固埃在渴人国进行大量移民，推行仁政，深受国人爱戴，成了理想的君主。

接着，作者笔锋一转，着重写了庞大固埃的朋友巴奴日（Panurge）关于借贷的宏论，特别是他关于结婚问题的焦虑。他害怕妻子婚后不忠，让自己戴绿帽子，所以迟迟不敢结婚，还就此问题向庞大固埃征求意见。庞大固埃给不出有用的意见，因为在他看来，对于婚姻问题发表意见是件很困难的事情。

于是他们找来算卦的书。庞大固埃发现书上的说法对巴奴日很不利，巴奴日的看法却与庞大固埃不尽相同，于是，巴奴日决定去请教各种各样的哲人贤者，但他们给出的建议却似乎全都不太合理。巴奴日越是想找到答案，越是深陷进退两难的尴尬处境。庞大固埃建议巴奴日去找疯子问一问，疯子漫天胡说了一番，提到了神瓶预言的事，据说在神瓶上有答案。最后，巴奴日决定，跟随庞大固埃跨海去寻找神瓶给出的答案。

第四、第五卷描写的是庞大固埃带着巴奴日、约翰修士、爱比斯德蒙、冀姆纳斯特等在各个海岛上的经历，包括他们的所见所闻，以及当地的风土人情。故事的最后，巴奴日终于找到了象征真理的神瓶。

他们先后经过的地方，有美当乌提岛（这个岛上有能变色的鹿）、无鼻岛（岛上的人都没有鼻子）、和平岛、诉讼国（岛上法院的工作人员靠挨打获得报酬）、钟鸣岛、铁器岛（岛上树木上挂满了铁器）、皮桶岛（岛上的人割开肚子，让脂肪流出来）、第五元素王国、道路岛、木履岛（岛上的修士只说一个单音节的字）、灯笼国等。

庞大固埃一行人历经艰辛，一路上经历了风暴，遭遇了种种阴谋诡计，甚至还遇到了巨大的鲸鱼，最后，他们终于来到神瓶所在的海岛——灯笼国。那里有一座寺庙，寺庙中有一个喷泉，从中喷出的不是水，而是酒。神殿的大门上写着一句话："真理在酒中"。

巴奴日被单独带到一个小房间，在那里，他终于见到了寻找已久的神瓶。神瓶给人的神谕则是一个单词，德语的"Trinch"，意思为喝。从字面看来，是让人使劲地喝酒，但其中的意义实际上很明确，意在鼓励人们努力地汲取人类全部的知识。

至此，五大卷的《巨人传》以庞大固埃最后找到神瓶的启示宣告结束。

从整个作品的结构来看，《巨人传》可分两部分。前两卷讲述了两代巨人的故事，后三卷结构则较为松散，讲述庞大固埃带领巴奴日等一行人漂洋过海，游历各个海岛的原因、经历和最后结果。他们为了找到生活难题的答案，寻找神瓶，最后历经困难，找到神瓶，取得了"真经"。

关于拉伯雷《巨人传》的内容我们就简单介绍到这里。关于作者想借助这些故事表达何种思想，我们将在下一节探讨。

第二节
中世纪竟然有这么超前的婚姻观

小说分为五卷，前两卷与后三卷的主题有明显不同。那么到底有什么不同呢？

小说的前两卷分别以高康大和庞大固埃这两代巨人国王为主人公，主要描写他们非同寻常的日常生活：他们的成长，他们接受的教育，他们长大后如何率兵抵抗来犯之敌，等等，背后的主题则是以巨人为代表的新兴阶层的成长以及他们的理想。

而后三卷中，智者巴奴日这个角色的地位上升，在某种程度上成了主人公。他与庞大固埃聊天，讨论各种历史与现实问题。从这里，我们开始了解智者巴奴日的才华与思想，这些都充分地显出了他的睿智，不过，也同时暴露了他的缺点——犹豫不决和困惑满腹。

可以说，后三卷视角更为开放，从不同侧面反映出了巨人所见识、所思考的社会现实。当然这种思考是充满批判意识的，小说对当时法国社会的现实也做了多方面的影射。

中世纪的法国社会存在什么现实问题呢？

如果你熟悉欧洲中世纪历史，自然会猜到，作者批判的矛头首先对准的就是教会。我们可以在书中读到，一些教会人士在行凶作恶的侵略者面前表现得缩头缩脑、畏首畏尾，只会念经祈祷，成了名副其实的胆小鬼；但在普通民众前面，却为非作歹，像是"可怕的猛禽"。上层教会人士过着骄奢淫逸的生活，而老百姓却像"榨葡萄一样"被榨干了最后一滴血汗。

除此之外，矛头还对准了法官。作者把他们比作"穿皮袍的猫"，讽刺他们貌似公允，实际上贪婪又愚蠢，对审理案子一窍不通，只会勒索贿赂。在所谓"神圣的法律"底下，社会中的一切都被颠倒了。小说里是这样写的："把弊病叫作道德，把邪恶叫作善良，把叛逆名为忠贞，把偷窃称为慷慨"。总之，他们把"掠夺"当成了座右铭。

除了对教会中高级教士、法律机构中高官的讽刺，社会上其他不少丑陋现象也是《巨人传》要批判的对象。

正是由于小说里充斥着对教会的讽刺与强烈批判，它的问世得罪了大批的教会高级教士。就在第二卷出版后，这部书一度被巴黎法院判定为禁书。

当然，我们不只要看小说中批判的一面，小说其实也对当时的一些社会现象表露了肯定的态度。我们要看到，小说对人文主义精神的态度是非常积极的。

小说充满了对人文主义思想的赞颂，它赞美普通人的体魄、力量和智慧，把他们虚构成了巨人。这么做的目的是什么呢？

目的就是把人与神对比，把神拉下神坛，把人写得至高无上。两代巨人形象就是普通人最典型的代表，尤其是在前两卷中，作者通过对高康大和庞大固埃父子两代巨人生活与经历事无巨细的描绘，把巨人的特殊、性格、行为、事迹表现得人性十足。

高康大一出世，就哇哇大哭，哭声像是"喝啊，喝啊"，他的爹听了就说"高康大"，意为"你好大的嗓门"。于是，孩子就得名高康大。小巨人饭量很大，每天需要一万七千九百一十三头来自包提邑和泊来蒙的奶牛的奶来喂养。到了庞大固埃，他还在摇篮中时，就迫不及待地撕裂一头奶牛，拿起牛腿连皮带骨地吞进肚子。

总之，在小说中，"巨人"就象征着"完全的人"：不但体魄健全、力大无穷，而且博古通今、聪明绝顶。与此同时，这两代巨人国王都没有历史上历任君王的威严，也没有神之子、天之子的气质，而是十分平易近人、乡土味十足的。他们能吃能喝，爱讲笑话，坦率豪爽，最关键的是，他们有着普通人的自然、健康的"欲望"，也就是说，他们是所谓的"饮食男女"。这一点显现出一种新的、与"神"的形象对立的"人"的形象。

庞大固埃的很多议论，都充满了资产阶级的新思想、新观点，完全不同于以往的传统观念。例如，他谈到男女关系时，有这么一段精辟的议论：

> 我对于有女人同时又没有女人是这样理解的：所谓有女人，是根据大自然创造女人的目的而言的，那就是为了相互协助，一起享乐，共同生活。所谓没有女人，那就是不要为了取悦妻子老是厮守在她身边，不要让她损及男人对天主崇高唯一的爱戴，不要忽略一个人生来对国家、对政府、对朋友应尽的义务，不要丢弃自己的学业和事业。如果对有女人同时又没有女人这样来体会，我看这个说法并没有矛盾和冲突。

这段话，不同于庞大固埃的朋友们关于男女关系的一般看法，总是纠缠于占有与被占有、性欲、激情等问题，庞大固埃这番话虽然矛盾，却是辩证的，充满了哲理。

与能吃能喝的巨人相反的，是道貌岸然的教会伪君子。书中是这样揭露他们的：

> 那班伪君子、伪善人、虚道学、装正经、好色教士、酒肉和尚、秽行真人……在人群面前弄虚作假，表示他们整日价在静坐礼拜，斋戒苦修，而将饮食男女之大欲，限制在维持身体的最低需要之内，而实际上却在纵情酒色，上帝才知道到如何程度。
>
> 貌似苦行僧，
>
> 实是酒肉客。

与此同时，小说也刻画了以巴奴日为代表的新兴的资产阶级形象。巴奴日有两大特点可以充分体现出资产阶级的特性：一是冒险精神和进取精神；二是足智多谋，甚至是狡诈。

在小说中多处反映了巴奴日作为新兴资产者积极进取的精神面貌。他在多次谈话中，表现出丰富的知识和社会生活经验。他认为在世界上生活最重要的是有钱，他的妙论就是："没有钱就是最大的痛苦。"

在第四卷中，庞大固埃的船在大海上遇到了一艘羊贩子的商船。做绵羊买卖的生意人丹德诺看到巴奴日的裤子没有前开裆，眼镜又拴在帽子上，便把他当作王八汉，以为自己有资格捉弄他一下。巴奴日遭到挑衅后，两人争吵起来，巴奴日心生一计，花大钱向丹德诺买下一头大肥羊，旋即把羊扔到海里。羊的生性就是跟着领头的跑，结果，其他所有的羊就争先恐后地跟在第一只后面往海里跳。丹德诺彻底赔了血本，最后抱住一只大肥羊，却也被拖进了大海，送了性命。而巴奴日看了则哈哈大笑，一点同情心都没有。

他的同伴约翰修士还借《圣经》上的话，对落水的商人讽刺地说道："申冤在我，我必报应。"意思是这个商人活该。等到羊群与卖羊人全都淹死后，约翰修士还向巴奴日表示祝贺，只是略微指责了他不该付钱给羊贩子，不该这样糟蹋金钱。巴奴日答道："不提钱了！天主在上，我这个玩笑就不止值五万法郎。"这个故事充分体现了巴奴日的精明，当然，也显现出他的极端狡猾和狠心。这些都是新兴资产者的性格特点。

此外，小说在塑造形象的同时，还提出作者观念中的理想社会雏形。《巨人传》用艺术的形式给读者展现了一个乌托邦社会，其法则和基础就是"个性解放"。小说第一卷最后部分谈到，要建立一个叫"特来美"的修道院，在这个修道院里，人与人平等相处，彼此和睦无间，任何人都不把自己的意志强加给别人。在这里，没有束缚个性发展的宗教礼节，也没有限制自由的清规戒律，它的院规就是一句话："随心所欲，各行其是"（Fais ce que voudras）。

小说中是这样写的：

> 这里规定不用任何钟表和日规，一切工作都按照时机和需要来进行；因为，高康大说，据他所知，最耽误时间的事莫过于计算时间——这究竟有什么好处——世上最无谓的事就是按照钟声安排自己的行为，而不按照正常的理性与智慧的裁度。

修道院还规定，这里只收两种人：男人必须"气宇轩昂，体格魁梧，秉性温良"；女人必须"容貌端丽，身材合度，秉性温良"。男女可以共处，"凡有女人的地方必须有男人，凡有男人的地方必须有女人"。而且不论男女，入院以后，只要个人愿意，随时可以出院，不受任何约束。同时，男女修士可以光明正大地结婚，人人都可以拥有财富，自由自在地生活。

最后,《巨人传》里还体现出新兴阶级对知识、对光明、对启蒙的渴求,这也是《巨人传》人文主义精神的一大特点。小说实际上在号召读者要努力学习人类所有的知识,用知识来武装头脑,成为巨人那样的"现代人"。

小说第二卷第八章,高康大给儿子庞大固埃的现身说法就是典型的例子。高康大自己早先跟随一个所谓的神学大博士(冬烘先生)学习,把各类文法历史读得倒背如流,却越读越蠢,没有学到什么真东西,只变得"目滞神昏,口嚅舌钝",来到人前,"眼泪鼻涕一齐流,没有人能逼出他一句话来"。后来,高康大换了老师,跟着有真学问的一些老师学习,才学到了真才实学。

他鼓励儿子努力学习,不仅要学习各种语言,和几何、算术、音乐、天文、语法等七科,而且还要学习法律、植物、医学、武艺,以及音乐、雕刻、绘画,此外晴天外出耍枪、打猎、游泳、登山,雨天在家锯木劈柴⋯⋯

他说:"为此,我的孩子,我劝你把青春好好地用在学业和品德上。""最好的方法是公开接受对一切学问的答辩,任何人都可以提问,任何人都可以跟你争辩⋯⋯"

在父亲的劝导下,儿子也十分好学,"精神和书在一起就跟干柴碰到烈火一样,难解难分,他兴奋极了,简直没有疲倦的时候。"

小说的后三卷的主要内容是游历,也就是寻找神瓶神谕的"取经"历程,即庞大固埃一行人对真理的追求。这一点书中写得很明白:"他们航海的唯一目的,就是殷切地想看、想学、想了解、想请教神瓶的启示。"当然,最后的真理其实也十分简单,就是一个字——喝,就是要汲取人类文明的种种营养。

在这里,我们要再次注意结构上一头一尾的呼应。第一卷开头时,我们听到高康大一离开母亲的肚子，简直不是在哭，甚至不是哇哇大哭，而像是用震耳欲聋的声音在叫喊："喝啊，喝啊！"这一声声呼求，实际上都是对"求知"的强烈召唤。显然，这一细节有极其明确的象征意义：它是一个新生阶级迫切渴望知识的心情的真实写照。

　　小说的最后，庞大固埃和巴奴日一行人终于找到了神瓶，神瓶的启示竟然也是"喝"（Trinch）。后来，法国 20 世纪著名作家法朗士对《巨人传》这一情节是这么解释的："请你们到知识的源泉中去……请你们畅饮知识，畅饮真理，畅饮爱情。"

　　关于拉伯雷的巨著《巨人传》的主题思想就先分析到这里，下一节，我会重点讲解《巨人传》作为一部小说的艺术风格以及文字特点。

第三节
讽刺幽默的文字风格

　　法国的长篇小说，或者说现代意义上的小说，在某种程度上可以说是以《巨人传》为起点的。既然是起点，那么其形式不免较为稚嫩，较为凌乱。《巨人传》没有摆脱口头文学的稚气，全书的篇章结构也不免有些松散，有时拖泥带水，有时则大跨度地跳跃，缺乏整体上的结构美。即便在人物塑造方面，有时也流于普通，没有考虑到"典型化"。

　　但是，作品中丰富的想象力，原始而又粗犷的风格，弥补了作品的不足。两代巨人的性格各具特点，互不相同。从国王到农民，从教士到商人，社会各阶层、各职业的人，都有自己的故事，尤其是高康大与庞大固埃两代巨人国王的生活，情景独特，情节奇异，细节有趣，话语生动，读来让人忍俊不禁。

　　现在我就简单总结一下作品的语言文字特色。

　　第一点，口语化的大众民间叙说。

　　我们知道，拉伯雷本人精通希腊语、拉丁语，但在这部小说中，他主要运用的是大众语言，拉丁语只是作为笑料，适当地插入一些。他大量地运用俗语、习语、俚语等口语成分，使作品变得生动活泼，平易流畅，且富有变化。同时在对话中，拉伯雷注意戏剧性话语的设置，注意笑料的插入，使小说有声有色，富有感染力。

　　当然，巨人传的故事在民间流传甚广，拉伯雷用口语化的文字把它们记载下来,发扬光大,实在是法语文学的幸运。

当时的很多文学,都是用贵族沙龙中通行的所谓"典雅"语言来写的,甚至会使用普通人不太懂的拉丁语,而《巨人传》口语化的用词,能让人们用他们熟悉的语言来读他们能够理解的故事。当然,这也要求作者写作时,写得深入浅出,通俗易懂。而拉伯雷也确实做到了这一点。

比如,作者在小说中,就把当时的法律比作"蜘蛛网"。我们知道,法律维护社会的公正与和谐,对人的恶行有惩戒作用,但是《巨人传》把当时的法律比作"蜘蛛网",意为"小苍蝇、小蝴蝶跑不了,大个儿的牛虻却能破网而出",暗示当时的法律实质是"只许州官放火,不许百姓点灯"。

还有一些章节,语言恰如戏剧对白,整整几个段落,都像是角色在舞台上的对话。比如第三卷第三十六章中,巴奴日与怀疑论者的问答,二人一来一往,几乎就是舞台上的对手戏。

书中还有一些片段,显然是民间流行的智慧小故事,例如"闻香就面包吃的人吃上了官司""失而复得的斧头"的故事等。为了理解方便,我们可以把它们想象成类似《一千零一夜》里的各种小故事。

总之,《巨人传》采用民间文学的写作方法,使用大众喜闻乐见的形式,如谜语、童话、寓言、稗史、小剧、打油诗、插科打诨、玩笑、双关语等,还杂糅进了多种古语、希腊语、拉丁语、外来语、地方语、行话,这在法国文学里是独一无二的。

第二点,语言的幽默。

这大概是《巨人传》的最大特点,也是当代意义上的小说的精神起源。米兰·昆德拉尤其赞扬《巨人传》的幽默精神,认为幽默是欧洲现代小说的基本精神。在米兰·昆德拉的《被背叛的遗嘱》中,有一章名为"巴奴日不再引人发笑之日",专门分析《巨人传》的幽默。米兰·昆德拉这样说:

> 幸运的拉伯雷时代:小说之幼蝶飞了起来,身上还带着蛹壳的残片。庞大固埃以其巨人的外表仍然属于过去的神怪故事,而巴奴日则已经悄然到达了小说的尚且陌生的未来。一门新艺术诞生的例外时刻,赋予了拉伯雷的这部书一种无与伦比的丰赡性;一切全都在此:真实性与非真实性、寓意、讽刺、巨人与常人、趣闻、沉思、真实的与异想天开的游历、博学的哲理论争、纯粹词语技巧的离题话。今天的小说家——十九世纪的继承者——对第一批小说家所处的这一如此古怪的世界,对他们拥有的欢乐的生活自由抱有一种美慕不已的怀恋。

不妨这么理解米兰·昆德拉的话:高康大和庞大固埃是作者为宣传人文主义而创造出的巨人形象,虚构成分更多一些,从传统的民间文化中吸纳的营养更多一些,而巴奴日则更多地立足于现实社会,一举一动、一言一行都来自现实,作者只是通过他幽默的语言和怪异的行动,凸显他所代表的新兴资产阶级的特性。

在第二卷中,庞大固埃第一次见到精明能干的巴奴日时,巴奴日先后用日耳曼语、意大利语、苏格兰语、巴斯克语、荷兰语、西班牙语、丹麦语、希伯来语、希腊语、拉丁语,还有几地的方言翻来覆去地对他说明,自己非常饿,希望他能给自己一点吃的,无奈庞大固埃和手下人实在听不懂,害得饥肠辘辘的巴奴日多费了半个钟头的口舌,最后才得到庞大固埃的信任和同情,不仅认他做朋友,还给他好吃的。在这充满幽默趣味的一问一答中，读者早已经忍俊不禁了。

小说描写的第一次见面，从语言特点上就可看出，新兴阶级与传统文明虽然有些不合拍，但通过交流，还是可以取得互相了解的，其中的媒介，就是语言。

第三点，极度的夸张。

拉伯雷是法国文学中讽刺艺术的一代宗师，漫画式的艺术夸张是其最大艺术特色。从种种细节来看，他的描绘似乎距现实生活很远，但从整体来看，却恰恰凸显出现实生活的本质特征。

例如小说开篇第一个故事讲高康大的诞生。他母亲嘉佳美丽怀孕十一个月才分娩，临产前吃了四千六百零八斤两大桶又六小罐牛肠子，结果滑肠了。接生婆给她敷了收敛性极强的药，嘉佳美丽产门收缩，紧紧闭住，结果婴儿便从子宫边上穿出去，爬过横膈膜，一路上到肩膀，从左耳朵中钻了出来。

再例如，他写司法的腐败：积累下的卷宗用四头大驴也驮不动，集中英、法、德等国法学专家开会讨论了四十六个星期仍然毫无结果，某案撂在法院，要在今年除夕出了月亮才能下判决（而除夕夜是永远都没有月亮出现在天空中的）。

还有，巨人小时候读书，他读方块字母，读了五年零三个月；学文法礼法，学了十三年六个月两个星期；读《文义解说方式》，读了十八年十一个月还多；历书又读了十六年零两个月，等等。如此夸张的说法，让读者对经院教育的烦琐无聊、不切实际有了鲜明的印象。

数字方面，小说故意使用一些很有趣味的数目。庞大固埃在渴人国进行大量移民，总计九十八亿七千六百五十四万三千两百一十人（用阿拉伯数字表示就是十位数：9 876 543 210）；庞大固埃派巴奴日做总督，每年的俸禄是六十七亿八千九百一十万六千七百八十九块（用阿拉伯数字表示就是 6 789 106 789）；年成好时，在金龟子和蜗牛的名义下的收入可达十二亿三千四百五十五万四千三百二十一块（用阿拉伯数字表示就是 1 234 554 321）。

第四点，大量的名词、形容词列举。

《巨人传》对某些事物，喜欢用一系列、一连串的名字并列来描写交代，作品中这样的段落很多。例如第一卷第二十二章中写到高康大的文娱活动时，作者写道：

> 然后，铺开绿呢台绒，摆出一套套纸牌、骰子和棋盘，玩起各种游戏：
> 争潮汐、欢天喜地、偷护士、夺头彩、听意见、老热昏、踢毽子、庆婚礼、翻烧饼、全盘光、得一便得二、对金屏、奏凯旋……

接下来有二百余种列举，这些应该都是打牌的花样，可能是当时流传于民间，作者顺手抄来，列举在书中的。现在虽很难一一解释清楚，但想来都是有些来历的。

有些段落列举的名词实在难以翻译，或者说，实在有些啰唆，以至于中译本译者认为没有必要翻译，根本就不译了。例如第五卷第三十三章，讲到在灯笼国的一次晚餐，上来的几百道菜，中译本就略去了五十种基础菜品，二十九种最后上的大菜，这些都是很怪的名称。而饭后舞曲，除了

《抱紧点，马丁》《原来是美丽方济各修女》等，还有一百八十种舞曲名称，译者都没有翻译，可能也很难全部译出来。

这里我们再举一个特别有意思的例子。高康大小时候，喜欢琢磨大便之后用什么东西来揩屁股最舒服。他说，丝绒围巾很柔软，大红缎耳罩也不错。他用过莳萝、牛膝草、玫瑰、南瓜叶、白菜、萝卜、葡萄藤、蜀葵、玄参、莴苣、菠菜叶、火焰菜……还用过床单、被子、窗帘、坐垫、地毯、台毡、桌布、毛巾、手绢、浴衣，以及稻草、麦秸、兽毛、羊毛枕垫、纸，此外又提了二十多种东西，说是都被试验过用来揩屁股，但他觉得最好的是："绒毛丰满的小鹅，不过拿它的时候，须要把它的头弯在两条腿当中。"

再举一个很有正能量的例子。庞大固埃来到巴黎学习，他认为某个叫圣维克多寺的图书馆十分壮丽，里面的藏书尤其丰富。于是小说就用好几页的篇幅，把那些书名列了个遍，有不少还是拉丁语的，从头到尾一共列举了一百三十余册。

第五点，文字游戏。

《巨人传》中文字游戏极多，今天法语中流行的很多俏皮话、谚语、成语等都来自这部作品。

例如，法国古语中有"小雨降时大风止"，作者便接了个下句"畅饮之后酒桶破"；而小说中似乎随意说的"拿猪尿泡当灯笼"和"从公鸡跳到驴儿"，直到今天，还在法语中使用，意思分别是"张冠李戴"和"东拉西扯，语无伦次"；还有"回头还是找我们的羊"和"赶母猪去吃草料"也都各有出处，意思分别是"闲话少说，言归正传"和"文不对题"。

再例如，说到喝酒喝得精光，就说"苍蝇喝过，一滴不留"。也有不少同音或同形的词语的例子，如"前臂像镰刀"，即为"Fauciles comme faucilles"。

　　说到年份的时候，拉伯雷一般不直接说几十年的时间，而会说六个"奥林匹克"和两条狗的年龄。奥林匹克每四年一次，六个"奥林匹克"就是二十四年；狗一般能活十年，两条狗就是二十年，所以加起来就是大约五十年。

　　说到口头禅，某人的口头禅是"or, or"，既可以翻译为"那么，那么"，也可以理解为"拿黄金来，拿黄金来"。此人的贪财嘴脸可见一斑。

　　这里，我要特别说明一下，《巨人传》的第三卷一共有五十二章，其中作者花了整整二十八章讨论了"结婚还是不结婚"的问题，有九章讨论司法诉讼的问题，还有四章，是在讨论神秘的"庞大固埃草"，而这九章加四章的讨论，也体现了作者在法学与植物学方面的渊博知识。

　　当然，这样的离题写法，也受到了一些批评家的批评，他们认为结构太松散。但无论如何，欧洲现代意义上的小说，从《巨人传》开始，就形成了不仅讲故事，还要说一些离题话的叙述方式。从这一点来看，《巨人传》可称为现代小说的开山鼻祖。

　　下一节，我将具体分析《巨人传》对后世四百多年的法语文学、欧洲文学乃至世界文学的巨大影响。

第四节
法国版的《西游记》与《格列佛游记》的母本

我们知道,在16世纪的法国,人文主义思想的重点就是反对禁欲主义和蒙昧主义,拉伯雷在小说《巨人传》中对此进行了深刻的阐释,表达了新兴资产阶级对人性的追求,以及改变社会地位、推动社会进步的强烈愿望,其反封建与反教会的批判性具有极大的进步意义。

总之,《巨人传》是拉伯雷在法国文学史上树立的一块丰碑。小说以生动的艺术形象表达了人文主义思想,文字滑稽风趣,耐人寻味,对后世知名剧作家、小说家如莫里哀、伏尔泰、卢梭、巴尔扎克、夏多布里昂等人都有深远的影响。

《巨人传》诞生之后的一个世纪里,拉封丹、莫里哀都给予了《巨人传》极大的尊重,甚至还从中获得过灵感的启迪。这之后,欧洲各国大量流行种种关于"大人国""小人国"的故事,这些往往都与《巨人传》有直接或间接的关系,比如众所周知的英国作家斯威夫特的《格列佛游记》。

我们比较一下《格列佛游记》和《巨人传》这两部作品,就会发现《格列佛游记》中的种种元素,如海上航行、想象的海岛、巨人的历险、学院派学者的妙论和谬论、撒尿浇灭大火等,都有明显的《巨人传》的影子。

《巨人传》对大文豪伏尔泰的影响也是很明显的。伏尔泰的小说《小大人》,不能说与《巨人传》没有关系。小大人叫米克罗美加斯,是天狼星上的居民,因为从事科学研究,被视为异端而遭驱逐。于是他和一个土星人一起结伴旅行,从一个星球游历到另一个星球。

土星人与天狼星人小大人相比是个侏儒，而跟着小大人米克罗美加斯来到地球后，两人都成了巨人。在他们眼中，地球人只是"看不见的小昆虫"。通过显微镜和听筒，这两个外星来客才得以与一帮哲学家进行交流，好奇地得知地球人是如何生活、如何思想的。

《巨人传》对卢梭也很有影响：拉伯雷关于巨人高康大儿童时代接受的教育方式和教育理念，被卢梭继承了下来，并促使卢梭提出以个性自由发展为核心的教育理念。我们可在卢梭的《爱弥儿》中找到这些思想观念。

而《巨人传》当中巴奴日这个机智甚至狡猾的人物，对后来莫里哀笔下的许多喜剧人物，对博马舍戏剧《费加罗的婚礼》中机灵仆人费加罗，对勒萨日笔下《杜卡莱先生》中聪明仆人福隆丹等艺术形象的塑造都深有影响。

从作品的叙事形式来看，《巨人传》的故事展开与作者议论相结合，以及让人物脱离故事情节，进入哲理议论的方式，开创了欧洲现代小说的先河，让后世的小说形式更为活泼，可以不局限于简单的讲述故事，而是在故事中，或故事与故事之间插入"离题话"，发表作者对种种问题的看法。

这样的写法在后世许多名著中都被继承和发展了下来，例如狄德罗的《宿命论者雅克和他的主人》，雨果的《巴黎圣母院》和《悲惨世界》。在巴尔扎克的《人间喜剧》系列中，许多小说也都是这样的写法。

此外，有一点值得我们注意。巴尔扎克有一部作品叫《都兰趣话》，明显区别于《人间喜剧》的现实批判精神。《都兰趣话》原题《趣话百篇》，是一部"十日谈"式的短篇故事集。巴尔扎克假托这些故事都来自拉伯雷的故乡，是都兰地区的修道院中保存的文稿，专为娱乐所谓的"庞大固埃主义者"（即乐观主义者）而整理出版。

事实上，这些故事全都是巴尔扎克的原创，只不过借用了 14 至 16 世纪法国的社会背景和题材，模仿了 16 世纪的语言和拉伯雷那种大胆直率、生猛鲜活的文风。故事内容多涉及人间风月、男女私情，然而种种轻浮的玩笑和粗鄙俚俗的言辞掩盖不住的，是巴尔扎克在作品中对社会鞭辟入里的讽刺和对人类美好情感的颂扬。这部作品活脱脱就是《巨人传》在 19 世纪的翻版。

另外，在《人间喜剧》中，巴尔扎克不止二十次引用过拉伯雷的作品和语录，在《邦斯舅舅》中，他甚至称拉伯雷为"近代最伟大的人物"。

《巨人传》对罗曼·罗兰也是有影响的。罗曼·罗兰有一天听闻一个歌剧作家要改编拉伯雷的《巨人传》，非常感兴趣，他在给朋友的一封信中表示对此十分期待。而在罗曼·罗兰自己的小说《约翰·克利斯朵夫》中，主人公约翰·克利斯朵夫曾写过一首交响诗，题目就与拉伯雷有关。

实际上，仅在法国国内，根据《巨人传》的故事改写的音乐作品（包括变奏曲和轻歌剧）和戏剧作品就数量巨大。

在这里，我想把拉伯雷的《巨人传》与中国四大名著之一的《西游记》做一比较。我觉得这种比较很有意思。两部作品都是奇幻小说，都讲了妖魔鬼怪，巨人天兵，都有四方游历、一路取经的故事。我这么说，并不是想推理出结论，说两部小说有着某种明显的联系。可以想象，从考证方面，我们并不一定会得到很多证据，在理论上支撑这一比较。不过没关系，我们还是可以找到几个方面，简单比较一下两部作品。

首先，从创作时期上看，吴承恩（约 1500 年—约 1583 年）在 50 岁左右开始写《西游记》，其中中断多年，直到晚年回到故里，才得以正式开始《西游记》的创作，历时 7 年，终于完成，而拉伯雷则于 1553 年去世。

因此，从时间上看，拉伯雷和吴承恩是同一时期的人，他们各自的作品也都是同一时期的产物。同一时期，东方和西方几乎同时出现这样两部伟大的奇幻小说，确实是比较文学视野中一个有趣的现象。

其次，从小说结构上看，《巨人传》一共五卷，共259章，前两卷92章叙述高康大和庞大固埃两代巨人的成长、生活和战功；后三卷167章叙述庞大固埃一群人海上航行，寻找神瓶。而《西游记》一共一百回，最开始的七回，讲孙悟空山崩地裂般横空出世，渡海学艺后学会七十二变，造反闹天宫，被压五行山下；接下来约五回讲唐僧的命运，为何取经，从第十三回起的八十多回，则主要是师徒历经九九八十一难，去西天取经的复杂过程。二者的结构很相像，完全可比。

再次，从巨人形象上看，高朗古杰、高康大和庞大固埃都是巨人形象，我已经在前几节中讲得很多了。而孙悟空也是巨人形象，一个跟斗就是十万八千里，他的如意金箍棒重达一万三千五百斤，又称千钧棒。但是孙悟空在如来佛面前又是"小人"，如来佛成了巨人。孙悟空一个跟斗虽十万八千里，但还是翻不出如来佛的手掌心。

说到对兵器的描写，在《西游记》中，吴承恩对如意金箍棒的描写方式是循序渐进的，虾兵蟹将先抬出一把大刀，一柄三千六百斤的九股叉，一柄七千二百斤的方天戟，最后才抬出如意金箍棒。而在《巨人传》中，有一场战斗描写，狼人手持一杆哭丧棒向庞大固埃打来，这条棒子重九千七百公担又四两，头上有十三个金刚钻尖，似乎也能与金箍棒相媲美了。小说接着写，那一棒打过来，没有打到庞大固埃，却把边上的一块大石头打裂，碎片还钻进地底下七十三尺多，单单打出来的火花就比九千六百个酒桶还大呢。

此外，两部小说中都有代表人类勇气与智慧的人物。巴奴日和约翰修士都是智慧人物，他们辅佐巨人国王，并引导国王去寻找神瓶，追求真理。而孙悟空等三徒弟保护唐僧去取经，也充分体现出孙、猪、沙三人的高强本领和聪明才智。尤其是孙悟空，他本领高强，在太上老君的炼丹炉中练就一双火眼金睛，能辨别善恶，区分人妖。

最后，《巨人传》中最后到的神瓶之岛在印度以北的中国附近，而《西游记》去的是西天天竺国，即印度，二者都是文明的发祥地。这也标志着作者都希望从其他文明国度中去寻找真理的某种渴望。

中国的另一部小说，似乎也与《巨人传》有着文化比较上的关系，这就是清代文人李汝珍创作的小说《镜花缘》。《镜花缘》的前半部分描写了唐敖、多九公等人乘船在海外游历，经过一些奇怪国家的故事。这些国家都各有奇异之处，或居民形体奇异，或生活方式奇异，或人们具有特别的才学技能。这些地方的特色风土，以及特有的古迹文物，从各方面表现出作者的幻想：要向海外探寻不同国家和不同民族的愿望。这一点可以和《巨人传》做一比较。其实，这一现象和文学中的"他者形象"似乎可以联系在一起探讨：简单来说，他者形象是自我的想象，自我不具备的种种因素被想象到他者形象上，于是，他者也就体现了主体对自我的某种认知。

关于《巨人传》，我的分析到此为止，读者们若有兴趣就请去阅读这部小说吧。我在这里推荐两个译本：一个是上海译文出版社出版的，由成钰亭翻译；一个是人民文学出版社出版的，由鲍文蔚翻译。

《蒙田随笔集》
——
在阁楼上思索人生的价值与生活的哲学

Michel de Montaigne Essais

中国社会科学院·郭宏安

蒙田

作品介绍

《蒙田随笔集》是法国文艺复兴后期人文主义学者蒙田的随笔代表作。在这部作品集中,蒙田探讨了人与周围世界的关系、人追求幸福的权利、人的价值判断以及关于宗教和教育的思想等内容,涉及了人类社会的各个层面。作品包罗万象,融书本知识、生活经验及个人思考于一体。蒙田在随笔里探讨的中心问题不是宗教和上帝,而是人,是人的行为及其与周围世界的关系,他尤其擅长通过描写自己的思想、行为、习惯等来折射人类的问题。蒙田的语言平易流畅,行文汪洋恣肆,无处不流露"真性情"。

蒙田开创了"随笔"这一文学体裁,英国的培根,法国的帕斯卡、卢梭、普鲁斯特、法朗士等后世的文学巨匠都吸收借鉴了蒙田随笔的风格。他的随笔奠定了法语被作为文学语言使用的基础,对后世的西方文学也产生了深远的影响。

《蒙田随笔集》思维导图

▲ 内容梗概
- 人与周围世界的关系
- 人有享受现世生活的权利
- 人如何完全控制自己
- 不以人的身份地位判断人的价值
- 对所谓的"野蛮人"的判断
- 崇拜自然
- 人的认识能力
- 对于宗教的态度
- 关于教育的思想

▲ 三个思想侧面
- 斯多葛主义
- 怀疑论
- 享乐主义

蒙田

第一节
教育孩子，不是用知识填满他的脑子

钱锺书先生的《围城》里有一句引自法国古语的谚语，出自曾经留学法国的苏文纨之口：婚姻是一座"被围困的城堡，城外的人想冲进去，城里的人想逃出来"。

这句话前面还有一句类似的话，传播不那么广，是哲学家褚慎明说的："关于 Bertie 结婚离婚的事，我也和他谈过。他引一句英国古话，说结婚仿佛金漆的鸟笼，笼子外面的鸟想住进去，笼内的鸟想飞出来……" Bertie 者，英国哲学家罗素是也。

《蒙田随笔集》也有一句：婚姻"如同鸟笼一样：笼外的鸟儿拼命想进去，笼内的鸟儿拼命想出去"。这句话与英国古话如出一辙。围城和人，鸟笼和鸟，意思是一样的，恐怕蒙田的话还要早。钱锺书先生够狠，说到褚慎明的口气十分郑重，煞有介事，实则未必尽然，说不定暗指他张冠李戴了呢。

提到围城和鸟笼的例子，不为别的，只是说"婚姻是一座围城"一经钱锺书先生的笔，就成了尽人皆知的名言，但其实蒙田早在《蒙田随笔集》中已经把它装扮成鸟笼和鸟的模样，成为一句法国古话了。

对蒙田，你一定不陌生，他是法国人，生于1533年，死于1592年，距今已经四百多年了。他的主要作品《蒙田随笔集》首次出版于1580年，距今也已经很久了。有人不免要问：在当今这样一个高科技迅猛发展的时代，信息爆炸弄得我们连上厕所都要带着手机，为什么一个中国人还要读一个四百多年前的外国人写的书?

读一个外国人的作品,对我们 21 世纪的人来说,不仅是一次提高文化修养,提升欣赏品位的机会,还为解决我们自身存在的问题提供了一种参考和启发。所有对人生产生疑问并进行思考的人,都应该读一读蒙田,读一读他的《蒙田随笔集》。

蒙田生活在法国的 16 世纪,那是一个发生文艺复兴、宗教改革和宗教战争的世纪,在思想和行动的所有领域中都是一个生命力旺盛、行动激烈的世纪,是一个文学等艺术形式和民族语言走出中世纪、经过文艺复兴而进入古典主义的世纪。

蒙田于 1533 年 2 月 28 日出生在法国西南部的佩里戈尔的蒙田庄园。他的父亲是一个富有的商人,于 1519 年被封为贵族。这位父亲从意大利的战场上归来,极为赞赏文艺复兴的观念,用一种"全新的方法"教他的儿子拉丁文。所谓"全新的方法",乃是请一个完全不懂法语的德国人做教师,从小就让蒙田学习拉丁文。

所以,蒙田的母语是拉丁文,法语和佩里戈尔方言是他以后才学会的。这样,蒙田很早就能自己阅读经典拉丁文著作及用拉丁文写成的现代作品。

蒙田在 6 岁的时候,被送进波尔多的居耶纳学院学习,之后在波尔多学习哲学,在图卢兹学习法律[1]。学校的教育似乎没有成功,蒙田把学校称为"一座不折不扣的囚禁孩子的牢房",但是似乎他的判断力并没有受到伤害,因为他一生都保持着敏锐和迅捷。他主张教育孩子时不要用知识

---

[1] 一说在巴黎学习法律。——编者注

填满他的脑子，而要培养他的判断力。

1554年，21岁的蒙田被任命为佩里戈尔间接税最高法院的推事，此后16年，蒙田辗转于佩里戈尔、波尔多和巴黎，处理政务，解决居耶纳的宗教叛乱问题。他对政治感到失望，对他的法官生涯也没有留下美好的回忆，但是他结识了一位莫逆之交，拉博埃西，这是他在最高法院的同事。

拉博埃西是著名的哲学家和诗人，教蒙田认识了斯多葛主义，养成了坚定不移和持之以恒的品质。《蒙田随笔集》中许多歌颂友谊的语句，今天读起来仍然令人感叹唏嘘。蒙田的首次文学活动，就是出版亡友的拉丁语诗、法语十四行诗及希腊语著作的法文本。

1570年，蒙田37岁，他卖掉了法院推事的官职，回到蒙田城堡定居。买卖官职，是当时通行的做法，蒙田也不能免俗。他看透了他的工作毫无意义，宁肯有负于法院，也不愿意愧对自己。

他"厌倦了宫廷和法院的束缚"，如今可以有一个安静的所在，让自己安心地读书、研究和思考，可以尽情地享受自己书房里的一条铭文所说的"自由、安宁和闲暇"了。1572年，他开始把他的观察、经验和读书心得写下来，他说，自己的脑子"就像脱缰的野马，成天有想不完的事，要比给它一件事思考时还要多想一百倍；我脑海里幻觉丛生，重重叠叠，杂乱无章，为了能够随时细察这种愚蠢和奇怪的行为，我开始将之一一笔录下来，指望日后会自感羞愧"。于是，1580年，《蒙田随笔集》首次在波尔多出版，分为两卷，共94篇文章。

1580年至1581年，蒙田离开妻子和女儿，出门远行，经巴黎到了今奥地利、德国和意大利区域。在巴黎的时候，他曾经随国王围攻拉斐尔堡，然后在苏瓦松参加了他的朋友格拉蒙伯爵的葬礼。

这次旅行共耗时17个月，旅行的原因一方面是泡温泉，治疗他的结石病，另一方面是观赏风景，增加人生体验。旅行并未治好他的结石病，却大大丰富了他的人生经验。1581年9月，蒙田获知他被选为波尔多市市长，任期两年。蒙田是一个好市长，他对自己的职务有清醒的认识。他说："到任后，我就忠实而认真地认识自己，完全如我所知的那样：没有记性，没有警觉，没有经验，没有魄力，也没有仇恨，没有野心，没有贪欲，没有激情。"

为了评价他这一表白的意义，我们必须把他的另一个声明写下来，作为补充："我不愿意人们对自己的职务不经心、不奔波、不费舌、不流汗，该流血时不流血。"

看来波尔多市民对他们的市长是满意的，因为他们再次选他做市长，这在当时是异乎寻常的。在第二届任期内，他排除了新教的威胁，表现出果断泼辣的作风。就在第二届任期结束的时候，波尔多发生了瘟疫，他没有回波尔多主持新的选举。

蒙田又成了普通人。他开始撰写《蒙田随笔集》第三卷的13篇文章，并于1587年在巴黎出版。《蒙田随笔集》三卷出版之后，蒙田不断进行修改补充，直到他1592年去世。蒙田的干女儿德·古内小姐将他遗留下的《蒙田随笔集》新版于1595年整理出版。新版比旧版增加了一千多处，其中有四分之一涉及他的生活、爱好和习惯。

从第一卷到第三卷，《蒙田随笔集》越来越带有他个人生活和坦白襟怀的色彩。蒙田写作随笔是在向世人表露自己的思想，同时也是在塑造自己。圣伯夫说："蒙田最与众不同并使他成为奇才的地方，是他在那样一个时代，始终是节制、谨慎和折中的化身。"这是对蒙田的公正的评价。

蒙田的生活是不平静的，并非一条坦途，但是他能随遇而安，保持内心的平静。要做到这一点，最要紧的是要有一种独立的精神，他说："我们要保留一个完全属于我们自己的自由空间，犹如店铺的后间，建立起我们真正的自由，和最重要的隐逸和清静。"在这"店铺的后间"里，我们才能享有自由和独立。

这个"后间"，就是蒙田古堡拐角处的一座塔楼，那里有他的小教堂、卧室和书房。这是他的私人领地，他竭力保护他这方领地免受"夫妇、父女和家庭生活"的骚扰。他的书房里有一千册书，在当时，这已算是很大的数目了。

为了随时能领受永恒智慧的教诲，他从《福音书》和古代哲学著作里摘录了一些箴言，把它们刻在天花板的隔栅上。他躲在书房里，潜心读书，踱步沉思，为他喜爱的作者写写评注，发发议论。

不要以为蒙田是一个足不出户的书呆子。在他看来，人以及事件提供的教训不亚于书本。他生活的多样性和丰富性，他的经验的广度，都使他的心理观察和道德思考具有一种特别的意义。

这一节，我讲述了中国人为什么要读四百多年前的法国人写的书，简略地概述了蒙田的生平和当时的历史环境。下一节，我将简单地讲述《蒙田随笔集》的内容。

第二节
健康的精神才能促进健康的身体

我将《蒙田随笔集》的内容分为九点，先讲四点，即个人及其与周围世界的关系、人有追求幸福和享受现世生活的权利、人在备尝精神和物质困苦的情况下如何追求幸福，以及不以人的身份地位判断人的价值。

《蒙田随笔集》为我们描绘了一个全面的人，也是一个矛盾的人。蒙田的生活是积极的，但是他本性上却是一个懒散的人。他是一个身躯有些笨重的人，却有着不同寻常的细腻的性格。

这些矛盾是每一个人都有的，蒙田的杰出之处是他有着清醒的意识。他不是一个激情澎湃的人，但是他对两样东西富有激情：真理和自由。"我知道什么？"，是他刻在一架天平上的格言，是他毕生遵循的人生准则。

现在，就让我们一起进入《蒙田随笔集》。

可以说，法国的散文肇始于蒙田的《蒙田随笔集》。

《蒙田随笔集》分三卷，共107篇，长短不一，长可十万言，短则千余字，内容包罗万象，理、事、情具备，但无处不有"我"，越到后来，"我"的形象越丰满；写法上则是随意挥洒，信马由缰，旁征博引，汪洋恣肆，但无处不流露出"我"的"真性情"。

有时话长了点，发散得也远了点，但决不枯燥，决不"谋财害命"般地浪费你的时间。就是在这种行云流水般的叙述中，蒙田谈自己，谈他人，谈社会，谈历史，谈政治，谈宗教，谈友谊，谈爱情，谈有关人类的一切，表现出一个隐逸之士对人类命运的深刻的忧虑和思考。

让我们首先从这本书的题目谈起。这本书的题目叫作 *Essais*，蒙田为什么要把他的书称为 *Essais*？"essais"在法文中是什么意思？

蒙田是第一个把这种文体称为"essais"的，在他之前，这一类的著作都称为"警句""格言""谈话""争论""文集"等。而在他之后，渐渐地，"essais"成为一种文体，被我们叫作"随笔"。当然，你也可以把它称为一种文类。

"essais"的词根在拉丁文中的意思是"称量""重量"等。在16世纪的法语，也就是在蒙田所使用的法语中，"essais"的意思是练习、预演、考验、企图、引诱、食品的样品等，而这个词的动词形式则表示试探、检验、品尝、感觉、从事、冒险、称量、估算、奋起等。

所以，蒙田使用这个词来说明他的作品，表示的是一种方法，一种谦虚的态度，一种说明他的生活态度和人生经验的循序渐进的、谦虚的方法。

正是由于有了这种"试"的精神，蒙田才得以展示娓娓道来、侃侃而谈、旁征博引、汪洋恣肆的叙述风格。

在蒙田之后，"随笔"才作为一种文体或文类，风行于世。蒙田在不经意中，成了一种文体的创始人。

恩格斯在《自然辩证法》导言中谈到文艺复兴时写道："在罗曼语诸民族那里，一种从阿拉伯人那里吸收过来并从新发现的希腊哲学那里得到营养的明快的自由思想，愈来愈根深蒂固，为18世纪的唯物主义作了准备。"

蒙田的思想就是一种"明快的自由思想"，它清晰、透彻，以个人经验为源泉，以古希腊哲学为乳汁，转益多师，不宗一派，表现出摆脱束缚、独立思考、大胆怀疑的自由精神，为18世纪启蒙运动的萌发打下基础。蒙田本人较高的社会地位，新兴资产阶级的软弱，时代的动荡，又使这种思想具有中庸、保守和妥协的色彩。

第三节
感性和理性，哪个更可靠

上一节，我们讲了《蒙田随笔集》的四点内容，在这一节中，我们讲余下的五点：蒙田对所谓"野蛮人"的独特判断、人与自然的关系、人的认识能力、蒙田对于宗教的态度以及蒙田关于教育的思想。

蒙田不为流俗所蔽，一反人云亦云的偏见，对所谓"野蛮人"做出了自己的判断，议论十分精彩。他说："我发现在这些民族身上毫无野蛮之处，只不过人人都称与自己的习俗不同的东西为野蛮罢了。"

在"思想的明晰和敏锐"和"技艺的精巧"方面，"吃人生番"毫不逊于欧洲的"文明人"；在虔诚、守法、善良、正直等方面，"生番"则胜过"文明人"；而在坚强、忠实，面对痛苦、饥饿、死亡的态度方面，他们可与古代最著名的例子相媲美。

相反，文明人恰恰在野蛮上超过了他们，并且利用他们的无知和缺乏经验来败坏其品质。他特别对"生番"把别人叫作自己的"一半"表示赞赏，并希望"文明人"与"一半"之间建立"平等和睦"的关系。

在这种博爱思想的影响下，蒙田愤怒地谴责了西班牙殖民者在美洲犯下的野蛮罪行。他写道："为了获得宝石和香料，多少城市被夷为平地，多少民族被彻底消灭，多少人死于兵刃，世界上最丰饶美丽的地方被搅得乱七八糟。"

他把这种征服称为"卑鄙而粗暴的胜利"，对"文明人"毫无光荣可言。蒙田关于"野蛮人"的思想同卢梭关于"自然人"的思想有许多相通之处，不过，他在赞美"野蛮人"优秀品质的同时，更加强调"文明人"和"野蛮人"应该存在的平等和睦的关系。

在人与自然的关系上，蒙田崇拜自然，号召人们遵循自然的指示，享受自然的馈赠。他把自然称作"温柔的向导"，"伟大的母亲"。

他借用古罗马的一位哲人西塞罗的话"符合自然的一切都值得尊敬"，而违背自然则是疯狂，"他们企图脱离自己，逃避人类。这是发疯：他们非但不能成为天使，反而变成了禽兽；他们非但不能上升，反而摔在地上"。

《论经验》是《蒙田随笔集》的最后一篇文章，篇幅很长，足足有四万余字，是一篇典型的蒙田式的随笔，"我靠无条理的文章突出我的警句。"从法律的烦琐到个人的习惯，蒙田天马行空般地描述了他的"生活经验"：健康、疾病、饮食、娱乐、行动等。他第一次将最基本的事实付诸文字表达："帝王哲人拉屎，贵妇也拉屎。"

蒙田对精神和肉体的关系做了合乎情理的描述："大自然是一位温和的向导，但他的温和不超过他的谨慎和正确。"因此，他"愿精神激活笨重的肉体，愿肉体阻止精神轻率并使精神稳定下来"。

总之，"纵欲乃享乐之大患，节欲不危害享乐却调剂享乐"，"最美好的人生是向合情合理的普通样板看齐的人生，这样的人生有序，但无奇迹，也不荒唐"。蒙田对自然的崇拜与肯定现世生活是一致的，其矛头直接指向了天主教会所宣扬的禁欲主义。

对于人的认识能力，蒙田采取怀疑论的态度。他认为"人类的理性是一把双刃的、危险的利剑"，因为理性至上论造成了人类的"狂妄和傲慢"，而这正是人类与生俱来的错误。

与理性相比，他更强调经验，认为经验可以弥补理性的不足，是理性的"唯一根据"。但是,无论理性还是经验,都不是万能的,因为"判断者和被判断者都处于不断的变动和运动中","不可能建立任何确定的东西"。

就是在这篇长达十余万字的《为雷蒙·塞邦辩护》中,他对这种怀疑论思想进行了淋漓尽致的发挥和全面系统的阐述。这是一篇奇文,意在辩护,实则与雷蒙·塞邦的观点大相径庭。

雷蒙·塞邦把人放在一切造物的中心,极力颂扬人的理性,把理性视为信仰的基础;蒙田却恰恰相反,把人类和一切生物一视同仁,而且还是最软弱的一种,在力量、忠诚、聪明、友爱等方面都不如禽兽。人类引以为荣的理性非但不一定为他所独有,而且还是虚妄的、靠不住的。

他认为,人类的两大认识——理性认识和感性认识,都是不中用的"虚荣",如果感性不比理性更可靠,科学也同哲学一样软弱无力,那么事物的本质对人类来说,就永远是深不可测的。

人只能说"我知道什么?",而不能说"我不知道",因为后者仍然是一种肯定的说法,而"肯定和固执是愚昧的特别标志"。

他认为最聪明的哲学家是怀疑论者,他在书房里刻下怀疑论的格言:"我中止(判断)","我什么也不肯定,我不懂。我在怀疑中。我考察……"蒙田怀疑和考察的是盲目的信仰、狂热的宗教和僵死的教条。他有时似乎把怀疑论推向不可知论,其实,那不过是一种手段而已。

怀疑论是蒙田的思想的重要侧面,对摧毁经院哲学起了积极的作用;但是,不应该夸大怀疑论在蒙田的思想中所占的比重,也不应该忽视其消极保守的作用。

在理论上,对理性的怀疑使他提出以经验作为判断的基础,从而给中世纪经院哲学以沉重的打击,把哲学从烦琐的争论中解放出来,面向现实生活；在实践上，由于人们思想的多变和各民族风习的差异，又使他尊重现存的宗教和政治秩序而反对巨大的变革。蒙田的怀疑论对17世纪的自由思想的盛行起了直接的推动作用。

宗教作为欧洲封建制度的精神支柱，在16世纪的思想家们的著作中占有重要地位，或颂扬，或反对，或揶揄，人人都要加以谈论。蒙田是个天主教徒，在长达30年的宗教战争中，他是站在天主教一边，反对新教的。

但是，他是不是一个真正的、虔诚的天主教徒，历来是受到怀疑的。他忠于天主教与其说是出于信仰，毋宁说是因为自己作为法官宣过誓。他很少谈论上帝，而他的上帝又常常和自然是同一个东西，他还主张"少去介入对神意的判断"。

他一方面宣称天主教是"最好的，最健康的"，一方面又表示强烈的不满，指出："我们的宗教为剪除罪孽而创，实际上，它却掩盖着它们，滋养着它们，煽动着它们。"

他对宗教改革不感兴趣，因为他厌恶"标新立异"，他主张宽容，反对宗教狂热，谴责宗教迫害。至于宗教本身，"我们只是以我们的方式、我们的手接受我们的宗教，如同他们接受他们的宗教一样"。"宗教狂热造成的文化损失，比所有蛮族的火造成的损失都大。"

在他的眼中，宗教战争是王侯们的一桩"狂暴的、野心勃勃的事业"。他尖锐地指出，在这场撕裂着法国的内战中，宗教问题只不过是个借口，各方面标榜的"正义"不过是"装潢和饰物"而已，真正使那些王侯们付诸行动的是"情欲和贪欲"。

因此，他对这场战争深恶痛绝，呼吁交战双方保持"节制"，并身体力行奔波于天主教和新教之间。他的呼声顺应了当时久乱思静的情势，得到了双方的欢迎。

蒙田的宗教观深深地打上了怀疑论的烙印，对天主教的绝对统治构成了一种潜在的威胁。所以《蒙田随笔集》虽然于 1580 年获得罗马教廷的通过，但又在 1676 年被列为"禁书"，也就毫不奇怪了。

教育问题是有关培养人的问题，引起了人文主义者普遍的重视，蒙田也不例外，他写有专文《论对孩子的教育》陈述他的观点。

他认为，"教育的目的在于使人变得善良和明智，而非使人博学"，也就是说，培养绅士，培养判断力，这是他的教育思想的核心，这与拉伯雷培养全知全能的人的思想有很大的不同。他反对教儿童过多的知识，反对单纯记忆，主张精神上的培养，"教他会思想"。

他根据自己的经验，强调择师的重要性。他要求教师的头脑有条理，而不是装满知识。他反对由教师施行灌输，而要求让学生先说话。教师不但要考查学生认识多少个词，还要看他是否领会和掌握了这些词的精神实质；学生获益的证据不是是否记住，而是他的行为。

他反对任何强制行为，主张让学生自由选择判断，如果学生不能判断，则宁可存疑。"只有疯子才确信无疑"，这是他的一句名言。他特别强调让学生博采众家之长，融会贯通，将知识变成自己的东西。他将这比作蜜蜂采花酿蜜。他认为，不能单纯从书本上学习，还要接触外部世界，"总之，我希望世界是我学生的教科书"。

因此，与各种人谈话，到各地去旅行，都是学习的途径。蒙田重视学生的自由，认为不给学生自由，就会使他变得卑屈和懦弱。

他认为，"使精神强健还不够，还要使筋肉强健"，为此，要让儿童过艰苦的生活，锻炼身体，并要"常常违反医学上的禁令"，"让他在户外和危险中生活"。

他认为，教育的"目的在于德行，而德行并不像经院哲学说的那样被栽植在陡峭的高山上，道路崎岖，不可接近。相反，走近它的人认为它是在美丽、肥沃、鲜花盛开的高原上，人立于其上，一切尽收眼底；识途的人能够走近它，那是一条浓荫蔽日、花气芬芳、坡缓地平有如穹顶的道路"。

《论对孩子的教育》是写给一位贵族夫人的，在他看来，教育的对象是贵族的子弟，教育的目的是使他们成为国王的廷臣或武士，成为有修养的正人君子。蒙田的教育思想明显地打上了与封建贵族最为接近的上层资产阶级的印记，但他的教育方法中，不乏令人深思、供人借鉴之处。

《蒙田随笔集》的内容有如下数端，大致可以归纳为以下九点：

蒙田随笔的中心问题不是宗教和上帝，而是人，是人的行为及其与周围世界的关系。他尤其擅长通过对他本人的思想、行为、习惯等的描写来折射人类的问题。他充分肯定了个人的存在及其价值，认为"每一个人都包含了人之所以为人的完整形态"，"人在兴趣上和力量上各个不同，应该通过不同的道路，根据个人的情况来谋求幸福"。

蒙田看到并强调个别的人与一般的人之间的区别，说明了人文主义以人为本的思想有了进一步的发展，不再以抽象的人作为论述的对象。

这种观点更深刻、更明确地表述了资产阶级关于人的观念，即资产阶级将自己的人生观总结为个人主义。面对着来自神的精神束缚，这种对个人的肯定显然比对抽象的人的肯定更为大胆。对神来说，这是更为现实的威胁，也更具有战斗性。

针对教会宣扬的禁欲主义和来世思想，蒙田肯定了人有追求幸福和享受现世生活的权利。他宣称，"快乐和健康是我们最好的东西"，"我们光荣而伟大的事业就是及时享乐"。

他对"铺地毯,镶金玉,充斥着绝色美人和奇馔珍馐的天堂"嗤之以鼻,并且断言:"为我们生丝的蚕死去、干枯,从中生出蛾,继而变成虫,如果认为这还是原来的虫,那是可笑的。某物一旦停止存在,就不再存在了。"这样,他就否定了来世思想和"灵魂不死"的观点。

享乐主义贯穿了蒙田的整个思想,成为《蒙田随笔集》的基调。他所理解的享乐包括精神上和物质上的享受,他说:"应该用精神的健康来促进身体的健康……不应该把躯体和心灵分离开来。"

蒙田耳闻目睹的是,人不仅为精神上的各种欲望所裹挟,而且备尝物质上的种种困苦。人在这种情况下如何求得幸福?

蒙田认为,人可以通过精神上的努力,战胜生活中的磨难,超脱于命运,做到完全控制自己,进入自由、恬静、无忧无虑的境界。

他从罗马哲人加图那里学到如何抵制情欲的疯狂、痛苦的纠缠和死亡的袭扰,而塞涅卡则教他如何摆脱情欲的奴役,如何躲在高傲的孤独中反躬自省,"如同没有妻子,没有儿女,没有财产一样,以便在果然失去这一切的时候,不致再度感受匮乏之苦"。

至于痛苦,"我们给它多大位置,它就占有多大位置";说到死亡,他要人们"脑袋里最经常装着的是死","不知道死在何处等着我们,我们就处处等着它"。死亡只会使无知的人感到惊慌失措,对一个学会了蔑视俗见的哲学家则无可奈何。

他认为死亡本身并不可怕,可怕的是对死亡的陌生和恐惧,熟悉了它,乃至"演习"过它,就可以战胜它。蒙田几乎一生都饱受结石病的折磨,都在战乱中度过,痛苦和死亡成了他经常谈论的题目。他在思想上战而胜之,突出地反映出他所受斯多葛主义的影响。晚年,他的态度有了很大的变化。

这种变化也在他对各种人的看法中得到反映，他从不以人的身份地位判断人的价值。他从实际生活中看到，农民在战乱中大批死去时，他们却表现得从容镇定，并不需要哲学家的学问。

他由此深受启发，认为不读书的工匠和农民比那些不务实际的哲学家更有智慧。他说："我见过成百个比修道院院长更聪明、更幸福的工匠和农民，我愿意与他们认同。""农民的习惯和言谈普遍地比我们的哲学家有条理。"

他认为，人与人在精神上和道德上是平等的，帝王将相并不高于普通人，不应将他们神化以愚弄百姓。

他写道，"皇帝和鞋匠的灵魂出于一个模子"，甚至，"皇帝的仪仗使您眼花缭乱，可是，看看帐子后面吧，那只不过是个普通人，有时候比他的臣民还要卑劣"。

他认为，衡量一个人，应该根据他本身的价值，而不应该根据外在附加的东西。"我们赞美一匹马，因为它的力量和迅速，而不是因为它的鞍辔；赞美一条猎犬，因为它的敏捷，而不是因为它的颈圈；赞美一只鹰隼，因为它的翅膀，而不是因为它爪上的系铃。"

人文主义者普遍蔑视群众，蒙田能够冲破偏见，提出这样的见解，是非常可贵的。我们难道不可以从这里听到18世纪启蒙思想家提出的平等观的先声吗？

这一节，我们讲了《蒙田随笔集》的后五点内容，合起来，共讲了九点。下一节，我将讲述蒙田思想的三个侧面。

第四节
思想自由不羁，但生活节制有序

在这一节中，我们会对蒙田的思想进行总结。他的思想有三个侧面：斯多葛主义、怀疑论和享乐主义。我们可以看到，在蒙田思想的各个侧面中还有一条线贯穿着，这条线就是经常诉诸他笔端的节制和秩序的思想，而他正是在这个思想基础上建立了精神生活的主导和道德生活的准则。

他主张顺从自然的安排，平稳、适中而有秩序，反对极端、狂热和动乱。他虽然思想自由不羁，常作"脱缰之马"状，却仍然觉得有对思想加以条分缕析、实行控制的必要。他认为，"灵魂的价值不在于升得高，而在于升得有秩序。其伟大不表现于伟大本身，而表现于节制"。这种务求稳健、中庸的思想贯穿一切，表现在各个方面。

政治上，他反对巨大的、突然的变革，主张尊重现存的秩序，因为"一切巨大的变动都只是震撼了国家，使之陷入混乱"，而"人类社会无论如何总能站得住，连接得住。人不管被放在什么位置上，总能自己晃一晃，堆垛整齐，如同一个口袋里杂乱无章的东西总能找到互相合适的位置，往往比刻意摆放还要来得好"。

在教育问题上，他不主张让儿童绝对自由，而是需要"温和的严格"，强调适当的纪律以使儿童身心两健。在宗教问题上，他既反对天主教的狂热，又反对新教的标新立异，在内战方酣之时呼吁节制。

在个人生活上，他主张每个人以个人的方式寻找真理和追求幸福，同时也认为毫无限制的个人主义会导致无政府状态。物欲横流更是遭到他的谴责。他认为，幸福在于全面地、和谐地实现人的天性，即充分而不过分地享乐。蒙田强调节制和秩序，固然表现了他思想的保守和妥协倾向，但也反映了当时人们久战思和的心理，反映了新兴资产阶级希望有一个和平的环境以利于自己的发展。

《蒙田随笔集》中所反映的蒙田的思想十分复杂，常常像一匹"脱缰之马"，纵横驰骋，不见首尾，加上他的思想十分活跃，不断地发展演变，初看上去，令人难以捉摸，因此难以将其纳入确定的思想体系。

纵观整部《蒙田随笔集》，蒙田先后受到斯多葛主义和怀疑论的影响，最后试图形成自己的生活之道，即一种以伊壁鸠鲁主义为基调的人生哲学，这样一条线索可以相当清楚地描述蒙田思想的演变过程。

但是，应该指出，上述三个方面并非截然分开、孤立存在的，它们只是在某个阶段中占有主导地位，并非具有排斥其他、唯我独尊的权威。

蒙田是法国文艺复兴运动晚期的人文主义者，《蒙田随笔集》的写作始终在民生凋敝、战乱频仍的广阔背景下进行，书中所反映的思想已与早期的人文主义者的思想有了很大的不同。往日的那种对人的赞美、对理性的崇尚、对爱情的颂歌、对宗教的抨击、对知识的追求，都在蒙田的笔下失去了明亮的色彩和亢奋的激情。恩格斯认为，资产阶级不能在英法这样的国家里长期独自掌权，这就指出了资产阶级向封建势力妥协或与之合流的必然性。蒙田思想的种种矛盾，恰恰反映了文艺复兴运动后期人文主义理想陷入了巨大的危机，以及一部分人文主义者与封建势力合流的趋势。蒙田本人是个"穿袍贵族"，即上层资产阶级，他的"明快的自由思想"也就打上了已变成贵族的那部分资产阶级的烙印。

蒙田属于"给资产阶级统治打下基础的人物"，但也是个独特的思想家。他的思想来自书本和经验。他不以哲学家自命，无意创造思想体系，也不想遵循某种体系，他只想博采众家的思想，用来陶铸自己的精神。苏格拉底、塞涅卡、普鲁塔克、皮浪、伊壁鸠鲁等，都曾为他提供过精神上的食粮，而都未使他成为一个毕生追随他们的信徒。

诚如他自己所说："我愿由于自己而富有，不愿借债而富有。"他像蜜蜂一样，广采众花，最后酿成了自己的蜜。所以，蒙田就是蒙田，不是斯多葛主义者蒙田，不是怀疑论者蒙田，也不是伊壁鸠鲁主义者蒙田。

各位读者朋友，如果你对《蒙田随笔集》感兴趣，我非常希望你能找书来读一读。《蒙田随笔集》的中译本，我给大家推荐两种：一种是《蒙田随笔全集》，潘丽珍等译，译林出版社出版，1996年版；一种是《蒙田随笔全集》，马振聘译，上海书店出版社出版，2009年版。

《莫里哀喜剧选》
——
在幽默欢笑间揭露人的
伪善与滑稽

Théâtre de Molière

北京师范大学·陈 惇

莫里哀

作品介绍

达尔杜弗是个伪善的信徒，他被巴黎富商奥尔贡邀请住到家中，奥尔贡视他如同圣人和导师，每天供养他，还想把自己的女儿嫁给他。但实际上，达尔杜弗贪吃、贪财又好色，他不满足于奥尔贡的女儿，甚至还垂涎奥尔贡的太太艾耳密尔。奥尔贡的儿子大密斯发现了他的伪装，他又欺骗奥尔贡赶走儿子，把财产继承权给了自己。幸而奥尔贡的太太艾耳密尔设计计谋，让奥尔贡亲眼看到达尔杜弗勾引自己的场景，揭露了他的真面目，奥尔贡这才如梦初醒。

在剧中，莫里哀成功地塑造了一个伪君子的形象，这个伪君子披着宗教的外衣进行着自私的罪恶活动。这一形象塑造得令人印象深刻，以至于在西方，"达尔杜弗"这个名字已经成了伪君子的代名词。莫里哀的喜剧作品不仅让人捧腹大笑，对人性复杂和伪善的揭露也非常深刻。莫里哀的作品结构严整、层次分明，体现了古典主义喜剧的优点。

《莫里哀喜剧选》思维导图

第一节
世界喜剧史上的全能剧作家

莫里哀（1622年—1673年）是17世纪法国最有名的喜剧家，他生活的时代距离我们已经有300多年了。这300多年间，世界已经发生了翻天覆地的变化，人们的思想观念和欣赏习惯，更是与过去大不相同。但是，他的作品至今还受到人们的欢迎，经常在世界各国的舞台上演出。就拿我们国家来说，近几年，不仅有国内的剧团在上演他的作品，而且每年都有外国的剧团来演出。300多年过去了，他的作品为什么还有生命力，还有欣赏价值？这值得我们好好探讨。

中国读者开始认识莫里哀在200多年前。那时还是清朝统治时期，有一个外交官喜欢莫里哀，于是写文章向国人介绍莫里哀。到了20世纪初，也就是距今100多年前，中国新文化运动刚开始的时候，就有人比较全面地介绍莫里哀的生平和作品。有人把他的作品译成中文，有人把他的作品加以改编，搬上舞台。

大家一定知道，中国话剧界成就最高、最有名的人物之一就是曹禺。1925年，曹禺在南开中学上学时，他的戏剧生涯刚起步，那时他演过一出叫《财狂》的戏剧，而这出戏就是他根据莫里哀的一部叫《吝啬鬼》的著名喜剧改编而来的。《吝啬鬼》可能是莫里哀在中国最受欢迎的喜剧之一，1934年，西安、太原、南京这三个地方都在上演这部喜剧；1981年，江苏省、北京市、贵州省、甘肃省、辽宁省分别有五个剧团上演这部喜剧。

莫里哀最受中国观众欢迎的作品除了《吝啬鬼》，还有《达尔杜弗》《贵人迷》《司卡班的诡计》等。至今为止,《达尔杜弗》在中国舞台上演出不下二十轮。所以,我们可以这样说:莫里哀是中国观众最熟悉、最喜爱的外国喜剧家之一。

另外,作为一个喜剧大师,莫里哀对中国戏剧的发展有着不可忽视的影响。但凡写喜剧的人,没有不向他学习的,丁西林、顾仲彝、李健吾、陈白尘,还有钱锺书先生的夫人杨绛等中国戏剧界有名的剧作家,他们的创作都受到莫里哀的影响。所以不管从哪个方面说,一个喜欢喜剧、喜欢文学的人,都应该了解这位法国剧作家。

下面,我就先来给大家介绍莫里哀这个人传奇的一生。"莫里哀"其实不是这个作家的真名,而是他的艺名。他的真名是"让-巴蒂斯特·波克兰"(Jean-Baptiste Poquelin)。他出生在巴黎的一个富商家庭。父亲是经营室内装饰的,也就是卖地毯、挂毯、帐子、窗帘这类东西。他父亲的生意做得不错,富裕之后,就用钱买了一个官职。当时正是法国的封建时代,经过几十年的内战,国家总算统一安定了,进入一个专制王权统治的时期。朝廷为了维持官廷和军队,用卖官鬻爵的办法来筹钱。那时,贵族已经没落,资产阶级开始富裕起来,于是一些有钱人就用钱买官做,提高自己的社会地位。莫里哀父亲买了一个小官职,叫作"王室侍从",职责是到官里伺候国王的日常起居。

莫里哀出生在这样的家庭,也算是个小少爷了。他父亲也希望他子承父业,将来当个商人。但是莫里哀从小喜欢戏剧,不喜欢经商。父亲看出他的想法,把他送进一所贵族学校,后来还让他学习法律,希望他将来当个法官。那时,许多人家就是走这样的路,跻身社会上层。但是,莫里哀既不喜欢经商,也不喜欢当法官,他总是迷恋舞台,有空就去看戏,有时甚至客串一番，当个票友。1643 年，也就是他 21 岁的时候，他不顾父亲的劝阻，和几个志同道合的朋友一起组成剧团，到剧场演戏。不幸的是，莫里哀和他的伙伴缺乏舞台经验，又不善于经营，2 年之后，剧团就负债累累，无法维持。债主们把他们告上法庭。莫里哀作为剧团的负责人之一，两次被关进牢房。

莫里哀的父亲以为他吃了苦头，一定会回头，选择回家经商。不料，莫里哀非但没有放弃演戏，干脆参加了一个流浪剧团，跟着剧团离开巴黎，到外省去演戏了。

流浪剧团的生活是非常艰苦的，他们没有固定的演出地点，一般是在城镇的集市、广场临时搭个台就演出，最好的情况也就是在旅店的空地上搭台演戏。演上几天，观众对他们的剧目看腻了，他们就得赶紧收拾东西，驾着大车，走上泥泞的道路，寻找下一个演出地点。到了一个新的演出地点，先要得到当地政府的允许，他们才能演戏，这时，当地人就会乘机进行敲诈，教会也会来刁难。莫里哀在这样艰苦的环境中依旧坚持自己的理想，一干就是 13 年。

艰苦的流浪生活对莫里哀来说，既是一番考验，同时也是最好的学习。他走出巴黎，走向外省的城镇和乡村，这才真正了解了法国社会的现实。这段经历培养了他对民众的感情，也使他熟悉了民间戏剧。这些都对他日后的创作有着决定性的影响，为他日后的成功打下了坚实的基础。

莫里哀在外省演出时，接受民众的审美习惯，主要演喜剧。他的表演特别受大家的欢迎，不久，他就成了剧团的负责人。为了剧团的发展，他开始自己写剧本。莫里哀一连写了几个好剧本，这样一来，他的剧团因为剧本新，演出精彩，就在外省出了名。

1658 年，也就是莫里哀 36 岁的时候，发生了一件改变他一生的大事。

那年，有人向国王路易十四推荐了莫里哀的剧团。路易十四那时还年轻，喜欢看戏，就召莫里哀来王宫演戏。于是，莫里哀率领剧团重返巴黎，在卢浮宫为国王演出。他演了一出在外省常演的拿手好戏，国王和太后看了开怀大笑。国王当时就下令把莫里哀的剧团留下，还给他们安排了一个剧场作为演出场地。这样，莫里哀就在巴黎定居了下来，从此开始了一个新的创作时期。

1659年，莫里哀来巴黎后创作的第一个剧本《可笑的女才子》上演，立刻就轰动了巴黎，一炮打响。这出戏用闹剧的手法，把当时上流社会流行的矫揉造作的风气大大地嘲笑了一番。这出戏的成功使他找到了自己创作的方向：喜剧不是单纯的逗乐、搞笑，喜剧应该把现实社会中的不良风气作为嘲笑的对象。接着，他延续这个方向不断写作，在思想上、艺术上越来越成熟，在社会上也引起了巨大的反响。其中反响最大的一出戏是《太太学堂》。

《太太学堂》用喜剧手法有力地讽刺了封建社会的夫权思想，于是引起一批封建思想卫道者的攻击，说它淫秽轻佻、有伤风化、诋毁宗教，说它不合规则，不像一出戏，等等，他们想把这出戏一棍子打死。莫里哀马上予以回击。他把舞台当作"论坛"，连续上演两出戏，与反对派展开论战，一出是《〈太太学堂〉的批评》，另一出则是《凡尔赛宫即兴》。在剧中，他对反对派的谬论一一批驳，而且把自己从《可笑的女才子》的成功中得来的经验提升到理论的高度，提出真知灼见。他认为喜剧就是要面对现实，讲真实，"表现本世纪人的缺点"；他反对死守规则，他认为：对喜剧来说，一切规则中最大的规则，就是要逗人发笑，通过笑来达到纠正歪风邪气的目的。经过这一场论战，莫里哀的创作方向更加明确了。从此，莫里哀进入了他创作的"丰收时期"。

1664年，他写出了自己最优秀的作品《达尔杜弗》。这个剧本在思想、艺术上的成就都超过以往，达到了相当高的水平。它的讽刺矛头直指当时上流社会的伪善风气，所以，刚一上演，这出戏就遭到攻击，连王太后、大主教也出面，要求国王禁止它公演。莫里哀遭到前所未有的挫折，但是他并没有就此放弃自己的目标。他一方面努力争取《达尔杜弗》的公演权，另一方面坚持按照既定的方向，写出一批揭露、讽刺社会上种种不良风气的高水平作品。他的那些备受好评的作品，如《唐璜》《愤世嫉俗》《吝啬鬼》《乔治·当丹》《贵人迷》等，都是在1664到1670年这6年间，也就是他42岁到48岁时写成的。在这几年中，他几乎每年都能写出两部好戏，有时竟多到四部。这六年是莫里哀创作的丰收期。

莫里哀晚年过得并不愉快，长期的操劳使他的身体很快变差。他既是剧团的团长，又是剧团的剧作家，还是剧团的台柱子，许多新戏上演时，都是由他扮演主角，那时没有专职的导演，莫里哀本人就是导演。工作如此之多，还要不停与反对派周旋，其劳累程度可想而知。

在40岁出头的时候，他就得了肺病，经常咯血。他的病越来越严重，有时甚至不能工作，只能靠牛奶维持生命。当然，他是不会停止工作的，他还是坚持写作、演戏。《司卡班的诡计》《女学者》这些名著，就是他晚年完成的杰作。

1673年，他写出了自己最后一部作品《没病找病》。当年2月10日，剧本公演，他抱病登台，自己担任主角。2月17日是剧本第四场公演的日子。那天莫里哀感到身体不舒服，他的妻子和学生劝他休息，取消当天的演出。他不同意，他说，剧团里几十个伙伴在等着今天的开支去生活，不能对不起他们。他忍着病痛登台，把戏演完。卸完妆，回到住所，一会儿就咯血不止，最后血液把气管堵住，莫里哀窒息而死。

莫里哀就是这样一个了不起的人。回顾他的一生，我将其归纳为三句话：

第一，他终生坚持自己的理想，真正做到了鞠躬尽瘁，把一生献给了自己钟爱的喜剧事业。

第二，他在实践中摸爬滚打，不断探索，从而成长为一个成熟的喜剧家。他既是剧作家，又是演员、导演，还是剧团团长，堪称全能戏剧家。

第三，他从民间学习，从传统学习，从外国喜剧学习，承前启后，在世界喜剧史上立下了丰功伟绩。

在这一节里，我介绍了喜剧家莫里哀不平凡的一生。下一节，我将带你走进莫里哀的代表作《达尔杜弗》，亲身体验莫里哀的精彩作品。

第二节
现存最伟大的戏剧开场

《达尔杜弗》这部喜剧的全名是《达尔杜弗或者骗子》，译成中文时，有时译名是《伪君子》或《答尔丢夫》。

前面我们说过，莫里哀经过了13年在外省的流浪生活，才重返巴黎。回到巴黎之后，他觉得这里的一切和他在外省的所见所闻反差强烈。他在外省的流浪生活中已经形成了一种平民意识，带着这种意识看巴黎现实，他对巴黎上流社会里的种种丑事特别敏感。他看到社会上普遍存在着一种伪善的风气，不少人干着坏事却装扮得善良正直，明明内心男盗女娼，表面上却像一个谦谦君子。这种伪君子特别具有欺骗性，最容易让人上当受骗。更让他看不惯的是，连宗教信仰这样神圣的事情，也能被他们利用，以达到罪恶的目的。因此他决定写一部喜剧，揭露伪善这种社会恶习。《达尔杜弗》这出戏就是这样诞生的。

那么，这部喜剧究竟讲了一个什么样的故事呢？

故事发生在巴黎富商奥尔贡的家里。此人笃信天主教，在教堂里碰到一个信士，名叫达尔杜弗。达尔杜弗在他面前做出种种虔诚的举动，他就把这骗子当成圣人，接回家来当良心导师。奥尔贡每天供他吃喝不算，还解除女儿已经订好的婚约，让女儿嫁给他；把自己最危险的秘密——一个逃亡朋友寄存的文件交给他保存。达尔杜弗进入奥尔贡家之后，表面假装正经，实则贪吃、贪财，又好色。他不满足于奥尔贡的女儿，又去勾引奥尔贡的续弦太太艾耳密尔。奥尔贡的儿子大密斯发现他的行为后，向父亲告发。达尔杜弗装出一副忍辱负重的样子，骗得奥尔贡对他更深的信任，奥尔贡甚至把儿子赶走，把本该由儿子继承的家产都送给他。奥尔贡如此糊涂，害得全家人都面临灾难。

为了让他亲眼看到达尔杜弗的真面目，奥尔贡的太太艾耳密尔设计了一个计策，揭露达尔杜弗。她把达尔杜弗叫来，让奥尔贡躲在桌子下面，亲耳听到达尔杜弗如何向她求爱，如何勾引她。这样一来，奥尔贡才如梦初醒，当场就要赶走达尔杜弗。那骗子见自己的伪装已经败露，马上就现出恶棍的本相。他到法院起诉，要把奥尔贡一家赶出家门；他到官廷告发奥尔贡私藏政治犯的密件，还亲自带侍卫官来抓人。眼看奥尔贡一家就要遭难，情况危急，幸好国王英明，早就发觉达尔杜弗是一个作恶多端的坏人，下令将他逮捕，又顾念奥尔贡当年在国王有难的时候勤王有功，不再追究他的错误，奥尔贡一家才逃过一劫。

在剧中，莫里哀塑造了一个披着宗教外衣进行罪恶活动的伪君子形象。下面，我们来看看，莫里哀在剧本里是如何揭露这个坏蛋的。

第一，我们可以注意到，莫里哀在剧本的结构上，采用了一个与常规不同的写法。写剧本，一般的写法是让主要人物尽快上场，因为一出戏的演出时间是有限的，主角早一点出场，可以给他更多的表现机会，有利于表现这个主要人物。但是莫里哀在考虑《达尔杜弗》的结构时，却让达尔杜弗到第三幕才出场，第一幕、第二幕都看不见他。

戏都演了一小半了，主要人物还不出场，这可有点特别。其实，这是莫里哀的一个精心安排。

我们看到，戏剧一开场，写的是奥尔贡一家人的争吵。奥尔贡的母亲白尔奈耳太太气急败坏地上场，不听一家人的挽留，非要离开，说着说着，就争吵起来。他们到底吵什么？他们为什么争吵？戏剧一开始以这样的方式吸引住了观众。说到争吵的原因，话头就引出家庭成员们对于达尔杜弗的不同看法。老太太认为这是一个人品高尚的虔诚的教徒，一个正人君子。其他人却都不这么认为，尤其是女仆道丽娜，话说得最尖锐。她认为此人不可信，他的一举一动全是做给人看的，是个伪君子。那么，达尔杜弗到底是一个什么样的人呢？是正人君子还是伪君子？戏剧开门见山，提出了这个问题。观众很想知道答案。开场戏就把观众的注意力集中到达尔杜弗这个主要人物身上，这是莫里哀构思的第一个目的。

第二，场上人物的不同评价，实际上为观众介绍了达尔杜弗的为人，而且使观众在对主要人物有初步了解之后，还想有进一步的了解。这样，主要人物没出场，但实际上已经在场。不出场胜过出场。

第三，一家人都在与老太太争论，通过老太太回应时对他们的称呼，点出了他们之间的关系和各人的身份。譬如，老太太出场走得急，奥尔贡的妻子劝老太太慢着点。老太太说："算啦，我的儿媳妇，算啦，别往远里送啦：这些礼貌，我统统用不着。"奥尔贡的妻子接着说："我这是对您应尽的本分。可是婆婆，您为什么走得这么急呀？"一个叫儿媳妇，一个叫婆婆，她俩之间是婆媳关系，她们各自的身份也很清楚。这样的开场戏真是好极了，一举多得，实在太妙了。所以，歌德称赞说，这是"现存最伟大的最好的开场"。

在接下来的第一幕的剩余部分和第二幕中，达尔杜弗还是迟迟不出场。剧本通过其他人物的对话，从侧面介绍主人公。从剧本中，我们可以知道，原来达尔杜弗是外省一个没落的贵族，刚到巴黎时，穷得连一双鞋都买不起，他利用奥尔贡对宗教的虔诚，骗取了奥尔贡的信任，混进他家里，成了"良心导师"。良心导师是什么角色呢？当时法国有一种习惯，很多教徒愿意请一个他们信任的宗教人士到家里来，教他们学习教义，指导他们如何按照宗教的教义来待人处世。这样的人被称为良心导师。

达尔杜弗进到奥尔贡家后，干些什么呢？首先是大讲教义。他对奥尔贡说，要一心侍奉上帝，把人世看成粪土，杜绝一切享受；他还说，应该对世上的一切都冷淡，甚至看着自己的亲人都死掉也全不在乎。这都是什么话！是人话吗？！可是实际上，他说一套做一套，自己反而最会贪图享受。女仆道丽娜揭露了他的虚伪。他一顿饭能吃两只鹌鹑，还加半只切成小丁的羊腿，吃饱后走进自己的房间，躺到暖暖和和的床上，安安逸逸地一觉睡到天亮，第二天一早，又要灌上四大杯葡萄酒。在这样的"养生之道"的滋养下，他变得白白胖胖，满脸红光。这哪像个把人世一切都看成粪土的苦行者呢！就凭这些，已经可以看出他的假仁假义了。不过，这还只是对他的浅层表面的揭发。

戏剧的第三幕第二场，达尔杜弗第一次出场。在这一场戏中，莫里哀单刀直入，一下子就戳穿他的假面具，让观众看出这个人内心肮脏却善于伪装。达尔杜弗上场时，就让人把自己的苦衣和教鞭收好，仿佛自己是个苦行者。那时欧洲一些教徒相信，人生来有罪，必须用苦刑来折磨自己、惩罚自己，这样才能赎罪，才能得救。他们有时穿一件粗毛的衬衣，让自己满身挨扎，再用鞭子抽打自己，给自己施以疼痛的折磨。达尔杜弗这么做，暗示他刚才就是这样把自己打了一顿，想要别人相信，他是那种不惜用苦刑来折磨自己的最虔诚的基督徒。他见到道丽娜穿着袒胸的衣服，马上激动起来。在西方国家，女人穿袒胸的衣服，是很平常的事，可在达尔杜弗心里就不一样了。他见到道丽娜，不知他心里产生了什么肮脏的念头，却又要掩饰自己的失态，就掏出一条手帕，要道丽娜把胸脯遮盖起来，说这种穿戴会败坏人心,引起有罪的思想。其实,那不正好说出了他的心里已经有了有罪的念头了吗?道丽娜一句话就揭穿了他的伪装:"原来您这样经不起诱惑,肉身子对您起这么大的作用?"

莫里哀很注意人物的第一次出场,就像中国的戏曲特别注重人物亮相。在莫里哀看来,人物第一次出场一定要形象鲜明,特点突出,给观众留下深刻的印象。

在这里,我们可以看到,莫里哀的手法是如此简捷明快,人物一出场,单刀直入,三种道具(一件苦衣、一条教鞭、一条手帕),一个行动,就把这个骗子假仁假义的面目揭穿,让观众看到达尔杜弗在道貌岸然的外表下,埋藏着一颗卑鄙肮脏的内心。

莫里哀在剧本的序言里说到他如何刻画达尔杜弗的形象时说,他用了整整两幕为这个恶棍上场做准备。"他从头到尾,没有一句话,没有一件事,不是在为观众刻画一个恶人的性格。"从人物亮相的这一段,我们可以看出他是如何精雕细刻地塑造这个伪君子的形象的。

从这一场戏,观众已经了解了达尔杜弗不但贪图享受,还是一个好色之徒。剧本就从他的好色这一点入手,着力描写他勾引奥尔贡太太的丑恶行为,用人物自我暴露的手法,让达尔杜弗自己一层层地剥下伪装。他明明在干着一件亵渎神圣的坏事,可是却把自己这种罪恶的行径说成是对上帝的敬仰。他玩弄手段,把丑事披上神圣的外衣,伪君子的面目已经暴露。更让人吃惊的是,他在坏事被人揭发的时候,使出更加恶毒的手段,跪在奥尔贡面前,说自己甘愿接受这样的耻辱。他用这种做法把自己伪装成受害者,既逃脱了罪责,又嫁祸于人。达尔杜弗就是这样一个居心险恶、手段歹毒的大坏蛋。不过,他还是耐不住内心的兽欲,终于自己撕下了伪装的外衣。

为了解除艾耳密尔对他提出的三方面的顾虑:宗教、道德和丈夫,他竭力狡辩，露出了真相。原来在他看来，上帝可以听凭他的意愿，对他让步，教义可以任意篡改；干了坏事，只要不张扬，无人知晓，就不算坏事；至于奥尔贡，他说，那人早已被他玩弄得服服帖帖。达尔杜弗伪君子的面目彻底暴露。等到伪装不能再骗人的时候，他又使出流氓恶棍的招数。他动用法律手段，到宫廷告状，希望置恩人一家于死地，完完全全露出凶神恶煞的本相。

剧本就这样从揭露达尔杜弗的言行不一开始，到揭露他的罪恶勾当，再挖出他的罪恶目的，三个步骤，由表及里、层层深入地刻画了一个伪善者的形象。这部戏把伪善这种社会恶习的丑陋和危害揭露得相当深刻。它告知世人：骗子的原貌是恶棍，伪善只是一种为实现其罪恶目的的手段，不加清除，将造成巨大的社会危害。

由于其典型性，达尔杜弗被认为是世界文学中最著名的人物之一。"达尔杜弗"这个词也成了伪善者的同义语。在世界文学史上，《达尔杜弗》这部作品被公认为经典，也是性格喜剧的典范作品。

1664 年 11 月，这出戏的前三幕在凡尔赛宫里举办的游园会中演出。由于这出戏锋芒毕露，矛头直接指向社会上的一大批伪君子，于是那些有权有势的伪君子们四处运动，千方百计要扼杀这出戏，连王太后、大主教、国王的忏悔师都出面，向国王施加压力。在压力之下，这出戏最终被宣布禁演。莫里哀为争取剧本公演，奋斗了 5 年之久，直到 1669 年 2 月，《达尔杜弗》才在路易十四的批准之下再次正式公演，[1] 莫里哀也对剧本进行

---

[1] 1667 年，《伪君子》曾在国王的批准下短暂上演一天就被禁演。为顺利上演，莫里哀曾对剧本进行修改。——编者注

了复原。2月5日,《达尔杜弗》正式上演。演出的那天，无数观众涌进剧院，争相观看这一出早已闻名的好戏。拥挤的观众把剧院的大门都挤破了，而这轮演出一直持续了9个星期之久。

在这一节中，我讲述了莫里哀著名戏剧《达尔杜弗》的故事情节，分析了主要人物达尔杜弗的形象。下一节，我将聊聊剧中的另一位重要人物，以及这部作品的三大"亮点"。

第三节
喜剧里为什么会带有悲剧因素

读者在读这部喜剧的时候，一定会注意到，达尔杜弗之所以能走进奥尔贡的家庭，他那些骗人的勾当之所以能够得逞，全都是因为奥尔贡对他过分崇拜，到了执迷不悟的程度，不然，达尔杜弗那些罪恶的目的是不可能得逞的。因此，剧本写这个人物时必须把这一点交代清楚，必须充分写出奥尔贡对达尔杜弗的那种痴迷的状态。现在，我们来看看莫里哀是怎么来解决这个问题的。他在第一幕和第三幕之间，也就是在达尔杜弗出场之前，专门安排了几场戏。

剧本的第一幕第四场里有一段精彩的对话。奥尔贡从外面回来，向女仆道丽娜询问家里的情况。道丽娜认为，他最关心的一定是太太，因为那是他最亲近的人，所以赶紧告诉他，太太这几天生病了，头疼得厉害，吃不下饭，睡不好觉。不料奥尔贡根本不关心自己的妻子，只关心那个骗子。他打断道丽娜的话，直问："达尔杜弗呢？"道丽娜告诉他，达尔杜弗大吃大喝，把自己养得肥肥胖胖。按说，达尔杜弗的这种表现应该引起奥尔贡的怀疑。不料，他不但不觉得反常，反而感到欣慰，感叹地说了一句："可怜的人！"一问还不够，奥尔贡连续问出四个问题，不管道丽娜怎么提醒太太的健康状况不好，他都无动于衷。奥尔贡四次打断道丽娜的话，只是重复这两句话："达尔杜弗呢？""可怜的人！"

这是喜剧性艺术常用的手法，闹剧、相声等艺术形式都会用到：一件可笑的事，说一次，可以引发观众的笑声；重复一次，观众会大笑；重复三次，观众就会笑得前仰后合。莫里哀在这里成功地运用喜剧艺术的这种手法，靠着对于这两句话的简单重复，就把奥尔贡对那骗子的痴迷之深刻画得活灵活现。观众通过他可笑的表现，一下子就明白，他对达尔杜弗的关心已经超过了对自己的爱妻，他头脑里只有达尔杜弗，已经到了执迷不悟、不可救药的程度。观众对他有了这样的了解，那么他后来那些愚蠢的行动也就可以理解了。这一场戏充分体现出莫里哀对喜剧手法的运用是如何熟练自如，也体现出了他简洁明快的创作风格。不费多少笔墨，简单地重复两句话，就解决了一个难题。

我们回过头，分析一下奥尔贡这个人物。论身份，奥尔贡是巴黎的一个商人。从他的家境可以看出，他为人精明，经营有方，道丽娜也说过，在国家内乱的时候，他做出了明智的选择，辅助国王；他英勇有为，受人敬重。按说，这不是一个蠢人，那么为什么面对达尔杜弗这样一个伪君子，他却不能识别真假、反而上当受骗呢？那是因为他身上有一个致命的弱点：虚荣心。

17世纪的法国，资产阶级刚刚崛起。他们发了财，有了钱，但是社会地位较低，渴望提高自己的社会地位，并以此受到人们的尊敬。莫里哀后来的一些作品，如《乔治·当丹》《贵人迷》等就是专门讽刺这些习性的。达尔杜弗正是看准了奥尔贡的这个弱点，投其所好，骗取了奥尔贡的信任。其实，奥尔贡根本不了解达尔杜弗，只凭着达尔杜弗在教堂上的表现就对其崇拜得五体投地。

我们来看看达尔杜弗在教堂的表现：他每天来到教堂，专门跪倒在奥尔贡的对面，专心致志地祷告上天，卑躬屈节地亲着土地，表现得出奇的虔诚；当奥尔贡走出教堂的时候，他特意赶到前头，在门口向奥尔贡献上圣水；奥尔贡听说他家境贫寒，送他钱时，他说："这太多啦，一半儿都嫌太多；我不值得你这样可怜。"达尔杜弗还故意当着奥尔贡的面，把钱散给穷人；到了奥尔贡家里，他什么都干涉，吹毛求疵，一点点小事他都说成犯了大罪，大发雷霆；有一天，他做祷告的时候，捉住一个跳蚤，把它弄死了，事后直忏悔自己不该这样。

谁都可以看得出来，达尔杜弗的那些装模作样的行动是如此做作，如此虚伪。特别是他当着奥尔贡所做的事情，根本就是为了讨好奥尔贡，是在对他奉承、拍马屁，是故意做给奥尔贡看的。然而，这恰恰符合奥尔贡的心理。他本来就不懂什么宗教，只知道宗教仪式，只知道赶时髦。达尔杜弗投其所好，特意在宗教行动的掩盖下对他大肆奉承。对于奥尔贡来说，则是正中下怀。无知和虚荣心，使他做出了错误的决定。

奥尔贡还是一个思想保守的人。他特别害怕"自由思想"，头脑中装满了封建家长制的那一套。他说过，"我是家长，人人应当服从"。他对宗教信士的崇拜和迷信以及自己的糊涂与固执，也与这种保守思想有关。正是这样的性格，让他在错误的道路上不能自拔。

不管怎么说，奥尔贡的遭遇是悲惨的，要不是国王明断是非，奥尔贡一家人难逃一劫。也因如此，评论者认为这部喜剧带有悲剧的因素。的确，《达尔杜弗》本来是一部喜剧，而剧情后半部分却走向悲剧，气氛相当严峻。喜剧中出现悲剧因素，这在当时被认为是不符合规则的。但是莫里哀跳出规则的逻辑，从剧本的创作意图出发，打破规则，大胆地加入悲剧因素。

莫里哀这个大胆的举动是成功的。正是悲剧因素的加入，使剧本对伪善风气和伪善者的揭露讽刺大大深入了。奥尔贡的遭遇让观众提心吊胆，同时引发他们的思考：伪善者之所以要伪装必然有其不可告人的目的，如果不加警觉，让那些伪善者得逞，人们将会遭遇多么可怕的厄运，社会将面临什么样的危害？另外，观众们也必然会想到，盲目地迷信宗教、追求虚荣、爱听奉承，就会使自己变得愚蠢，受骗上当。这就是《达尔杜弗》这部喜剧的警示意义。

《达尔杜弗》是一部300多年前写成的作品，但直到今天，它依然在各国的舞台上经常演出。这部作品为什么这样受欢迎？它究竟有哪些突出的亮点呢？

第一，我们看到，《达尔杜弗》之所以受到大众好评，并在世界戏剧史上占有重要地位，是因为这部作品不同一般——有深度，不肤浅。喜剧当然要逗乐，要让观众看了发笑，但如果只是为笑而笑，只注意如何搞笑而忽视了内容，这样的作品就容易流于肤浅。莫里哀总是能够捕捉到现实社会当中的恶习，他创作的剧本善于反映当时恶劣的社会风气。以喜剧的方式，写出切中时弊的作品，这是莫里哀能够取得成功的重要原因。《达尔杜弗》就是这样一部好戏。在这部戏中，莫里哀把伪善和迷信化为笑料，通过笑来启发人们的思考，引起人们的警觉。

第二，大家都说莫里哀的喜剧艺术性高，耐看，那么，莫里哀作品的艺术性到底高在哪里？它们为什么能取得这样好的艺术效果呢？我认为，他的作品除了能够切中时弊，还塑造了一个个性格鲜明、令人难忘的人物形象。《达尔杜弗》之所以成为经典，就是因为剧本成功地塑造了达尔杜弗这个伪君子的形象。观众看了他的作品之后，印象最深的是作品中那些性格鲜明的人物形象。这些人物形象就像被刻在观众的头脑里，久久不能忘记，以至于他笔下的有些人物后来成为某类人物的通称。在西方国家，"达尔杜弗"这个名字已经成了伪君子的代名词。人们一说某某人是"达尔杜弗"，谁都明白，意指他是个伪君子。莫里哀的许多作品也因此被人们认为是"性格喜剧"的典范。

第三,莫里哀之所以成功还在于他能博采众长又不墨守成规。莫里哀面对着很多戏剧传统,有古代的、外国的、民间的,在莫里哀看来,这些都是他的资源,都是他的学习对象。在他的作品中,我们可以清楚地看到他如何借鉴传统,把那些对他有用的东西化为己有,在充分吸收的基础上进行全新的创造。我们以《达尔杜弗》与古典主义的关系为例,来看看莫里哀对古典主义是如何继承,又是如何在古典主义的基础上创新的。

古典主义是当时文坛主流的文艺思潮。古典主义拥护者假托古代经典,建立了一系列写作规则,要求文艺创作以理性为原则,以古代经典作品为典范;给文艺作品定下了确定的规则,譬如剧本应该符合理性原则,不能混淆悲剧和喜剧的界限;标准的戏剧作品必须遵守"三一律"。所谓"三一律",就是要求一个剧本情节上不允许其他支线情节存在、地点单一、时间不超过一天,即24小时。

《达尔杜弗》成功地运用了古典主义创作方法,剧本主题单纯而突出,人物性格鲜明,全剧结构严整、层次分明,充分体现了理性原则,体现了古典主义戏剧的优点。同时,全剧五幕,情节单一,地点为奥尔贡的家,时间不超过24小时,这一切都符合"三一律"。

莫里哀的成功并不是因为他的作品符合这些规则,而是因为他能充分掌握这些规则的要领,熟练地、自如地运用这些规则为刻画人物、推动剧情、表现主题服务。时间地点的限制,对他来说,不是束缚。他正是在这样的条件下把剧情写得集中紧凑,引人入胜。譬如,《达尔杜弗》这个剧本被限定在奥尔贡家里,莫里哀正好利用室内条件进行构思。剧中的许多情节,如大密斯隔墙偷听、达尔杜弗向艾耳密尔调情、奥尔贡桌下藏身等,离开室内环境便无法成立。

我们还应该注意到，为了加强作品的艺术效果和思想深度，莫里哀在剧中大胆地突破了古典主义的桎梏，加入了悲剧的因素：在《达尔杜弗》里，正是奥尔贡的遭遇，正是这个悲剧因素的引入，才更突出了伪善的危害性，加深了作品的思想意义。如果这个剧本没有了悲剧因素，那么剧本很可能只是从道德的意义上，对伪善的风气嘲笑了事。

莫里哀的喜剧带有悲剧因素，这是歌德提出的看法。他在评价莫里哀的另一部作品《吝啬鬼》时说，这是一部"高度悲剧性"的喜剧。后来，不少人同意这样的意见。中国评论界多数学者也同意这个意见，并且认为这一点是莫里哀喜剧的一大特点。另外，莫里哀还在剧本中融入了许多民间闹剧的手法，使剧本变得更加活泼。前面提到的隔墙偷听、桌下藏人、家人吵架、打耳光等在古典主义戏剧里都是不被允许的，这些都是莫里哀对民间手法的大胆使用。

正是由于以上几个特点，我们可以说，《达尔杜弗》的成功并不是偶然的，它是莫里哀在不断积累之下产出的艺术精品。这部喜剧已经被公认为莫里哀本人的代表作，是欧洲古典喜剧的典范之作。

在这一节中，我分析了《达尔杜弗》这部喜剧中另一个角色：奥尔贡，同时，我解析了这部作品的三大亮点。《达尔杜弗》这部作品我们就讲到这里。下一节，我要向你介绍莫里哀的另一部杰作，他的一部短篇喜剧：《逼婚》。

第四节
只有二十页的传世之作

《逼婚》是一部闹剧式的短篇喜剧。

莫里哀重返巴黎后所写的作品,大部分是三幕或五幕的大剧,独幕短剧并不多。而《逼婚》是一部不分幕的、只有十场戏的短剧。

为什么说它是"闹剧式"呢?

欧洲地区流行戏剧,最初是宗教剧。后来,为了吸引观众,人们开始在宗教剧的幕间插演一些民间小戏,这些小戏叫 farce,farce 有"肉馅"的意思。这些小戏是插在幕间演出的,就好比是做菜时夹在鸡肚、鸭肚、鱼肚里的肉馅,所以把它也叫作 farce。这些小戏的主要内容是逗乐,打打闹闹,多使用插科打诨的手法逗人开心。在翻译成中文时,我们就把它译成"闹剧"。

在莫里哀参加流浪剧团,流浪于外省的 13 年间,法国民间流行的主要就是这种闹剧,莫里哀剧团演出的,也是这种闹剧。后来,莫里哀重返巴黎,接受主流思潮的影响,主要写三幕或五幕的大型喜剧。但是,莫里哀并没有丢掉民间传统,因为那是他的根,是他的拿手好戏;实践经验也告诉他,在大型喜剧里借用一些闹剧的手法有利于提高作品的表现力。所以,他的大多数喜剧作品中总是带有闹剧的因素。此外,我们还可以看到,他经常写一些闹剧式的或者闹剧成分很突出的作品。《逼婚》就是这样一部闹剧式的喜剧。

这部喜剧写的是一个名叫斯嘎纳赖勒的富裕市民与一个名叫道丽麦娜的贵族小姐结婚的故事。在剧中,斯嘎纳赖勒被逼结婚,所以剧本的名字叫《逼婚》。

在法国,民间原本就有一出闹剧,写的是一个男子惧怕结婚却被迫成婚的故事。莫里哀借用这个民间小戏作为构思剧情的轮廓,在内容上对它进行了彻底的改造,着力塑造人物。于是,一部情节简单、篇幅不大的短剧被莫里哀写成为一部内容充实、形象生动的佳品。

我们以剧本中的几个主要人物为线索来介绍这部作品。

剧本的中心人物是斯嘎纳赖勒。剧本一开始,莫里哀就用非常简练的笔法刻画这个人物的性格特征。斯嘎纳赖勒要出门,向家人交代说:"有人给我送钱来,赶快到皆洛尼莫先生那边找我;有人问我要钱的话,就说我出门了,一整天不回来。"别看就这么几句话,里面却包含着多重意思,巧妙地交代了关于此人的一些基本信息:第一,他是个商人,开口就提到钱;第二,来找他的人都是为钱,不是来给他送钱,就是来向他要钱,对于这一送一要的两种人,他的态度是不同的,遇见来送钱的,他亲自接待,遇见来要钱的,他就躲起来,能拖就拖,说明他是个财迷;第三,他出门不忘交代事情,而且几句话就交代得清清楚楚,说明他为人谨慎,做事小心。前两点说明了他的身份,第三点则最为重要,是斯嘎纳赖勒这个人物的性格特征。他是一个性格谨慎的人,不然,就不会产生那些有趣的事情。可以说,全部剧情都是建立在这点之上的。

斯嘎纳赖勒这样看重钱,但是《逼婚》这出戏写的并不是他与钱的事情,而是写他的婚姻故事。

斯嘎纳赖勒是一个50多岁的老头。他想要结婚成家,可是又有顾虑。

剧本开场时，他看中了一个姑娘，而且已经订了婚约，当天就要举行婚礼，但他办事小心多虑，不知道自己该不该结婚。有了这样的疑虑，他就犹豫了起来。于是，他到处征求朋友的意见。剧本的第二场，他遇到了自己看中的那个女人，叫道丽麦娜。那女子告诉他，结婚以后，要"像两个世故佬一样过活"，各顾各的，谁也不要限制谁，谁也不要干涉谁。听到这样一番话，斯嘎纳赖勒预感到事情不妙。他的顾虑加重了，担心结婚后老婆给他戴绿帽子。

斯嘎纳赖勒又去向人请教。他找到两个哲学家，还找到两个埃及女人。这时，他问的问题不再是该不该结婚，而是自己结婚后会不会当王八。谁都没有给他明确的回答。后来，他知道道丽麦娜嫁给自己这个糟老头子只是因为自己有钱，而且她计划着"没有多久，就把他开发了"，自己就可以成为富婆，为所欲为了。这时，斯嘎纳赖勒的结婚梦彻底破灭，决定退婚。可是事情已经由不得他了。女方的父兄坚决不同意，非逼他成婚不可。道丽麦娜的哥哥要跟他决斗，甚至当场拿起棍棒就要揍他。斯嘎纳赖勒被逼无奈，只得答应和道丽麦娜结婚。

斯嘎纳赖勒已经50多岁了，他一辈子没有结过婚，是个糟老头子，还有咳嗽病。为什么他想起要结婚，而且迫不及待地定了婚约，当天就举行婚礼呢？其实，我们只要把这件事放在当时的社会背景下，就可以理解了。

当时法国正处于历史性的变化时期，那是一个封建制度由盛转衰、资本主义兴起的时代。贵族阶级已经衰落，有一批市民富裕起来了，但是这批市民在社会上地位很低，他们迫切希望改变自己的社会地位。怎样才能改变呢？有一个办法就是通过联姻，娶一个贵族阶级的女性当老婆，从而当上贵族人家的女婿，这样就可以挤进贵族队伍，获得贵族的身份。在当时，贵族阶级往往因为经济上的拮据，无奈地接受这种婚姻。斯嘎纳赖勒看上的道丽麦娜，就是贵族阶级。道丽麦娜家的人如此霸道，道丽麦娜的哥哥一张口就要决斗，道丽麦娜的生活作风如此糜烂，都可以看到贵族的做派。所以，剧本写的就是两个不同阶级联姻的故事。

在一般的等级森严的封建社会里，这种社会现象是不多见的。但是17世纪的法国却是个例外。莫里哀敏锐地看到，这是法国出现的一种新的社会现象，这种现象反映出现实的变化。他对这一点抓住不放，借一出传统的闹剧为情节框架，写出了一部短小精致的佳作。在这个剧本里，他把斯嘎纳赖勒写成一个可怜的受欺负的人，而把道丽麦娜一家写成十分霸道、不讲道理、欺压别人的家庭。这种倾向，明显地表示出他是站在斯嘎纳赖勒一边的，是不赞成这种婚姻的。

值得注意的不仅是莫里哀的眼光敏锐和行动迅捷，很快就能抓住现实当中的新鲜事并写成剧本，而且他在剧本里塑造了一个生动的人物形象，并揭示出这个人物做出可笑行为背后的性格和心理。这是《逼婚》这个剧本的重点，也是它的亮点。

剧本所描写的情节很简单，就是斯嘎纳赖勒一次又一次地向人求教询问。他已经决定结婚，还订了婚约，为什么还这样犹豫不决呢？剧本一开场就通过斯嘎纳赖勒的几句台词，向我们交代了此人的性格就是谨慎小心。对于结婚这样的人生大事，他当然会更加谨慎，也就是说，这是性格使然，并不奇怪。这样，人物的行动有了性格依据。

问题还在于他顾虑什么，犹豫什么？为什么这样犹豫？莫里哀深入地挖掘了人物的内心。原来斯嘎纳赖勒知道贵族小姐生活不检点是常事，唯恐自己娶到这样的人，被老婆戴上绿帽子，自己当了王八。这是他对当时的贵族的一种认识。他的顾虑不是无中生有的，道丽麦娜就是这样一个不靠谱的女人。

斯嘎纳赖勒本来顾虑道丽麦娜会反对嫁给他，问她对这桩婚事满意不满意。道丽麦娜痛痛快快地回答说：很满意。一个贵族家的女子，怎么会轻易地乐意嫁给一个被人看不起的商人呢？原来她自有打算。她对这桩婚姻寄有两点希望。第一点，结婚后可以摆脱老爸的管束，为所欲为，什么都玩；她要求结婚后，自己无论干什么，丈夫都不加干涉，不吃醋。这哪是什么贵族小姐，明明是一个水性杨花的风流女子。第二点，她认为，这是赚钱的好机会。斯嘎纳赖勒已经老了，活不了多久，只要老头子一蹬腿，她会成为富婆。用道丽麦娜的话说，只要"把他开发了"，财产就全归自己所有。这是一个道德败坏、居心叵测的坏女人。

通过以上分析，我们可以说，斯嘎纳赖勒的顾虑并不是没有道理的。他那种欲娶又怕的心理，恰当地表现了当时法国市民特有的心态。他们渴望提高自己的社会地位，成为社会主流，但还没有足够的力量去推翻不合理的旧制度，只能顾虑重重地、怯生生地试探着往上流社会里挤；至于贵族阶级呢，则已失去过去的辉煌，他们的道德已经败坏，只能靠过去的荣光和残存的威严，挣扎着生存。剧本从一个婚姻故事，管窥了整个社会，让我们看到17世纪法国社会的变化，看到两个阶级的人物处境和他们的心理，这真是以小见大的典范。

不过，这样来解读莫里哀的《逼婚》，还是不够的。这个剧本不仅仅从婚姻入手，管窥了一个社会，还从斯嘎纳赖勒为婚姻问题而向人求教的过程中，引出了许多辛辣的讽刺。

首先，剧本把讽刺的矛头指向哲学。斯嘎纳赖勒请教了两个哲学家。第一个哲学家庞克拉斯博士是亚里士多德学派的信徒，那人根本不听他提出的问题，只顾自己纠缠在一场毫无意义的纠纷中，斯嘎纳赖勒气得把他推进门去。庞克拉斯岂肯罢休，他爬上窗户继续说，打开门走出来继续说，没完没了。斯嘎纳赖勒终于明白：亚里士多德学派的信徒什么也不会，只会唠叨。

斯嘎纳赖勒找到的第二个哲学家是马尔夫利屋斯。此人是个怀疑论者，皮浪的信徒。他怀疑一切，对任何事情都不置可否，对任何问题的答复都模棱两可，只说"似乎"，不下断语。对斯嘎纳赖勒提的问题，他的回答是"也好也不好""不见得不可能""或许""可能"，气得斯嘎纳赖勒拿起棍子揍他。

莫里哀为什么将这两个如此愚蠢可笑的人设计为两位哲学家的信徒呢？

这里提到的两种哲学在欧洲历史上都起过很大的推动作用，但是都被当时的一些哲学家曲解到极其荒谬的地步。莫里哀在这个剧本里，对于当时这两种具有权威性的哲学进行嘲笑，表明了自己在哲学上的态度。

求教哲学家的两场戏本来是很难写的，但莫里哀成功地运用民间传统戏剧的技巧，把它们写得十分有趣。两个哲学家的形象来源于闹剧里的博士形象。莫里哀模仿闹剧里的做法，抓住两个哲学家对待问题的错误态度——一个主观固执，一个模棱两可——加以夸张，塑造出两个可笑的喜剧形象。

关于《逼婚》我们就谈到这里。一部小戏能写出这样的广度和深度，实在是难得。这是莫里哀短篇喜剧的一大特点：以小见大，小戏中藏着大题目。这样的剧本真不愧为经典，它值得我们好好地欣赏、学习。

最后，我还要补充一点。《逼婚》这出戏最早是在王宫里演出的。莫里哀知道国王喜爱芭蕾舞，便尝试在喜剧演出里加入芭蕾舞表演。这样做效果很好，加强了喜剧的表现力和观赏性。莫里哀是一个不断创新的戏剧家，他从这样的表演中，萌发出一个新的想法：如果能把这两种戏剧形式结合得更好一些，让它们融成一体，就可以形成一种新的戏剧形式。于是他开始探索新的戏剧形式。几经琢磨、试验，他终于取得成功，写出新形式的剧作。这种新的剧种叫作"喜剧—芭蕾舞"。下一节，我们就来谈谈莫里哀喜剧—芭蕾舞的代表作——《贵人迷》。

第五节
想当贵族的"滑稽人"

莫里哀的喜剧，从表现形式上，可以分为三大类，其中有一类称为喜剧—芭蕾舞，这类作品中最成功的一部是《贵人迷》。

首先，我想给你分享一个关于这部作品的故事。

1669年11月，土耳其派一个使团去法国。这个使团到了巴黎，请求进宫觐见法国国王。当时的法国国王路易十四有意要在外国人面前摆一摆威风，他命令把接见仪式安排得格外豪华。接见使团那天，他穿着一件镶满珠宝的朝服，威严地坐在宝座上。他想用这样的排场，在气势上压倒对方。

土耳其使团的领队是一个资深的外交官。他一进大殿，看到路易十四摆出这样的阵势，很快就猜透了路易十四的心思，露出不屑一顾的表情。

土耳其使团的这种态度使路易十四非常生气，满朝的官员也议论纷纷。于是，土耳其成了宫廷里的热门话题。国王要求这一整年庆典活动的节目都要有土耳其色彩，还命令莫里哀写一出带有土耳其色彩的喜剧。莫里哀不久就完成了，并于1670年10月14日在宫里演出。这就是喜剧—芭蕾舞——《贵人迷》。

这部喜剧虽然是按照国王的要求写的，但是莫里哀在国王的要求之外，为剧本增添了非常鲜明的现实内容。

《贵人迷》究竟讲了一个什么样的故事，又是如何体现"土耳其色彩"的呢？

剧中的主人公是巴黎一个有钱的商人，名字叫汝尔丹。他朝思暮想，希望自己能成为贵族。为了达到这个目的，他学习贵族文化，结交贵族朋友，还要把女儿嫁给贵族。结果，弄得自己出尽了洋相，成了众人嗤笑的"滑稽人"。最后，剧本在一场莫名其妙的闹剧式的"妈妈母齐"晋爵仪式中结束。

剧本写的就是汝尔丹成为滑稽人的过程。具体来说，莫里哀是从以下三个方面来塑造这个喜剧人物的。

第一，汝尔丹有一种严重的自卑心理。他出身于商人家庭，父亲是在大街上卖布的，而且汝尔丹自己也是个商人。这事儿本来很正常，可是对他来说却特别揪心。他总幻想自己能出生于贵族之家，他说："我宁可手上少长两个手指头，也愿意生下来不是伯爵，就是侯爵。"如果有人叫他一声"老爷""大人"，他就不自觉地流露出一种意外和惊喜，那种猥琐的表情既可笑又恶心。

第二，剧本写出了他为了当上贵族，努力学习贵族生活方式时的各种丑态。在那个时代，上流社会讲风雅，谈情说爱的时候要写情书，讲虚礼。汝尔丹想把这一切都学到手，于是就把自己打扮得像个贵族，又请来了音乐老师、舞蹈老师、剑术老师、哲学老师，全方位地学习贵族文化。剧本就是从这里开始，描述他在成为贵族的道路上的丑事。

他本来并不笨，是一个很精明的人，但是在学习贵族课程时，却显得那么笨拙。几个教师教的都是最基础的知识，而他呢，却总是笨手笨脚、笨嘴笨舌，出尽了洋相。这不全是因为他无知，而是他那种扭曲的心理在作怪。结果，他从一个精明人变成了"滑稽人"，成了小丑。

譬如，哲学老师教他学的逻辑、伦理、拼音等，都不合他心意，他最感兴趣的是写作。学习写作不是很好的事情吗？其实，他学习写作不是为了提高自己的文化修养，而是想模仿贵族，写一封情书，丢在贵妇人脚下，学一学贵族式的谈情说爱。这就引出一段妙趣横生的对话。

老师问他，你要讲风雅，那么你是要写诗了？他说不是。老师又问他，你不写诗，那么，你是要写散文吗？他依然回答说不是。这就把老师难住了。老师告诉他，表现自己，不是用散文，就是用诗，没有别的。他就很好奇地问老师，"那么，一个人说话，又算什么？"老师断然回答他，是散文。他追问一句，假如招呼仆人说"给我拿我的拖鞋来，给我拿我的睡帽来"，这是散文吗？老师斩钉截铁地说，是，这是散文。他恍然大悟，兴奋得跳起来，说：天啊！我说了四十多年散文，自己都不知道！

汝尔丹还希望按照贵族的方式打扮自己，他找到裁缝，想要给自己做一套贵族式的衣服。那裁缝在衣料上占他的便宜且不说，还胡乱地给他做了一套怪模怪样、五彩杂陈的服装，而且把衣服上的花样都做倒了。汝尔丹觉得不对劲。但是裁缝骗他说：贵族的服装就是这样的。他便把这不伦不类的衣服高高兴兴地穿在身上，结果把自己打扮得像个小丑，谁见了都发笑。

剧本就这样写了汝尔丹学习贵族而出丑的经历，通过这段经历，汝尔丹的形象已经树立起来。不过这还不够，莫里哀认为必须进一步写出贵人迷如何让汝尔丹受到伤害，这样才能激发观众对这种恶习的痛恨，彻底把它抛弃。于是，莫里哀在剧本里设计了贵人迷如何让汝尔丹上当受骗的故事。这是莫里哀塑造汝尔丹形象的第三个方面。

汝尔丹不但学着贵族的生活方式，而且还努力结交贵族朋友，企图找到路子，混进贵族圈。那个贵族朋友号称道琅特伯爵，但其实自己的家族早已破落，是个靠借债度日的骗子。这使我们联想到达尔杜弗。他们都是破落贵族堆里出来的骗子，只不过手段不同，一个利用宗教作掩护，一个则利用身份。道琅特打心眼里就看不起汝尔丹，不过，为了自私的目的，他故意对汝尔丹表示亲热、表示尊重，然后施展伎俩，骗钱骗物。他还假说有贵夫人愿意和汝尔丹交往，然后把汝尔丹的心意，包括小夜曲、鲜花、湖上烟火，还有汝尔丹不惜重金买来的钻戒等，都拿来讨好自己的情人。他把汝尔丹的请客宴席说成自己为宴请情人而借用汝尔丹的家来办的。汝尔丹就这样受了骗，可是这个糊涂蛋还以为这是自己的幸运，以为有了这样的朋友，实现当贵族的理想就有了把握，全不知自己成了冤大头。

莫里哀从这三方面，已经把汝尔丹的形象表现得非常鲜明突出了。汝尔丹已经陷进这个贵人迷的深坑，不知早已上当，还在自鸣得意，简直不可救药了。剧本写到这里，汝尔丹的形象塑造成功了，贵人迷的毒害已经表现得让人恨之入骨了，可是，作为一部喜剧，如何才能使收场变得喜剧性呢？莫里哀自有绝招。

汝尔丹有一个女儿，他想利用女儿的婚姻来为自己实现"贵人梦"铺平道路。他不顾女儿的意愿，坚持要女儿必须嫁给贵族人家。女儿和克莱翁特在仆人的帮助下，投其所好，安排了一个计策：让克莱翁特装扮成土耳其皇太子来求婚。这一计果然成功。汝尔丹答应了这桩婚事，不为别的，只因为对方是土耳其的皇太子，人家答应他可以获得"妈妈母齐"的爵位。"妈妈母齐"是个什么爵位？他不清楚，别人也说不清楚。人家告诉他说，"世上没有比这爵位再高的啦""将来可以和世上顶高的贵族平起平坐"。汝尔丹一听这话，便得意扬扬地接受了一切安排。

"贵人迷"把汝尔丹害成了小丑，害成了冤大头，害成了莫名其妙的"妈妈母齐"。好端端的一个正常人被弄得疯疯癫癫，丧失了理智。不过，剧本里另有一批人，并不像他那样中了"贵人迷"的毒还不清醒。这批正面人物包括汝尔丹的太太、汝尔丹的女儿吕席耳、吕席耳的意中人克莱翁特、他们家的女仆妮考耳，还有克莱翁特的听差考维艾耳。这些人身份不同，性格各异，但都是头脑清醒的人。剧中出现一批正面人物，这是《贵人迷》这部喜剧的一个特点。

女仆妮考耳，虽然是仆人，但她一身正气，看不起汝尔丹那种对贵族卑躬屈膝的卑劣行为。她刚一上场，见到汝尔丹穿着奇装异服便大笑不止，连续十几次，看着就笑，捧腹大笑，甚至笑得说不出话来。当时演出时，扮演这个角色的演员善于发笑，她的笑声富有感染力。莫里哀就充分发挥这个演员的长处，让她在舞台什么话都不用说，专门冲着汝尔丹大笑。她的笑声引得台下的观众笑得前仰后合，把汝尔丹笑得心里发毛。这是本剧最有特色的场面之一。它所产生的喜剧效果，对汝尔丹的丑行的杀伤力，是多少台词都无法比拟的。

《贵人迷》就是这样一部意义深刻、读来十分有趣的好戏。

前面我提到，《贵人迷》是莫里哀喜剧—芭蕾舞的代表作。什么是"喜剧—芭蕾舞"呢？喜剧—芭蕾舞就是把喜剧和芭蕾舞这两种艺术形式结合在一起的戏剧形式。它主要是戏，其中有些部分以音乐、芭蕾舞的方式演出，是把两种不同的艺术巧妙结合在一起的新型戏剧类型。芭蕾舞和喜剧，一是舞蹈，一是戏剧，它们本来是两种不同的艺术形式，不论是表演的内容、表演的方式，还是表演的理念都不相同，要把这二者结合起来，形成一种新的艺术品种，谈何容易？

莫里哀是经过几年的探索，才找到了编写这类喜剧的路子的。起初，莫里哀在喜剧里加入歌舞表演，仅仅是为了宫廷娱乐的需要，力求营造喜庆欢乐的气氛，跟剧情没有多少联系。可是，演出的成功给了他启发，他发现喜剧里加歌舞，可以增加喜剧的观赏性和表现力，有些内容用歌舞来表现更加有趣、更加贴切。于是，他大胆地试验，不断地改进。他明白，写好喜剧—芭蕾舞，关键在于如何处理好戏剧部分和歌舞部分的关系，如何把歌舞自然地融合在剧本里，把二者糅在一起，形成一个完整的整体。《贵人迷》是他多年探索的成果，在这个剧本里，他成功地把歌舞和剧情融合在一起。在这出戏里，歌舞是内容的需要，只有歌舞才能表现出剧情在此处特有的内涵。试想，《贵人迷》的结尾如果没有那个荒唐的"妈妈母齐"晋爵礼仪，剧本的喜剧效果就根本出不来了。

这样的演出方式，打破了不同艺术形式之间的界限，有点像现在的音乐剧，对我们来说，这是完全可以接受的，但是，在当时这却是离经叛道，非常大胆的。

在这几节中，我介绍了莫里哀的生平，分析了他的三部重要作品——《达尔杜弗》《逼婚》《贵人迷》。莫里哀是一个了不起的喜剧家。要知道，在他之前，很少有这样面向现实的、内容深刻的，又有着高度艺术价值和欣赏价值的喜剧，是他把喜剧引上一条健康发展的道路。评论家认为，他是近代喜剧的开创者，后来许许多多的喜剧家，都从他那里吸取了营养，继续推动喜剧的发展。莫里哀主张喜剧应该"寓教于乐"，我们读他的作品时，确实可以在欣赏之余，获得许多教益。

通过我的分析与讲解，相信你对莫里哀和他的喜剧作品已经有了大致的认识，感兴趣的读者可以读一读李健吾先生翻译的、湖南人民出版社出版的四卷本《莫里哀喜剧全集》，亲自去体会莫里哀作品的魅力。

《费加罗的婚礼》
以巧妙的骗局捍卫自己的爱情和权利

Les Noces de Figaro

武汉大学·罗国祥

博马舍

📖 作品介绍

《费加罗的婚礼》是法国作家博马舍的喜剧代表作。阿尔维瓦伯爵家的男仆费加罗与美丽的女仆苏珊娜彼此相爱，却没想到好色的阿尔维瓦伯爵早就觊觎苏珊娜的美色。当初伯爵和夫人结婚时，费加罗曾出过不少力，伯爵对费加罗承诺以放弃对苏珊娜的"初夜权"作为回报，但现在伯爵又要收回"初夜权"。为了应对无耻的伯爵，苏珊娜急中生智，联合伯爵夫人罗西娜设下了巧妙的圈套。她给伯爵写了一封温柔缠绵的情书，约他夜晚在花园约会。伯爵大喜过望，按照约定如期前往。正当伯爵大献殷勤之时，黑暗的花园突然灯火齐明，他惊讶地发现怀抱中的女子竟是自己的夫人罗西娜。

博马舍运用古典主义喜剧形式来表现启蒙运动的思想内容，并使这两者达到有机的统一，剧情矛盾突出，结构严谨。他的喜剧作品生活气息浓郁，人物形象个性鲜明，令人印象深刻。《费加罗的婚礼》后来被莫扎特改编为歌剧，并成为莫扎特最杰出的三部歌剧之一。

《费加罗的婚礼》思维导图

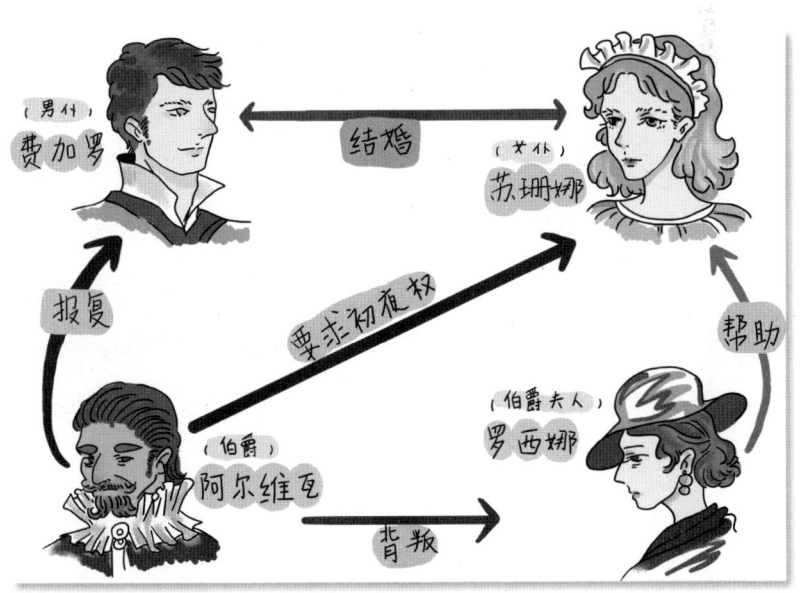

第一节
平民男女的爱情保卫战

《费加罗的婚礼》的作者是博马舍，他的原名叫皮埃尔-奥古斯坦·加隆（Pierre-Augustin Caron），后来发了财就改名为博马舍，而且在前面加了一个"德"字，表示自己出身贵族。实际上，他出生在一个小资产阶级家庭，父亲是个钟表匠，他13岁就辍学去学习钟表修理，天资聪颖且十分勤奋，20岁就有了一项发明，受到法国科学院的表扬。

博马舍还精通音乐，在竖琴和横笛演奏方面很有才华。法国国王路易十五还曾把他召到王宫里，给几位公主当音乐教师。不但如此，博马舍在金融方面也有一定成就，当时的著名金融家巴利士·杜威奈（Joseph Paris dit Duverney）很欣赏他，和他结为好友。

博马舍靠着与宫廷和金融家的特殊关系，不断积累财富，25岁就成为法国最富有的人之一。发了财的博马舍就是在这个时候把自己的姓氏改成贵族姓氏的。

那段时间正是法国资产阶级地位逐渐上升的时期。当时法国的资产阶级把国家经济带动起来了，自身在政治上的地位也就逐步上升了。与此同时，法国宫廷十分腐败，以至于许多官员以卖官职和贵族爵位赚钱，被叫作 Vénalité général，就是"卖官鬻爵"的意思。所以那个时候有钱的平民间流行花钱买贵族爵位，他们希望这可以让自己的身份变得尊贵一些。

博马舍虽然少年辍学，但是他喜欢读书学习，尤其喜欢读文艺复兴时期人文主义作家和当时的启蒙主义作家的作品，比如拉伯雷的《巨人传》、伏尔泰的哲理小说和狄德罗的《百科全书》等。

1764年，博马舍为了妹妹的婚事到了西班牙，在那里听说了许多从普通民众家庭到王公贵族家庭的笑话、丑闻以及黑暗腐败的故事。由于他买来的贵族头衔常常受到真贵族们的蔑视和戏弄，所以他就萌发了把他听到的那些故事写出来，揭露和批判封建社会的腐败堕落，同时也歌颂像自己这样的平民身上的勤劳节俭和机智勇敢的想法。

1767年，他写了第一部剧本《欧也妮》，这是一部以启蒙主义作家狄德罗的戏剧思想为指导写成的正剧。正剧既不是悲剧，也不是喜剧，而是一种二者兼而有之，并且具有批判和教育意义的戏剧体裁。

博马舍说过一句话，大意是能让观众在看完戏后比进戏院的时候更加高尚的戏剧才是好戏剧，而狄德罗在他之前表达过这样一种观点，他认为小偷看过后就不再去偷窃的戏剧才是好戏剧。所以，和当时许多启蒙主义作家的作品一样，博马舍作品的主题基本是批判封建社会黑暗，启迪人们的民主思想。

《费加罗的婚礼》就是他比较出名的一部作品，是他创作的"费加罗三部曲"中的第二部，后来被莫扎特改编成歌剧。歌剧被演给奥地利皇帝看的时候，据说这位看戏常常打哈欠的皇帝居然只打了一个哈欠，兴致勃勃地看完了这部长达四个小时的歌剧。

为什么皇帝能够专心看完呢？我认为，这部歌剧的女主角苏珊娜在全剧结束时，以一段诗歌形式的道白说出的道理，一定很对皇帝的胃口：

这一部快乐狂欢的作品，

里面包藏着某些教训；

你们欣赏这个剧本的噱头，

那就请你们接受它的道理。

那么，是什么使挑剔的皇帝对这个戏剧如此感兴趣呢？
我们先简单说说这个故事，然后再回答上面的问题。

西班牙有个塞尔维亚镇，镇里有位伯爵叫阿尔维瓦，是位开明的贵族。戏台上的幕布一拉开，费加罗，也就是府上的男仆，正和伯爵夫人的女仆苏珊娜在欢天喜地布置新房。费加罗对苏珊娜说，他十分感激伯爵赐给他这美好的婚姻，而且还送给苏珊娜一份嫁妆和新房。可苏珊娜马上提醒他，说：

告诉你吧：那份嫁妆是用来要我偷偷地答应他，单独和他在一起，待上那么一刻钟，就是以前贵族权利（初夜权）所要的那一刻钟。

费加罗开始还不相信，因为伯爵和夫人结婚时费加罗帮了大忙，作为回报，伯爵亲口承诺放弃对苏珊娜的初夜权。

什么是"初夜权"呢？在当时的欧洲和世界上其他许多实行封建制度的地区，平民和贵族的关系是一种所属关系。平民，特别是依附贵族生活的平民，包括自身在内的一切都属于贵族，初夜只是其中的一种。

目前这种野蛮的权利最早可以在古希腊历史学家希罗多德的《历史》一书中找到描述。这本书写于公元前5世纪，是西方第一部堪称历史著作的书籍，内容主要是希腊附近各国的历史文化与风土人情，及对著名的希波战争[1]

---

[1] 公元前499年，古波斯与古希腊城邦之间的一系列战争。——编者注

的叙述。书中提到古代利比亚的部落有一种习俗，就是把将要成为新娘的女子首先献给部落的首领。

不过在西欧最早提到这种特权的，是法国一位名叫让·帕蓬（Jean Papon）的律师，他在1556年提到过这种特权，并且用文雅的法语命名为："Droit du Seigneur"，直译成中文就是"领主的权利"。"初夜权"一词在希腊文和拉丁文里的意思是"大腿的权利"，相比较而言，显然这位法国律师的说法文雅得多。

但文雅的名称并没有改变这种特权的野蛮性质，所以18世纪启蒙主义时期的大文豪伏尔泰在《哲学辞典》中把这种特权和另外一种叫作"横躺权"的贵族特权放在一起进行批判。"横躺权"更加野蛮，血腥得令人发指，据说那时奴隶主在冬天脚冷了，就可以把农奴的肚子破开给他暖脚！

那么苏珊娜是如何应对伯爵提出的初夜权的要求的？

果不其然，伯爵趁夫人不在，对苏珊娜说只要答应自己的要求，苏珊娜就能在结婚当天得到那笔嫁妆费。伯爵下了命令，要苏珊娜在那天晚上的婚礼之前到后花园去等他。

又气又急的苏珊娜这时突然想起，伯爵夫人这段时间正在为伯爵对自己不再像以前一样好而闷闷不乐，于是她就把伯爵要收回初夜权的事告诉了夫人，求夫人救救她。

伯爵夫人十分生气，就对苏珊娜说："你和我，我们交换衣服，我穿上你的衣服去花园。你现在写个条子，就八个字：良辰美景，栗子树下。"

费加罗此时知道了伯爵的命令，但是并不知道未婚妻和伯爵夫人的妙计。他气得咬牙切齿，悲痛欲绝，以为苏珊娜变心了，决心报复伯爵和苏珊娜。

他请来伯爵府上的几个杂役，和准备来参加婚礼的朋友一起，在将要举行婚礼的小广场旁的树林边准备了几堆干柴，对大家说："听到我的信号你们就点火，然后一起跑到栗子树那边去，如果看不到什么热闹，你们就狠狠骂我。"

西班牙人是一个很乐观的民族，他们性格开朗，喜欢热闹，喜欢看人笑话，所以有些西班牙语国家的狂欢节尤其疯狂，比如巴西，那里的人们常常举行各种各样的狂欢节，吃喝玩乐，打闹嬉笑，非常疯狂，也非常好玩儿。

这时，天色渐渐暗下来了。舞台上的栗子树林的另一边，还躲着一个年轻人，他是伯爵的侍从（伯爵侍从也是贵族出身，在大贵族身边当侍从是为了"实习"。到了十五六岁，贵族出身的男孩子就要到名望高的贵族家里学习贵族的言行举止、上流社会的礼仪，以及打仗的本领等。那个时候的贵族骑士都被描写成知书达理、武艺高强、忠君爱国，而且对爱情极为专一的形象），这个小贵族叫薛吕班。他情窦初开，暗恋起伯爵夫人来，想趁婚礼多看夫人几眼，有机会的话就挑逗一下她。

伯爵夫人和苏珊娜换上了对方的衣服，穿着苏珊娜衣服的伯爵夫人躲在约定好的栗子树下，苏珊娜穿着伯爵夫人的衣服躲在了另一边。

伯爵兴冲冲地来了，急急忙忙向这个假苏珊娜表白。

"您不再爱她了吗？"

"我很爱她。但是，三年的结合把婚姻关系弄得彼此只是相敬如宾了。"

"您以前喜欢她什么？"

"就是现在我在你身上所发现的东西，我的美人……"

这时他们看到有火把亮了起来，就躲到亭子里。费加罗和朋友们陆陆续续来到小广场上。过了一会儿，伯爵只好从亭子里出来。现在火把已经把整个小广场照亮，伯爵夫人和苏珊娜就在这个时候双双出现在大家面前，摘下各自的带帽长袍，费加罗这才恍然大悟。伯爵夫人当着大家的面给了费加罗一个大红包，还给了苏珊娜一枚钻石戒指。大家欢呼、歌唱，狂欢起来，祝贺这对新人。伯爵呢？崩溃了……

故事至此落幕了。为什么作为贵族之首的皇帝，看到贵族遭到如此戏弄却没有发脾气，反而非常感兴趣呢？

原来这位奥地利皇帝——约瑟夫二世的思想是比较开明的，他在位25年之久，一直致力于废除农奴制，其中也包括废除农奴制之下的初夜权之类的贵族特权。

我们现在看到的《费加罗的婚礼》大多是由莫扎特改编成的歌剧。因为博马舍的原著是一部很长的话剧，普通大众一般没有时间欣赏太长的话剧。至于莫扎特为什么要选择它进行改编，这里先留个悬念，我后面再说。

《费加罗的婚礼》在法国巴黎法兰西歌剧院首演时，法国正处于大革命的前夕。这部戏剧歌颂的是平民，反对的是王公贵族，对揭露和讽刺封建贵族起到了很大的作用，所以几乎所有的欧洲宫廷都禁止这部戏剧演出。

当时的奥地利皇帝——约瑟夫二世思想较为开明。他虽然有意改革贵族专制制度，但是为了维持某种政治平衡，还是下令禁止在维也纳上演这一剧目。

于是莫扎特请自己的好友，一个很受皇帝赏识的宫廷诗人——彭特，多次出面争取。皇帝给了莫扎特御前讲戏的机会，于是莫扎特手舞足蹈地向皇帝介绍了《费加罗的婚礼》这个曲折的爱情故事。皇帝终于口头同意他们在维也纳歌剧院彩排一次，演不演则再议。

莫扎特精心准备，在观看这出四个小时的长戏时，皇帝竟然全程只打了一个哈欠，直到戏演完了还意犹未尽，足见这个剧本艺术魅力之强。当然了，这也是因为这部戏剧想表达的思想内涵与约瑟夫二世的政治主张的基调相吻合，所以他才如此感兴趣。

你是不是在想，那这部戏剧真的有那么好看吗？

我讲讲我自己的感受吧。1980年，我在法国第一次看这部戏剧时，对博马舍只闻其名，尚未品其作品。当幕布拉开，看到开头那两个青年人布置新房，伯爵说想收回初夜权时，我并没有觉得有什么新奇，以为又是蹩脚作家设置的噱头。

然而当看到伯爵夫人和苏珊娜互换服装，并以苏珊娜的名义给伯爵写了那封约会的信时，我开始觉得"有戏"了，情绪也有点紧张起来。紧接着，怒火中烧的费加罗和伙伴们在准备栗子树旁的火堆时，我也和不少观众一样，心里更加紧张：无辜的假苏珊娜会不会被费加罗和众人辱骂？假伯爵夫人会不会被伯爵认出来呢？如果伯爵事先发现了自己面对的是假苏珊娜，跑到真苏珊娜躲着的那片树林，将计就计、假戏真做，那可怎么办？

现在回想起来，我当时那种感受就是文学艺术家用高明的创作手法为观众营造的设身处地的感觉。我们为剧中人物的处境而激动、紧张、担心，这其实就是审美心理学上制造紧张感的美学技巧，美学上叫作"张力"，简单来说就是吊读者、观众胃口的技巧，为的是让我们和剧中人物一起哭、一起笑。

我们一起认识了《费加罗的婚礼》的作者博马舍，也知道了这部戏剧的内核是揭露和讽刺封建贵族，但其实，《费加罗的婚礼》更是一场平民青年男女在那个特定历史时期的爱情保卫战。

在当时的那种野蛮制度下，人们要保卫自己爱的权利其实十分艰难。可是为什么费加罗和苏珊娜却能完胜伯爵，成功保卫自己的爱情和做人的尊严呢？我们下一节进一步分析。

第二节
什么样的爱才算理性

在封建专制下，很多农奴或平民连自己的生命都属于贵族，就更不用说所谓的初夜了。费加罗生活在 18 世纪，在启蒙主义思想的影响下，当时法国等其他欧洲国家的平民尽管地位卑微，但是他们勤劳节俭，而且大都反对天主教而信奉新教。为什么平民大多参入新教呢？同样属于基督教的新教派和天主教派有什么不同呢？

欧洲宗教改革后，西欧的基督教分成了天主教和新教两大派。天主教可以说是顽固派，在政治上坚持残酷腐败的封建专制制度；而新教相较而言比较开明，教义中含有诸多关于平等、勤劳和仁慈的因素。

新教认为，既然上帝造出人，就不会反对人的七情六欲，也就不会反对他的造物用正当手段获得和享受财富，但上帝也希望他的造物在力所能及的情况下用自己的合法收入帮助需要帮助的人。从中我们可以看出，新教具有较多人人平等甚至民主思想的成分。

于是信仰新教的民众开始自觉地在社会生活中积极捍卫自己作为人的权利，特别是财产权、平等权及人身自由权等，反对初夜权。像费加罗和苏珊娜一样阶层的人，开始有勇气保卫自己的爱情了。

光有勇气就能战胜贵族了吗？有这么容易吗？

在这部戏中，虽然博马舍没有点明费加罗信奉天主教还是新教，但根据费加罗的言行，我们可以认为他是一个新教徒。他虽是一介平民，但见多识广，勤劳善良，同时他也敢于斗争，敢于对所谓高贵的贵族老爷说"不"。

不过恰巧，费加罗的主人阿尔维瓦伯爵，在"费加罗三部曲"的第一部《塞维利亚的理发师》中，也是一位在爱情上遇到了些许曲折的情种。他爱上了一位有钱但并非贵族出身的姑娘，由于贵族阶层的一些规定，这桩爱情遭到了许多阻挠。

这个时候费加罗帮助了他们，他想出了很多办法，使伯爵成功地和她心爱的姑娘结婚了。但费加罗也很聪明，他提出条件：要伯爵放弃对苏珊娜的初夜权。伯爵满口答应了。可是，在《费加罗的婚礼》中，伯爵结婚已过三年，这个花花公子又开始心思活络了。他不断地挑逗、追逐家中的年轻女仆，弄得苏珊娜和未成年的芳舍特成天胆战心惊。

所以当费加罗得知伯爵出尔反尔，试图勾引自己的未婚妻时，他便再次发挥才智，不过这次是要报复伯爵的出尔反尔。他在婚礼小广场周围设好篝火，在伯爵得手之前照亮整个小广场，让伯爵当场出丑，既保卫了苏珊娜作为新娘的贞操，也保卫了平民作为人的尊严。

同时，费加罗还是一个有才华、有抱负的青年。他认识到自己处在一个弱肉强食的社会，如果没有很强的竞争力是很难立足的。他在剧中有句名言："人这么多，相互拥挤，谁有能耐谁才能走到头。"

费加罗是个很勤奋的青年，他当过兽医，写过戏剧，办过刊物，在很长一段时间里以理发为生；他刻苦学习，辛勤劳动，终于被府上最漂亮的丫鬟苏珊娜夸赞为"有学问的人"。作为生活在西方资本主义初始阶段的平民，费加罗其实也是戏剧家博马舍本人的影子，他和博马舍一样十分爱钱，他拼搏的目的就是既要尊严，也要钱。

他千方百计帮助伯爵娶伯爵自己看中的姑娘是为了钱（伯爵答应费加

罗，得到自己的爱情就给费加罗和苏珊娜一大笔嫁妆和结婚费用），同时也是为了做人的尊严（让伯爵放弃初夜权）。而现在，他设计揭穿伯爵道貌岸然的外衣也是为了做人的尊严（阻止伯爵祸害苏珊娜）。

至于那一大笔嫁妆和结婚费用能不能拿到手，他已经顾不上了，毕竟保卫自己的尊严更重要。幸好，嫁妆这个难题已经被伯爵夫人和苏珊娜合作解决了。

我们现在来聊一聊苏珊娜。她是伯爵府上最漂亮、最引人注目的女仆，尽管遇到过许多麻烦，但都被她聪明地化解掉了。

故事一开头，当她在布置新房的时候，费加罗问她把伯爵送他们的那张床放在房间的什么位置，她十分厌恶地说："我决定不要！"她知道这是伯爵设下的阴谋，因为这间房就在伯爵大卧室的旁边，只要走几步就到了。

费加罗因为误会而生气，打算逃离伯爵的城堡到别处结婚时，苏珊娜马上冷静下来劝阻费加罗，因为她发现伯爵夫人也在防备伯爵，并且约定在自己的婚礼上不给伯爵留任何机会。

苏珊娜虽然曾经嘲笑费加罗是个小财迷，但面对伯爵用嫁妆为代价以求买回初夜权的计划，她的手段却比费加罗更高明。她的这个计谋，不但让伯爵不能得逞，而且还可以把那笔嫁妆顺利拿到手。

她去找伯爵夫人，告诉她伯爵的阴谋，又郁闷又气愤的伯爵夫人答应帮助苏珊娜，夫人答应只要不让伯爵得逞，就保证让他们得到那笔嫁妆。

这是苏珊娜面对伯爵的骚扰时的表现。除了伯爵的骚扰，府上的那个"小实习贵族"薛吕班也时不时地骚扰苏珊娜，但每次都被她巧妙地应对过去。

苏珊娜的麻烦可不止这些。和许多在贵族府上当丫鬟的姑娘一样，除了巧妙避开伯爵和那个"小贵族"的骚扰，其实还要应对伯爵夫人的防备、其他仆人的记恨，甚至，她有时还要面对来自爱人费加罗的怀疑。她需要在各种人物中艰难地寻找最佳平衡点。这也许同样是漂亮女孩子们都可能遇到的问题。

苏珊娜最终都能运筹帷幄，应对自如，巧妙解决。一句话，苏珊娜是个活泼温柔、聪明伶俐、勇敢坚贞的好姑娘，她最终获得了爱情和幸福。从这点看，苏珊娜是不是也值得各位女孩子学习呢？

苏珊娜爱费加罗，爱他的聪明才智，爱他的赚钱能力，更爱他的积极向上。她不但为自己努力，还为他人争取人道权利。我觉得苏珊娜这样的爱情观是值得我们学习的。

说实话，这种故事在法国封建贵族府上或宫廷中是司空见惯的，如果没有优秀的作家进行加工，是不太吸引人的。好在博马舍确实是一位很能制造艰难曲折、酸甜苦辣以及浪漫温馨爱情桥段的高手。博马舍这种高超的文学艺术手法在他的《费加罗的婚礼》中是最突出的。

在剧中，费加罗和苏珊娜的爱情既有酸甜苦辣，也不乏扑朔迷离之处，情节发展高潮迭起。第一幕第一场，费加罗开场时就向苏姗娜表白道：

> 再好没有了，我的心爱的人。啊！这束象征贞洁的鲜花高高地戴在美丽姑娘的头上，结婚那天的早晨，在丈夫的情眼里，多么甜蜜呀！……

爱情嘛，"甜"自然不必多言，但"酸"可能也不少，在打情骂俏中甚至还可能冒出醋味：在剧中，当苏珊娜告诉费加罗说伯爵要收回初夜权时，她还故意顽皮地说："要是你头上长出一颗小疙瘩，那才迷人呢。"这句话说的是法国及部分欧洲国家的民俗：他们认为，如果妻子出轨，丈夫头上就会长犄角。这也就是我们中国人说的"戴绿帽子"的意思。

在那个时代，这种平民婚姻被贵族拥有初夜权的现象是很普遍的。在这部剧里，即使较为开明的伯爵在急于娶心爱女子作正式妻子的时候答应放弃这种权利，但不久也后悔了。所以苏珊娜的这句玩笑话把醋坛子砸了个粉碎，费加罗急成了热锅上的蚂蚁，他摸了摸脑袋，说："我的脑袋受这么一惊，真吓坏了。"

这时费加罗的心里真可谓五味杂陈，先是"甜"，后是"酸"，而且"酸"得很痛苦，紧接着博马舍又给他加了一点"苦"和"辣"。到底怎么回事呢？费加罗索要一个深吻时，伯爵夫人在房间里拉铃铛了。那个年代还没有发明电，没有电铃，一般主人或官员的房间都有一根拉绳，另一头有个铃铛挂在卫士或者仆人的房间，一拉拉绳铃铛就响了。

因为担心伯爵夫人不高兴，苏珊娜急忙推开费加罗，只是"远远地，把手指并拢放在嘴上"给了费加罗一个飞吻。这个做法当然也并无不妥，可是紧接着苏珊娜说："先生，这就是你要的吻。我没有别的给你啦。"听见这话，费加罗呆住了，他的心瞬间像是要碎了。"没有别的给你"是什么意思？她一定是变心了，她一定已经答应伯爵了；自己一直深爱着的未婚妻居然答应了别的男人！这就是费加罗心里的酸甜苦辣，用文学批评理论用语来说，就是文学高手博马舍对人物复杂心理活动的高超描写。博马舍简直是在任意操纵人物的行为，以达到扣人心弦的艺术效果。

所以作者接下来用了整整一场的时间让费加罗在台上独白。费加罗先是说苏珊娜如何美，自己如何爱她，她也如何爱自己，可接着他恍然大悟地说，伯爵曾经答应他，等伯爵做外交大臣的时候，会带上他们二人，这实际上是为了苏珊娜能在伯爵身边做"随时应急的贵妇人"。

痛苦的折磨和一番头脑风暴之后，他决定坚决保卫自己的爱情。他想起了府上那个暗恋伯爵夫人的"实习小贵族"，于是计上心来，自言自语地说："跟他们不可太实心眼，叫他们自相残杀吧。"他还决定，为了防止苏珊娜真的变心，答应伯爵收回初夜权，他要提前举行婚礼，以免发生意外。

不用说，费加罗深爱着苏珊娜，但在误会之下，他要阻止苏珊娜向伯爵让步。然而他没想到，苏珊娜是忠贞的，而且保卫爱情的方式更胜一筹。

我们可以看到，费加罗保卫爱情的决心是巨大的，措施也有力，但是这样一来就会彻底触怒伯爵，他也许就不会给自己当初答应过的那笔嫁妆和结婚费用了。虽然费加罗为保卫爱情而宁可失去这些，但苏珊娜却把保卫初夜权和保卫那笔嫁妆这两件事情同时巧妙地解决了。

前面说过，苏珊娜是一个聪明理性的女孩，她对费加罗的爱情是真挚的，只是在那种环境下，她不可能正面拒绝伯爵，所以她在暗地里联络已经被伯爵冷落了的伯爵夫人，把她作为自己的盟友。

当伯爵强令她婚礼当晚先去花园幽会时，她立刻就提起伯爵答应过的嫁妆，伯爵说只要她答应自己的要求就给时，苏珊娜故意用双关语说："难道听大人的话，不是我的责任吗？"伯爵一听，喜出望外，一口答应一定给她嫁妆，并且试图拥抱她，苏珊娜急忙说要去伯爵夫人的房间，躲开了。

可她一到夫人房间，就把所有事情都告诉了夫人，并且说了自己的计划。夫人原以为苏珊娜已经答应了伯爵，正在生气，听苏珊娜这么一说非常高兴，表示只要不让伯爵得逞，她一定会把嫁妆给他们。当然，最终结果我们已经知道了。苏珊娜的爱情保卫战打得十分漂亮，既捍卫了自己对未来丈夫的忠诚，又为自己和他赢得了一笔不菲的嫁妆。

所以，从爱情心理学上说，费加罗的爱是典型的冲动型的爱，为了爱不顾一切，哪怕粉身碎骨，而苏珊娜的爱却要冷静、理性得多，她爱得深沉，不张扬但却爱得更精致。

20多年前，我曾翻译过一本法国作家司汤达的爱情心理著作，叫《爱情论》，第二版之后改名为《爱情随笔》。他在书里讨论理性的爱时这样说过："这种爱往往比单纯的情爱更微妙。因为这种爱更重要的是需要思想……"

在爱情中，苏珊娜比费加罗更有思想，更理性，她没有在费加罗的嫉妒和愤怒面前立刻向他和盘托出自己保卫爱情的计划，更没有在伯爵的威逼之下惊慌失措，而是冷静大胆地细致谋划。她先是把与伯爵势均力敌的伯爵夫人拉过来作为同盟，接着写纸条给伯爵，把他引向设好的陷阱。

结果，苏珊娜和费加罗二人在互不知情的情况下设计的对付共同敌手的计划，取得了同样却又各具特色的胜利。说同样，是因为费加罗和苏珊娜的作战计划都成功反抗了伯爵收回初夜权的要求；说各具特色，是因为费加罗仅仅保卫了爱的权利和做人的尊严，而苏珊娜则既保卫了自己对费加罗的忠贞，又保卫了作为人的尊严，同时还保住了小夫妻俩本该得到的那一大笔嫁妆。

面对苏珊娜气势之宏大、细节之精致的爱情保卫战，我想再引用司汤达的一句话，这场爱情保卫战简直就是一件"冷峻而又美丽的微型艺术品"。

这一节，我们分析了博马舍如何把这对平民恋人的故事写得那样的丰富多彩，跌宕起伏；那样的扣人心弦，大快人心；这真是一部文学艺术杰作。其实，博马舍的《费加罗的婚礼》不仅仅是一部杰出的文学作品，同时也可以说是博马舍在向我们诉说他现实生活中的酸甜苦辣。因为，费加罗这个人物碰到的种种情形，在博马舍自己的一生中也常常上演。那么，博马舍的生活中究竟发生过什么，才使他写出了"费加罗三部曲"这样优秀的剧本呢？

第三节
比任何喜剧都更有趣，比任何悲剧都更动人

《费加罗的婚礼》是博马舍在什么情况下创作出来的呢？

我前面讲过，博马舍的创作受启蒙主义思想的影响很大，他的剧本大都有很强烈的自由平等的主题。博马舍出身普通，虽然发奋努力挤进了上流社会，但在上流社会眼里他只不过是个暴发户，博马舍经常因为自己的卑微出身受到蔑视。

有次一个贵族当着众人的面，让博马舍帮忙检查一下他的表有什么故障，就是想讽刺一下博马舍钟表匠的出身。还有一次，一位公爵因为他的情妇对博马舍有些好感就动手打了博马舍，还向法庭买了一张"空白拘捕证"将博马舍关进了监狱。

和前面说的花钱买贵族身份一样，法国封建社会中很长一段时间都存在这种腐败现象，只要花钱就能随便买到拘捕证。

这几件事让博马舍深刻地体会到，第三等级[1]在封建社会里总是最卑贱的，随时可以被欺负。博马舍因为一次产业继承纷争打官司，明明是对方造谣污蔑，但因为对方是贵族出身，又买通了法庭，博马舍最终败诉。

博马舍彻底失望了，他想来想去决定用舆论武器进行抗争。1773年和1774年，他相继发表了四部《备忘录》，内容全是对一些真实事件的叙述，文字写得细致精彩，严肃却又幽默，当时的启蒙主义思想家伏尔泰夸

---

[1] 指当时法国社会中除教士阶级、贵族阶级之外，由其他公民组成的阶级。——编者注

赞说"比任何一部喜剧都更有趣，比任何一部悲剧都更动人"。

《备忘录》的成功和偶像们的夸奖让博马舍更有信心了，紧接着他就写了"费加罗三部曲"。其中，《费加罗的婚礼》是最出色的一部。三部曲的第一部名为《塞维利亚的理发师》，主人公就是费加罗，不过在这部剧里他是一名理发师。

1778 年《费加罗的婚礼》完成了，可能是由于博马舍的前一部作品《塞维利亚的理发师》有反封建的倾向，所以那些封建专制影响下的文学审查官对他的剧本百般刁难，就是不让《费加罗的婚礼》公演。博马舍很生气，发誓要抗争到底，直到这个剧本成功演出。

在之后整整 6 年的时间里，博马舍不仅在巴黎的大街小巷，还在他常出入的上流社会的沙龙中宣讲这部剧的故事。那时沙龙是法国上流社会讨论交流文学艺术的"高档场所"，我们现在也经常把一些线下的小范围活动叫作"沙龙"。

博马舍获得了来自平民甚至一部分开明贵族的支持，6 年后的 1784 年 4 月 27 日，《费加罗的婚礼》终于在法兰西歌剧院公演了。这不仅是博马舍和他作品的胜利，也是 18 世纪法国甚至欧洲文化生活的一件大喜事。

博马舍靠着与宫廷和金融家的特殊关系，成了法国最富有的财主之一。博马舍是否有钱就变坏了呢？这么有钱了他还有心思写作吗？

博马舍是个好小伙，有正义感，有思想，他虽然有钱了，但是一直没有停止和封建专制做斗争。18 世纪下半叶，美洲发起了反抗英国殖民、争取独立的战争，博马舍受法国国王的委托，以走私的方式将大批武器运往美洲，支持美洲殖民地人民争取独立。

实行封建制的法国为什么要帮美国争取独立自由？因为那个时候英

法一直互相争霸，双方都希望攀上老大哥的位置。为了本国的利益，法国才支持美洲独立运动，与此同时，也有一些像博马舍这样的平民富翁以及一些开明的贵族军人如拉法耶特将军，带着招募来的人员，与美洲殖民地人民共同抗击英军。（现在巴黎的那个人尽皆知的奢侈品商场就叫 La Fayette，有意思的是，不知哪位大师把这个伟大的名字译成了"老佛爷"！）

法国大革命爆发以后，博马舍一方面担心革命会让自己破产，一方面又坚决支持法国大革命。当欧洲各国封建政府联合起来打击法国时，博马舍毅然花巨资从荷兰王国购入 6 万支枪帮助法国人民推动革命，但却被不知情的人向政府告密，说他企图以暴力对抗革命，博马舍就被革命政权抓捕入狱了，后来事情得以澄清，他被派往荷兰运回那批武器。

可是就在离开法国之前，倒霉的博马舍又被当作逃亡贵族抓了起来，并被没收了所有的财产，这次冤案一直等了 3 年才得到昭雪。1798 年，也就是他去世的前一年，他写信给外交部部长：我个人的损失无关紧要，如果损害到我们国家的光荣和幸福，我就非常气愤了。

在文化领域，博马舍不仅自己写了很多思想进步的作品，还充分利用自己的财富优势，积极推动同期宣传自由平等思想的其他思想家的著作出版。博马舍的偶像、著名启蒙主义思想家伏尔泰去世后，其作品被封建政府禁止出版，博马舍就出钱在莱茵河对岸一个德国贵族的领地上建起一个规模相当大的印刷厂，并亲自担任总编辑，将伏尔泰全集完整出版，而且一下就出了两种版本，精装本七十卷，平装本九十二卷。

在博马舍的帮助下出版的伏尔泰全集，为法国启蒙思想在欧洲各国的传播起到了很大的作用。

博马舍出版的都是法语书，怎么能在不同语言的国家传播呢？

这就要谈到法国对欧洲整个文化进程的影响了。法国早在16、17世纪就已经是欧洲强国,在路易十四时期,法国的各类艺术(比如芭蕾舞等)就被欧洲各国宫廷和上流社会竞相效仿,所以当时欧洲的知识界以及上流社会中的大多数人都精通法语。

在当时,许多欧洲贵族都以自己的孩子有法国家庭教师为荣。可以说,法国人是让大部分欧洲人——特别是以蛮力称霸的"野蛮人"——变成文明人的主要启蒙者。

本来这些人都目不识丁、头脑简单、四肢发达,凭着武力成了部落或国家的统治者,但经过不断的学习,他们掌握了优美、严谨而又浪漫的"风雅"词汇(这些词汇特别适合"文雅地谈情说爱"),在贵族宫廷里慢慢制定出一整套言语规范和行为礼仪规范,这也是法语里用来赞美女性优美和男性俊勇的词汇特别多的原因。

所有这些都大大推进了整个欧洲社会的文明程度。法语逐渐替代了拉丁语,被公认为严谨、丰富而又浪漫多彩的语言;法国文学也因此享誉世界。法国诺贝尔文学奖获得者至今已有17名,在全世界排名第一。

当时,封建贵族的文化水平虽然得到了很大的提高,但整个社会的政治文明却依然举步维艰。人数较少的贵族阶层和教会阶层仍然控制着广大的平民和农奴阶层。那个时候有一种说法:贵族统治人身,宗教统治人心,他们之间互相依存但又钩心斗角,最终受害的只能是底层人民。

这里有必要提一下,封建贵族虽然也控制民众,但我们知道,在那个时候的欧洲,宗教的地位是居于一切之上的。所以封建贵族既是管理者也是被管理者,因为他们有时仍受到教会的制约,所以在涉及自身利益的时候,他们与宗教传统不一致的地方就冒出来了,比如前面说过的法国国王派博马舍以走私的形式向美洲殖民地人民运送武器以及《费加罗的婚礼》

中的伯爵承诺放弃初夜权等。

以法国贵族为代表的欧洲封建贵族，他们也是做了几件大好事的。比如反对宗教专制，这虽然是为了他们自己的利益，但也因此催生出辉煌的文学艺术，使法国成了世界文化中亮眼的星。

现在揭开我第一节中留下的那个悬念：为什么莫扎特要选择《费加罗的婚礼》进行改编呢？

既然法国文化成了当时欧洲竞相效仿的对象，那么《费加罗的婚礼》自然也就被关注到了。1778年博马舍完成这个剧本，1784年在法兰西歌剧院成功演出之后仅仅两年，莫扎特就把这部作品改编成了三幕歌剧，用意大利语演出，反响巨大。全世界流传至今，经久不衰。

而莫扎特呢，和费加罗以及博马舍一样，也是平民出身。他是位音乐天才，幼年就开始登台演出，可是他的天才和出身经常遭到贵族的嫉妒和蔑视。和费加罗一样，莫扎特也是一位很勤奋、具有强烈民主诉求的青年，所以他选择将《费加罗的婚礼》改编成歌剧，并且通过音乐界的朋友向表现出开明思想的约瑟夫二世推广。

为什么到现在，被人们记住的只有歌剧版《费加罗的婚礼》和莫扎特，博马舍却被遗忘了？

在我看来，记住莫扎特和忘记博马舍的原因各有一个。

博马舍写的《费加罗的婚礼》是一部话剧，是中规中矩的"严肃剧"，虽然故事情节跌宕起伏，但它是一部话剧，主要以对白或者独白来表现人物的思想和情绪，推动情节的发展，在许多地方过于冗长，例如第五幕第三场，费加罗的独白竟有三千字左右。

四小时的话剧，只要故事有趣，这对于王公贵族这样的悠闲观众是算不了什么的。但是当这个剧本传播开来，人们发现四个小时确实太长，这对普通观众简直就是一个负担。久而久之，即使在法国，观众对它也逐渐冷淡了。不过博马舍其实没有被完全忘记，尤其在法国。我们要知道，博马舍在法国文学史上的地位是相当高的，但是在法国之外，比如在中国，除了像我这样的法国文学研究者和一些外国文学专业的大学生，博马舍在一般文学爱好者中的知名度就很有限了。

对博马舍忘却的原因，成了人们记住莫扎特的原因。莫扎特所创作的是歌剧，而博马舍写的是话剧，这是两种完全不同的文学体裁。歌剧是把音乐作为重要表现手段的艺术形式，而好的音乐是可以让人上瘾的。

就像我们的京剧，外国人把它叫作"北京歌剧"，有些人其实对同一个京剧剧目可以看很多遍，倒背如流。在法国或其他文化比较发达的国家也是这样，《费加罗的婚礼》就是他们必看的经典，这部歌剧拥有一代又一代的观众，作为剧本原作者的博马舍反而不那么出名了。

虽然我作为法国文学研究者，很欣赏博马舍的作品，但我也很喜欢歌剧版的《费加罗的婚礼》。和全世界无数的歌剧迷一样，莫扎特的音乐征服了我，特别是这部歌剧的序曲，我对它百听不厌。我常常一边听莫扎特版《费加罗的婚礼》的序曲等音乐，一边写作。因为这些音乐没有歌词，不会扰乱思路。它那高亢悠扬的旋律反而会使人兴奋，甚至不觉得困倦。

总的来说，博马舍的《费加罗的婚礼》既是一部优秀的、引人入胜的文学作品，也是 18 世纪法国乃至欧洲社会的一个缩影。

博马舍笔下的人物并非凭空捏造，而是当时社会各阶层的集体画像。虽然许多文学理论家认为文学就是美的文字，但我认为，评价一部文学作品，当然首先要看它有没有趣，好不好看，它的艺术手法是怎样的。如果作家只是想离开现实生活，就像某些现代派或后现代派作家那样，创作所谓的纯文学，实际上就等于想自己提着自己的头发离开地球。那些社会文化生活发生急剧变化的时代所创作的文学作品时尤其如此。如果不了解文学作品的社会文化背景，仅从文学艺术层面是看不出这部作品中的那些"道理"的。

博马舍的话剧剧本《费加罗的婚礼》目前只有法国文学研究界的老前辈吴达元先生的中文译本，由人民文学出版社于1957年出版、2001年再版。吴先生译的是全本，忠实原文且译笔流畅，读起来轻松自如，算得上是"信、达、雅"兼备，实属上乘译作。还有一些是缩写本，有的是法国人缩写的，有的是中国文艺产业的从业者缩写的，这种版本删去了一些内容，比如我在前面讲过的那些冗长的独白。

如果你喜欢音乐，那就最好看看莫扎特根据博马舍的剧本改编的歌剧《费加罗的婚礼》。毕竟，欣赏单纯的文学艺术和既有音乐又有情节的艺术带来的美感是不一样的。但是，如果你是学习文学的，特别是学习外国文学的，那我建议你读一读吴达元先生的译本；如果你是学法国文学的，那就一定要看原著。

《红与黑》
——现代心理独白小说的先河之作

Le Rouge et le Noir

上海师范大学・郑克鲁

斯丹达尔

📖 作品介绍

《红与黑》是法国作家斯丹达尔的长篇小说代表作,故事据说来自《法院公报》所登载的一个死刑案件。小说主人公于连是一个小业主的儿子,很有野心。在当地市长家当家庭教师时,他与市长夫人发生私情,事情败露后躲进了神学院。经神学院院长举荐,他到了巴黎为德·拉莫尔侯爵当私人秘书,并很快得到侯爵的赏识和重用。这时,于连又与侯爵的女儿有了私情。最后,在教士的策划下,市长夫人被逼写了一封告密信揭发他,使他的飞黄腾达毁于一旦。他在气愤之下,开枪击伤市长夫人,并因此入狱,最后被判处死刑。

《红与黑》在心理挖掘的深度上是前所未有的,它开创了后世"意识流小说""心理小说"的先河,也使后来的小说创作转向"向内"发展,挖掘人的心理活动和潜意识,人们也因此称斯丹达尔为"现代小说之父"。

《红与黑》思维导图

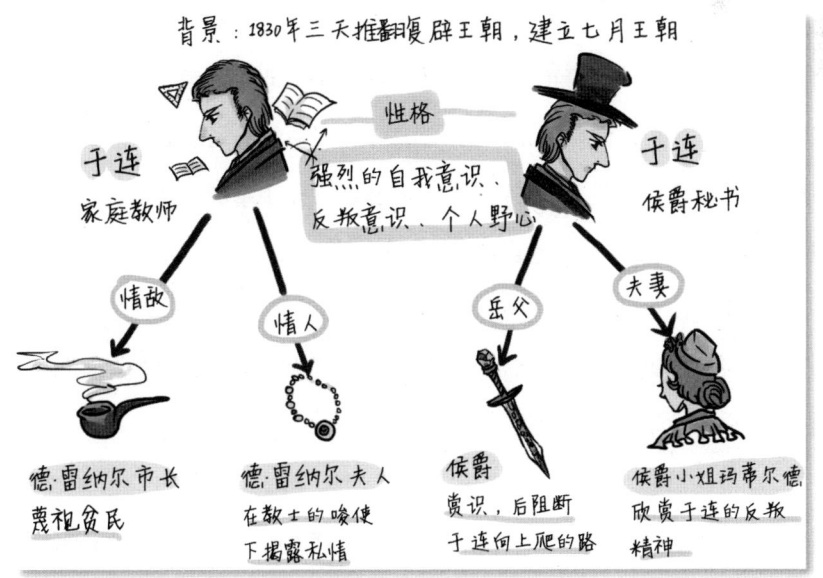

第一节
红是什么，黑是什么

　　法国作家斯丹达尔的《红与黑》是一部举世闻名的作品。斯丹达尔这个名字在国内有两种译法：一种译法是司汤达；一种译法是斯丹达尔。这个名字的法文原文是 Stendhal，有点德国人名字的意思。从发音来说，斯丹达尔更准确一些，所以我一般用斯丹达尔。

　　斯丹达尔是法国一位很出色的现实主义作家，他创作了《红与黑》。《红与黑》的法文是 Le Rouge et le Noir，翻译过来就是"红色的和黑色的"。

　　《红与黑》这个名字让人乍看起来摸不着头脑，这是什么意思呢？当然，有各种各样的说法，我这里采纳了这样一种说法。

　　"红"指的就是军服，因为当时法国的军服是红色的，军服代表了拿破仑时期小资产阶级青年向上发展的一个道路，即从军。拿破仑打过很多次战役，几乎可以说是战无不胜。当然，他最后的一场战役，也就是大家所熟知的滑铁卢战役，以失败告终。滑铁卢战役中拿破仑是怎么失败的？原因很多，但总的来说，他自那次失败以后就彻底结束了自己的政治生涯。

　　他第一次失败之后，被流放到地中海一个小岛上，但随后他返回法国，重新掌权。但第二次失败则是彻底的结束，因为他被流放到了大西洋的圣赫勒拿岛。他不可能再回来了，那里离法国本土太远了。

　　拿破仑给了小资产阶级青年上升的可能。年轻人，三十多岁的青年，也可能做到上校或者将军。在别的时代，普通人哪有那么好的机会啊！而到了复辟时期，小资产阶级青年向上发展的道路就被堵塞了。

"黑"是什么？黑一般是指教士长袍的黑颜色。所以"红与黑"象征着"到底是当军人好，还是当教士好"这个问题。小说里也写到，于连看到三十多岁的一个主教，收入就已经很了不得了，大概有十万法郎，这已经相当于拿破仑时期高级军官收入的好几倍了，所以他又萌发了当教士的念头。这就是两者之间的心理斗争：是当军人好，还是当教士好呢？总体而言，这部小说写的就是小资产阶级青年在复辟时期的故事。

所谓"复辟时期"是什么呢？我给大家解释一下：法国1789年大革命以后，资产阶级陆续上台，一直到拿破仑在1799年当了第一执政以后，政权落在了拿破仑手里。但是，法国向外扩张的道路被周围的封建国家包围了。以英国为首的周边国家，决定攻打法国。所以，拿破仑是被迫的，是为自卫而打仗。

复辟王朝指的是波旁王朝，亨利四世是其老祖宗，波旁王朝一直发展到路易十六被推翻，路易十六上了断头台。但是路易十六的后代还是虎视眈眈地盯着法国，还想复辟，他们的确做到了。1814年在外国军队的支持下，这些保王派又返回了。路易十八和查理十世这两个国王从1815年一直到1830年，一共统治了法国十五六年的时间。《红与黑》反映的就是这段时间法国人的生活状态。

所以，这部小说一问世，从政治上面来讲，便很不一般，因为这部小说发表在1830年，正是在1830年"七月革命"的时候人民群众反对查理十世的倒行逆施，三天之内就把波旁王朝给推翻了，从此建立了"七月王朝"。

因为当时资产阶级还无法独立掌权，还需要有另外一个人物来代理，所以法国实际上是在实行君主立宪制。这就是"七月王朝",从1830年诞生,到1848年才又被革命推翻。大家要知道,1848年革命在欧洲是很出名的一场运动,不仅仅发生在法国,这是一场横扫欧洲的革命风暴。

我们要在这样一个历史背景下看待这部小说。当然,如果这部小说光写这样的人民群众的政治革命斗争,可能就不会那么经典,小说里穿插了不少其他内容。到底写了什么东西呢?它并不是完全写政治斗争的,政治斗争只不过是作为背景,实际上穿插其中的又好像是一个爱情故事。在那个时候斯丹达尔已经写过不少东西了,有散文作品,有文学评论,他在写作《红与黑》的时候,已经有很丰富的写作经验,同时,他也有很丰富的人生经历。他参加过军队,也参加过战役,拿破仑打到莫斯科的时候,斯丹达尔也是其中一员。

在1827年年末,他在《法院公报》上面看到了一个案件的报道,写的是一个叫安托万·贝尔泰的年轻人犯下的案件。贝尔泰是一个神学院的学生,他先后有两个情妇。这个年轻人是一个马蹄铁匠的儿子,20岁的时候当了公证人家里的家庭教师,成了女主人的情人。后来,他进了一个神学院,随后来到科尔东家,又与后者的一个女儿产生了恋情,但是他跟以前的情妇还有来信。以前的情妇指责他又换了一个情人,最后发展到贝尔泰在教堂里面枪击她。

这个事件使斯丹达尔受到很大的震动,他在贝尔泰和两个女人的爱情关系里面找到了他的小说素材。当然他换了地方,换了人名,换了角色。

《红与黑》中,主人公于连也是在市长的家中做家庭教师。市长夫人没有享受过爱情,她跟她的丈夫也相差比较大,不久就跟于连坠入爱河。于是,市长夫人成了于连的情妇。后来,他们的关系终于隐瞒不住了,在神父的安排下,主人公来到了贝尚松的一个神学院。后来,于连又到了德·拉莫尔侯爵家当秘书。

于连这个人非常骄傲,而侯爵小姐玛蒂尔德也是很高傲的一个人,但是于连比她更高傲,结果玛蒂尔德也跟于连相爱了。侯爵没有办法,他给了于连军阶,并且允许他跟自己的女儿结婚,但是他也设法了解到了于连以前在那个小城里同市长夫人的关系。

于是,侯爵唆使教士让市长夫人写了一封匿名信,控告于连,使得主人公向上爬的梦想破灭了。于连异常愤怒,回到小城,开枪打伤了那位市长夫人。这么一个故事,应该说是有爱情小说的成分的。

斯丹达尔是从批判封建婚姻的角度去描写于连的两次爱情的。因为德·雷纳尔夫人是个淳朴、真诚、不做作的女子,她和市长之间其实没有感情交流,也没有爱情。同时,她在于连身上发现了平民阶级优异的品质,于连具有进取心,自尊心强,不愿意屈服于贵族,聪明能干,感情炽烈。她和于连的爱情是对封建婚姻的一种反叛。

至于玛蒂尔德小姐,情况有些不一样。玛蒂尔德是一个蔑视贵族婚姻观念的侯门小姐,她看不起其他贵族青年,对他们不屑一顾。她欣赏于连的地方正是他没有奴颜媚骨,而且受到 19 世纪启蒙思想熏陶,表现出自由思想,又有才思胆略,所以她愿意放弃贵族门第和于连结合,不顾自己的名誉,到小城四处活动,为搭救于连而不遗余力。

所以,虽然这个侯爵小姐有点矫情,但她是勇于反抗贵族阶级的道德准则和行为规范的。从于连的方面来讲,他具有平民的反叛性,他把自己的这种行动看作战斗,他认为要担负自己的责任,报复市长和那些贵族青年对自己的蔑视。他的平等意识非常强烈,一旦触及他"身份低下"这一点,他就会非常愤怒地进行反抗。

当然,他对玛蒂尔德这位侯门小姐的爱情有比较多的理智成分,掺杂了比较多的目的性，他的目的是向上爬，并不是真正喜欢玛蒂尔德的性格，是野心支配了他的行动。最后，他的野心受到了挫折，贵族阶级坚决反对平民跟他们平起平坐。

从这个层面来看，《红与黑》是一部爱情小说。它的主要场景有两个：一个是叫维立叶尔的小镇；另外一个就是巴黎。但是《红与黑》不是一部单纯的爱情小说，还是一部政治小说。

《红与黑》作为一部有强烈政治倾向的小说，体现在三个方面。首先揭露了复辟王朝的腐败、黑暗，贵族和平民之间的尖锐矛盾。小说塑造了德·雷纳尔市长，他是外省贵族的一个代表，兼有贵族的狂妄和资产者的贪婪，由于镇压革命有功，当上了市长。他意识到实业的重要，所以很早就办起了工厂，靠这个工厂发了家。他不是不想跟他的夫人离婚，但因为他的夫人是富有的女继承人，能继承很多的家产，所以，他宁愿忍气吞声，甘愿戴绿帽子。

在这个小城里，收容所的所长跟市长是对头，两人争权夺利。收容所的所长靠管理穷人的福利，资产翻番，飞黄腾达，步步高升，最后还做了省长。

在这个社会里，人人都想着怎么捞钱。比如，于连入狱后，他的父亲前来探监，于连提起他赚了一些钱，他的父亲马上改变了对他的态度，要于连还给自己预支的伙食费和教育费，于连不禁感叹这就是所谓的父爱。

教士同样在收受贿赂。教会的权力很大，能够随意拍卖、分配职位。书中对神学院的描写也很精彩，神学院中的学生钩心斗角，但于连并不知道，中了圈套，在成绩表上被列为一百九十八名，其实，他学得是非常好的。

贵族们都清楚，如果发生革命，像于连那样的下层阶级，会把他们都杀掉。

在当时，小资产阶级青年的不满情绪到了一触即发的地步。于连在法庭上是这样慷慨陈词的，他说："你们在我身上看到的是一个农民，一个起来反抗他的卑贱命运的农民。"于连的死，表现了贵族阶级和平民之间尖锐的对立。

这是小说里描写的一种社会矛盾，表现在各个方面，其中也直接涉及剑拔弩张的党派斗争。德·拉莫尔侯爵的沙龙是个典型的聚会场所，一般在这种场合，人们根本不敢提起重大事件，在波旁王朝时期，保王派的报纸和反对派的报纸进行着尖锐的斗争，党派报纸的盛衰是党派活动的一个晴雨表。小说里面描写了相当复杂的政治斗争，反映了当时混乱的形势，预示了山雨欲来风满楼的局势。

《红与黑》对现实抨击最尖锐的地方，是在下卷第二十一到二十三章，其中写到贵族团体企图依靠外国势力干预政权。第二十一章《秘密记录》，是对1818年"秘密备忘录"事件的影射。当时波旁王朝感到局面难以控制，想向国外求援，由英国人出钱，召集外国军队入侵，所以在1818年的夏天，极端保王党策划了"水边阴谋"，想迫使国王改组内阁，或者强迫国王让位给阿图瓦伯爵——即未来的查理十世。斯丹达尔将历史事件放到1830年，使得矛盾更加尖锐。

斯丹达尔为什么要写政治呢？他认为政治非常重要，他把自己的主张借出版商的口说出来，而"自己"则提出反对的论据。他说："在妙趣横生的想象中有了政治，就好比音乐会中放了一枪。声音不大，却很刺耳。它和任何一种乐器的声音都不协调，这种政治必然会惹恼一半读者，并使另一半读者生厌……"

出版商就反驳说："如果您的人物不谈政治，那他们就不是1830年的法国人了，您的书也就不像您要求的那样是一面镜子了……"

这个描写非常有名，好像跟小说有些游离，但实际上是紧密结合在一起的。

出版商以现实主义的"镜子说"为根据，显然代表了斯丹达尔的见解。镜子说继承了现实主义的传统主张，而又有所发展。

他在小说中说："小说是人们在路边来回移动的一面镜子。"这句话也是很有名的。"镜子"表明人物和他们生活、成长的社会得到毋庸置疑的反映；"来回移动"表明了作者不断活动，为的是表现得更加鲜明；"路边"表明视野宽广，作者并不局限在室内，而是参与社会的实际活动。

"镜子说"在很早的时候，比如莎士比亚就提到了，但到了斯丹达尔，明确了作品要反映政治生活。《红与黑》在国内20世纪50年代大批判的时候，是被批判的对象。那时候我在北京大学念书，就参加了批判《红与黑》这部小说的活动，和好多人一起写过文章，后来在《光明日报》上发表了。奇怪的是，1960年左右电影《红与黑》却在我国上映了。1958年左右批判，过了几年反而电影上映了，有些莫名其妙。我跟另外几个同学写了一篇关于小说与电影比较的文章，八千字左右，经过了专家的审核，也在《中国电影》上面发表了。怎么一下变化那么大呢？后来看到一些材料才知道，原来毛泽东最喜欢的一部外国小说就是《红与黑》，而且为于连的行为辩护，认为一个农民的儿子起来有什么不好呢？所以电影《红与黑》才放映了。

于连这个形象从来就有不同的评价，我后面还要说于连这个人物该怎么来理解。这部小说不仅一般人认为好看，有些政治人物也对它加以肯定，说明尽管加进了那么多内容，但是它依旧非常成功，它不只是一部爱情小说，还是一部政治小说。

爱情小说未必是政治小说，《茶花女》是爱情小说，但不是政治小说，它和政治基本上没什么太大的联系，而《红与黑》深入到复辟王朝的政治，是批判复辟王朝的，这样的书是不多见的。梅里美的小说，也没有尖锐地涉及政治，甚至包括巴尔扎克，在刚开始起步时，他的小说也没有深入的政治斗争描写，但这部《红与黑》一下子就把爱情小说提高到政治小说的高度，这是很少见的，而且把二者非常紧密地融合在一起，这也是很不容易的。《红与黑》这部小说之所以成为现实主义的开山之作之一，不是没有原因的。

《红与黑》还是一部风俗小说。小说描写的小城维利叶尔，是作者创造出来的一个地方，这是一座位于偏僻山区的小城，但是已经受到现代社会的影响了。小城里办起了小型企业，市长靠钉子厂赚到了一幢大宅，而于连家的锯木厂又是另外一个景观了。随着工业兴起，唯利是图也就成了人们的行为准则。乞丐收容所这个福利机构成了所长发财致富的工具。

神学院是社会的另外一个缩影，它像监狱一样阴森可怖，于连的行李经过神学院的门口，要被仔细地检查，里面的信件往往被扣压。人家寄给他的信，他却无法收到。神父和学生互相倾轧，虚伪做作笼罩了一切，院长同副院长有矛盾，选择谁做自己的忏悔神父，关系到依附于哪一派，因而这成了一种重要的抉择。

德·拉莫尔侯爵府是巴黎上流社会的中心之一，也是阴谋和伪善的中心之一。侯爵是个精明干练的政治家，复辟王朝的红人，而这个贵族府邸在灯烛辉煌的外表下面，不免也露出了一点衰败的征兆。贵族抵制自由思想，生怕再出现罗伯斯庇尔式和拿破仑式的人物，表现了他们的虚弱反动。所以说，《红与黑》的风俗描写广泛而深入，提供了一幅复辟王朝时期法国社会的真实画卷。

第二节
视拿破仑为偶像，却害怕别人知道

这一节我为大家介绍、分析一下于连这个人物形象。于连是小说的主人公，这是一个很突出的形象，在世界文学里也是不多见的。他是一个个人奋斗者，是世界文学中的一个不朽的艺术典型，并不是一个单纯的英雄人物。于连的性格，总的来说是多层次的。以前的很多人物都是片面的，好就是好，坏就是坏，但于连并不是，这是在小说艺术发展过程中出现的一个新的人物形象。

强烈的自我意识是他性格中的核心成分。自我意识在环境的作用下产生了平等观念、反抗意识和个人野心，这三者是统一在一起的。

于连的个性很刚强，充满激情，富有毅力。他虽然表面显得很柔弱，但是心里面藏着宁可死一千次，也要飞黄腾达的不可动摇的决心。外表和内心的强烈反差是于连形象的一大特点。有毅力、敢于行动是他的性格主体，犹豫不决是暂时的，最终要被他的决心所克服。在他的思想深处，具有强烈的平民意识，这是因为他是农民出身。他的父亲就是个木匠。

他对贵族趾高气扬的神情，怀着深深的抵触情绪。小说开头，于连不堪父兄打骂，几次想离家出走，体现他对独立人格的渴望。在父亲的安排下，他到市长家里做家庭教师。为什么他父亲想让他去呢？因为做那个家庭教师不光有工资，而且还有衣服可穿。于连怎么回答呢？他说："我不愿意当奴仆，要我和奴仆同桌吃饭，我宁可死掉。"当市长把他当作仆人一样训斥的时候，于连的眼里露出复仇的光，他愤然地回答说：

"先生，没有你我也不会饿死。"

为了报复市长，他在夜晚乘凉的时候握住了市长夫人的手，这一段描写也很有名。

在树荫下面，于连想，我要报复你，我就要抓住夫人的手，看看你有什么办法。后来，他占有市长夫人，以及征服玛蒂尔德这个行动，也带有这种报复和反抗的意识。于连说，这是他的责任。所谓"责任"，是指复辟王朝时期小资产阶级青年受到压制后，不满情绪的一种流露。

拿破仑时代，平民有飞黄腾达的机会，如今这种机会一去不复返了，但是像于连这样有才能的平民青年，如同种子终将发芽一样，依然要寻找向上爬的机会。

于连的记忆力特别好，能把《圣经》整段整段地背下来；他看到主教收入很丰厚，便想要当教士，他愿意到神学院去，而且甘愿忍气吞声地适应那里的生活。

除了性格刚烈坚强，他还能屈能伸，能够忍耐，但这都是为了向上爬。所以，当他看到侯爵能让他改变自己平民的命运，就甘心为侯爵效劳。个人野心支配着他的一切行动，直到他发现贵族阶级对平民存在根本的敌视以后，又恢复了反抗的精神，临死也不肯妥协，他在法庭上的慷慨陈词可以体现这一点。

可以说，于连的多变是复辟王朝时期谋求个人奋斗的平民青年面对当时的社会环境所可能出现的一种结果。于连的个人奋斗往往被看作一个野心家的行为。泰纳是很有名的一位批评家，他对《红与黑》的评价很精辟："并非他想炫耀奢华和享受，而是他想摆脱屈辱和穷困带来的附属地位。"他一针见血地说出了于连为什么不顾一切向上爬。难道忍气吞声地受贵族阶级的统治才是正常的人吗？像于连这样想向上发展的人，就是一个所谓的野心家吗？所以，对野心家这个评价，也需要我们从另外一个方面去衡量。

当然，把他说成野心家也没有什么，因为野心家是没有什么政治原则的，虚伪是他们改变命运的手段。于连说："虚伪是我争取面包的唯一武器。"为了达到目的，他可以给极端保王党充当秘密信使，虽然他明白自己在做什么！这个时候，贵族阶级想把外国的军队引入法国，以干涉法国的政治。而于连也就选择和他自己所反对的贵族阶级同流合污。

总的来说，于连是一个具有双重性格、双重精神的人物，他既有反抗精神，又很容易屈服；他既憎恨贵族的卑劣，又不怕玷污自己的双手；他既看重别人的善良正直，又信奉虚伪的道德观。

于连的双重性格，决定了他在某种层面上是一个伪君子。他为了向上爬，宁肯牺牲自己正直的一面，把虚伪欺诈奉为圭臬；他既崇拜拿破仑，又甘愿随意改变自己的奋斗方向，走一条截然相反的道路；他既热衷于向上爬，又愤然选择了死亡。在法庭上，他不肯屈服，不肯向卑污的现实让步。这种双重性构成了于连性格和思想的复杂性，而这种复杂性也标志着斯丹达尔的小说艺术所达到的成就高度。

我们现在提倡什么？多元的、复杂的性格描写。在这方面，于连是一个很突出的典型。比如说，莎士比亚笔下的奥赛罗，妒忌是他主要的性格特征，没有其他特征；而斯丹达尔笔下的于连就不一样了，不仅仅是虚伪、野心所能概括的，他还有反抗、不屈、临死都不肯低头等层面，他的性格是多变的。有很多评论家认为于连性格像一个同心圆，核心以外，还有其他各个方面。所以，我们说于连是一个不朽的艺术典型，其原因就在这里。

从于连这个形象开始，法国文学也踏上了新的一步，达到了一个新的高度。小说里有很多精彩的段落，评论家一致认为写得非常好。有这样一段，写的是于连敲门，市长夫人出来开门。我们可以看到，市长夫人原以为这个没见过面的家庭教师是一个非常凶恶的人，要来管教她的孩子，打她的孩子。她看到于连后，没想到他是一个很柔弱的青年人，面目俊秀，反差非常明显。

作者写道，德·雷纳尔夫人看到于连的肤色这么白，眼神这么柔和，夫人首先觉得，这可能是一个乔装打扮的少女吧。这个孩子是不是想向市长先生要点什么东西？她对这个可怜的孩子感到非常怜悯。

这个孩子站在房子的入口，不敢抬手按门铃。于连转向门边，没有看到市长夫人走过来，他听到一个很柔和的声音在他耳边说话的时候，打了个哆嗦。那个声音说："你来这里干什么？我的孩子。"

这段描写也是很有名的。但故事到了最后，于连还是向德·雷纳尔夫人开了枪。于连非常气愤，德·雷纳尔夫人怎么能阻挡他向上爬的道路，他急急忙忙地回到了维立叶尔，找到了市长夫人，毅然决然向她开枪。

关于典型人物，说实话，在这之前的文学作品里并不是非常突出。有些作品里是有典型人物的，像莫里哀写的《吝啬鬼》《伪君子》中的人物形象，还是比较成功的。

18世纪就很难讲，典型形象在那些启蒙作者的笔下并不是很突出的重点。到了19世纪，形象的问题就非常突出了，除了斯丹达尔的《红与黑》，比如说梅里美的《卡门》，也塑造了一个很鲜明的人物形象。

梅里美跟斯丹达尔是有相似之处的，他们都描写很有力量的人物形象，崇尚"力"。因此，他们笔下的人物形象也有很多相似之处，和于连这个人物形象一样，卡门同样性格鲜明。随后，在巴尔扎克的笔下，在雨果的笔下，更多鲜明的形象就慢慢地涌现出来，都是非常优秀的。

19世纪的法国，巴尔扎克有两部小说，一部是《贝姨》，一部是《邦斯舅舅》。贝姨就是嫉妒的典型，作者刻画得非常鲜明，而且很有特点。巴尔扎克对嫉妒这个特点了然于胸，可以说，他描写的一些老处女都有其共性，就像贝姨一样。

也就是说，这些作者能够突出人物性格中最特别的一点，但是像于连这样多面的形象还不是很多。我们看，巴尔扎克笔下的有些形象，比如说葛朗台，大家都以为他只是吝啬，但其实不光如此，因为他还会做生意，"谋取最大的利润"这一条恐怕是以前的那种吝啬鬼所没有的。你不能说莫里哀笔下那个吝啬鬼同巴尔扎克笔下的葛朗台是一样的，他们是不一样的，其中是有很大的发展的。莎士比亚笔下的吝啬鬼，也没有像葛朗台一样的另外一面的性格。

于连就具有这样一种双重性，甚至多重性的性格，像这样鲜明的复杂性，也是后来那些形象所没有的。现在有很多形象都是多重性格的，但是那些多重性格却又不像于连那样突出。可以这样讲，于连一方面表现得好像很柔弱，另一方面又很坚定，不向环境屈服；一方面对贵族很仇恨，另一方面又会屈服于贵族。所以说，于连这个形象在世界文学史上是一个有独特意义的形象。

以上探讨的是怎么看于连，讨论他是不是个野心家，野心家与他的个人奋斗有什么关系，能不能一笔把一个人否定掉。于连向上爬的野心背后是不是还有另外一面是值得我们思考的。当然，作者笔下的另外两个女性形象也很突出，但比起于连来就稍显逊色了。

下一节，我想谈谈这部小说的心理描写，因为在这部小说里，心理描写也是非常突出、非常重要的一个方面。

第三节
"人格面具"是人们的生存必需品吗

为什么要说到心理描写？心理描写其实并不是到了《红与黑》这部小说才有的，心理描写一直存在，但是以前的心理描写跟《红与黑》的心理描写有很大的不同。以前的心理描写往往是一个段落用一两句话对人物的心理进行描写，而《红与黑》不是这样的。《红与黑》的心理描写在整部小说中从头至尾，是连续性的，像这样的写法在当时应该说还没有出现过。

斯丹达尔是一个具有独创性的大作家，他是世界文学史上第一个自觉地大量运用心理分析的小说家。他的心理分析，我们可以把它称为"心理独白"。在《红与黑》这部作品中，这种心理独白手法是多种多样的，有时是连续地述说，有时是人物突然下决心，有些是短暂的激动，有些是想象连篇。不像以前的作品只是在内容中插进去一句"他心里怎么想的"。斯丹达尔常常是以科学家一样的冷静去分析人物心灵的活动，着力表现人物的内心斗争，以及人物对与之不断发生冲突的社会所抱有的态度。

比如于连受到市长的侮辱，德·雷纳尔夫人为了安慰他，对他特别照顾。于连这时候就想："这些有钱人就是这样；他们侮辱了人，随后又以为假惺惺来几下，就可以通通弥补了！"于连这一小段思索，反映了他对贵族本能的反感。

傍晚，在花园里，于连一心想捏住德·雷纳尔夫人的手，他的思想展开了激烈的斗争，因为这个举动一般人是不敢做的。为了显示自己的勇气，同时也是把自己的行动看作对贵族的报复，他终于把手伸了过去，作者是这样写的："但这种激动是一种快感，而不是一种激情。回到他的房间，他只想着一种幸福，就是重新拿起他喜爱的书。"于连握住德·雷纳尔夫人的手，并不是喜欢她，而是为了报复。那时候，于连心里面并没有爱情。

又比如，于连在德·拉莫尔侯爵的图书室里，向皮拉尔神父吐露心里话，他感到和侯爵一家吃饭实在很难受，他宁愿在一家廉价的小饭馆吃饭。这时候玛蒂尔德正好来找一本书，听到了于连的话，便对于连产生了一点敬意。她心想：这个人不是跪着求生的，像这个老神父那样。如此简单的一句话，表现了这个贵族小姐不寻常的思想。面对这样一句本来是对她不敬的话，她却不迁怒于于连，这反映了侯爵小姐的内心跟一般贵族小姐的内心是不一样的。作者只用了这样一句简单的话来表现，没有更多的笔墨了。

有时候，人物的心理活动在代替作者来进行观察。于连是这样审视玛蒂尔德的，他说："说真的，这件黑袍更能衬出她身材的美，她有女后的姿态。"这句话其实是作者的一种看法，不完全是人物的看法。

左拉也分析过斯丹达尔，他的说法还是很正确的，他说：

> 必须看到他从一个思想出发，然后表现一连串思想的展开，彼此依附和纠缠在一起。没有什么比这种连续的分析更精细、更深入、更令人意料不到的了。人物沉浸在其中，他的头脑时刻进行着思索，显现出最隐蔽的思想。没有人能这样好地掌握心灵的机制了。

左拉对斯丹达尔的心理描写讲得还是很透彻的。斯丹达尔既不是全能的叙述者，也不是无动于衷的观察家。他同描绘的人物保持一定距离，但又与人物的眼睛一起观看，与人物一起感受，即使不与人物的思想完全一样，但他通过同人物身份一致，尽可能地表现出人物的思想发展过程。

瑞士有一位著名的评论家，叫斯塔罗宾斯基，他在其著作《活的眼》中认为，斯丹达尔的人物随着小说的发展，在不断地自我认识，真正的自我显露是要到最后才完成的。于连的虚伪就是这样，不是一下就完全显露出来的，而是一步步地发展的。

斯丹达尔懂得将"从内部观察到的心灵，抒情的心灵与现实的厚壁"相对照的艺术，正如德国哲学家黑格尔所说，现代小说的基础在于"心灵的诗意与社会关系、外部环境的偶然性所造成的相对应的散文之间存在的冲突"。心理独白，正是在这个意义上成为现代小说的基本技巧之一。

斯丹达尔的心理分析又往往表现为作者现身说法，也就是作者插话。斯丹达尔的插话与其他作家在作品中展开议论的写法不一样。巴尔扎克喜欢在小说里面展开自己的议论，比如人们的行为如何如何。而斯丹达尔不是这样的，他并非对人物的心理进行分析，斯丹达尔的插话与人物在那个时刻的心理是紧密相连的，是一个事情出现后紧接着的反应，有时候是对人物的行动发表自己的看法。

法国批评家乔治·普莱认为，斯丹达尔在作品中的插话就像古希腊戏剧当中的歌队，或者记录篇章中的解说词一样。当然，这也是斯丹达尔在模仿他早年喜爱的戏剧写法。另外一个批评家蒂博代认为，斯丹达尔同时具有批评家的天才和创作者的天才。比如，当提到于连的虚伪时，斯丹达尔是这样写的："'虚伪'这个词使您感到惊讶吗？在到达这个可怕的词之前，这年轻农民的心灵曾走过很长一段路呢。"这是在描写于连虚伪心理时的插入语。

于连同德·雷纳尔夫人初次见面的时候，他的内心活动和作者的议论是交叉进行的。斯丹达尔描写于连想吻夫人的手，不想当个懦夫。因为一分析，他知道自己是个漂亮小伙子，因而感到气足胆壮。这种插话在整部小说中应该说俯拾皆是，这既是心理分析，又是作者的解释和判断。有时他只不过借人物来表达自己的见解，但是要注意，斯丹达尔与人物又是保持一定距离的。

我们以法布里斯为例，他是斯丹达尔的另外一部小说《帕尔马修道院》的主人公。对于法布里斯在滑铁卢战场的表现，小说是这样写的："我们要承认，我们的主人公这会儿可不是个英雄。"这样一类的插话有双重优点，它能加强读者自由行动的幻觉。因为作者对人物的行动佯装吃惊或不舒服，这就在作者和读者之间建立起一种共同的关系，这不但不会破坏读者的参与感，反而会加强读者对叙事者的信任感。这种既深入到人物的内心，又始终待在他们身旁的写法，是斯丹达尔最拿手的。这显示出一种惊人的客观性，与浪漫派强烈的主观性是截然不同的。

斯丹达尔的心理描写跟他的叙述方法是有联系的。斯丹达尔不像雨果那样描绘战场的全景和历史背景——就如《悲惨世界》里写滑铁卢之战那样。斯丹达尔只写了部分情景，比如法布里斯与一些将军擦肩而过，分不清他们的面目，而且其中一个还是他父亲；他看到土块飞起有三四尺之高，然后才明白这是炮弹爆炸崩起来的；他听到两个轻骑兵被炮弹击倒在地的声音；他看到一匹马鲜血直流地躺倒在耕地上，蹄子都伸进了内脏。后来他睡着了，对周围发生的事一无所知。

这种身临其境的写法，和别人描写战争的手法是不一样的，斯丹达尔描写的是一个具体的场景。这个场景里，人物听到的东西就代表了战争。人物对整个战争是没有感觉的，也没有看到整个战场，不像雨果对滑铁卢战场进行了全景描写，有多少万人、多少士兵在那里拼搏。

于连刚刚来到神学院的时候，面对可怕的皮拉尔神父，因为紧张与害怕，他一下子栽倒在了地板上。神父打铃叫人，但于连失去了看的能力和活动的能力，他只听到脚步声走近。人们把于连抬起来，安置到一把椅子上。作者以客观的手法来展示场景，使读者有身临其境之感。

这是《红与黑》心理描写独特的地方。这种描写后来受到大作家们的赞赏，托尔斯泰就很欣赏《红与黑》里的心理描写。他在自己的作品比如《战争与和平》中也大量运用了心理描写，但是他的描写跟斯丹达尔并不完全一样。他认为斯丹达尔发展并扩充了心理描写，不是单一的一种心理描写，而是多种多样的，有的是人物自己在心里想，有的是作者对人物行为的一种评判，有的是人物对其他人物的评价——而这种评价可能是人物自己的想法，也可能是作者的一种看法。

这些各种各样的写法推动了小说中的心理描写的发展，而心理描写的发展同时也是长篇小说艺术一种重大的发展。斯丹达尔的心理描写绝不是长篇大论的，因为长篇大论就会打断作者的叙述，而是一连串的、隐秘进行的、很简短的心理分析，不会打断小说的叙事叙述，这样读来十分流畅、一气呵成。但是，评论家也认为斯丹达尔不是写到哪儿算哪儿的，他不想运用18世纪英法小说家的艺术手法，也学不会运用巴尔扎克的手法。巴尔扎克认为《帕尔马修道院》的开头要缩短一点，还不如写成巴尔扎克自己那种环境介绍的写法，但他写了一下，改了改还是放弃了。

《红与黑》这个故事发生在外省小城，然后转到贝尚松的神学院，再转到巴黎。斯丹达尔也加入了一些无关紧要的插曲，比如说在贝尚松的咖啡馆里面和漂亮的阿芒达·比奈的相遇。这个女孩一眼就看中他，表示要同他来往，也不管情人就在身边。又比如说一个出版商和一个办公室主任关于1830年政治的谈话，看来好像是闲笔，但其实是十分重要的背景描写。这些闲笔就像戏剧幕间休息的小插曲一样，起到一种调剂作用，增加阅读趣味。

斯丹达尔对环境的描写是轻描淡写、一笔带过的。比如，到了贝尚松，他仅仅交代"到了贝尚松城"就完了，如果是巴尔扎克的话，就要长篇大论地描写贝尚松这个城市的情况了。

所以，《红与黑》的风格极其纯净、简洁。斯丹达尔欣赏《民法》的简洁，他写作《红与黑》之前，每天要看几节《民法》。他说，他在用一种方法阻止想象，那就是直接走向目标。他也避免一开始就完整地描写环境，或是描绘人物的全身像。他的方法是让主人公逐渐发现周围的世界，他几乎不写景，也不描写室内的布置，很少描绘肖像。于连到贝尚松的时候心事重重，无暇顾及外界，景色描写只有一句话。"最后，在远山之上，他望到黑墙；这是贝尚松。"这就结束了。这个城市怎么样呢？他不写。德·拉莫尔侯爵的沙龙"金碧辉煌，令人忧愁"，这两个形容词足以事先说明玛蒂尔德的厌烦心态。

于连心情忧郁地来到大山当中，书中只有这一段描写：

> 于连站在巨大的悬崖上，遥望被八月的太阳燃烧的天空，知了在悬崖下鸣唱；当叫声停止时，他周围万籁俱寂。他看到脚下二十法里[1]周围的地方。有几只秃鹰从他头顶的巨大悬崖中飞起，他不时看到它们静悄悄地画出巨大的圈子。于连的目光机械地跟随着猛禽，猛禽平静的飞翔深深地打动他：他羡慕这种力量，羡慕这种孤独。

---

[1] 1法里≈4千米。——编者注

就这么一段描写，文字凝练到了最高程度。

斯丹达尔有意识地与同时代作家的艳词丽句、夸张相对抗。比如说，他很不喜欢夏多布里昂的描写。很多人问我，你喜不喜欢夏多布里昂的《阿达拉》《勒内》？这两部作品，一部中篇，一部短篇，是夏多布里昂的得意之作，有不少人喜欢。

夏多布里昂用词是非常华丽乃至做作的。我举个例子，他去过美洲一次，但是美洲很大，很多地方他并没有去过，但是他却说这些地方他都去过，而且里面的各种各样、千奇百怪的植物，罗列了一大堆。作为读者，看起来是很华丽，旅游故事很惊险，很有味道，但那都是假的。斯丹达尔就不喜欢这样，他对夏多布里昂的东西不喜欢。当然，我们对夏多布里昂的评价也不仅仅来自这方面，夏多布里昂也有比较出色的作品。

另外，他也不赞同巴尔扎克对他的指导，他说："我只看到一条规则：风格不会太明晰，太简洁。"因为斯丹达尔认为明晰和简洁，是不会过头的。所以，为了将一个形容词置于名词之前还是之后这类事，他常常要考虑一刻钟，但是他行文舒卷自如，无论巴尔扎克还是福楼拜都达不到这样的地步。他的简洁风格让后来的读者都很喜欢。不论是喜欢文学的也好，不喜欢文学的也好，拿来他的作品都能读下去，这就是简洁起到的作用。

但不要认为描写得很细致的东西就是好的，不一定。

比如说，普鲁斯特的《追忆似水年华》有很多人喜欢，但是我可以说，大部分人都不理解。我曾经看到，法国那些大学生们手里拿着一卷《追忆似水年华》，好像在显示自己在读《追忆似水年华》了。实际上他读吗？未必在读。这本书一句话就写了七八行、十几行，他读得过来吗？而且里面也没有很多的情节。不过这样的作品是有人喜欢的，特别是批评家们特别喜欢。普鲁斯特也的确发展了意识流的描写，这是不可否认的创新。

再比如说，美国作家福克纳的《喧哗与骚动》，有很多段落是没有标点符号的，你读得懂吗？这本书的译者很有本事，他读懂了，他把它翻译出来了。但是，这个译者是按照他理解的思路翻译的，但是不是也有别的思路呢？完全有可能。因为不能说你读了觉得是这个意思，别人就不能有其他的想法了，因为它没有标点符号啊，如何断句呢？这可能就存在另外一种读法了。

有多少人能读懂《喧哗与骚动》？又有多少人能读懂《追忆似水年华》和《尤利西斯》？那些作家们要读是因为他们要知道福克纳是什么样的写法，他们要知道普鲁斯特是什么样的写法，要知道乔伊斯是什么样的写法。尽管他们可能没有完全读懂，但能学到原来有人是这样写的，原来有人是这样运用句法的。但是，他们都能读懂《红与黑》，这就是《红与黑》的经典性。一百个人读，起码有九十多人喜欢，这也是古典小说所不同于后来的现代小说的魅力所在。

我觉得这部小说之所以成功，斯丹达尔的心理描写和他的简洁风格起了主要的作用。在这一节中，我谈论的主要是《红与黑》这部小说非常独特的特点——心理描写和简洁的手法。我想，这两个特点放在任何时候都是给人以非常大的启发的。

我觉得，相比长篇大论的描写，他这种心理描写有不少优点，比如说这样写人人都看得懂，作品和人物是结合在一起的，这同长篇大论的描写不大相同。长篇大论的描写，即所谓的意识流，有的太长了。我想这些优点，经过了两百年左右的时间考验，充分证明了它是成功的。

这部小说之所以不朽，它的艺术成就方面也起到了很大的作用。下一节，我想给大家介绍一下这部小说在文学史上的地位。

第四节
与野心相比，爱情永远位居其次

《红与黑》是法国小说，甚至是世界小说达到成熟的标志。为什么这么说？大家知道，在18世纪，现代意义上的长篇小说出现之前，无论在英国还是法国，流行的都是书信体小说。

第一，书信体小说的特点是一封信接一封信，有时联系十分紧密，但多少有一种内容被打断了的感觉。从这封信到另外一封信，间隔可能不止一两天，也可能是一两个月，甚至一两年。所以时间不是完全紧接的。第二，书信体小说表露了写信人的心理状态，但这种心理状态并不是心理描写，二者是有区别的。因为这个问题的存在，到19世纪初，书信体小说基本上就变了。

斯丹达尔的小说是将人物与社会现实相结合，以主人公的一生为主线，并把主人公的一生分为几个阶段，这几个阶段彼此结合，从头写到尾。大家可以看到，《红与黑》的场景先是小城维立叶尔，然后转到贝尚松神学院，再转到巴黎。这里可以看到16世纪中叶的流浪汉小说的痕迹，但是它已经不完全是流浪汉小说了，它瞄准的是人物一生的经历。

主人公的性格很鲜明，其他人物也各有特色，比如说《红与黑》里的德·雷纳尔夫人，玛蒂尔德小姐，还包括市长、侯爵等，都各有各的性格，但他们都依附于主人公。这样的写法，应该说从斯丹达尔开始的那一批作家已经有意识地使用了。比如巴尔扎克，他在19世纪三四十年代的小说，基本上也是如此，更不用说后来的《包法利夫人》、左拉的一些小说了。

这种结构标志着法国的长篇小说已经达到现代小说的成熟阶段了，由此诞生了一大批名家，出现了一大批经典作品。

我觉得这种写法应该是从斯丹达尔开始的，当然，可能当时人们没有完全意识到这种结构的独到之处。而且这部小说出来以后，是不是那么受欢迎呢？也不是。因为斯丹达尔是超前的、引领了那个时代的。《红与黑》刚出版的时候，并没有受到人们的重视，反而遭到了一些作者和批评家的贬斥，比如批评家圣伯夫。

提到圣伯夫，我还要多说几句。圣伯夫虽然可以称为19世纪法国最出色的批评家之一，但我认为普鲁斯特对他的批评是很正确的，普鲁斯特认为他根本就没有推荐过19世纪的大作家，无论是斯丹达尔、巴尔扎克，还是福楼拜，他一个也看不上。他看上了谁呢？是以前的一些作家，那他这样怎么能算是一个大批评家呢？他不是批评作家的作品，而是"批评"作家的生平。圣伯夫用生平来印证作家的作品，这就会产生很大的偏差。圣伯夫认为，小说人物不是活生生的人，而是精巧的木头人，这个评价也是很令人惊讶的。

那个时候，很多人都不重视斯丹达尔的这部作品，但歌德注意到了。歌德在和艾克曼的谈话中提到《红与黑》，歌德认为这是斯丹达尔最好的作品，但他同时也觉得这部小说的女性角色的传奇色彩过重，不过这抹杀不了作者杰出的观察精神和在心理方面的深刻见解。可以看出，歌德还是很有见地的。

泰纳在19世纪下半叶，曾试图为斯丹达尔的作品正名，而斯丹达尔本人始终是满怀信心的。斯丹达尔曾说，"到1880年，将有人读我的作品"。果然，在19世纪下半叶，《红与黑》受到了绝大多数批评家的赞扬。

说实话，《红与黑》这部小说的简洁风格，并不为所有的翻译家所理解。我国的一些有名的翻译家也不理解斯丹达尔的简洁,他们选择用华丽的辞藻来翻译《红与黑》。比如,《红与黑》的最后一句话的主体是 Elle Mourut,指的是德·雷纳尔夫人死了,其实是很简单的一句话。有的翻译家怎么翻译呢?"她魂归离恨天。"那就奇怪了,斯丹达尔怎么可能知道"离恨天"?"离恨天"是中国古代的说法,翻译成"魂归离恨天"读起来很美,但其实违背了斯丹达尔简洁的写法。

"她死了"是最恰当的一种译法,语言看似很简单,但正是《红与黑》的特点。另外,我认为翻译《红与黑》这部小说,需要力求简洁,但简洁不等于平淡无味。而且虽说风格简洁,但有时小说中句子的语法结构还是很复杂的。有的翻译家把这部分句子翻译成了比较复杂的欧化式句子,这也是可以的。

20世纪90年代,我国曾经出现过一场关于《红与黑》翻译问题的大讨论与大评选。专家教授也好,退休工人也好,都参与其中。评选结果是,获得第一名的译本中有很多的欧化句子,而讲究词汇的却排在最后,尽管他们也下了很大的功夫,但是读者不承认,读者认为按照讲究词汇的译法翻译的译本用语很做作。

所以,我在翻译的时候也就注意两个方面。前面提到过,简洁不等于平淡无奇。没有一点文采的翻译是不成功的;文采的问题要注意,但是也不能译出太多的欧化句子——有一些欧化句子是可以的,而且是应该的,但不要太多。因此我在翻译的时候力求将这两方面调和,展现小说的本意。

《红与黑》这部小说是世界文学史上非常重要的一部长篇作品。尽管这部小说谈的是较远的历史,离现在已经差不多两百年了,但是小说所描写的东西对我们来说并不陌生,还是很吸引我们的。

《红与黑》的那种现代思想，以及对男女爱情的写法还是很吸引人的。尽管这是一个关于野心家的故事，其中的爱情片段也没有什么与众不同，却很能吸引读者，这就很有意思了。我们也不能用今天的道德观念去评价于连，如果用今天的道德观念评价，也是讲不通的。于连是很特殊的一个人物，他的经历也有值得人们同情的地方。

这部小说我不是一口气译完的，20 世纪 90 年代我译了一半，后来停下来了，因为出版计划取消了。退休后，我又把它捡起来，继续翻译。因为法国的作品太多了，我的翻译选书标准就是法国的经典作品，而且经典作品我也只是翻译一部分，比如巴尔扎克那么多的经典，我译不过来。

当代小说，我译得也比较少。因为我觉得当代小说还没有完全固定下来，历史对它如何评价还不清楚。今天有人认可它，可能过了 50 年，评价就不一样了。但是有的书，比如雨果的作品，就是经过时间的考验的，而且他的小说不是很多，同时就我个人而言，是我比较喜欢的。所以我就想到翻译雨果的小说。他的几部重要的小说，我以前都译过，比如《悲惨世界》《九三年》《海上劳工》《笑面人》等。雨果其余的作品中有两部是从来没有被译成汉语的，现在我也把它译过来了，准备出《雨果小说全集》。

阅读小说时很多东西是我们普通读者不理解、不清楚的。比如说读法国小说时，我不了解这个作者是什么情况，就想要看一看译者写的序言。因为我是做研究的，有这个基础，所以对我翻译的小说我都写了比较详细的序言，当你看了序言以后，你就会对这部小说的思想成就和艺术成就有进一步的理解。有些翻译家是不写序的，他们认为写序太容易了。其实他们写的序，如果只是对作者生平、对小说内容的简单介绍，我认为是不够的。

《红与黑》有那么多内容，不是一般的读者能理解的，那让我们了解一下不是很好吗？比如政治方面，作者写到了阴谋，我们了解吗？读了序言后，才会明白，原来是这样的，斯丹达尔还写了这么重要的内容！

又比如心理描写，我们看上去好像挺好玩的，但并不知道心理描写的特点以及魅力所在。这个时候译者做些介绍，读者才能更了解。

我们阅读这本书的时候，还是需要去读一读序言，不光是我翻译的版本有序言，别的译者的译本也有序言，都可以读一读，这样可以加深对这部小说的内容和艺术的了解。

《欧也妮·葛朗台》
金钱原则统治下的异化人生

Eugénie Grandet

北京师范大学·刘洪涛

巴尔扎克

📖 作品介绍

《欧也妮·葛朗台》是法国作家巴尔扎克的长篇小说。小说中，主人公葛朗台利用 1789 年的革命情势和各种手段，使自己的财产神话般地增长起来，积累了巨额的财富。在他眼中，金钱高于一切。尽管拥有万贯家财，可他却无比吝啬，最后守着满屋子的黄金死去。女儿欧也妮在父亲的苛刻与吝啬的对待下长大。她在少女时代与堂弟夏尔相爱，后来夏尔为了攀附高位，把欧也妮抛到脑后，娶了一个侯爵的女儿。在葛朗台死后，欧也妮继承了父亲的财富，生活优裕，但是纯真爱情却已不复存在。

小说写出葛朗台与欧也妮父女的人生悲剧，展现了一幅法国 19 世纪前半期外省的社会风俗画，揭露了资本主义社会金钱原则统治下的社会众生相，金钱对人灵魂的腐蚀和摧残，以及人性的扭曲和堕落。

✒ 《欧也妮·葛朗台》思维导图

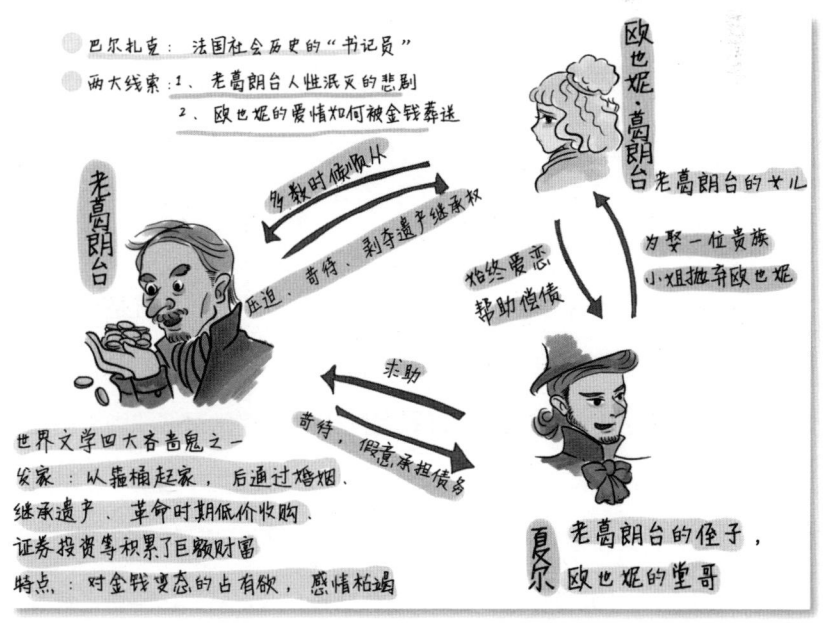

第一节
法国社会历史的"书记员"

长篇小说《欧也妮·葛朗台》是法国19世纪伟大的现实主义作家、也是世界文学史上最伟大的文学家之一巴尔扎克的代表作。小说以欧也妮·葛朗台的名字作为书名,想必她就是唯一的主人公了?

不。除了欧也妮,还有一个主人公,叫葛朗台,是欧也妮的父亲。巴尔扎克在这部小说中,通常把女儿叫作欧也妮,把父亲叫作葛朗台,或者葛朗台老爹、老葛朗台等。按说葛朗台也是有名字的,但小说中没有提到过他的名字,只用这个姓氏称呼他。

这种情况在外国文学中也不是独一份,俄国作家托尔斯泰大名鼎鼎的小说《安娜·卡列尼娜》也是这样。至于巴尔扎克的这部小说,为什么书名不用父亲的姓名,而是用女儿的姓名,这里我先卖一个关子,后面再来解惑。

这部小说写的是一个怎样的故事呢?

它的主题是葛朗台与欧也妮父女二人的人生悲剧。葛朗台是一台赚钱机器,一辈子只知道赚钱、攒钱,积累了巨额财富,却活得没有一点人样。他最后守着满屋子的黄金死去,可谓是对贪婪和吝啬的最好注脚。女儿在父亲的剥削和苛刻对待下长大,少女时代与她的堂弟夏尔相爱。夏尔到海外经商发了财,为了攀附高位,把欧也妮抛到脑后,娶了一位贵族小姐。欧也妮继承了父亲的巨额财富,但爱情却最终幻灭,只能在孤独、哀伤中打发余生。小说的情节大致如此。它虽然是一部长篇小说，但篇幅并不太长，属于能一口气读完的那种。

如果要把《欧也妮·葛朗台》读透彻，读深入，读出味道，还需要先熟悉一下作者巴尔扎克，知道他为什么能写出这部优秀的作品；知道在他的生命历程中，有哪些重要的元素融进了这部作品，化为了这部作品的有机成分；与此同时，我们也要了解一下巴尔扎克的主要由九十多部小说等作品构成的作品集《人间喜剧》，因为《欧也妮·葛朗台》就是巴尔扎克倾注半生心血打造的这栋宏伟的文学大厦中最伟大的一层。

我们先来了解巴尔扎克这个人。

了解一个人，当然先从外貌开始，因为相貌是心灵的一面镜子，是人的精神、气质、性格的反映。在法国雕塑大师罗丹最重要的雕塑作品中，有一尊就是巴尔扎克的雕像。这尊雕像非同凡响，它不同于我们在许多西方国家的广场、街道中经常能见到的那种骑马挥剑、昂首挺胸或表情肃穆庄严的人物。罗丹雕刻的巴尔扎克塑像，看起来有点"邪"。健硕高大的躯体，蓬乱粗硬的头发，沉思的眼睛，从肩到脚裹着睡袍，巴尔扎克像一头咆哮的困兽，也像一只满腹欲望的蛤蟆。他把巴尔扎克活力四射、雄心勃勃、被强烈欲望鼓胀的巨人式性格活灵活现地表现了出来。只有这样的人，才能写出《人间喜剧》这样的作品。

那么，巴尔扎克又是如何走上文学道路的？

让我们从头说起。巴尔扎克于18世纪的最后一年，也就是1799年，出生于法国中西部地区的图尔市。他父亲曾在政府任职。巴尔扎克少时就表现出对文学的强烈兴趣，立志当一个作家。在学校时，同学给他取了个绰号，叫"作家"。后来，他随父母迁居巴黎。中学毕业以后，父母送他去学习法律，安排他在公证人事务所和诉讼代理人手下当见习生，希望孩子将来在法律界发展，有一个稳定可靠、足够安身立命的职业。这是当时大多数法国中产阶级家庭的想法。

父母之命难违，但又不愿意放弃文学，所以巴尔扎克一边学习法律，上班见习，一边在巴黎大学听文学讲座。准备了三年后，他郑重地向父母宣布，自己要以文学为终身职业。巴尔扎克的父母从实际出发，以他的前途为重，一致认为他的想法很不靠谱，坚决反对。争执之下，父母退了一步，答应给他两年的尝试期，如果不行，就要回头听从父母的安排。巴尔扎克雄心万丈，一口答应下来。

但他大大地低估了走文学之路的难度。每个人的才华不同，显露出来的时间也千差万别。巴尔扎克不像与他同时代的大作家雨果，雨果是少年天才，而巴尔扎克则属于大器晚成的那类人。巴尔扎克奋斗了一年，终于写出了一部悲剧作品。他父母满心欢喜，拿去向一位知名作家请教，结果得到的回答却是劝他不必以文学创作作为职业目标。

对于巴尔扎克来说，这个打击非常巨大，但他毫不气馁，两年不行，就奋斗三年、四年、五年。一开始巴尔扎克对文学发展的趋势了解得不是很清楚，创作悲剧失败之后，又写起了当时流行的浪漫主义神怪小说。作品倒是出了不少，也赚了一些钱，但连他自己都不好意思署上真名。这期间，他还心血来潮，想经商创业赚钱。他先是办出版公司，后来又开印刷厂，办铅字铸造厂，结果一一失败，欠下巨额债务，以致终生为此受累。

巴尔扎克究竟是什么时候才找到适合自己的文学方向的？

在经历了整整十年的磨砺之后，巴尔扎克终于找到了适合自己的文学方向，他写出了《舒昂党人》这部具有现实主义风格的历史小说，大获成功。值得一提的是，这也是他第一部署上真名的作品。《舒昂党人》的成功激励着巴尔扎克沿着现实主义道路继续前进。又经过 20 年艰苦卓绝的努力，巴尔扎克终于基本完成了由九十余部长短不一的小说等作品构成的、可能是世界文学史上规模最宏大的作品总集——《人间喜剧》。

回看巴尔扎克这十年漫长的创作准备期，我们不得不对他表示由衷的佩服。首先值得钦佩的是他为了追求事业，坚韧不拔的精神。几乎每个年轻人都有梦想，但要实现梦想，不付出艰苦卓绝的努力是不行的。在这方面，巴尔扎克可以说是正在成长期的年轻人的光辉楷模。

其次，巴尔扎克善于从社会这所大学中积累丰富的素材，这为他后来的创作提供了取之不尽的资源。他在公证人事务所见习期间，耳闻目睹了形形色色的、围绕财产的诉讼案件；因为经商和出版作品，他不得不与各种债权人、出版商打交道，经历过撤资、诈骗、高利贷盘剥、清算等一系列恶意商业行为，终生都在借债、还债、躲债。这使他对金钱社会的丑恶有了超出常人的深刻理解，而这种理解，也在不断激发他创作的欲望和灵感。从个人生活的角度看，这是上天对他严酷的考验；从创作的角度看，却是上天赐予他的无限财富。

最后，他终于找到了适合自己，同时又切合时代脉搏的创作方向。在这方面，巴尔扎克走了许多弯路，这说明一个人空有文学热情是不够的。

总之，巴尔扎克的成功应验了莎士比亚在《暴风雨》中的一句台词，"凡是过往，皆为序章"；也应了中国北宋理学家张载的一句话：艰难困苦，玉汝于成。

巴尔扎克为什么要写《欧也妮·葛朗台》，乃至这部宏大的作品集《人间喜剧》呢？

因为在那个时代，作家们相信文学像历史一样，可以真实地展现社会的面貌、时代的风气。巴尔扎克在《〈人间喜剧〉前言》中，雄心万丈地称自己要做法国社会的"书记员"，要记录法国社会从18世纪末到19世纪30年代的真实面貌。这是法国乃至全世界非常重要的一个时期，发生了法国大革命，拿破仑的掌权和垮台，波旁王朝的复辟和垮台，以及七月王朝的建立等重大历史事件。

这些重大的历史事件，反映了法国封建贵族阶级统治被推翻，资产阶级成为法国社会的统治阶级。金钱原则逐渐代替身份、门第、等级等观念，变为社会通行的原则。这种变化，不仅重塑了法国，而且对整个西方世界，乃至整个人类社会，都具有极其重大的意义。

那么，巴尔扎克的《人间喜剧》是如何做到这一点的？

我们需要简单了解一下《人间喜剧》的宏大布局和缜密设计。《人间喜剧》不同于一般的小说集，因为在巴尔扎克的精心构造下，它是一栋有严谨的内在结构、成体系的文学大厦。巴尔扎克依据自己的创作目标，设计出了这些内在结构。

巴尔扎克把《人间喜剧》中的作品分为"风俗研究""哲学研究""分析研究"三大类。其中归于"风俗研究"主题下的作品数量最多，描写范围最广泛，内容也最为丰富。它由六个生活场景构成："私人生活""外省生活""巴黎生活""政治生活""军事生活""乡村生活"。按照巴尔扎克的构想，这六个生活场景涵盖了当时法国社会生活的方方面面。

巴尔扎克创作"哲学研究"系列是希望"进一步研究产生这些社会现象的多种原因或一种原因，寻出隐藏在广大的人物、热情和事故里面的意义"。

他创作"分析研究"系列的意图是从真、善、美等人类永恒的自然法则出发，分析社会不合理状态产生的根源。这部分作品不多。

巴尔扎克从对各种社会现象纵横交错的描写入手，进入隐藏于其中的欲望动机并深入分析，最后上升到对生命本质和意义的探究与追问。从当下的视角看来，《人间喜剧》从不同侧面，大致实现了巴尔扎克写作的目标。

《人间喜剧》里都有哪些知名的作品呢？

《欧也妮·葛朗台》《高老头》当然是，此外还有《高利贷者》《贝姨》《夏倍上校》《邦斯舅舅》等。《欧也妮·葛朗台》被列入了"风俗研究"中的"外省生活"，这部小说通过葛朗台和欧也妮两个人物，反映了资产阶级的发家史，以及资本主义金钱关系对人的毒害，是《人间喜剧》这部宏大的"法国19世纪前期社会风俗史"交响乐中的一个壮美的声部，也是巴尔扎克的代表作之一。

巴尔扎克在《人间喜剧》中写到的人物，大大小小有两千四百多个，重要的不下六七十个，他们的共同特点是什么呢？

一言以蔽之，欲望。这些人物，都是被各种欲望控制的人物。金钱欲、爱欲、情欲、占有欲、上升欲、收藏欲，凡此种种，并由此催生出吝啬鬼、好色鬼、野心家，以及有着各种奇趣怪癖但又生机勃勃的人物。

《人间喜剧》中有一部小说叫《驴皮记》。这部小说的主人公是一位年轻人瓦朗坦，当他情场、赌场相继失意，直至穷途末路之时，一个古董商人送给他一张神奇的驴皮。中药中有一味药材叫阿胶，是驴皮熬制而成的，而在小说里，驴皮有一种神奇的功能：它能够满足拥有者的一切欲望，但每实现一个愿望，它就会缩小一次，代表着拥有这张驴皮的人的寿命缩短一截。

巴尔扎克以天才的想象力，虚构了这张既充满诱惑又令人生畏的驴皮，从而凸显了欲望对人的巨大威力，以及欲望与生命的尖锐矛盾。瓦朗坦明知欲望的满足最终需要付出生命的代价，仍然抵抗不住欲望的诱惑，接受了这张驴皮。但当他发财的梦想实现，性命受到威胁时，他胆怯了，转而竭力拒绝一切诱惑以求延续自己的生命。这部小说可以看成是巴尔扎克对生活真相的领悟，对资本主义社会本质特征的领悟，同时，这部小说也是巴尔扎克一生的写照。

这一节，我围绕"巴尔扎克是如何创造《人间喜剧》这个奇迹的"这个话题，介绍了巴尔扎克艰辛的文学创作之路，巴尔扎克的性格如何融入他的作品，他为什么计划创作《人间喜剧》这个宏大的系列，以及《人间喜剧》的构成和主题、《欧也妮·葛朗台》的情节。在下一节中，我将为大家深入分析《欧也妮·葛朗台》这部作品中的主要人物葛朗台，介绍葛朗台的发家史与生意经。

第二节
箍桶匠的发家史和生意经

小说的主人公葛朗台是哪里人？

葛朗台的家乡是法国中西部的一座小城索漠（Saumur），就是现在通译的"索米尔"，它隶属于法国卢瓦尔河地区的曼恩-卢瓦尔省，法国最长的一条河流——卢瓦尔河穿城而过。当时的法国人把巴黎之外的所有法国领土都称为外省。在这种观念下，索漠也是外省，比巴黎低了一等。

但索漠城所在的卢瓦尔河谷其实是法国最大的旅游景区之一。那里不但风景优美如画，而且人文底蕴也十分丰厚。法国的大作家拉伯雷和巴尔扎克都出生在这个地区，意大利艺术巨匠达·芬奇在这里度过了他生命的最后岁月。同时，这里也是法国著名的葡萄酒产地。

巴尔扎克把葛朗台这样一个一心只想发财，一毛不拔，没文化、没品位的奇葩角色，安排在这么美、这么好的一个地方，一个重要的原因，恐怕是他是靠做酒桶和葡萄酒生意发家的，而这里正是他施展拳脚的地方。

另一个原因，应该是出自巴尔扎克的私心，这里距离他的出生地图尔市只有 80 公里左右。也难怪巴尔扎克写起这座小城的街道、房舍、居民的生活习惯等如数家珍，因为这里算得上是他的家乡了。

主人公葛朗台是做什么的？

葛朗台早先是一个箍桶匠。我们知道，葡萄酒被酿出来后，最好用橡木制作的桶储存。橡木里含有一种叫单宁酸的化学物质，可以使酒口感更好。索漠是葡萄酒的产地，当地必然有对酒桶的需求，由此形成了一个产业链。

葛朗台是一个精明的箍桶匠。其实酒桶的生产、销售，和许多农牧产品一样，往往是靠天吃饭的，怕风、怕雨、怕旱。今年葡萄收成不好，商家对酒桶的需求就低，收成好，需求量就高。今年收成好坏，这事谁也说不准，是不是？其中风险和商机并存。葛朗台的精明之处，就在于他善于规避风险，抓住商机，这才打下了殷实的家底。紧接着，他又娶了一位富裕的木板商的女儿，妻子给他带来了一笔不菲的陪嫁，增加了他的财产。

但如果仅限于做酒桶生意，葛朗台恐怕一辈子也发不了大财，充其量只是小有产业，家境宽裕罢了。但他赶上了一个好机会，这个机会是他真正发家的契机。常言道，在风口上，猪都会飞起来，指的就是机会的重要价值。

葛朗台赶上了什么好机会？

赶上了1789年法国大革命。简单地说，在法国大革命之后，法国崛起了一个新的阶层——第三等级。第三等级，顾名思义，这些人原先的地位不高，多为农民、工人、商人等，他们不满于封建专制统治，不满于大贵族的剥削和压迫，在1789年奋起反抗，推翻了封建国家政权，把当时的法国国王路易十六送上了断头台。在大革命时期，很多大贵族、教士或被打压，或主动逃亡，他们的土地财产被都没收，由政府拍卖。

对葛朗台这样的人来说，这是一个大好机会。他唯利是图，一心只想发财；但在大贵族掌权的封建时代，以他第三等级的身份，有钱也买不到土地。现在机会来了，葛朗台敏锐地发现并抓住了机会。大革命期间，他十分活跃，表现得像一个"有胆识的共和党人、爱国者、关心新思想的人物",也因此担任了索漠地区行政委员会委员,但其实他只关心如何发财。

当地教会的产业被拍卖的时候,他用四百路易贿赂主持拍卖的官员,以极为便宜的价钱,合法买下了当地最好的葡萄园、一所修道院和几块分租地的承包权。后来他又利用手中职权,捞取了很多好处,包括以为乡里谋福利的名义,修筑多条大路,直达他的产业;以给共和国军队供应葡萄酒的条件,换回了一所修道院所属的好几块优质牧场;政府登记产业的时候,他耍手段占了不少便宜,只用交很少的税。葛朗台如此这般,在大革命后的初期,积累了不菲的财富。

此后,葛朗台的好运气仍然不断,继承了岳母、妻子的外公、自己的外婆的遗产。小说中只提到他妻子带来的陪嫁和所继承的遗产共有三十万法郎,另两位带来的遗产没有写出具体数额,但考虑那二位老人生前都是吝啬鬼,一直拼命攒钱,可以想见,数额必定相当可观。

这段时期可以看作葛朗台的原始积累时期,说不上多么血腥,但显而易见,这是不干净的。

发达起来的葛朗台拥有大片的葡萄园、草场、林地。这些产业值多少钱呢?在他1827年82岁去世的时候,人们才弄清楚了他财产的准确数字:1700万法郎。在19世纪初,这绝对是一笔巨额财富了。

葛朗台的巨额财富是怎么来的?

这是一个有趣的话题。除了在法国大革命时期廉价购买所得,以及后来继承遗产所得,葛朗台的1700万法郎中的绝大部分,是他通过各种商业经营活动赚取的。

小说中具体描写的他的商业活动主要有四项:其一是在1819年11月,也就是故事开始时,葛朗台把自己土地上的三千颗白杨树砍去改为种草。

因为他算了一笔账：同一块土地上种白杨，40年后收入也不到五万法郎，而种草则能收入六万法郎。

其二是在同一年，那时正是葡萄酒上市的季节，当地葡萄酒业主为了卖个好价钱，建立起价格攻守同盟。葛朗台表面上积极鼓动大家压着酒不买，私下却把葡萄酒偷偷出手，卖了个好价钱。他以每桶200法郎的高价抛出，一千桶葡萄酒一共卖了20万法郎。

其三是葛朗台的证券投机生意，这也是小说中描写比较详细的。这是葛朗台打的一场漂亮的商战。有天早上，他在码头上与人闲聊时听到一个消息，南特市的金价涨了一倍。不少投机者纷纷来昂热收购黄金，以图倒卖获利。

葛朗台得到这个消息后，没有跟风去收购黄金，而是拉了许多黄金，当晚动身，跑到昂热把黄金卖掉，大赚一笔，随后用这笔钱购买了王家债券。葛朗台这一趟奔波把拉车的马都累出了毛病，只能留在当地休整。因为他卖出的黄金数额过大，当地金价都下跌了。葛朗台对机会的嗅觉之灵敏、行动之果断，让银行家格拉桑都惊出一身冷汗。

随后，他又让格拉桑替他买进十万法郎的公债，且不论这些王家债券本身的价值，仅高额的利息收入，就是一个可观的数字。从证券买卖中获得的巨大收益令他大受鼓舞，他甚至准备把所有收入都投到公债中去，直至行情上涨到每股100法郎。

葛朗台死后，他的财产中一部分就是市值600万法郎的债券（他购入时，每股价值60法郎，去世时涨到70法郎，后市看涨）。巴尔扎克虽然对多件证券生意的来龙去脉语焉不详，但葛朗台的财富中，看起来有相当大的比例是从证券生意中获得的。

葛朗台从事的第四项商业活动是接手他弟弟的债务,看起来是个赔本买卖,他又是怎么利用的?

葛朗台有一个弟弟,年轻时去巴黎闯荡,发了大财。但后来因为生意破产,负债累累而自杀。小说中与欧也妮恋爱的夏尔,就是葛朗台这个弟弟的儿子。对索漠人来说,一贯一毛不拔的葛朗台的这番举动,实在是令人大感意外。这个吝啬鬼果真要替弟弟还债不成?

其实葛朗台自有他的如意算盘:在商业社会,一个人、一个家族的商业信誉至关重要,葛朗台弟弟无力还债自杀,对家族的信誉是一个打击,这是葛朗台不愿看到的。出于这一考虑,他计划阻止债权人宣布弟弟破产,所以才宣称接手弟弟的债务。但他接下来的行径则是典型的吝啬鬼逻辑:他施以花招,让银行家格拉桑心甘情愿跑到巴黎,为他弟弟清理债务。

格拉桑在巴黎拍卖了死者的产业后,偿还了部分债务,剩下的债务葛朗台则按预定计划长期拖延,债主忍无可忍时,他干脆把责任推到在印度[1]的夏尔身上。一直到葛朗台去世,他都没有替弟弟为所欠下的债务付过一分钱,却保住了家族的名声。格拉桑在巴黎为葛朗台的谋略奔走,还兼替葛朗台做公债生意。葛朗台可谓一箭双雕。

从这些商业活动的事例中,我们可以发现,作为一个商人,葛朗台是出色的。他精于赚钱,当酒桶价格比酒的价格还贵的时候,他总有酒桶出售;他能准确地算出葡萄酒何时涨价,等到价钱涨到高点才出手;南特地区缺白木,他就把自己土地上的白杨砍下,卖了个好价钱;随后他在这片土地上改种草,因为此时种草所带来的收益要更多;外省人对证券生意还

---

[1] 本章中印度泛指马来群岛(时称东印度)和南美洲(时称西印度)。——编者注

不信任时，他已经从中尝到了甜头，并乐此不疲；他能整晚不睡，赶夜路到昂热抛售黄金，然后套购王家债券。葛朗台死后，人们在他的财产中发现有大额的王家债券，怎么也弄不明白他是如何把如此多买王家债券的现金送到巴黎的。葛朗台行动之诡秘、迅速、高效，宛若神助，令索漠人惊讶、敬佩不已。

葛朗台的商业经营中，守法和非法活动常常并行。他行贿、假公济私、侵占公共利益、剥削他人、放高利贷，在法律的许可的范围之外，他放肆地掠夺、攫取。正如小说所写："葛朗台先生兼有老虎和巨蟒的本领。他会蹲在那里，长时间窥伺着猎物，然后扑上去，张开钱袋的大口，吞进大堆的金币，然后安安静静地躺下，像吃饱的蛇一样，冷酷而不动声色，徐徐消化吃到肚里的东西。"

葛朗台善于"通过合法的途径将别人的钱据为己有"。他给拿侬的工钱虽低，却从未拖欠过；他重信誉，也守信誉；他做生意讲究两讫，不欠别人，也不让别人欠他。由此可见，葛朗台是一个懂得并善于利用资本主义商业游戏规则的人，并非一个十恶不赦的坏人。

在这一节中，我介绍了葛朗台的发家史和生意经。葛朗台从箍桶匠做起，在继承了几笔遗产之后，抓住法国大革命这个历史机遇，通过种种合法或非法的活动，完成了资本的原始积累。随后数十年间，他通过出售林木、葡萄酒，进行证券买卖，积累了1700万法郎的巨额财富。葛朗台是一个懂得并善于利用资本主义商业游戏规则的人，是一个"金钱英雄"。下一节我将为大家揭开葛朗台的另一副面孔——守财奴。

第三节
是金钱英雄，也是吝啬鬼

如果仅以挣钱能力为标准，葛朗台无疑是一个成功的商人，也称得上是一个"金钱英雄"。但他虽然在商场中表现得令人惊叹叫绝，人格品质却极为粗鄙，可笑可憎。

葛朗台性格最大的特征是吝啬。他究竟吝啬到什么程度呢？

他是索漠城的首富，却也是最吝啬、最节俭的人。他住在满是侵蚀痕迹的老房子里，楼梯朽烂了，家人崴了脚，他只是埋怨大家不小心，却舍不得花钱更换。他同样舍不得花钱买肉、买菜，总是从佃户那里讨便宜。"烧火用的木柴从篱笆上砍，或将田边半枯的老树放倒，叫佃户锯好用车送进城来。"他吃烂果子，喝劣质酒，"蜡烛是全家合用一支，还得买最便宜的"，"全家的衣服被褥都由母女二人缝制"。每年冬天生火取暖都有固定的期限，绝不因为天气寒冷而提前。葛朗台把一家人的日常开销降到了最低限度。

在葛朗台家里，大家每天吃的食物都有定量，由他亲自分发，食物锁在柜子里，钥匙由他掌管。欧也妮爱上了夏尔，为了让情人的生活稍微舒适些，破坏了葛朗台的规矩，令他大为光火。他反对给夏尔住的房间生火、加暖床用的炉子；不肯因为夏尔的到来，为餐桌多加一些面包和糖。仆人拿侬问他要面粉和黄油为夏尔烤烘饼时，他训斥道："为了我侄子，你想抢劫我们家怎么的？"

欧也妮冒着极大的风险，用自己的钱，让拿侬为夏尔准备了一顿其实很简单的午餐，不想葛朗台大为光火，竟然毫不顾忌亲戚礼节，咬牙切齿地对夏尔说："如果不制止她们，她们真会为你抢光整个索漠城呢。"夏尔知道了他父亲自杀的消息，痛苦不已，吃不下饭，葛朗台的反应是"倒是省口粮了"。

葛朗台太太提议为夏尔的父亲戴孝，葛朗台的回答是"您真会想办法花钱"；夏尔即将赴印度谋生，葛朗台好不容易才从牙缝里挤出一句"我给他出路费"，但路费只够夏尔到南特。南特是卢瓦尔河下游接近入海口的一座城市，夏尔去印度，要从这里乘船，而南特距索漠只不过百余公里。这是他唯一一次对夏尔"慷慨"，而所谓慷慨也是仅此而已。他后来发现女儿拿出她积攒多年的金币资助夏尔，暴怒中的葛朗台全然不管这笔钱根本不是他的，竟然把女儿囚禁起来，只让她吃面包，喝凉水，妻子担心女儿，急到病重，他也无动于衷。葛朗台绝情残忍至此，只因为欧也妮为了夏尔，破坏了他的"节俭"原则。

葛朗台吝啬到这种程度，是有心理问题吗？

人们往往把"吝啬"和"鬼"联系起来，把"守财"和"奴"联系起来，说明在我们的观念中，吝啬鬼和守财奴一样，都是一种病态人格。葛朗台因为自己的极度吝啬，把自己变成了"鬼"，变成了金钱的奴隶。他把自己和家人的日常开支压缩到最低限度，把占有、藏匿金钱当成最大的快乐。

葛朗台有一间密室，正门被堵死，只能从葛朗台的卧室进入；窗户上装着粗大的铁栏杆，像是牢狱。这间密室存放葛朗台的田契、地契，桶里装着他的金币，任何人，包括他的妻子女儿都不许进去。葛朗台一个人"在这儿偷偷地开单据，写收条，计算收益"，有时则"爱抚、把玩、欣赏他的金币"，从中获得满足感。

但葛朗台非常害怕别人知道自己十分富有，平日里总是藏着掖着，唯恐泄露一点关于自己财产的消息。在他准备携黄金去昂热出售的那天晚上，他再三叮嘱女仆和车夫，要悄悄地干活。女仆发现装车的木桶很重，嘟囔了一句，葛朗台立马说，可惜都是些大铜钱，暗示桶里装的都是零钱，数额不大。仆人搬那些木桶累得腰酸背痛，和车夫说闲话时，提到那些木桶足有一千八百斤，葛朗台听见了立马让她别废话。他甚至哄骗妻子女儿，说自己到乡下去了。就这样，他带着那么多黄金，连夜赶到昂热，完成了交易。也正因如此，包括他的太太和女儿在内，整个索漠的人，只能从他大手笔的买卖中猜测他究竟有多少钱，但在葛朗台生前，没有人知道他真正富有到了什么程度。

葛朗台对金钱的占有欲究竟到了什么程度？

他对金钱有着强烈的占有欲，甚至变态到希望把女儿的物品和财产据为己有。一天，葛朗台发现女儿正和母亲一起欣赏夏尔留给她的那个梳妆盒，他像老虎扑向婴儿一样把盒子抢到手里，掏出刀子就要撬匣子上的金板。直到女儿举刀，以自杀相威胁，他才放手。葛朗台太太去世以后，葛朗台担心女儿要分自己的财产，心中惶恐不安，直到哄骗欧也妮放弃财产继承权才释然。

但葛朗台再精于算计，也躲不过衰老和死亡。到了生命的最后，他坐在卧室的火炉边，面对着堆放财宝的密室门，让拿侬把自己身上裹的棉被掖紧，以防被人偷走。他担心金币，不断询问女儿："还在那儿吗？还在那儿吗？"女儿回答说："还在，父亲。"他仍不放心，让女儿拿了金币，摆在自己面前，一连几个小时盯着金币，说："这让我感到暖和！"说话时，他脸上掠过幸福的表情。

弥留之际，神甫把镀金的十字架送到他嘴边，让他亲吻，结果他却扑上去，想抓住十字架，把它据为己有。他最后的一句话是对女儿说的："好好照看一切。到了那边向我交账。"他最后的言行仍然是吝啬鬼式的，连死亡都奈何不了。

通过以上的分析，我们可以看到葛朗台的两副面孔：一个是"金钱英雄"，一个是守财奴。这很容易让人把吝啬和资本主义联系起来，认为吝啬是资本主义社会的产物。其实，吝啬是人类古老的天性之一，是人类进入私有制社会之后形成的习性。

你是不是想起了西方文学史上著名的"四大吝啬鬼"形象？

第一个是莎士比亚喜剧《威尼斯商人》中的夏洛克。他是一个放高利贷的商人，虽家财万贯，生活却十分节俭，无情地虐待仆人朗斯洛特，连饭都不让他吃饱，逼得仆人离开了他，去投奔巴萨尼奥。威尼斯大商人安东尼奥因为慷慨大度，乐于助人，招来了夏洛克的憎恨。当他找到机会，可以对安东尼奥施加报复的时候，竟然要求割去安东尼奥身上的一磅肉，力求将他置于死地。

第二个吝啬鬼形象，是法国17世纪剧作家莫里哀喜剧《悭吝人》（又译为《吝啬鬼》）中的阿巴贡。他也是放高利贷者，为人非常吝啬，嗜钱如命，对儿女异常苛刻。他逼迫儿子克莱昂特娶一个有钱的寡妇，仆人同情克莱昂特，把阿巴贡埋藏在花园里、装有一万个埃居的箱子偷来交给他。克莱昂特以归还钱箱作为条件，要求父亲同意自己娶心上人玛丽娜雅。虽然阿巴贡也想娶玛丽娜雅，但在他的观念中，还是钱更重要，就答应了儿子的要求。在这部戏的结尾，阿巴贡说了一句经典台词："我，我要去看看我亲爱的箱子。"剧中的阿巴贡是一个灵魂被金钱吞噬，感情被金钱撕成碎片，一张嘴就散发着铜臭气的吝啬鬼形象。

巴尔扎克的葛朗台是文学史上又一个吝啬鬼的典型。

第四位是19世纪俄国现实主义作家果戈理于1842年出版的小说《死魂灵》中的泼留希金。他拥有上千个农奴，家中财物堆积如山，却穿着破衣烂衫，吃着粗劣食物。女儿结婚，他一毛不拔；儿子要钱做衣服，他送去的是咒骂。他什么东西都捡，一块旧鞋底，一片破布……谁丢了什么，总可以在他家的废物堆中发现。地窖里的面粉因存放时间太长，硬得像石头，要用斧子才能劈下来；布匹因长期不用，一碰便化成飞灰。

这些著名的吝啬鬼形象，虽然生活时代不同，但他们一脉相承，异曲同工，都是人性极度异化的产物。

我们还应认识到，吝啬对资本主义的发展其实起到的是阻碍作用。消费是资本主义发展的重要动力，而守财则意味着消费减少。而从历史的角度看，资本主义时代的金钱原则，相较封建主义时代的门第等级原则是一个进步，它解放了生产力，为社会经济的发展起到了推动作用。

巴尔扎克在《人间喜剧》中，对金钱的态度就是一味责难吗？

事实上并不是。巴尔扎克喜欢在他的小说中就人生问题发表宏论，其中最精彩的篇章大都和对金钱的见解有关，这是作者个人的兴趣所在。

作为"金钱英雄"的葛朗台，他的全部激情、欲望都被金钱调动起来，生命充盈、坚实、有韧性，不给人暮气沉沉、日薄西山之感。但作为守财奴的葛朗台，大大限制了作为"金钱英雄"的葛朗台的发展。

葛朗台的财富主要是通过包括金融活动在内的商业活动获得的。吝啬对他财富的增值没有多少正面效应，负面效应倒十分突出，因为它影响葛朗台的生活方式和思维习惯，使他只适宜在索漠城成长，换到巴黎，他就会像树失去了根一样很快枯萎。吝啬导致葛朗台的扭曲和变态，他通过最大限度地囤积财富，减少支出，以满足自己吝啬鬼的占有癖，获得虚假的安全感，这也显现出葛朗台发展的内在限度。

葛朗台过分看重金钱的作用且执迷不悟，只从金钱、交易的角度理解人际关系，忽视了人际关系的丰富性和多样性。他的眼里只有金钱；任何事物，只有能够和金钱发生联系才能引起他的兴趣。从这个意义上说，他给自己套上了黄金的枷锁，成了金钱的牺牲品。

葛朗台的性格中，除了吝啬，还有别的特点吗？

葛朗台感情枯竭，毫无诗意。小说中有两段他快活时唱的歌，一段是"在法国的近卫军里，我有一个好父亲"，另一段是"箍桶匠，兴冲冲，快补你的酿酒桶"。这不成调子的小曲是葛朗台唯一的"诗兴"。

但葛朗台并非一个单纯的"冷血动物"，他也有良心发现的时候，如听说父亲要为夏尔出路费，不谙世事的欧也妮搂着父亲的脖子热烈拥抱父亲时，"葛朗台几乎有点惭愧，良心多少受到了点责备"。

小说中也多次展示了他的"亲情"。欧也妮违背葛朗台的意愿，把自己的积蓄赠给夏尔，被恼怒的父亲关了起来，但葛朗台的内心也受到亲情的折磨。欧也妮被软禁后，葛朗台养成了一个新的习惯，每天都到小花园里转几圈，以便看女儿梳头。这天大清早，他又"躲在树干后面，看了好一会儿他女儿的长发。思想大概在执拗的性格和想亲吻女儿的欲望之间摇摆不定"。克罗旭公证人来找葛朗台，"发现老头子沐浴着六月的阳光坐在小长凳上，背靠着将两家花园分割的围墙，聚精会神地看着女儿"。中国古人以"闹"写"静",留下了"蝉噪林愈静,鸟鸣山更幽"的佳句,巴尔扎克如此处理,颇有异曲同工之妙,更彰显了葛朗台人性枯竭的程度。

这一节我们见识了葛朗台登峰造极的吝啬。他吝啬到完全丧失了人性,把自己变成了"鬼"和"奴",以致跻身于西方文学史上著名"四大吝啬鬼"之列。葛朗台的吝啬,是一种心理疾病,限制了他作为资本家的更大发展。下一节我们将聚焦于欧也妮这个人物,看看她的爱情是如何被葬送的。

第四节
贫瘠一生的富家女

为什么小说以"欧也妮·葛朗台"作为书名呢？

用"欧也妮·葛朗台"作为书名，表明巴尔扎克的意图是把欧也妮作为第一主人公的。事实上，小说也的确是围绕着欧也妮对夏尔的爱情及其后果展开的；更重要的是，葛朗台的贪婪吝啬，不仅使他本人彻底异化，还葬送了欧也妮的爱情与青春，甚至毁了她的一生；两个人物是一种命运共同体，葛朗台是因，欧也妮是果。

欧也妮是个什么样的人？

小说中的欧也妮，在极为闭塞、单调的环境中长大，是一个极为单纯，甚至稍显幼稚的姑娘。在西方国家，出生在如此富有人家的女孩子，成年之时，家中通常都要为她举办盛大的舞会，邀请当地的绅士名媛出席，把女儿隆重地介绍给社交界，为她在社交界崭露头角铺平道路，也为她择偶创造条件。

在当代社会，一位成年女性，即便来自普通家庭，成年之时，她首选还是读大学，毕业后找一份工作，次选才是直接结婚。在她人生的各个阶段，都有很多选择。但在19世纪的欧洲，一位出自中上层社会的适龄女子，是极少有机会读大学的。通常她们也不工作，因为几乎没有什么工作可供她们选择。

在这种情况下，嫁给一个合适的人，几乎成了这个阶层的女性的唯一选择。如果嫁不了，就会一辈子待在父母家。考虑到这种情况，对于一个成年的姑娘来说，通过参加舞会等难得的交际活动，结识潜在的择偶对象，就显得特别重要。

莎士比亚的戏剧《罗密欧与朱丽叶》中的罗密欧与朱丽叶，奥斯汀的小说《傲慢与偏见》中的伊丽莎白和达西，都是在舞会上结识相爱的；托尔斯泰的《战争与和平》和《安娜·卡列尼娜》等作品中，也多次出现这类舞会。女孩子往往把这类舞会看成她们人生中的重大时刻，也是最欢乐的时光。舞会举办之前，她们就早早地开始精心准备；舞会结束之后很长时间里，这场舞会都是她们与闺蜜、与家人谈论和回忆的话题。如果在舞会上结识了一位心仪的男子，她们的人生就会自此完全改变。

但欧也妮呢？她已经23岁了，有过这样的机会吗？从来没有过！她平常的生活，就是与母亲一起坐在窗前或壁炉前缝缝补补，星期天与母亲一起去教堂做礼拜。难道欧也妮长得不够美，让她没有信心投入社交活动吗？当然不是。小说中提到，欧也妮的相貌、体态和气质有一种独特的纯情、温润、雅致之美。欧也妮极度封闭的生活纯粹是由于葛朗台的贪婪、吝啬、霸道造成的。

在欧也妮23岁生日这天，葛朗台家里举办了一次非正式的生日餐会。克罗旭家族的三位成员克罗旭公证人、克罗旭神甫、担任初级裁判庭庭长的蓬风先生，以及银行家格拉桑夫妇和他们的儿子前来祝贺。在索漠城，只有这六位居民有资格到葛朗台家走动，他们与葛朗台家族一同构成了索漠城的上流社会。

但这两个家族的成员是带着目的来向欧也妮祝贺的。他们都希望迎娶欧也妮，因为对他们来说，迎娶欧也妮意味着将会得到葛朗台身后庞大的财富。为达目的，他们对欧也妮争相逢迎，彼此之间钩心斗角、互相拆台。

克罗旭家的蓬风先生献上的是索漠城有钱也难买到的鲜花，还特意在花梗上系了一条配有金色流苏的白缎带。他自以为得意，不料格拉桑家的阿道尔夫拿出的礼物是一件镀金的针线匣。虽然是假货，但做工考究，还特意在匣盖上用花体刻上了欧也妮姓名的缩写。欧也妮收到这样一件心爱的礼物后大喜过望，蓬风先生看到后气得要吐血，克罗旭神甫也咬牙切齿。公证人克罗旭还算镇定，他认为这一局虽然暂落下风，但他们克罗旭家族的产业加起来远超过格拉桑家的，所以不怕侄儿将来娶不到欧也妮。

老葛朗台把这一切看在眼里，心中自有算盘：他要用女儿拴住这些家伙，让他们为自己"钓大鱼"。欧也妮则"对周围的讨好、奉承以及向她表示的友谊信以为真"，完全不知道每个人其实各怀鬼胎，不知道自己犹如一只"被标以高价出售的小鸟"。

这样一个原本可以为欧也妮提供社交机会的生日餐会，完全被金钱算计吞噬了。这对欧也妮有多么残忍，是可以想象的。

但也因为欧也妮过于单纯幼稚，她完全没有察觉六位访客的卑劣用心。在人际关系方面如此，在金钱方面也是如此。她对父亲有多少财富毫不知情，也无意去了解。每年元旦和生日，她父亲会各给她一枚金币，她把这笔钱都存起来，不知道要如何花掉他们，也从没想到去花；而葛朗台却总是惦记着女儿的这笔储蓄。葛朗台肆意欺骗她、盘剥她；她的母亲死后，父亲葛朗台又让她放弃财产继承权，她同样毫不介意。这样的人，用我们平常说的一句话形容，就是还没有"长醒"。对这样的生活，她无所谓满意，也无所谓不满意，因为她不知道还有其他不同的生活。

欧也妮还是改变了，从什么时候开始？

直到她的堂弟夏尔到来。欧也妮爱上了夏尔，自此，她内在的生命才被唤醒。小说读者都知道夏尔这个人物，他是一个浅薄、轻浮的花花公子。欧也妮怎么会爱上他呢？其实原因很简单，就是夏尔的外貌和做派在刹那间征服了她。我们来看看小说中对刚从巴黎来到索漠的夏尔的描写：

> 漂亮的栗色头发刚刚在图尔请理发师烫过，换了衬衫，系一条黑缎子领带，配上圆领，衬托着一张笑吟吟的白脸蛋；一件紧身的旅行外衣半系着扣，露出一件高领开司米羊毛背心，里面又是一件白背心。怀表漫不经心地随便放在一个口袋里，短短的金表链拴在扣眼上。灰色的长裤，两边系扣，加上黑丝线所绣的图案，显得美观大方；他手里挥动着一根手杖，风度十分潇洒，黄金雕刻的杖头和色泽鲜艳的灰手套相得益彰。最后，他的便帽同样品位高雅。

这一套行头是典型的巴黎式的。巴黎是时尚的中心，22岁的夏尔是这种时尚的代表。作为对比，我们再来看看索漠的三位克罗旭（公证人、神甫、初级裁判庭庭长）的尊容：

> 他们三个人都吸鼻烟，流下的鼻水将褶裥发黄的棕红色翻领衬衣的衣襟弄得污迹斑斑……软塌塌的领带，一系上脖子就像绳子一样扭在一起……总之，他们全身都散发出一种衰老和邋遢的气息。他们的脸和身上的衣服一样残旧，和裤子一样布满了皱褶，可谓容貌枯槁，扭曲而变了形。

原来欧也妮面对的，就是这样一群人，而且他们还是索漠城上流社会中绝对的头面人物。她从来没见过夏尔"这样完美的衣着和人物",她"把她这位堂弟当成从天而降的神人"。对比之下,欧也妮如何不震惊,如何不倾倒!欧也妮没有受过良好的教育,又涉世未深,谈不上有什么思想和判断力。这样的姑娘,很容易会被夏尔这样的花花公子所吸引。

欧也妮少女的心扉从此为夏尔打开。她几乎是崇敬地爱上了夏尔的一切。她的本能反应是把夏尔照顾得好一些,但在这样一个日常生活开销被降至最低限度的守财奴之家,要做到这一点谈何容易。她让女仆把壁炉烧得暖和一些,用自己的钱买来白糖和没有气味的白蜡烛,又设法弄来鸡蛋、黄油、咖啡,而这一切都与家规冲突。为此她不惜违抗父命,惹怒葛朗台。当夏尔为父亲的自杀而极度痛苦时,欧也妮为他送上无限的关怀,令夏尔大为感动。两个年轻人就在这种相互同情和关爱中,萌生了情愫。

当欧也妮得知堂弟不得不远去谋生,但手头却缺少本钱时,她毫不犹豫地把自己长久积蓄的约值六千法郎的金币送给夏尔。夏尔感动之下,也把装有自己父母肖像的镶金梳妆盒托欧也妮保存。二位年轻人心灵相通,爱意萌生,临别时他们海誓山盟。夏尔远行,短暂的爱情化为永久的回忆。葛朗台死后,欧也妮继承了父亲1700万法郎的庞大遗产。那些觊觎这笔财产的人照旧围拢在欧也妮周围,钩心斗角,而欧也妮则一心等待着夏尔的归来。

欧也妮是否就此迎来了幸福生活?

不,这个时候的夏尔却变了。他在印度发了财,人也变得冷酷、狭隘、贪得无厌。他早把与欧也妮的爱情抛在脑后,希望和一位贵族小姐联姻,得到梦寐以求的贵族头衔和显赫地位。

欧也妮多年痴情换来的却是夏尔的绝情,她伤透了心,却默默承受着这一切，还替夏尔还清了他父亲生前欠下的大笔债务。再后来，在克罗旭神甫别有用心的劝说下，欧也妮同意嫁给蓬风先生，却不肯与丈夫同居。她名义上的丈夫正为庞大的财产到手而得意，却在当上议员一周后就死去了。

在各种机缘巧合之下，欧也妮又继承了数笔遗产，此时，她的财富已经到了惊人的数量。但这一切都不能温暖她痛苦的心，抚慰她孤独凄凉的情绪，她唯有在慈善事业中寄托自己的感情。当地又有一位侯爵开始跟这位有钱的寡妇接近，就如同当年的克罗旭们一样。

欧也妮的爱情和她的人生都是一场悲剧。她的生命被唤醒，却又重新被抛入麻木与黑暗之中。如果她一直那么浑浑噩噩，不明白生命的意义，不知道什么是幸福，倒也罢了，但她得到了，又失去了，这是一种更加灾难性的毁灭。失去爱情之后的欧也妮心如枯井，她抱着一种殉道的精神度过了余生。

巴尔扎克满怀同情与赞美地塑造了欧也妮这个天真少女的形象，使人们在这个为金钱遮蔽的黑暗世界里看到了一抹光亮，与此同时，又让我们不禁为她作为无辜牺牲者的命运感到深深的同情。

巴尔扎克想通过《欧也妮·葛朗台》表达什么？

巴尔扎克不是一位纯粹的思想家，也不是像托尔斯泰那种思想型的作家，但这并不表明他在作品中没有形而上的寄托和深邃的思想寓意。巴尔扎克淋漓尽致地揭露了金钱原则下的社会众生相，他还把这种灾难的危害提升到危及国家利益的高度；同时，他也引入了基督教关于"天谴"和"拯救"的思想，表现了对人类的终极关怀。巴尔扎克认为，当时的芸芸众生全不管宗教中来世入天堂的许诺，不重视灵魂得救，沉溺于骄奢淫逸的尘世享乐，罪孽深重。在神面前，葛朗台当然也是罪孽深重之人。他积攒了累累黄金，自己却被死神夺去了性命，这是巴尔扎克动用了神的力量，让葛朗台遭到的天谴！

回顾一下，以上四节我一共分析了四个方面的内容：巴尔扎克如何创造《人间喜剧》这个奇迹；葛朗台的发家史与生意经；葛朗台的另一副面孔——守财奴；欧也妮的纯真爱情是如何被葬送的。通过这四个方面的讲解，相信大家会对这部作品有一个比较全面的认识。但我的讲解不能代替你的阅读，我希望讲解能唤起你的阅读兴趣，由你自己发现更多精彩。

📖 作品介绍

《高老头》是法国作家巴尔扎克的长篇小说代表作。主人公高老头是法国大革命时期起家的面粉商人。因为中年丧妻，他把自己所有的爱都倾注在两个女儿身上，为了让她们挤进上流社会，他为她们物色了理想的婚姻对象，出嫁时还给了她们每人 80 万法郎的陪嫁。她们婚后仍不满足，继续向高老头索要钱财。而对女儿无限度的溺爱，耗尽了高老头的家产，他最后被女儿们无情抛弃，在破败不堪的伏盖公寓中孤单地死去。除了高老头的悲惨故事，小说同时还叙述了另一个青年拉斯蒂涅从外省来到巴黎寻求飞黄腾达的曲折经历。在巴尔扎克笔下的巴黎社会，金钱成了时代转折期人们生活中最为重要的东西。

《高老头》作为《人间喜剧》系列作品的序幕，将当时整个巴黎社会的光怪陆离展现了出来，这部小说标志着巴尔扎克现实主义风格的成熟，也是他小说创作的最高峰。

《高老头》思维导图

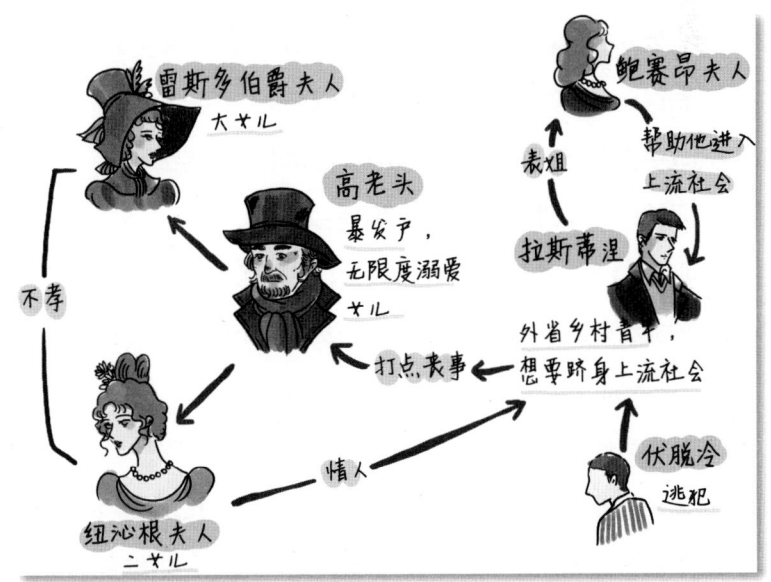

第一节
《人间喜剧》的顶梁柱

说到巴尔扎克,他的名声实在是太大了。喜欢文学的读者大多听说过他,应该基本都读过他的一两部作品。《高老头》是巴尔扎克最广为人知的作品之一,同时也是构成他小说艺术的宏伟大厦、由九十多部作品组成的大型系列作品《人间喜剧》的顶梁柱之一。

《高老头》是由两个故事交叉组成的,其中一个是某位青年人从外省来到巴黎追求飞黄腾达,其中发生的曲折经历;另一个则是落魄的老商人因溺爱两个女儿而荡尽家产,最后被女儿们抛弃,在他重病期间不管不问,最后孤单死去的悲惨经历。

小说篇幅有长有短,长的如中国古典小说《红楼梦》,它的总字数有六七十万,俄罗斯作家托尔斯泰四大卷小说的《战争与和平》也有一百多万字,而法国作家普鲁斯特的皇皇巨著《追忆逝水年华》更长,总共有七卷,翻译成中文有近三百万字,真正读完这本书的人实在不多。法国有句幽默味十足的话,"人生太短,而普鲁斯特太长"。

《人间喜剧》是由九十多部各自独立、又相互关联的作品构成的令人眼花缭乱的庞大系列小说,实在是小说历史上一个前所未有的创举。

巴尔扎克为什么想要构建这么一个宏伟的艺术大厦呢?

这个问题还得从巴尔扎克生活的年代说起。巴尔扎克童年和青少年时代,正是拿破仑在法国当政的时期。拿破仑这个来自远离法国本土的地中海中的科西嘉岛的穷小子,凭借着自己罕有的军事才干,不仅成了全法国的统治者,而且十多年间纵横驰骋,成了大半个欧洲的主人。

尽管后来拿破仑战败退位,被流放到了大西洋中的圣赫勒拿岛,但他作为一个伟大的世界征服者,吸引了无数人的眼球,成了被顶礼膜拜的英雄。而巴尔扎克在求学期间便是拿破仑的崇拜者,他曾在拿破仑石膏塑像的剑鞘上写下如下两句话:"他用剑未完成的事业,我要用笔来完成它。"从某种意义上,可以说拿破仑塑造了巴尔扎克的精神世界。

巴尔扎克对《人间喜剧》的宏阔规划反映出了他把握整个世界的雄心,是他在精神上征服世界的大胆历险。他曾经说过,"我将在头脑里装下整个社会"。

不难看出,巴尔扎克观察世界的方式从来不是零敲碎打式的,他从不满足于展示社会生活的某几个侧面。要么是全部,要么是没有,决不满于部分、局部。他这种力图"把握一切、认识一切、解说一切"的倾向,使他在作品中试图对周围的世界做整体化的展示,如同拍一张全景照片。

巴尔扎克特别关注具体的社会环境对人的性格和命运的影响。他的作品都有一个套路:全书并非从开篇就快速切入情节,而是先详尽细腻地展现书中主要人物生活的环境。如果是在巴黎,他便写下那个街区、那幢楼房,甚至还深入到人物房间中描写包括各种摆设在内的家具,好似电影里惯用的空镜头。

今天的很多读者很少有耐心读完那些冗长的描写,但巴尔扎克决非故意与读者为难,在他看来,要准确理解一个人物,必须先了解他置身的环境,否则对人物的把握很容易出现偏差。

"人间喜剧"这个名字听着还挺特别的,巴尔扎克是怎么取出这么特殊的标题的？

这是他受到了中世纪晚期意大利诗人但丁的长诗《神曲》的启发而取的。但丁的《神曲》是欧洲文学史上最为重要的作品之一，它的原名为"神圣的喜剧"，内容是但丁做的一个梦，但这个梦异常诡异，他先后游历了地狱、炼狱和天堂，遇到了众多人间难以想象的人和事，所以命名为"神曲"。

巴尔扎克对神的世界不感兴趣，他想展现的是他生活的19世纪上半叶的法国社会生活，所以就仿照《神曲》，将自己这套作品取名为《人间喜剧》。当然，从"人间喜剧"这个标题可以猜到，这套系列小说的重心，就是全面描绘生活在那个时代法国社会中形形色色的人物。

巴尔扎克的人生经历、创作经历之类的内容，上学时我们也都学习了解过，今天我们就介绍一些教科书里没有的。比如巴尔扎克写出了这么大量的作品，他是怎么工作的呢？

据说，他常常晚上6点上床睡觉，午夜12点左右起身，披上白色的圣多明各式僧袍，点起蜡烛，一鼓作气写作16个小时。他三天就要用掉一瓶墨水，更换十几支笔。为了保持这一高强度的工作节奏，他不得不依靠咖啡强行提神。有人说，就是数十年间他喝下的五万杯咖啡毁了他的健康。

1850年8月，巴尔扎克刚过51岁生日不久，便离开了人世。由于他赢得了众多读者的心，因而在出殡入葬时成千上万的人自发赶来送葬，人流绵延了好几条大街，由此可见他在普通民众中享有多么崇高的威望。

巴尔扎克在创作上如此努力，值得敬佩。不过，我们在此处稍微八卦一下他在生活上很有意思的一些"花边新闻"。

通过巴尔扎克的肖像画，可以发现他异常魁梧结实，精力极为充沛旺盛，所以他才有资本长年累月、夜以继日地拼命写作。他这么拼，跟他需要大量金钱有着很大关系。巴尔扎克是一个伟大的作家，但他并不是一个完人。他身上也有着许多常人所拥有的缺点，比如他时常沉溺于肉体的欲望不可自拔，喜好奢华的生活，挥霍无度。

按理说他写了那么多作品，他的稿费、版税收入源源不断，不会缺钱啊，怎么还那么拼命？如果他是一个勤俭持家、擅长精打细算地过日子的人，这些钱确实绰绰有余，但巴尔扎克偏偏不是这样。他赚得多，用得更多。

他在写作之余，经常出入巴黎上流社会，周旋于众多的达官贵人之间，花钱如流水。有时他刚拿到了一大笔钱，没几天就花个精光。他时常欠债，为了躲避债主的追讨而东躲西藏。为了将大笔债务还清，他只得拼命写作，赚更多的钱。

在男女关系上，巴尔扎克并不是一个谨慎规矩、守身如玉的人。他曾交往过好多个女友，但都为时不长。去世前半年，巴尔扎克才与长年相好的韩斯卡夫人正式结婚。韩斯卡夫人是巴尔扎克作品的铁杆粉丝，一开始二人只有通信往来，后来他们俩终于在维也纳见面，暗地里成了情侣。但碍于韩斯卡夫人已经结婚，他们俩长年不得相见。

直到韩斯卡夫人的丈夫去世，巴尔扎克内心的火焰再一次被点燃，他希望尽快结婚，了却长久以来的心愿。但好事多磨，本来两人的结合应该没有障碍，但由于韩斯卡夫人是一位具有波兰血统的贵族，居住于当时正处于俄罗斯帝国统治下的乌克兰，按照惯例，他们的婚姻需要得到俄罗斯帝国沙皇的批准。此外，双方的家庭都不看好这门跨国婚姻，设置了种种障碍。

于是，在巴尔扎克生命最后的八九年里，与韩斯卡夫人成婚成了他最大的念想。结婚之前巴尔扎克一直住在韩斯卡夫人的庄园中，但他已是身心俱疲。直到沙皇终于同意了婚事，他们俩在乌克兰举行了没有外人在场的秘密婚礼，不久便返回法国。好景不长，巴尔扎克因肺部感染导致手脚肿胀，腿部又生了毒疮，没过几个月，便告别人世。

了解了这些之后，你对巴尔扎克的生活是不是有了更全面深入的了解呢？

巴尔扎克就是这样一个热情奔放的人，在私生活中是这样，在创作中体现得更加淋漓尽致。他自己在小说《贝姨》中对艺术家创作艰辛做了极为精彩的描述，用到他自己身上非常贴切：艺术是一件"劳心的工作，在智慧的领域内追奔逐鹿，是人类最大努力之一……艺术家不能因创作生活的磨难而灰心，还得把这些磨难制成生动的杰作……工作是一场累人的战斗，使精壮结实的身体一则以喜一则以惧，往往为之筋疲力尽……如果艺术家不是没头没脑地埋在他的工作里，像罗马传说中的居尔丢斯冲入火山的裂口，像士兵不假思索地冲入堡垒；如果艺术家在火山口内不像地层崩陷而被埋的矿工一般工作……那么，作品就无法完成……艺术家唯有眼看自己的天才夭折"。

你或许觉得，既然巴尔扎克那么看重环境，他笔下的人物都受到周围生活环境的重要影响，那么他们一定或多或少做了环境的奴隶，那相同环境下的人岂不是都一模一样？每个人物还有属于自己的特点和生命激情吗？

我要先消除你在这方面的误解。的确，巴尔扎克在作品中表现人物时，会和特定的社会环境相联系，但这并不意味着那些人物只是被上面所说的社会发展规律和社会环境牵着鼻子走的木偶。巴尔扎克是精神力量的信奉者，在他看来，社会环境固然重要，但人内在的精神力量也同等重要。如果忽视了这一点，你的想法就会变得片面。

"精神力量的信奉者"？这怎么理解？其实，在巴尔扎克看来，我们人类的思想、意志和自然界的声、光、电是一样的，都能产生巨大的能量。他认为"人类的激情是创造之母"，"是一切行动的动力"。它是中性的，既可以让人为善，也可以诱使人作恶。所以，激情和欲望在巴尔扎克的作品中占有非常重要的地位。

巴尔扎克塑造出的许多人物，包括《高老头》这部小说中的主人公，他们都被某种激情控制着，所作所为乖张偏激，超出常规，比如我们熟悉的吝啬鬼葛朗台，嫉妒心十足的贝姨。正因为人物身上的这种非同寻常的欲望和激情，这些人物对读者来说才有了异常强烈的感染力。

而所有这一切又与巴尔扎克本人的性情密切相关。尽管他所创作的小说内容五花八门，遍及社会生活的方方面面，但它们只是艺术创作的原材料，不经过作家的加工熔炼，不会自动变成艺术品。

如果巴尔扎克内心没有澎湃沸腾的激情，没有欲望征服世界，那些作品也不可能产生，即便写出来了，也会全无生气，人物也会像是行尸走肉。在长年累月的创作中，他源源不断地将内心不断生长、不断转变的热情灌注到字里行间，才孵化出了一个个有血有肉的人物。

这一节我们介绍了一下巴尔扎克的生平和他里程碑式的系列作品《人间喜剧》。了解这些内容，对理解《高老头》很有帮助。《高老头》因何成为《人间喜剧》顶梁柱之一？下一节，我将要详细讲述这部作品。

第二节
法国年轻人成长的烦恼

有人认为,《高老头》可以看作整个《人间喜剧》系列作品的序幕,它将巴黎社会这个光怪陆离的巨型舞台展现在人们面前,让各个阶层的代表人物登台亮相,作品里的一些人物也出现在《人间喜剧》的其他作品中。《高老头》还把《人间喜剧》系列作品的中心主题——金钱对人们生活的腐蚀性,也直接暴露了出来。

《高老头》讲述了一个什么样的故事呢?

第一节一开始的时候我就说过,《高老头》是由两个故事交叉组成的,其中一个是青年人拉斯蒂涅从外省来到巴黎追求飞黄腾达,发生的曲折经历;另一个则是落魄的老商人因溺爱两个女儿而荡尽家产,最后被女儿们抛弃,在他重病期间无人问津,最后孤单死去的悲惨经历。

第一个故事的主角拉斯蒂涅出生在外省农村的一个小康之家,和当时许多年轻人一样,他雄心勃勃,急于离开闭塞落后的家乡,到巴黎打拼一番,梦想着跻身上流社会,成为人人羡慕的成功人士。小说中,拉斯蒂涅来到巴黎攻读法律,住在地段偏僻、破旧寒酸的伏盖公寓。这座公寓虽不起眼,但已由寡居多年的伏盖夫人经营了 40 年。这座公寓是《高老头》全书人物活动的主要地点,这里汇集了来自当时法国各阶层的人物。说起来,这种情形还挺像美剧《老友记》的氛围。

拉斯蒂涅到巴黎后,尽管心气很高,但他自己完全没有收入,全靠家人省吃俭用，每年寄给他一千两百法郎做生活费。通过姑母介绍，他认识了远亲鲍赛昂子爵夫人，第一次见识到上流社会奢华的生活方式，也第一次发现上流社会中的人和普通人之间的天壤之别。

巴黎自17世纪便是法国上流社会的大本营，也是整个欧洲各国君主和贵族仿效的对象。凡尔赛宫优雅古典，极尽奢华；位于维也纳近郊的美泉宫，位于德国波茨坦的无忧宫，据说规模样式都是以凡尔赛宫为样板的。

此外，巴黎城里华美的府邸遍布大街小巷，上流社会的达官贵人经常举办各种舞会，炫耀各自的富有和尊贵的身份。而《高老头》故事发生的那个年代正是当时法国社会的复辟时期，被法国大革命推翻了的波旁王室重登王座，但革命后迅速壮大的资产阶级也不甘示弱，他们以自己的方式展示富有。在某种层面上，两个阵营的人互相较起劲来了。

而巴黎的繁华景象，对没见过什么世面的外省小城居民来说是难以想象的。拉斯蒂涅本想依靠自己的努力取得成功，但眼前纸醉金迷的场景使他目眩神迷，瞬间失去了定力。

于是拉斯蒂涅一心想钻进这个富贵圈子，但这又谈何容易。他手头没有足够的金钱可供挥霍，于是便向家人谎称自己有急事，需要钱。母亲和妹妹瞒着父亲，给拉斯蒂涅汇来了一笔钱，这成了拉斯蒂涅进入巴黎上流社会的启动资金。他立马信心满满，准备大干一场。

从家里骗来这笔钱，成了拉斯蒂涅生活中的一个转折点。在巴黎这个大染缸里，先前纯朴的外省青年开始蜕化变质，走上了与这个社会同流合污的不归路。

拉斯蒂涅后续发展如何？他会飞黄腾达吗？

拉斯蒂涅发现，要想在上流社会站稳脚跟，依靠富太太提携是一条捷径。于是他盯上了银行家纽沁根的太太，拼命地追求她。纽沁根夫人和丈夫之间没什么感情，嫁给他完全出于金钱上的考虑。纽沁根是个心狠手辣的商人，他借口经营地产生意，将妻子带来的陪嫁全部占为己有。

在古罗马时期，女性结婚时将自己的嫁妆带入新家庭已成为一种习俗。随着时间的推移，在婚姻家庭方面，法国沿袭了很多古罗马时期的做法，同时，女性对源自娘家的嫁妆有一定的支配权。

可以推想，嫁妆的金额越多，女性能支配的数额也相应增多，家庭事务上便会有更大的发言权。在巴尔扎克生活的年代，妇女并没有取得和男人同等的公民权利。19世纪初开始施行的《拿破仑法典》中规定，已婚妇女没有资格行使民事权利，就连出版自己创作的作品都要经过丈夫授权同意。

在小说中，纽沁根之所以能侵占妻子的陪嫁，除了他在合同契约上玩花样，一定程度上也依靠着法律中男尊女卑的相关条文。

拉斯蒂涅的出现，正好填补了纽沁根夫人情感上的空白。拉斯蒂涅对年轻貌美的纽沁根夫人有一些喜爱，但他对她的欲望很大程度上是来自对地位和金钱的追求，女性只是他获得较高社会地位的捷径和可以用来炫耀的猎物。

巧的是纽沁根夫人的父亲高老头和拉斯蒂涅同住于伏盖公寓。高老头溺爱女儿到了匪夷所思的地步。他喜欢拉斯蒂涅，还自愿为他们牵线搭桥。就这样，拉斯蒂涅过上了花天酒地的生活。

除了纽沁根夫人，拉斯蒂涅还面临着其他诱惑。他居住的伏盖公寓中有一个房客伏脱冷，这个人其实是一个隐姓埋名的逃犯。伏脱冷时不时以自己的邪恶道德观影响拉斯蒂涅，说"要弄大钱，就该大刀阔斧地干，要不就完事大吉"，还鼓动拉斯蒂涅追求同住在伏盖公寓中的维克托莉·泰伊番小姐，与她结婚。

伏脱冷这样的坏人怎么会突然热心为他人做媒人呢？原来泰伊番小姐狠心的父亲剥夺了女儿的财产继承权，让儿子独占家产。伏脱冷决定设下圈套，让泰伊番小姐的哥哥与人卷入决斗，最终死去，泰伊番小姐便可顺理成章继承万贯家财。撮合拉斯蒂涅与她成婚，伏脱冷可以趁机捞上一大把钱。

这下拉斯蒂涅开始犹豫了，他一方面不愿意放弃自己的情人纽沁根夫人，但同时他也的确垂涎泰伊番小姐的财产，另一方面，他却还不敢卷进谋财害命的勾当。不过最后由于伏盖公寓中的房客告密，警察逮捕了伏脱冷，这场阴谋才没有得逞。

老实说，穷小子到巴黎寻求发迹的历险故事在两百年前的读者心里也许会掀起巨大的波澜，但到了今天，这类故事已变得不新鲜了，已经很难激起人们的好奇心和兴奋感。

但如果换一个视角，你还是能体味到几分新意的。新在哪儿呢？

拉斯蒂涅这个形象，很大程度上，其实是巴尔扎克的自我写照，他写的是自己那段刻骨铭心的奋斗经历。年轻时为了摆脱父母安排的发展道路，巴尔扎克孤身一人到了巴黎，在贫困拮据中奋斗了多年。拉斯蒂涅初到巴黎时的种种遭遇和感受正是巴尔扎克当年亲历过的。

虽然他和拉斯蒂涅追求的目标大不相同，但心理感受依旧大致相近，甚至可以这样说，如果巴尔扎克没有当初在巴黎的这段经历，即便他想象力再丰富，也很难把拉斯蒂涅这一人物塑造得栩栩如生。

此外，拉斯蒂涅与纽沁根夫人间的关系是小说中的重头戏之一，而这也与巴尔扎克的亲身经历密切相关。除了上一节我说过的他的婚姻故事，巴尔扎克还与比自己年长近20岁的柏尔尼夫人有过一段恋情，这段感情也是他生命中一道艳丽夺目的霓虹。

柏尔尼夫人不仅给予巴尔扎克从小缺乏的母爱，而且能理解巴尔扎克的苦恼与追求，并在肉体方面给他安慰和满足。他们两人间的关系和18世纪法国思想家、作家卢梭年轻时与华伦夫人的关系颇为相似。

如果说华伦夫人在卢梭身上烙上了难以磨灭的印记，那么柏尔尼夫人也以其女性的魅力重新塑造了巴尔扎克，使他成了真正的男人。因此，在《高老头》中写到拉斯蒂涅与纽沁根夫人两情相悦的场景时，巴尔扎克情不自禁地将他与柏尔尼夫人的情感融入其中。

说到这里，我暂且把拉斯蒂涅的故事放一放，对高老头的故事做个简单介绍。因为到了这里，两个故事开始慢慢交叉了。

在伏盖公寓的房客中，高老头的地位经历了由盛而衰的过程。他在公寓中住了六年，这位昔日白手起家的面粉商人刚开始时，一年有七八千法郎的收入，房东伏盖太太对他刮目相看；后来收入锐减，租住的房间的档次和价格也是一降再降，人们对他的目光就转为鄙夷轻视了。

细细想来，高老头也是个相当复杂的人物。他一方面是一个暴发户，法国大革命期间，他靠囤积面粉赚了笔不义之财，另一方面，他有很强的家庭观念，因此他一直力图用"父爱"来维护家庭的和谐。他丧妻后拒绝再娶，把全部的爱都转移到了自己的两个女儿身上，出嫁时，每人的嫁妆竟高达八十万法郎。

这笔丰厚的嫁妆让女儿们成功跻身上流社会，一个成了伯爵夫人，一个成了银行家夫人。此时的高老头深受女儿们的爱戴，和女儿们之间一派父女情深的景象。但两个女儿婚后挥金如土，不停向父亲要钱，高老头逐渐被榨干。当他再也拿不出钱时，女儿们果断地抛弃了他。

如果爱与金钱挂钩，金钱耗尽之时，爱也会荡然无存。老父亲奄奄一息时，他想要再见女儿们一面，他的两个女儿却在精心打扮准备参加舞会，完全不顾父亲的死活。高老头起先还对两个女儿抱有幻想，没想到等来的却是绝望的消息。他诅咒着这个"钱能给人一切，甚至女儿"的社会，含恨去世。

高老头去世后，他富有的女儿女婿们对丧事不管不问，全由拉斯蒂涅打点。贪财的房东连死人也不放过，在高老头入殓时，他还狠狠地敲了拉斯蒂涅一笔钱。灵柩驶往墓地时，女儿女婿们没有一个到场，只派来了管家和车马。

这一切都被拉斯蒂涅看在眼里。在高老头入葬的时候，他也把心中最后一点残余的纯真一同埋葬了。他在高处眺望巴黎全城，发誓要向社会挑战，不择手段地往上爬。

读了上面的情节，你心里做何感想？这部小说到底想表达什么呢？

从第一个故事看，我们可以认为《高老头》是一部展示年轻人在一个急剧变化的时代中命运波澜起伏的小说，一部细腻地描绘年轻人在环境影响下成长、发展的小说。这一类作品在欧洲文学中其实有很深厚的传统。

18世纪晚期到19世纪初期，德国文学中出现了一种新的小说类型，叫作成长小说。它以年轻人为对象，通过复杂纠结的经历，展示他们如何一步步走入社会，不断成熟，获得成功。德国作家歌德的小说《威廉·迈斯特的学习时代》就是成长小说中的佼佼者。

并不是所有描写年轻人成长发展的作品中的年轻人都像歌德笔下的迈斯特那样有一个完美的结局，也有不少人误入歧途，甚至付出了生命的代价。与巴尔扎克同时代的法国作家司汤达[1]的小说《红与黑》，写的便是法国波旁王朝复辟时期一个平民子弟自我奋斗的悲剧。

《红与黑》的主角于连出身寒微，他凭自己的才干，成了法国的一位侯爵的秘书，并与侯爵的女儿相恋。就在快要成功时，他昔日的情妇在教士的逼迫下写了一封告发信，于连失去了即将到手的一切。他一气之下，向情妇开枪报复，最后因故意杀人被判死刑，年轻的生命就此陨落。

和司汤达《红与黑》中的于连相比，拉斯蒂涅要幸运得多。在《人间喜剧》系列的其他作品里，你会看到拉斯蒂涅借助纽沁根夫人一步步向上爬，先娶了她的女儿为妻，后又被国王封为伯爵，成为贵族院的议员，可谓春风得意。

要知道，我们在《高老头》中看到的拉斯蒂涅还只处于起步期。巴尔扎克将拉斯蒂涅在巴黎，从一个纯朴的外省青年蜕变为一个不择手段、心狠手辣的野心家的过程，淋漓尽致地展现在读者眼前。可以说，这是一部关于拉斯蒂涅们的成长小说。

但和歌德等人所创作的德国成长小说不同的是，在小说中，主人公拉斯蒂涅并不是通过历练一步步完善人格，从而达到道德上的完美的，相反，他是通过抛弃自己身上淳朴真诚的感情，以恶抗恶而最终上位。在这个意义上，我们可以把《高老头》看作一部负面意义上的成长小说。

拉斯蒂涅刚到巴黎时还是一个淳朴的年轻人，他明白父母为了供自己上大学，省吃俭用，所以，他希望通过自己的才干，努力赚钱，爬上高层。但他的这种期望在远亲鲍赛昂子爵夫人那里破灭了，子爵夫人给他上了"人生教育"的第一课，她说：

---

[1] 也译作斯丹达尔。——编者注

您越没有心肝，就越能步步高升。您心狠手辣，人家就怕你。您得把男男女女都当作驿马，把他们骑得筋疲力尽，到了站便扔下，这样您就能达到欲望的巅峰。

拉斯蒂涅在巴黎社会初次尝到人生的悲酸后，心中五味杂陈。这番话对他而言简直是一语惊醒梦中人，他睁开眼睛，开始看到了人生残酷的真实。

除此以外，还有一个人物在拉斯蒂涅的成长历程中起着非常关键的作用，究竟是谁呢？

那便是我前面提到的伏盖公寓的房客之一——伏脱冷。这个被警察追捕的逃犯是巴尔扎克小说中最富有性格魅力的人物之一。此话怎讲？他的原型据说是那个时代的一个江洋大盗，全身散发着匪气，蛮横狂野，气势逼人，而且非常强硬。

在伏脱冷眼里，涉世不深的拉斯蒂涅太天真了，所以他常常开导后者："雄才大略是少有的，遍地风行的是腐化堕落"，"凡是浑身污泥而坐在车上的都是正人君子，浑身污泥而搬着两条腿走路的都是小人流氓。扒窃随便一件什么东西，你就给牵到法院广场上去示众，大家拿你当把戏看。偷上一百万，交际场中就说你大贤大德。"

这番愤世嫉俗的话尽管是从伏脱冷这个反面角色嘴里说出的，但还是具有振聋发聩的力量，它无情地撕去了那个社会的面具，暴露出黑暗污浊的真相。尤其是伏脱冷的后几句话，让我想起中国先秦时代哲学经典《庄子》中的一句话，"窃钩者诛，窃国者侯"，意思是偷窃小小带钩的人被严苛的法律判了死刑，而偷盗了整个国家的人却成了堂堂正正的君王。法律是那些位居高位的一小撮人制定的，它只惩处小偷小摸的人，但对那些以阴暗手段夺取了整个国家的人却是万般庇护。

读了上面的内容，你是不是以为《高老头》就是一部人生教科书？

错了。这部小说可不是板起面孔一本正经地说教，而是通过展示人物形象来映射人生哲理。民国时期，李宗吾先生写过一本著名的《厚黑学》，这本书将社会的种种阴暗面和潜规则展示了出来，系统阐述了一种类似伏脱冷所宣扬的人生哲学：做人脸皮要厚，心肠要黑，这样才能立于不败之地。

《高老头》并不是这类挖掘"厚黑"奥秘的典籍，巴尔扎克尽管目睹种种世间乱象，但他的道德观念依旧坚定。他曾在《〈人间喜剧〉前言》中说，他是"在两种永恒的真理，即宗教与王权的照耀之下从事写作的"。

其实，巴尔扎克对宗教的态度非常矛盾，他既看到了宗教的伪善，又看到了宗教在对大部分社会成员道德培育上起到的积极作用。《高老头》里没有任何一个正面的形象值得人学习，但拉斯蒂涅在道德上的沦落是值得我们警醒的反面例子。

这一节，我们讲述了《高老头》这部作品的情节梗概，以及通过对拉斯蒂涅这一人物的描绘展现的当时法国社会年轻人的成长历程。在前面我曾提到，这部小说是两个故事交叉进行的，这一节中我所讲述的内容集中在拉斯蒂涅身上，而有关高老头的故事，和被称为成长小说的整部作品又有什么联系呢？我们将在下一节详细分析。

第三节
异乎寻常的父爱

和老吝啬鬼葛朗台一样，高老头是巴尔扎克塑造得最为成功、给人留下印象最深的人物之一。他之所以如此吸引读者，并不是因为他是个机敏的、发了大财的面粉商人，而是因为他对女儿的异乎寻常的爱。

什么样的父爱可以称得上异乎寻常呢？

高老头对女儿的爱远远超出了普通的父爱。他爱得如痴如醉，为此在妻子去世后他没有再娶，女儿结婚时为她们送上了令人咋舌的高额陪嫁。日后，只要女儿开口，他就会毫不犹豫地将自己的积蓄掏出来给她们，直到被榨干。但他最终没有得到应有的回报。重病垂危之际，两个女儿对他不管不问，一心忙着参加上流社会的交际舞会。

高老头的遭遇与文艺复兴时期英国戏剧家莎士比亚笔下的一个人物有某种相似之处，这个人物就是李尔王。有人甚至将高老头称为"近代李尔王"。

造成李尔王悲剧的主要原因在于他那根深蒂固的错觉：他因为自己的国王身份而受到人们的尊敬，他却觉得是自己个人魅力的结果。他身为一国之主，狂妄自大，自我崇拜严重。在他决定放弃王位时，他依然相信退位后人们还会一如既往地敬畏他。

从社会地位上说，高老头只是一个面粉商人，无法和李尔王相比；但他对女儿狂热的爱也让他生出一种幻觉：只要他全心全意地爱女儿，即使他身无分文，女儿们也会给他应有的感情回报。

为了不使女儿的情感受到伤害，妻子去世后他没有再婚，而是全身心地扑在女儿身上。他还根据两个女儿不同的性情，为他们选择了丈夫：大女儿羡慕贵族的门第，他就将她嫁给了雷斯多伯爵；二女儿贪图金钱，他为她选择了银行家纽沁根先生。除了在她们结婚时给出巨额嫁妆，女儿们来找他讨钱时，他也尽量满足她们的要求。反观自己，高老头年近七十，却依旧住在破败不堪的伏盖公寓中。

我们可以清楚地看到，对女儿的溺爱发展成了一种变态、扭曲的激情，它主宰了高老头的全部生活，成了他生活中的唯一支柱。那么是什么导致了高老头如此扭曲的心理？

我前面说过，高老头是靠着在大革命期间囤积面粉发了财，在生意场中他表现得异常精明，但在家庭生活中他的所作所为则完全不一样。在他和女儿的关系中，他扮演的则是一直给予、不求回报的角色。

我觉得，之所以产生这种奇怪的现象是因为高老头潜意识中对女儿们有补偿心理。他整天出入于尔虞我诈的商场，几乎得不到任何感情上的慰藉。他本应从家庭生活中获得幸福，但妻子的过早离世，使他在感情上失去了依托。由于没有新的女性进入他的家庭，他便把全部的感情投注到女儿身上。

其实，我们可以发现，他对女儿百依百顺的态度已经超出了普通的父女关系，更像一个男人在死命追求一个美艳的女人。女人要什么，他就给什么，只要她不离开他。在心理层面上，他和两个女儿的关系更像男人使尽百般花样以求取女人欢心。

然而，高老头也有醒悟的一刻。是什么促使他醒悟过来的呢？

他弥留之际，拉斯蒂涅虽然几次催促，朝思暮想的女儿依然迟迟没有来到他床边，这时他发出了绝望的诅咒：

> 法律应该帮我的，天性，民法，都应该帮我。我要抗议。把父亲踩在脚下，国家不要亡了吗？这是很明白的。社会，世界，都是靠父道做轴心的；儿女不孝父亲，要天翻地覆吗？
>
> ……
>
> 我觉得我要死了。什么叫作践踏父亲的尸首，难道她们不知道吗？天上还有一个上帝，他可不管我们做老子的愿不愿意，要替我们报仇的。

然而，在痛痛快快地骂了女儿一通后，高老头话锋一转，又将过错统统揽到自己身上，"别为了我为难她们。一切都是我的错，是我让她们习惯把我踩在脚下……上帝要是为了我责罚她们，就不公平了。我不会做人，是我糊涂，自己放弃了权利"。看吧，高老头直到快咽下最后一口气的时候，对两个女儿还在怨恨诅咒和疼爱怜惜的感情两极间摇摆不定。

李尔王的悲剧是因为他的自我崇拜，那么造成高老头悲剧的又是什么呢？

其实，高老头的悲剧很大程度上是因为他自己近乎偏执的幻觉。他实在高估了对女儿的爱的力量，甚至将它抬到了无以复加的高度。他仿佛坚信，两个女儿心中对他也怀着同等强度的爱，这种爱能经受住任何考验，不管他是富裕还是贫穷。但是他错了。

对此，大家有没有似曾相识的感觉？高老头的故事和现在各类热播电视剧的情节还真有点像。这些年，以家庭伦理情感为主线的电视剧非常多，父母与子女间各式各样纠结复杂的关系是它们体现的重点。痴心的父母，不孝不义的子女，几个要素凑在一起，就写出了人们的眼泪戏。

在这类作品中，亲情要素有时甚至多到了泛滥成灾的地步，眼泪汪汪的感伤情调太浓，有时也让人有些反胃。巴尔扎克的这部作品在表现父女感情时也有类似的问题，有时给人一种廉价的情感剧的滋味。

其实不仅仅是《高老头》，巴尔扎克的其他作品也有这方面的缺陷，大体而言，就是在文学表现上缺乏必要的分寸感。巴尔扎克是个激情洋溢的人，他将自身丰沛的感情也带给了笔下的人物，但他常常陷入滔滔不绝的情感宣泄中不可自拔，这使得他的作品失去了节制，陷入一种浓得化不开的感伤之中。

《高老头》中对父亲和女儿的描写便有这样的特点。为了获得强烈的戏剧效果，凸显高老头的悲惨命运，巴尔扎克不惜将人物的感情推向超出想象的极端。其实，两个女儿为了参加舞会，不来探望将死的父亲还说得通，但不参加葬礼似乎有些夸张过度。巴尔扎克给她们贴上了不敬不孝的标签，她们复杂的情感世界则完全被他忽略不计了。所以，即便像巴尔扎克这样的大作家，他的作品也远不是完美无缺的。

此外，高老头悲剧的原因除了他个人的情性，还与他所处的社会环境密不可分，而这也正是《高老头》这部作品所关注的焦点。一个痴心父亲被无情无义的女儿抛弃的故事在任何一个时代都会发生，但《高老头》这部作品描绘的19世纪初的法国社会是资本主义高速发展的社会，金钱对每个人、对人与人之间关系的影响比以往任何时候都大，怪不得巴尔扎克在书中借主人公拉斯蒂涅之口说："没有一个讽刺作家能写尽隐藏在金银珠宝底下的丑恶。"

这里，我想介绍点社会学的相关小知识。

"社会环境"这四个字，指的不是抽象的东西，通俗点说，社会环境指的就是除"我"以外的其他人以及人与人之间的交流互动。举个日常生活中的例子，对我来说，除我以外的其他人就是社会环境的一部分；反过来，对其他人来说，我也是他们所处的社会环境的一部分。

《高老头》的故事发生的时代，金钱是人们生活中最为重要的东西，种种传统的宗教信念，包括家庭温情在内的道德准则在金钱的巨大威力前不堪一击。我曾经介绍过，巴尔扎克的许多作品，就是以鲜活的笔触反映金钱是如何一步步地腐蚀、瓦解传统的生活方式和人与人之间关系的。

全书临近结尾时的一幕场景，非常明显地体现出了金钱至上的社会氛围。拉斯蒂涅的远亲子爵夫人原先是巴黎社交界头号人物，她的客厅是众人梦寐以求的乐园，置身其中就仿佛拿到了通向上流社会的钥匙。但好景不长，她的地位开始变得摇摇欲坠。

她原先有位侯爵情人，但这个侯爵空有贵族封号，经济上困窘不堪。为了得到 20 万法郎的陪嫁，他无情抛弃了子爵夫人，娶了一位暴发户的女儿。子爵夫人不仅在情感上遭受重创，还在上流社会中丢尽脸面。伤心、绝望之余，她决定退出社交圈，离开巴黎，到乡间隐居。她离开前特意举办了一场告别舞会，与亲朋好友告别。

这场舞会见证了子爵夫人的命运，同时也为以她为代表的贵族们唱响了一曲挽歌。舞会基调是"无可奈何花落去"式的悲哀与惆怅，昔日贵族也曾有过辉煌、绚烂的时光，如今却都落魄了。这也是贯穿巴尔扎克《人间喜剧》系列作品的主旋律之一。

我上面提到的名著《红与黑》，聚焦的也是法国复辟时期的社会生活，但作者司汤达关注的是主人公于连那样的青年人要想发迹，如何穿梭、行进在贵族与教会的幽暗的网络之中。阴谋、野心、征服的激情是《红与黑》全书的关键词，金钱的影响虽然不能忽视，但还并非这部作品的全部。

和司汤达等作家相比，巴尔扎克更关注金钱对社交的影响和对社会的腐蚀。高老头本人虽然是金钱至上社会的受害者，但他的发家史也并不光彩。其他人物也不例外，伏盖公寓中那两个鬼鬼祟祟的房客私下向警察局告发伏脱冷，并配合警察将他逮捕并非为了正义，只是为了那笔赏金——换句话说，如果没有赏金，他们是不会选择告发的。

拉斯蒂涅也不光彩。他不爱纽沁根夫人，在他眼里，这个女人只是一艘通向上流社会的摆渡船。由于并非真爱，因此当伏脱冷劝他设法将泰伊番小姐搞到手，以便弄到大笔财产时，他当真动了心，只是后来由于伏脱冷被捕，这一阴谋才没实现。设想一下，如果这一计划能顺利推进，他一定会毫不犹豫地抛弃纽沁根夫人。在《人间喜剧》系列的其他作品里，拉斯蒂涅也的确这样做了。

在巴尔扎克的作品中，金钱既然起着这么巨大的作用，那他的意思是人们都成了金钱的傀儡吗？这种现象可能的确存在，但也不可能人人都变成这样吧？

这个问题需要说得稍微深一点了。它触及了一个巴尔扎克作品的核心问题——环境的作用很重要，人的激情也要淋漓尽致地展现，而且还要在这两者之间建立起不太明显的联系。在巴尔扎克眼里，环境虽然可以影响人，但人也同样可以改变环境。

以金钱为例，美国作家霍桑曾经说过一句意味深长的话，"金钱并不像平常所说的那样，是一切邪恶的根源，唯有对金钱的贪欲，即对金钱过分的、自私的、贪婪的追求，才是一切邪恶的根源。内部的力量原本是中性的，它既可为善，也可以作恶"。巴尔扎克所处的那个时代的某些特质，恰恰激发了人们对金钱无止境的欲望，它给某些人为非作歹提供了机会。而对金钱近乎疯狂的追求，就是人们激情的一种扭曲表现。

读一读《人间喜剧》中的大部分作品，我们会发现巴尔扎克笔下的很多人物都具有这种超越一般人想象的、疯狂的激情。那个大家熟知的老吝啬鬼葛朗台明显是被自己对金钱的贪欲控制了；而在《绝对之探求》中，主人公巴尔塔查是个科学狂人，为了探查大自然的秘密，他将祖上积累下的巨额财产花费一空，毁掉了家人的幸福。驱使他这么做的，是探索和创造的激情，这种激情使得他对一般人所关心的一切都不管不顾。

关于我刚刚提出的那个问题，答案终于出现了。这种疯狂的激情的目标并非金钱。从这个意义上说，人也不全然是金钱的傀儡。只有理解了这点，我们对巴尔扎克的作品，以及他对金钱作用的刻画才会有一个全面、深刻的把握。

有关巴尔扎克的《高老头》，我们就分享到这里。我先是介绍了巴尔扎克的系列作品《人间喜剧》的概貌，然后又讲述了《高老头》的情节，分析了主人公拉斯蒂涅成长和高老头落魄的根源，以及制约、影响他们的社会环境。我希望在读了这些内容之后，你能对《高老头》有一些粗略的了解。

但要真正欣赏这部作品，感受巴尔扎克作品的魅力，还是要去读作品本身。如果你读了《高老头》感到意犹未尽，还可以接着读《人间喜剧》这个系列中的其他作品。有关《高老头》的中文译本，我向你推荐傅雷先生的译本。傅雷先生生前对这个译本反复打磨，达到了出神入化的境地。我相信通过阅读这个译本，你会对《高老头》这部作品有自己独特的体悟。

《巴黎圣母院》
——
世间的善恶美丑总是
相辅相生

Notre-Dame de Paris

上海师范大学·郑克鲁

维克多·雨果

📖 作品介绍

《巴黎圣母院》是法国作家维克多·雨果的代表作。女主人爱丝梅拉达是一位美丽迷人的吉卜赛女郎,虽然饱尝人世的艰辛与苦难,但却始终保持着善良纯真的心灵。巴黎圣母院副主教克洛德道貌岸然,遇到美丽的爱丝梅拉达后,强烈的占有欲迫使他去跟踪、绑架乃至强抢爱丝梅拉达;敲钟人卡西莫多面目丑陋,但心地善良,他一开始对克洛德言听计从,甚至愿意去绑架爱丝梅拉达,后来真诚善良的本性被唤醒,他奋不顾身地营救处于危险中的爱丝梅拉达。

在小说中,雨果充分运用美丑对照的浪漫主义手法,把善与恶、美与丑、崇高与卑下对照起来。小说艺术地再现了15世纪的法国国王路易十一统治时期的真实历史,揭露了宗教和教会的虚伪,歌颂了下层劳动人民的善良和友爱,反映了雨果的人道主义思想。

✒ 《巴黎圣母院》思维导图

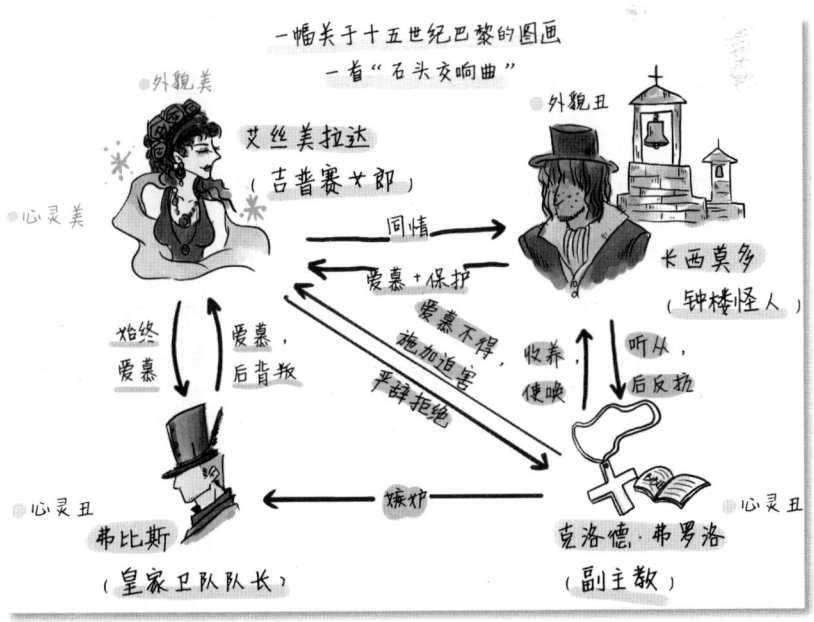

第一节
法式爱情对苦恋的执迷

雨果的《巴黎圣母院》发表于 1831 年。在那个时候，法国正处于动荡之中，雨果克服艰辛，最终完成了这样一部巨著。

这部小说是雨果的第四部小说，前三部中有两部比较重要，一部是《布格·雅加尔》，这是一部描写黑人起义的小说；一部是《冰岛凶汉》，主要内容是北欧的矿工运动。这两部小说已经显示了雨果对下层人民的关注和关怀。

同样，《巴黎圣母院》看似写巴黎圣母院，但实际着力点还是下层人民的形象。这部小说是浪漫派的典范，也是一首反封建的悲歌，它同"七月革命"密切相关。

表面上，雨果采用的是多角恋爱的描写方式，比如说，克洛德副主教和敲钟人卡西莫多都爱上了这位吉卜赛女郎，卫队队长菲比斯也对她颇感兴趣，诗人格兰古瓦一心想成为她真正的丈夫，所以小说的几个主要人物都围绕着爱丝梅拉达这个圆心旋转。

实际上，爱情描写在小说里面只起到穿针引线的作用。小说的主线是爱丝梅拉达的经历和悲剧。爱丝梅拉达是一位无比善良纯洁的少女，诗人格兰古瓦误入乞丐的巢穴，将要被送上绞架之际，她出于同情，愿意与他结为夫妻，格兰古瓦才免于一死。

卡西莫多曾因试图劫走爱丝梅拉达，在广场上遭受鞭刑。卡西莫多口渴难熬之时，又是她出于恻隐之心，走上前去给卡西莫多水喝。爱丝梅拉达被菲比斯漂亮的外表所迷惑，对他一往情深，而对自己所厌恶的克洛德坚决不从，为此种下了祸根，受到接二连三的迫害。她因菲比斯而被克洛德刺伤，不幸下了狱，在酷刑之下，被迫做了假供。

克洛德对她的迫害，表现了教会上层人物为了满足兽欲而不惜施展恶毒的阴谋。爱丝梅拉达屈打成招，被判死刑以后，还要付给宗教法庭三个金狮币作为赔偿费，这一点把他们虚伪的面目揭露无遗。教会和法院联合追捕爱丝梅拉达，将一个无辜的底层少女推到走投无路的绝境。爱丝梅拉达失散多年的母亲虽然终于找到了自己的亲骨肉，但重逢的欢乐眨眼间又变成诀别的悲痛。封建社会的种种不合理现象，通过一连串的情节逐渐显现出来，这是《巴黎圣母院》这部小说的思想主旨。

爱丝梅拉达是一位吉卜赛女郎，非常漂亮，善于跳舞，性格善良温和。但是吉卜赛人实际生活里面是不是这样呢？这就不一定了。

吉卜赛人有时也被叫作"波希米亚人"，有人认为吉卜赛人最早来自埃及。这个民族起源于中欧偏西，大体是现在的捷克的位置。后来，这个民族就散布到欧洲各处了。在法国境内，经常可以碰到吉卜赛人。

我在20世纪80年代到法国去的时候，吉卜赛人已经有房车了，中国那时候还不太了解房车。所谓房车就是具有房屋功能的汽车，车身较长，可以容纳一家人同时居住，白天可以行驶，晚上可以住在里面。按道理说他们有房车，应该不穷，但实际上他们是属于穷人的。吉卜赛人没有住所，没有固定收入，靠乞讨为生。这样的话，吉卜赛人就不太容易给人留下好印象了。

我自己也有亲身经历。1985年，法国人请我去参加"雨果逝世一百周年纪念会议"。到了中午，要回去休息了，我坐上地铁，到了一站以后，车门一开，涌进来了四五个人，其中有一位吉卜赛女人带着两三个孩子，拿着一张纸板举在你的面前，上面写着"给我一点钱吧"。她看得很准，知道我是外国人。我下意识地向我的西装口袋压了一下，但只听到"嚓"的一下，车铃响了，火车开走了。车门关了之后，我看到地上有几张纸，捡起来一看，发现是我的回程机票。幸亏我的钱装在口袋里面，没有被她抽走。

我之后和朋友们说，有人就说"我也碰到过类似的情况"。可以说，吉卜赛人在一般人的印象里不是太好，但是，雨果是把吉卜赛女郎爱丝梅拉达作为一个正面的形象来描写的，这也给吉卜赛人挽回了不少声誉。

雨果在这部小说里面也暴露了教会和官府相勾结的情况。那个时候，官府和教会是结合在一起的，教会的势力是非常大的。中国的情况则不一样。中国尽管寺院很多，但势力是有限的，但在外国，比如在法国则情况不同。红衣主教就是一个国家里面最高的宗教领袖，相当于一个地位比较高的官员，是有权力的。

封建统治是以愚昧迷信作为手段来控制人民的意志的。克洛德是一位副主教，是教会势力的代表，一直过着节制刻板的生活，但在遇到爱丝梅拉达之后，抵挡不住美色的诱惑，所以不惜施展恶毒的阴谋，派遣自己的义子卡西莫多去绑架吉卜赛女郎。克洛德遭到爱丝梅拉达的拒绝，煽动宗教狂热，散布对吉卜赛人的偏见，还诬陷爱丝梅拉达是以巫术害人的女巫。

在小说中，他沉迷于炼金术，集巫师与教士黑袍两种身份于一身，是一个卑鄙诡诈的人物。他多次威迫爱丝梅拉达屈从自己，愿望落空以后，立刻通知官府捉拿她，并暗中操纵法庭，把她判处死刑。他站在巴黎圣母院的高处，得意地观看处死爱丝梅拉达的场面时，露出难以觉察的奸笑。雨果通过这个人物，写出了中世纪教会对王权统治的操纵与影响，我想这也是雨果的一种手法。

巴黎圣母院位于法国巴黎的中心地带，是法国最著名的一个教堂。因为是用花岗岩建造的，所以它经历千百年风雨的侵蚀，依然能保持原貌。当然，现在看起来有点灰不溜秋了，这是由花岗岩的性质所决定的，但内里则是颇为壮观的。这座大教堂是尖顶朝上的，哥特式建筑。哥特式建筑的特点就是尖顶高耸、尖形拱门、大窗户和绘有圣经故事的花窗玻璃。巴黎圣母院就是这样的。不过巴黎圣母院旁边也有各种各样的怪兽（雕像），非常有意思。小说中也描写了不少这方面的建筑装饰品。

巴黎圣母院耸立在巴黎的塞纳河边，是一个壮丽的景观，所以对于一般到巴黎游玩的人，巴黎圣母院是必去不可的，同时，由于雨果的这部小说，巴黎圣母院就更加有名了。虽然巴黎圣母院在欧洲不是最雄伟、最华丽的一座教堂，比它大的还有，但可能还是巴黎圣母院最有名。为什么呢？还是雨果这部小说起了作用。这部小说不仅仅写了一座教堂，而且还以这座中世纪建筑作为代表，写出了人们生活思想和精神的侧面，反映了中世纪的生活。

下一节，我会谈一谈这部小说的对照艺术。对照是雨果最突出的艺术特点，这一部小说中对照艺术的运用已经到了出神入化的地步，要深入了解这部小说，还是要了解这一点的。

第二节
矛盾碰撞中外在与内在的双重美感

《巴黎圣母院》里运用的对照艺术,可以分为情节场面的对照和人物的对照。雨果安排了两个王朝、两个国王、两个法庭、两种审判的对比。一个是路易十一的封建王朝;另一个是乞丐王朝,那时候可能有乞丐聚集的地方,雨果把它写成一个王朝。

路易十一毕生竭力维护的是中央集权制,他是一个很狡猾、很狠毒的政治家;而乞丐王朝,是一个松散的组织,并没有等级森严的官阶,"国王"仅仅是首领而已,靠的是江湖义气来号召同伴。封建王朝的法庭随心所欲,栽赃陷害,草菅人命,法庭明知菲比斯活着,客店老板关于银币变枯叶的证词并不可信,但仍然诬陷爱丝梅拉达为女巫。对卡西莫多的审讯也是这样,法官是聋人,卡西莫多也是聋人,成了聋人审问聋人。而在乞丐王朝中,官庭的法律由乞丐、流民自己制定,法律的目的是维护这个区域不让其他阶层的人闯入。

路易十一这个国王,在历史上以统一法兰西国土而闻名,但在小说中,路易十一是一个已经到了生命末年的国王。老国王快死了,我们一般说行将就木,病歪歪,都是一些常用的词。但在翻译中我用了一个词语"病势尪羸","病势"指生病的病势,"尪羸"这个词用得很少,结合起来,一看就能知道他不行了。用这个词可以反映出老国王虽然外表好像很厉害、很狠毒,但实际上已经软弱无力了,因为他的生命已经到了最后。两种王朝的对比,实际上也是写法国在1830年前夕,封建王朝最后毁灭崩溃的局面，是对当时社会现状的影射。

此外，宗教节日嘈杂、纷乱、狂欢的场面和广场上万头攒动、争看处决发生的对比，巴黎圣母院庄严的气氛和乞丐们奋力攻打、乱成一片的对比，都造成色彩缤纷、摄人心魄的效果。流民、乞丐的攻打场面，是雨果的一种想象，我想流亡的乞丐肯定是要遭到封建王朝镇压的。那么激烈的战斗场面，雨果写得还是非常生动的。

而人物的对照是小说对照艺术的精髓。雨果在《〈克伦威尔〉序》中提出一条新的美学原则："丑怪就存在于美的旁边，畸形靠近优美，滑稽怪诞藏在崇高的背后，恶与善并存，黑暗与光明相伴。"这条对照原则贯穿于雨果的所有创作之中。雨果在诗歌里面也用得相当普遍，所以他的诗同别人的有所不同。

同样是正面人物，爱丝梅拉达和卡西莫多都有心灵美，但是爱丝梅拉达的爱情是盲目的，她不能分辨美丑，而卡西莫多是爱憎分明的，他爱什么，恨什么，都很清楚。他爱爱丝梅拉达，所以虽然克洛德神父救过他，是他的恩人，是他的义父，但他到最后还是把克洛德神父举起来，扔到巴黎圣母院下面。在形体上面，他们也是美与丑的对照，爱丝梅拉达美若天仙，而卡西莫多则是丑人之王，除了畸形，他眼睛上还长了瘤，而且因为长年打钟成了个聋人。精神上和形体上都形成了鲜明的对照。在反面人物里，克洛德和菲比斯都有不同的心灵丑，克洛德是奸诈狠毒，若是不能满足自己的私欲，便置对方于死地，而菲比斯崇尚快活风流，看重钱财，只关心自己的利益。这两个人虽然都是反面人物，但是各有不同。

爱丝梅拉达和克洛德应该说也是一对矛盾，是纯真与虚假的对照，一个心灵很纯真，一个很虚伪。卡西莫多同克洛德实际上是一仆一主，一个看来头脑简单，只知道服从，另一个威严，一味发号施令。其实呢，一个善良且富有同情心，在紧要关头敢作敢为，而另一个则暗地里制造阴谋诡计，这也是一种对照。

再有，卡西莫多和菲比斯在形体上是一丑一美，但是同爱丝梅拉达作比时的一丑一美不一样，卡西莫多形体丑，心灵美，而菲比斯外貌美，但心灵丑。所以人物之间互相对照时的形象特点鲜明，人物之间的关系就像用无形的纽带给联系了起来。

雨果还将人物对照应用到人物自身。卡西莫多外貌奇丑，而心灵崇高，形成美丑对照。雨果曾经指出，这样描写能使渺小变成了伟大，畸形变成了美好。

卡西莫多在一首曲子里面提出了人的美的价值标准，他是这样说的：棕树并不美，不像白杨那么好看，但它在寒冬绿叶常青。这首歌也正是卡西莫多这个人物的写照。克洛德外表严峻、冷漠，内心凶残、歹毒，嘴上标榜禁欲主义，心里却欲火炎炎；菲比斯仪表堂堂，像太阳神一样俊美，可是行为轻浮，灵魂空虚，是所谓愚蠢的美。

所以说，人物的自我对照突出了心灵美的价值。内在美与外在美统一固然好，然而最重要的应该是内在美，即心灵美。心灵美是决定一个人好坏的唯一标准，人物的相互对照与自我对照互为补充，这是雨果塑造人物的一种独特的方法。

在这里，我还要跟大家补充一点，丑，不是雨果最先发现并描写的。三百多年前，法国的一个诗人维庸，就开始写丑。大家可能见过罗丹的一个雕塑：一个老妇人，年纪很老了，看起来很丑陋。维庸的诗歌写了这位妇人年轻的时候，那时妇人是非常美丽的一位少女，不光眉毛长得好，眼睛长得好，身材长得好，样样都好，但是到了年老，什么都没有了，非常难看，这就是丑。不光是这篇，他还有很多篇都写了丑。

雨果继承了维庸的写丑，他每一部小说里都有丑的人物。《巴黎圣母院》是卡西莫多，《笑面人》里，主人公从小被拐走以后，雨果制造了一种永恒的笑，敷在他脸上，他就变得很丑怪，但实际上他是内心非常美的一个人。雨果把写丑作为他的小说的一个重要方向。也有人把《巴黎圣母院》翻译成《钟楼怪人》，把小说的重点放在"怪人"上面，但实际上未必如此，我认为"怪人"只是爱丝梅拉达这个美人的一个衬托。

书中有一段描写是这样的：

> 确实，此刻在圆花窗的窟窿中出现的是一个绝妙的鬼脸，光彩四射。在狂欢激发的想象力中，已经形成这种对滑稽丑怪的理想，在窗洞口相继而过的各种五边形的、六边形的和怪诞的脸却未能体现这种理想，如今刚刚使全场眼花缭乱的卓越鬼脸，夺得选票是不言而喻了。

卡西莫多一出场，露出的是一副丑脸，大家都感到很惊讶，这个形象也是非常突出的。在接下来的两节里，我还要再提到这个人物。

这一节，我把"对照艺术"进行了简单的分析，精华部分是人物的对照。不光是不同类型的人物对照，而且人物本身也有对照形成，所以对照原则的运用可以说到了出神入化的地步。第三节我要谈一谈这部小说的特别的浪漫想象。

第三节
雨果为何不厌其烦地描写建筑

《巴黎圣母院》这部小说描绘了当时大量存在的流民阶层。在雨果的描绘中，乞丐王朝是一个国中之国。这些流浪人和乞丐有着真正的同情心，为了救出自己的一员，他们全部行动起来，声势浩大，攻打巴士底狱。路易十一勃然大怒，狂呼凡捕获者格杀勿论，有两个弗兰德尔的使者提醒他，象征封建主义的巴士底狱将"轰然倒塌"，国王会很快听到平民时代钟声的敲响。这是对封建主义行将崩溃的预言。

雨果将故事放在路易十一统治的末年，意味深长。路易十一的去世预示了中世纪的结束，而在他之后几十年登上王位的弗朗索瓦一世是法国文艺复兴时代的第一位国王，也就是说，1482 年，正是中世纪即将过去，新时代的曙光开始透露出来的交替时刻，这一切正如 1830 年"七月革命"前夕社会动荡、封建制度摇摇欲坠时的状况。雨果将自己生活时代的社会变迁融汇到小说里，恰如其分地写出了 15 世纪末的社会状况，同时也表达了自己对"七月革命"后出现的新局面的认识和喜悦的心情。

再现中世纪的世俗民情是浪漫派的一个重要特点，因为浪漫派标榜自己就是写中世纪，写历史的。《巴黎圣母院》在这方面也有很出色的描写，雨果有一个宏大的野心——复活这个时代，他说：

这是 15 世纪巴黎的一幅图画，是关于巴黎的 15 世纪的一幅图画。路易十一在其中一章中露面。正是他决定了结局。这部小说没有任何历史意图，只不过想科学地、认真地，但仅仅做鸟瞰式和片段性地描画 15 世纪的风俗、信仰、法律、艺术，还有文明的状况。

这段话就表明了他的意图。在小说中，中世纪的民间节日，神秘剧的上演，推选丑人之王的古风都得到了细致的描绘。特殊的流浪人社会、在街头和广场耸立的绞架、阴森恐怖的巴士底狱、巫术和炼金术的流行、宗教享有的特权、国王隐蔽且行踪不定的生活，都一一得到了再现。雨果曾经赞扬英国小说家司各特"把历史所具有的伟大灿烂、小说所具有的趣味和编年史所具有的那种严格的精确结合起来"。他想要把《巴黎圣母院》也写成这样的历史小说。

从艺术上看，《巴黎圣母院》有很多奇思异想，如爱丝梅拉达母女的重逢，卡西莫多在圣母院塔楼上与千百个乞丐奋战，他与爱丝梅拉达相抱的尸骨一被分开就化为灰尘，等等，都是浪漫想象开放出来的奇葩。

雨果在小说中运用的浪漫主义手法还有另外两大特点。一是将巍然壮观的巴黎圣母院拟人化。这座象征中世纪文明的大教堂，既是一个人物，也是一个世界。所以有人认为，这部小说的主人公还有巴黎圣母院，换言之这是中世纪的聚集点。

小说写道："这个可敬的建筑物的每一个面、每一块石头，都不仅是我们国家历史的一页，并且也是科学史和艺术史的一页。"这座建筑是很辉煌的，里面有多少雕塑，多少艺术品啊！这是一个民族留下的沉淀，是各个世纪形成的积累，是人类社会相继升华而产生的结晶。所以，雨果怀着无比热爱与赞赏的心情称呼巴黎圣母院为"石头交响乐"。卡西莫多对教堂有着像磁性相吸那样密切的关系，这一段话是他描写卡西莫多与大教堂的：

大教堂在他手下确实就像一个驯顺的听话的生物；它等候他

的意志，以便提高它的声音。它被卡西莫多像一个亲密的精灵所占有和填塞，好像他使这巨大的建筑呼吸似的。他确实无处不在，分别现身于建筑的各个点上。时而人们惊慌地在塔楼的最高点看到一个古怪的侏儒在攀登，蜿蜒而行，手脚并用地攀爬，从外面下到深渊中，从一个突出点跳到另一个突出点，在某个戈耳工的肚子里搜索；这是卡西莫多在掏乌鸦窝。时而人们在教堂的一个阴暗角落里撞到一个活怪物，蹲着，面有愠色；这是卡西莫多在沉思。时而人们在一座钟楼下看到一只大脑袋和一团不协调的肢体，疯狂地吊在绳端摆荡，这是卡西莫多在敲晚祷钟或者三经钟……埃及人会把他看作这座神庙的天神，中世纪的人以为他是魔鬼，而他其实是教堂的灵魂。

　　按常理说，一个畸形人，连行动也不方便，而卡西莫多却能在圣母院高耸峭拔的塔楼爬上爬下，在凸出于建筑物之外的古怪雕像之间跳来跳去，这是浪漫主义的夸张笔法使然。

　　巴黎圣母院在卡西莫多手下仿佛有了生命，守护着它的石兽，不时发出叫声；这个庞然大物，俯视着历代生活和眼前的悲剧。作为历史和当代生活的见证人，它并非无动于衷，而是与它的主人——卡西莫多共呼吸。将一座古建筑描绘得如此多姿多彩，在文学史上并不多见。

　　另外一个特点就是《巴黎圣母院》的对照描写，我们前面已经谈过了。

　　这一节我们主要介绍了雨果突出的浪漫主义的想象，表现在小说里，就是对巴黎圣母院的异样化的描写，对乞丐攻打巴黎圣母院的浩大场面的描写，以及对国王路易十一的刻薄邪恶的描写，也就是影射即将垮台的查理十世与"七月革命"的关系。我想这也是这部小说很突出的一个方面。

第四节
美到极致不总是完美，丑到极致却能最美

这部小说把历史描写得栩栩如生，再现了中世纪末年的风俗。小说开始就是流民聚集在一起，有两个场景让人印象深刻，一个是把卡西莫多推出来，作为丑人之王；再一个就是，如果不符合他们的要求，就要处死格兰古瓦，这个时候爱丝梅拉达挺身而出，救下格兰古瓦。

奇迹宫廷是流民聚在一起的广场，这个罕见的女子将她美貌的魅力施予到了这里。讲黑话的男男女女在她经过的时候都驯顺地散开，看到她的目光，他们怵怵的脸就豁然开朗。她迈着轻盈的步子走近受刑人，漂亮的佳丽跟随着她。前方，格兰古瓦半死不活。

> 她默默地注视了他一会儿。
> "您要绞死这个人吗？"她庄重地对克洛德说。
> "是的，妹子，"狄纳王回答，"除非你要他做丈夫。"
> 她略微嘬起下嘴唇。
> "我要他了。"她说。
> 格兰古瓦这时确信，他从早上起，只是做了一个梦，这个梦在继续。

这种风俗在雨果的笔下，好像真实存在过一样。当然，这种风俗，我想可能也是雨果的一种奇特想象的产物。

小说里的人物形象写得是相当突出的，令人过目不忘。爱丝梅拉达自不必说，她的形象经过电影的演绎，人们更是印象深刻。雨果的小说一般都不止一次被拍成电影，比如说《悲惨世界》。《悲惨世界》的情节太丰富了，这个导演这样处理，那个导演又是另外一种处理。但是《巴黎圣母院》好像自从那位意大利女演员演了以后就少有重拍，因为她演得太出色，很难再找到一个更好的女演员来代替她，人们觉得这个演员演得非常恰当。

除她以外，其他人应该说也都令人过目不忘，比如卡西莫多。虽然他是一个残疾人，但是他对爱丝梅拉达还是有真挚的感情的。

除了他们，一些次要的人物，比如菲比斯、克洛德也都很有魅力。

整部小说的情节具有相当的传奇性，比如爱丝梅拉达曲折的经历。她为人善良却一再遭到迫害，后来她与母亲相遇后，又差一点被执行死刑。书中的死刑也是一种很奇特的风俗，有些酷刑，比如穿铁靴子，是令读者感到惊心动魄的。攻打巴黎圣母院这种场面，应该说也是很罕见的。有无数个乞丐聚在一起，攻打巴黎圣母院，而卡西莫多在巴黎圣母院上孤身一人同他们搏斗，把各种各样的东西往下扔，像这样的一种场面，也是很奇特的。

最后，爱丝梅拉达和卡西莫多都去世了，人们发现两具尸体一被分开就化成了灰烬。这些情节也是雨果浪漫主义想象的产物。可以说，这也是这部小说能够成功的要素之一。我认为《巴黎圣母院》是一部对中世纪历史浪漫地再现的小说，小说描写了当时人们的生活方式和生活状态，雨果通过对照的写法，浪漫的思想，把一座圣母院形容成一曲石头的交响乐；还把中世纪的某些风俗都再现给读者。这样的描写，的确把这部小说写成了一部杰出的浪漫主义小说，所以它也被称为雨果的不朽成就之一。

雨果原来是一位诗人，也是一位浪漫派的戏剧家。法国主要的浪漫派戏剧家一位是高乃依，另一位是拉辛，他们都是悲剧作家，而浪漫派的喜剧家则是莫里哀，第四位主要的浪漫派戏剧家就是雨果。

雨果提出了浪漫主义的经典原则，但以现代的眼光看，他的戏剧过于奇特，恐怕实际效果不像人们想象的那么好。他的诗歌很多都是长篇，几百行、几千行。长诗是不容易吸引读者的。他的短诗是有一些杰作的，但是不多，比起有的诗人来说应该还差一些，所以诗歌、戏剧都不是雨果的主要成就，他的主要成就是小说。雨果的小说一开始都是无心插柳、随意创作的，像《巴黎圣母院》就是这样，但是他的小说的读者，占到他的读者的 85% 以上，这是雨果也意料不到的。

通过他的小说《巴黎圣母院》和《悲惨世界》就可以看到他的小说为什么会成功。这不是没有原因的，原因就在于雨果的小说不光是不拘一格，而且有吸引人的巨大魅力，这才能够为世界各国的读者所领会、所吸收。

《悲惨世界》
—
从恶走向善,从地狱走向天堂

Les Misérables

上海师范大学·郑克鲁

📖 作品介绍

《悲惨世界》是由法国作家维克多·雨果于 1862 年发表的一部长篇小说，小说从 1793 年法国大革命高潮写起，叙事跨度近半个世纪。让·瓦尔让原本是个诚实的工人，为了不让外甥饿死，他偷窃了一片面包，因而被判了刑。出狱后他处处遭冷眼，但善良的米里埃尔主教用自己的行为感化了他。让·瓦尔让后来成为富翁，并被选为市长。为救一个酷似他本人的无辜者，他承认自己的苦役犯身份，落入正追捕他的警察沙威之手。为了逃避警察的追捕，让·瓦尔让带着柯赛特躲进了一座修道院，两人也暂时过上了平静的生活。好景不长，几年后，波澜再起……

故事围绕让·瓦尔让等人物展开，融入了当时法国的历史、革命、战争、道德、法律、信仰等方面的内容。这部小说反映了雨果的人道主义思想，饱含着雨果对于人类苦难的关心和对未来坚定不移的信心，具有震撼人心的艺术感染力。

《悲惨世界》思维导图

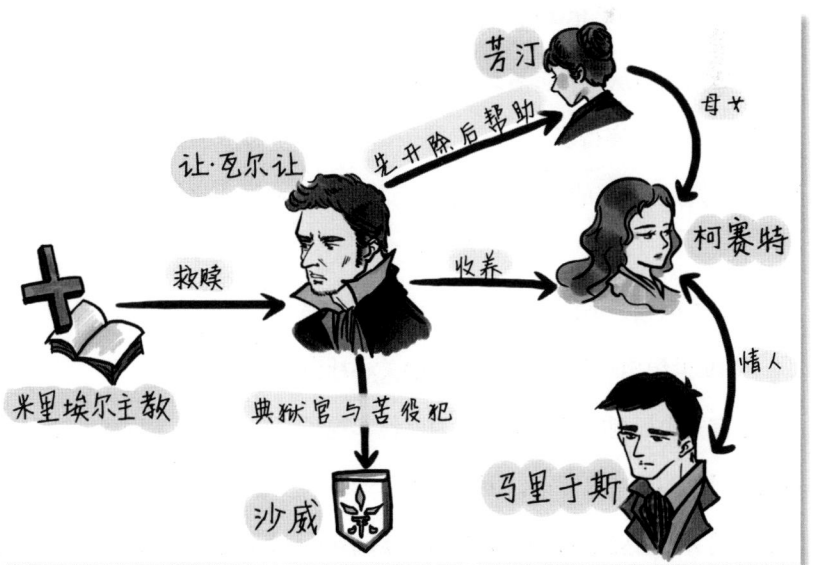

第一节
悲惨的根源究竟是什么

正如小说的名字《悲惨世界》一样，小说描绘的是一幅穷人的"悲惨世界"。这部小说是继《巴黎圣母院》之后，法国小说史，乃至世界小说史上的又一座丰碑，而且在某种程度上它比《巴黎圣母院》更为重要，是更加巍然耸立的丰碑。也因为它的问世，雨果作为世界杰出小说家的地位更稳固了。

《巴黎圣母院》通过曲折的手法反映中世纪末期的法国社会，而《悲惨世界》则直接描绘了19世纪上半叶，即复辟王朝时期和七月王朝时期的法国社会，因此在当时来说，相比《巴黎圣母院》，这部小说更具现实感。

《巴黎圣母院》集中描绘流浪者、乞丐、孤儿等下层人民，而《悲惨世界》则把视角从穷人扩展到社会渣滓和共和派，视野远为扩大，内容更为丰富，意蕴厚实得多。从《巴黎圣母院》到《悲惨世界》，相隔了三十多年，《悲惨世界》的写作时间很长，是雨果呕心沥血之作。

我们先回顾一下雨果创作这部作品的历程。

从19世纪20年代起，雨果就很关心社会问题了。

他首先为死刑问题所困扰，为此他参观了一些监狱和苦狱场。在对这种社会问题的深度思考下，雨果写出了一系列互有关联的小说，比如《死囚末日记》，表达反对死刑的思想；短篇小说《克洛德·格》，描写一个找不到工作的穷工人不得已行窃，被判五年监禁，由于典狱长故意将他与狱中伙伴拆开，并无端禁闭了他24小时，他一怒之下杀死了典狱长。

这两篇小说反映了雨果对犯罪问题和社会状况之间关系的思索。早在1828年，雨果就听过一件真实故事：有一个出狱的苦狱犯受到主教的接待，主教把他交给自己弟弟来管理，苦狱犯后来变得品行端正，最后在滑铁卢英勇牺牲。这个故事就是《悲惨世界》的雏形。

随后，在19世纪30年代，雨果不断观察和收集工人艰辛劳动，但依旧食不果腹的资料。当时有一位作家于勒·雅南写过一篇风俗研究《她零售自身》（1832年），写的是一个女孩子为穷困所迫，出卖自己的头发和一颗牙齿的故事。这个故事雨果有可能是知道的，雨果为自己拟定了这样一个故事梗概："一个圣人的故事——一个男子的故事——一个女子的故事——一个娃娃的故事。"

这就预示了《悲惨世界》的四个主要人物：米里埃尔主教、让·瓦尔让、柯赛特和芳汀。

从1845年到1848年，雨果断断续续构思和创作小说《贫困》，而1848年的事件打断了他的写作。直到1860年，他重新捡起了这部小说的底稿，最后以惊人的毅力写完了《悲惨世界》。写作中，他曾到比利时旅行，参观了滑铁卢战场。

滑铁卢战场比较有名，我曾经去看过。那里有一个纪念滑铁卢战役的纪念馆，奇怪的是，这个纪念馆的前面有一座塑像，不是威灵顿的塑像，反而是拿破仑，一个战败者的塑像立在那里。可见比利时人对拿破仑还是有记忆、有怀念的。

尽管法国人在滑铁卢战役中失败了，但小说中这一段情节还是写了八万多字，篇幅很长。有的人读了可能会有点烦，觉得怎么关于滑铁卢战场写得那么多。

这其实说明，雨果认为拿破仑是一个很重要的人物。拿破仑打了很多次胜仗，最后才失败。从那以后，法国就很少打过胜仗了，1870年普法战争中被德国人打败，1914年第一次世界大战中与德国人战势胶着，1939—1940年第二次世界大战中同样被德国人打败。

所以拿破仑时代以后的法国民族基本上很难说是战斗民族了，因此，法国人对拿破仑还是很敬重的。拿破仑死后，1840年他的遗体又被接回巴黎，场面非常浩大。雨果也曾经写过相关的散文。

拿破仑在滑铁卢失败了。马克思归因于他没有发动农民，而雨果则认为，是命运不站在他这边，换句话说，是老天爷不帮拿破仑的忙。从这里我们可以看出，雨果是用浪漫的想象来概括这个事件的。之所以写得那么长，是因为雨果是在实际考察了战场后回来写的。这次考察充实了这部小说的内容，也成了这部小说很重要的一部分。

雨果的这部小说在1862年开始陆续出版，刚出版的时候，受欢迎的程度可能不如同时代的另一个小说家欧仁·苏的《巴黎的秘密》。

《巴黎的秘密》出版的时候，曾经轰动一时，因为它是连载小说，每天读者都要在报馆门前排队。《巴黎的秘密》这部小说可以说影响了巴尔扎克和乔治·桑，后来他们都写出过鸿篇巨制的长篇小说，当然，《悲惨世界》也是这样一种小说，人们后来命名这类小说为"长河小说"。长河小说的代表还包括罗曼·罗兰的《约翰·克利斯朵夫》。长河小说对其他国家的大作家也有影响，比如说俄国作家托尔斯泰，他的《战争与和平》就是长河小说。长河小说一路发展到20世纪，还有不少人在写长河小说，不过现在法国人已经改变了路子，不写通常意义上的长篇小说了，改写很短的。现在七八万字、十来万字就算是长篇小说，以前的那种篇幅更长的长篇小说基本上没有人写了。

《悲惨世界》是一部经久不衰的作品，一直到今天，都流行于世界各国，《巴黎的秘密》已经根本比不上了，大部分人甚至都不知道这部小说。

总的来说，《悲惨世界》具有持久的震撼人心的力量，原因在于作者是以社会底层的受苦受难、为生存而挣扎、受凌辱、受迫害的穷苦人为对象，用宏大的笔调描绘了一幅悲惨世界的壮阔图景。雨果从一开始就把目光对准下层人民。他在《巴黎圣母院》之前写过两部小说，基本上都是以穷苦人为对象的，一部叫作《布格·雅加尔》，一部叫作《冰岛凶汉》，前者写的是黑人起义，后者写的是北欧的矿工起义，可见他早就注意穷人了。《巴黎圣母院》写了一个穷苦的吉卜赛女郎，《悲惨世界》不用说了，再到后来的《九三年》写的也是穷人。

《悲惨世界》的几个主人公都是挣扎在死亡线上的人物，他们代表了千千万万的穷人。雨果的写作主旨很明确，他要为这些穷人鸣不平。所以他在序言中这样写道：

> 在文明鼎盛时期，只要还存在社会压迫，只要依仗法律和习俗人为地把人间变成地狱，给人类的神圣命运制造苦难；只要本世纪的三个问题：贫穷使男人沉沦、饥饿使女人堕落、黑暗使儿童羸弱，还不能全部解决；只要在一些地区还可能产生社会压制，换言之，也是从更广泛的意义来说，只要这个世界还存在愚昧和困苦，那么，这一类作品就不会是无用的。

这一段话言简意赅地体现了这部小说的主旨，充分表达了雨果对当时社会的基本看法。

第一句话最重要，道出了造成悲惨世界的根本原因。雨果认为由于社会压迫的存在，所以在文明鼎盛时期，反而造成了地狱般的生活；人生来本该是要幸福的，却不可避免地遭受了灾难。小说正是通过这三个人物——让·瓦尔让、芳汀和柯赛特的遭遇，淋漓尽致地再现了人间地狱。

让·瓦尔让本来是一个善良淳朴的工人，有一年冬天他失业了，七个外甥嗷嗷待哺，他不得已打破橱窗偷面包，结果被抓住并判了五年的苦役。由于一再越狱，他一共坐了19年的监狱，他的命运从此被决定了。他走出牢狱的时候，身上只有一丁点钱；找工作时，他的黄色身份证（因为他坐过牢，所以拿到黄色身份证）能把所有雇主吓退，摆在他面前的选择只能是继续偷窃。

他连住宿的地方都找不到，只有米里埃尔主教款待了他，但他反而偷了主教的一套银器，后来被抓住并扭送到主教家里，不料主教说这套银器是送给他的，而且多送了他一对银烛台。

他深受主教的感化，力求做好事。命运给了他新生的机会，让他在制造玻璃小工艺品上面有所发明，从此发达起来。他改了名字，办了企业，为滨海蒙特勒伊城花一百多万创办了托儿所，创设工人救济金，开设免费药房，等等，最后当了市长。

他功成名就后，开始了对穷苦人民的帮助。出门的时候，他往往在衣袋里面装满了钱，回来的时候却囊空如洗，钱都散发给了穷人。他也确实改恶从善了，但社会不能容忍一个曾经是罪犯的人改变身份，甚至跻身上层。他一再受到官府的追捕。但是在得知一个叫尚马蒂厄的流浪汉，因长得像自己而蒙受冤狱的时候，他挺身而出，承认了自己的身份，也因此再次入狱。

再一次从狱中逃出以后,他继续行善,又一次引起警方的注意,他只得过着东躲西藏的生活。他认为这个世界实在不平等,他责问社会凭什么使一个穷人永远陷入一种不是缺乏工作,就是刑罚过重的困境之中,他曾因偷了一块面包而判了那么重的刑罚,坐了那么长时间的监牢,只因一点点过错就成为罪犯,要判终身监禁。

社会对于让·瓦尔让这样一个穷人的惩罚达到如此残酷的地步,不能不说是令人发指的。

可悲的是,让·瓦尔让向马里于斯透露自己身份的时候,竟遭到了马里于斯的鄙视。这种态度反映了人们的道德观念,而这种观念恰恰是社会对穷人施以不平等待遇的根源所在。

小说结尾,主人公在一对年轻夫妇的怀里溘然长逝,诚然出自作家善良的愿望,就好比一朵苍白的小花点缀在荒凉的原野上,更显悲怆。

如果说让·瓦尔让还有一个圆满的结局,那么芳汀的命运则是彻底的悲惨。

由于多情而又幼稚无知,她爱上了一个逢场作戏的轻薄儿,失身怀孕,生下了女儿柯赛特。有个长舌妇告发了芳汀的隐私。具有讽刺意味的是,尊重社会习俗的马德兰市长,也就是让·瓦尔让,解雇了她。芳汀靠自己的劳动养活不了自己,十法郎卖掉了自己的一头秀发,四十法郎卖掉了两颗门牙,最后沦为娼妓,变为社会的奴隶。一个活泼的年轻少女变得形容枯槁、病入膏肓了。

社会对她这种人还加以歧视,她遭到恶少把雪团塞进衣衫里的戏弄,反而又被警察抓住监禁。她看到自己的恩人让·瓦尔让被捕,受惊吓而死。芳汀是这个黑暗社会中无数劳动妇女的真实写照。同让·瓦尔让相比,就显出在当时,妇女的命运要比男人的更为悲惨。因为妇女是弱者中的弱者,更容易受到摧折。雨果描绘芳汀的笔墨不多,但却非常真实。

芳汀与生活中的原型相差不大,这就说明生活在水深火热中的女子何止千万,小说家无须做大量的加工,便能完美再现一个受损害、受侮辱的人。在处理这个人物的结局时,雨果同样归咎于社会压迫:造成芳汀堕落的不止一两个人,既有花花公子,也有乐善好施的让·瓦尔让;既有心毒手狠的泰纳迪埃夫妇,也有"维持社会治安"的警察,他们共同构成了残害像芳汀这样穷苦的单身女子的罗网。

芳汀从踏上社会的第一天起,就注定了要遭受纷至沓来的灾祸,在人间地狱受尽煎熬,当让·瓦尔让醒悟过来,发现自己也参与了这种压迫的时候,想补救已经来不及了。作者充分尊重现实的复杂性,因此作品更显真实。这就是芳汀这个艺术形象能动人心弦、发人深省的原因所在。

柯赛特给人留下的深刻印象,主要是儿童时代在泰纳迪埃家里受到非人待遇:她随时随地受到辱骂、虐待和殴打。小小年纪就要干杂事,打扫房间、院子和街道,洗杯盘、碗盏,甚至搬运重东西。让·瓦尔让去寻找她的时候,正是圣诞夜,柯赛特却要提心吊胆地去泉边打水。小说里是这样描写柯赛特的:

> 柯赛特又瘦又苍白;她将近八岁,看上去只有六岁。她的大眼睛由于哭泣,深陷下去一圈。她的嘴角因为经常恐惧,耷拉下来,在犯人和绝望的病人身上可以观察到这种现象。她的手就像她的母亲所猜测的那样,"给冻疮毁了"。这时,照亮了她的火光使她显得瘦骨嶙峋,明显地十分吓人。由于她始终瑟瑟发抖,习惯了并紧双膝。她穿着破衣烂衫,夏天令人怜悯,冬天令人吃惊。

她身上的衣服尽是窟窿；与毛料无缘。可以看到她身上到处是青一块紫一块，表明泰纳迪埃的女人拧过的地方。她的光腿红通通，十分细弱。锁骨凹下去，令人伤心。这个孩子整个人，她的举止，她的姿势，她的声音，她说话的不连贯，她的目光，她的沉默，她细小的动作，都反映和表达一种想法：恐惧。

童年的柯赛特比童话中的灰姑娘还要可怜，她无亲无故，干的是粗活，根本不是孩子所能胜任的，更不用说挨打受骂了。资本主义的童工不就是要干过量的重活吗？

雨果并没有杜撰柯赛特的故事，他举出社会中确实存在的这类低龄童工的事情，勾勒出童年的柯赛特的可怜形象。《悲惨世界》的这幅穷人的受难图也就画全了：男人、女人、儿童。三个人物代表了所有的穷苦人，代表了悲惨世界。

作为人道主义者的雨果，重点关注的就是穷人，而且能够以三个人物为代表来体现这幅悲惨世界的图景，可以说这部小说中的艺术手法是非常成功的，这也是作品能够吸引读者、获得成功的最重要的原因。

雨果在《悲惨世界》中，成功地刻画了这三个人物的悲惨命运，这可以说是雨果对社会的黑暗面描绘得非常深刻的地方。当然，雨果在作品中表达的思想，不仅仅有人道主义，还有共和思想，这一点我们会在下一节分析。

第二节
斗争,是为了未来必需的付出

《悲惨世界》这部小说写的不仅仅是穷人悲惨的生活,更拔高一点来说,还描写了穷人的斗争,以及仁爱同造反的关系。

上一节提到过米里埃尔主教怎样用仁爱的精神感化了让·瓦尔让。米里埃尔主教因为对当地实行了一系列的善行义举,所以得到了一个新的绰号,我译成福来主教,以前是译成卞福汝。"bienvenu"有欢迎光临的意思,但这个词的结构包含了另外一种含义。"bien"在法文里面是福,"venu"是"来"的过去分词,我把这个词翻译成"福来",也就是幸福来了,主教来了以后给穷人带来了幸福。

虽然福来主教感化了让·瓦尔让,但作者认为光有仁爱,对这个社会来说还是不够的,后来让·瓦尔让照样受到迫害,可见仁爱解决不了问题。只有一个人施行人道主义,是没什么用处的。

所以作为对仁爱的补充,小说描写了1832年6月5日的人民起义。起义的起因是共和派的拉马克将军出殡的队伍受到政府军的阻碍,酿成冲突,共和派筑起了街垒与政府军对峙。这是共和主义与君主立宪的一次冲突。

雨果立场鲜明地站在共和派一边,赞扬起义是"真理的发怒",街垒是"英雄主义的聚会地",他通过人物之口说:

只要人类没有进入大同世界，战争就可能是必要的，至少抓紧时机的未来反对拖延滞后的往昔那种战争是必要的……唯有用来扼杀权利、进步、理性、文明、真理的时候，战争才变得可耻。

所以雨果对正义战争是肯定的，实际上他的这种想法与仁爱济世的思想有点抵触。换句话说，雨果在一定程度上超越了仁爱济世的观点。

雨果赞美斗争，这一点从他自身的行动——反对拿破仑三世来看，完全合拍。

拿破仑三世是拿破仑一世的侄子，他篡权当上了皇帝。从坚决支持到坚决反对，雨果对拿破仑三世的态度是有变化的。雨果最早跟他母亲生活在一起，她的母亲是坚定的保王派，所以他也受了保王派的观点影响，是反对拿破仑的。但是后来他受父亲的影响更多，他父亲是共和派，是拿破仑部下的一个军官，他又转到共和派去了。

到了1830年前后，雨果的立场就已经完全改变了，他后来写的小说基本上都是共和派的立场。但因为拿破仑三世同拿破仑一世其实是不一样的，雨果反对拿破仑三世篡权当上皇帝，也因此决定流亡，在英吉利海峡的两个海岛上度过了近20年，一直到普法战争爆发，拿破仑三世失势，他才回到巴黎。

所以雨果在后期，是坚决主张革命，坚决与拿破仑三世为敌的。他在《悲惨世界》里，为了歌颂革命、赞美共和，着重塑造了一组英雄。

第一个人物昂若拉，是中年人的代表。小说中，他是起义者的领袖，是罗伯斯庇尔的信徒，"ABC之友社"的核心人物。他认识到未来将消灭饥荒、剥削，以及随着失业而来的穷困、随着穷困而来的卖淫，他认为目前的斗争"是为了未来付出的可怕代价。一次革命是一笔通行税……兄弟们,在这儿牺牲的人,是死在未来的光辉里,我们要进入一座充满曙光的坟墓"。要通过斗争改变黑暗的社会,争取未来的太平盛世。他的话是充满民族激情的,他坚定沉着,临危不惧。雨果有可能是根据法国大革命的领袖之一圣鞠斯特来塑造的昂若拉。

第二个人物马伯夫,是老年人的代表。他是个八旬老翁,平时侍弄花草,生活很清贫,但起义爆发以后,就赶到街垒,街垒上的红旗被击落时,他视死如归,攀登到街垒的最高处,把红旗牢牢地竖起,壮烈地牺牲了。

第三个人物加弗罗什,是儿童的代表。雨果认为他是"世上最好的孩子",这个孩子是法国文学中最生动传神、机灵可爱的儿童形象之一。他是个巴黎的流浪儿(泰纳迪埃把他遗弃了),虽然生活没有着落,却总是快活乐观,自由自在,爱哼幽默小调。他很狡黠,又很成熟,是贫困和谋生的需要把他造就成这样的。他有金子般的心肠,对比自己小的流浪儿慷慨解囊、侠义相助、关怀保护。

他在广场上的一个大象的肚子里面,造了一个能够住人的地方,把动物园里的铁丝网放到里面去,阻隔多得要命的老鼠。他不光自己住在里面,还跟两个比他更小的孩子住在一起。他参加过1830年的"七月革命",现在又是一马当先出入于街垒的枪林弹雨之中,如入无人之境,最后在起义者即将弹尽时,他跑出街垒收集子弹,还唱着调侃的小曲嘲弄政府军,不幸饮弹而亡。小说里有好几段描写他在起义者队伍里的表现,非常活跃。

小说里写的一青一老一小,代表了敢于起来斗争的人民大众,在他们身上体现了新时代的曙光,寄托了雨果的共和思想。英雄群像的成功塑造,也多少减弱了雨果人道主义说教的枯燥。

除了上述革命意志坚决的穷苦大众，还要特别提到一个转变立场的人——马里于斯。这是柯赛特后来的丈夫。雨果笔下的人物很少表现出思想的曲折变化，但马里于斯是个例外。

他原先受到外祖父吉尔诺曼的影响，是个保王派，他父亲蓬梅西是拿破仑手下的战将，在滑铁卢战役当中立了战功，受封为男爵。吉尔诺曼敌视他，不让他与马里于斯见面，否则要剥夺马里于斯的继承权。蓬梅西为儿子的前途着想，只能趁儿子上教堂，偷偷去看儿子。他死前给儿子留下遗嘱，把真相告诉了他。马里于斯受到震动，暗地里查阅书报，了解了父亲的英勇事迹，终于改变了立场，与外祖父决裂，离家出走，接触到"ABC之友社"的共和派青年。

不过，他心底里还残留着旧观念：他对于自己的姓氏前加上一个"德"字表示贵族身份，还是相当看重的；他得知匪首泰纳迪埃是他父亲的"救命恩人"后，不忍开枪报警；泰纳迪埃入狱后，他每星期哪怕借钱，也要送给这个恶棍五法郎。后来他又赠给泰纳迪埃一大笔钱，帮他逃往美洲。他参加街垒战起初是因为失恋，想一死了之，但经过街垒战的洗礼，马里于斯最终成为共和主义者。他的变化反映了整整一代法国青年的思想转变历程。

雨果并不讳言，这个人物有着他自身的影子。雨果青年时代由保王派转向共和派，从母系观点转向父系观点，与马里于斯相似。甚至马里于斯和柯赛特的爱情里也有雨果和朱丽叶的爱情投影：柯赛特的教育近似朱丽叶所受的教育，柯赛特和马里于斯的婚礼在1833年2月16日举行，这一夜雨果就是在朱丽叶家度过良宵的。由于马里于斯的形象糅合了作者的个人亲身经历，因此他的思想转变过程被写得层次分明、细致含蓄，较有深度。雨果把他放到起义中接受洗礼，表明他对共和理想的追求和向往。

法国19世纪30年代到60年代是一个经济快速发展时期，法国社会也在这个时候变得较为繁荣，但此时贫富分化也十分严重。

前面我谈到过，雨果在作品中表达的思想，不仅仅有人道主义，还有共和思想。这是雨果在这部小说里，思想性体现得比较好的一个部分。怎么来看这个问题？比如《九三年》，有很多人是站在雨果的立场上的，说"在一个绝对正确的革命之上，还有一个绝对正确的人道主义"。但是我觉得这个提法是有点过分了。

小说里面提到一个保王派的杀人无数的首领被抓住以后，因为这个首领曾在火灾中将一个母亲和两个孩子救了下来，就要求放掉自己。这个我就觉得过分了一点，我认为这不足以放走一个敌人首领。你不杀他是可以的，但是你不能把他放走，否则他出去了还要杀人，所以这点我是不大同意的。

但是有很多人认为，雨果的人道主义原则高于革命，我觉得是有问题的。这部小说里面没有体现这个问题。雨果的想法非常明确：人道主义还不够，还需要共和理想，我认为这种思想相对来说就比较正确了。

大家也可以去思考这个问题。这部小说之所以这么有名，我觉得和这一点是密切相关的，不注意到这一点是很遗憾的。

有个别作家认为雨果不提对政治的关心。这点我觉得不对，不能光把目光注视在三个人物上，而对雨果力求突破的创新方面不注意，这样等于否定了雨果的这部《悲惨世界》。所以我觉得一部伟大的作品，光有艺术特色还不够，在思想上还要有一定的高度。

下一节，我将谈谈雨果的心理描写，这方面可能有很多人都没注意，我在最开始也没注意到。我在翻译这部小说时发现，这的确是其中很重要的一个手法。雨果的心理描写有很多特别之处，跟斯丹达尔不大一样。我注意到其他人评论《悲惨世界》的时候，基本上不提雨果的心理分析——我觉得是不对的。

第三节
如何用一句话抓住读者的心

心理描写是这部小说在艺术上的一个重要特色。浪漫派文学家素来是对心理描写十分重视的，以前国内文学界，对雨果作品中的心理描写不太注意，这方面都忽略了。我一开始也没有注意到雨果的心理描写，慢慢地从《笑面人》起，我开始留意他的文学作品中的心理描写手法。

后来我在翻译《悲惨世界》的时候就发现，《悲惨世界》的心理描写在全书中更加重要、更加突出，而且通篇占比更多。在《巴黎圣母院》中，雨果还没有大量采用心理描写，但这一艺术手法在《悲惨世界》中大放异彩。雨果在描绘让·瓦尔让、沙威、马里于斯和吉尔诺曼时，充分运用了心理描写，人物形象也因此极大地丰满了。

我们先分析第一个人物让·瓦尔让。对于让·瓦尔让的心理描写，贯穿这个人物的始终。

第一处出色的心理描写，是让·瓦尔让在尚马蒂厄案件中的矛盾抉择。小说开卷的时候，让·瓦尔让刚刚出狱，对社会加于他的残害感到愤怒和敌视。随后，他重新做人。尚马蒂厄因为长得像让·瓦尔让，就被警察当成让·瓦尔让本人抓住了，还判了刑。让·瓦尔让知道了以后，脑海里掀起了风暴，心理冲击巨大。

一方面，他完全可以不理这个案件，这符合他的利益。因为他好不容易当了市长，为百姓造福，如果承认了自己的真实身份，就要重新坐牢，变成不齿于人的人，滨海蒙特勒伊城就要毁于一旦。但另一方面，对得起良心，是他一生最重要的追求。如果他窃取另一个无辜的人在阳光下的位置、生活和安宁，置别人于死地，这样他就会感到虚度一生，白白地苦行赎罪了。

他在思想上斗争了一夜，总算想清楚一点，于是毅然赶往开庭审判的地方。

这一段头脑中风暴的描写有整整一章，一万多字，这一夜结束的时候，他头发都白了。第二天，他左等右等，怎么要来接他的马车不来？他本来觉得挺高兴，马车不来最好了，那我就不用去了，但是马车终于到了，他没办法，只能跟着马车走；当马车的辕木折断时，他又欣喜地感到去不成了；待到听见案子审完了，他又松了一口气；走到审判大厅，又斗争了许久，他一度往回走，最后还是往前走，在里面的走廊走了好长一段时间，思想斗争得很厉害，最终打开了法庭的大门走了进去，承认自己就是让·瓦尔让。这里的描写淋漓尽致地写出了他要克服自己的杂念，在良知与利益之间苦苦挣扎的心理状态。

另一处出色的心理描写，是他对待情敌马里于斯的态度。自从他与柯赛特相依为命以后，他生怕失掉了她。两个人逃进了修道院后，又好不容易逃出来，跑到了巴黎，住在巴黎卢森堡公园附近。但他后来发现，有人在追求柯赛特，这个人就是马里于斯。刚一发现马里于斯的异常表现，他马上带上柯赛特离开武人街，搬回普吕梅街，当他从镜子上看到柯赛特用吸墨纸写给马里于斯的字条，真是如雷轰顶，陷入惊慌失措、惶惶不可终日之中。

但他对柯赛特的爱仍然起着作用，这使他关心马里于斯的下落和安全。他恨马里于斯要夺走他的心头肉，却在马里于斯受伤倒下时把他救走，历尽艰难，才把马里于斯送到吉尔诺曼家里。

这种爱与恨混杂的微妙心理写得活灵活现、真实感人。他不愿因自己的苦役犯身份，有碍柯赛特的婚姻和幸福，想方设法不在婚约上签字，不参加婚宴。他也不愿意对马里于斯永远隐瞒自己的身份，及时地向马里于斯和盘托出，宁愿受到鄙视，可是却无法克制想看到柯赛特的心愿。

这一系列的心理描写，应该说把这样一个人物写得细致入微。至此，一个脱胎换骨、无比正直的人物终于塑造出来了。

第二个人物警探沙威，雨果也是运用心理描写刻画的，其刻画难度其实不下于让·瓦尔让。

警探死心塌地为官府效力，源于他有一套深信不疑的信条，他要严厉执法，毫无同情之心，凡是犯过罪的人，他认为永远不可救药；在他看来，沦为妓女必然下贱，而公子哥儿的所作所为必定是对的。这样一个思想坚定的硬汉，出于对法律无条件的信任和尊崇，似乎不应该有思想斗争，但是，奇迹在他身上发生了。

让·瓦尔让不仅没有利用机会报复，把他枪决，反而将自己的住址告诉了他，让他去捉拿。面对这样的宽厚、人道，沙威无地自容，他的信条动摇了，他"偏离正道"，居然放走了让·瓦尔让。

这时，他展开了激烈的思想斗争：

"交出让·瓦尔让，这样做不好；给让·瓦尔让自由，这样做也不好。第一种情况，执法的人堕落得比苦役犯还低贱；第二种情况，苦役犯上升到比法律还高，将脚踩在法律上面。这两种情况都有损于沙威，采取哪种决定都要堕落。"

他不能容忍存在"一名神圣的苦役犯，一个不受法律制裁的苦役犯"。

他失去了信念之后，感到惶恐不安，认为自己出于怜悯而违反法纪。他发现自己面前升起一颗"陌生的美德太阳"，这个"秩序的监守者、不可腐蚀的警察、保卫社会的看门狗"，是"在法律的模子里整块铸成的惩罚塑像"，如今发现自己有一颗讲人道的心。

他对自己的变化无法解释，对自己的行为无法调和，于是只有一条出路：跳下塞纳河自尽。

雨果对这个人物的最后转变是描写得合情合理的，对人物的心理状态把握得十分准确。

第三个人物马里于斯，雨果对他的转变过程和所思所想，同样描写得细致入微。

他从保王派转到共和派，是在查阅了报纸和战报之后，他"又怕又喜地看到群星璀璨……还有升起一颗太阳"。他发觉至今对拿破仑和其他事态发展都搞错了，认识到拿破仑策划了"旧世界崩溃"，是一个"负有天命的人"。

于是，他从崇拜拿破仑转到站在共和派一边，他的观点甚至比共和派有过之而无不及。他觉得自己有负于父亲，便念念不忘执行父亲的遗嘱。可是，他找不到泰纳迪埃。他想不到泰纳迪埃是个歹徒，他委决不下：如果他开枪报警，那个白发先生就会得救，而泰纳迪埃却要完蛋；如果他不开枪，白发先生就会牺牲，他无法向柯赛特交代，而泰纳迪埃就会逃之夭夭。要么违背父亲的遗嘱，要么让罪恶得逞。爱情与报恩遇到了矛盾，他处于两难境地，无法解决。其实他是怂恿了罪恶，要执行父亲的遗嘱办事略占上风。

后来，他得知割风先生是苦役犯以后，设法要同他划清界限，把他从家里赶走，直到发现让·瓦尔让是自己的救命恩人，他给柯赛特的巨款是他自己的钱以后，才醒悟过来，感到让·瓦尔让行为崇高。而他对泰纳迪埃的勒索虽然气愤，却仍然慷慨地送给他钱，并出了一大笔钱让泰纳迪埃逃到美洲去，而不是报警，对这个坏蛋绳之以法。两相对照，仍能看出他思想深处的偏袒心理。

从表面上看，他好像改变了观点，但实际上思想中矛盾很多，不可能突然彻底地改变立场。这是雨果对马里于斯这个青年人的描写。

第四个人物吉尔诺曼，是马里于斯的外祖父。他本来是一个顽固的老古董，坚定不移的保王派。

他发现马里于斯怀念自己的父亲以后，两人剑拔弩张，互不相让。他一怒之下，把马里于斯赶出了家门。可是，他是真心喜欢这个外孙，几年下来，他的防线渐渐守不住了：他要求别人不再向他提起马里于斯的名字，又暗暗抱怨别人对他俯首帖耳；他从不打听马里于斯的情况，可是总在想他；他的自尊心对他说要赶走马里于斯，但他默默地摇着老迈的头，忧郁地回答"不"。他非常希望马里于斯能回到身边，但他嘴上还是很硬的，而且浪荡的习性不改，见到马里于斯以后，无意中贬低了柯赛特，得罪了马里于斯，马里于斯再次愤然离去。这一次终于把他打垮了。

最后他向马里于斯彻底屈服，答应让马里于斯娶柯赛特，甚至在马里于斯面前赞扬雅各宾党，但他实在说不下去，跑出房间，把真心话吐出来。雨果将这个老人的特殊心态刻画得惟妙惟肖。

现在我们可以看到，这部小说里面四个重要人物的塑造手法，都是心理描写，而不是白描等手法。雨果基本上都是用心理活动来刻画人物的内心矛盾，来表现这些人物内心的变化，把人物写得非常逼真。

不过这部小说的心理描写跟斯丹达尔在《红与黑》里面的心理描写是不大一样的。

因为在斯丹达尔的《红与黑》里，对于连的刻画是在他的所见所闻以及行动后，紧接着用很简单的一两句写出心理活动，没有长篇的论述描写。

而在雨果笔下就不是这样，他有时候是一两笔，但更多的是长篇幅的心理分析，有些甚至长达一万多字。

这是两种不同的心理分析，我觉得各有千秋，不能说雨果的心理分析就比斯丹达尔的心理分析差，因为它们都起到了不同的成功作用。

我觉得在读雨果的这部小说时，读者应该多注意他是怎样通过心理描写来塑造人物的，这样得到的收获可能会更大一些。

说实话，这部小说是法国的一流小说。

曾经有出版社的编辑问我，你翻译不翻译《约翰·克利斯朵夫》？当时我没有答应。我的理由就是：《约翰·克利斯朵夫》在中国被认为是一流的小说，但在法国不是。法国人认为它是二流小说，地位也没有在中国那么高。

《约翰·克利斯朵夫》有一百多万字，如果要翻译，时间会非常长，翻译完很不容易，我想花这个功夫好像有点不大值得。同时，傅雷的翻译已经相当不错了，因为以前我研究过《约翰·克利斯朵夫》，也对照过小说里面一些关键的话，我认为傅雷的翻译还是相当好的。如果要重译的话，必须要超过别人才行，如果翻译得还不如人家或者是抄人家的，那就不行了，所以当时我想还是暂时不译了。

过了一段时间，编辑问我愿不愿意翻译《悲惨世界》，当时我一口答应了。因为《悲惨世界》在法国是一流小说，而且是雨果的代表作之一。

译完了《悲惨世界》后，我觉得这部小说写得的确很精彩，像刚才说的心理描写，在世界名著中真是很少见，就是在法国文学作品里，这样的心理描写也不多见，甚至可以说再也没有了。

以上就是我对这部小说的心理描写的评价，希望读者们也能够从心理描写这个角度去欣赏这部小说，而不是像我过去那样忽视它。

第四节
"但丁用诗歌造出一个地狱，而我试图用现实造出一个地狱"

这一节，我要谈谈《悲惨世界》这部小说的浪漫和现实交织运用的艺术特点，以及对照的手法。

从《巴黎圣母院》到《悲惨世界》，雨果在小说中运用的艺术手法有很大变化。《巴黎圣母院》纯粹是浪漫主义的，而在《悲惨世界》中，现实主义占有不小比例，可以说，《悲惨世界》是现实主义和浪漫主义相结合的作品。

用法国的雨果研究专家让-贝特朗·巴雷尔（Jean-Bertrand Barrere）的话来说，《悲惨世界》的现实主义，"是以巴尔扎克的方式使人相信一个浪漫的故事"。雨果在1862年给朋友的信中说："这部作品，是掺杂戏剧的历史，是从人生的广阔生活的特定角度，去反映如实捕捉住的人类的一面巨大镜子。"这句话强调的是真实地再现人生，十分注重现实主义的写作方法。

雨果还说过："但丁用诗歌造出一个地狱，而我呢，我试图用现实造出一个地狱。"在这种观点的指导下，《悲惨世界》成了一幅19世纪法国的历史壁画：基本上从滑铁卢战役揭开序幕，小说以复辟时期和七月王朝初期为主要时代背景，战场、贫民窟、修道院、法庭、监狱、贼窟、新兴的工业城市、巴黎大学生聚集的拉丁区、硝烟弥漫的街垒等，构成了一幅广阔绚丽的19世纪初期法国社会生活画面。雨果以史诗的雄浑笔力、鲜明色彩和抒情气氛来再现这幅时代壁画。

滑铁卢战役是一篇惊天动地、惨烈壮观的史诗；让·瓦尔让的受苦受难，挣扎奋斗，为在社会上取得立足之地而历尽坎坷，也是一篇动人心魄、感人肺腑的史诗；1832年6月的人民起义，更是一篇英勇壮丽、响彻云霄的史诗。

在描写滑铁卢战役时，雨果所使用的史诗笔法本身已包含了现实主义和浪漫主义。一方面，对滑铁卢战役的每一个重要细节、事件的发展顺序雨果都不违背史实，力求准确。雨果认为拿破仑的惨败是符合规律的，他早已无立足之地，败机早已隐伏，这无疑是现实主义的观点。另一方面，战争那种阴惨不祥的气氛，沉寂了的战场恐怖的夜景，以及雨果对命定的渲染："一只巨大的右手在滑铁卢投下阴影。那是决定命运的一天，一种超人的力量指定了那个日子……冥冥中有一种可怕的东西。"这些都带上了浪漫主义色彩。

再比如，小说对巴黎这个城市的刻画，也有现实与浪漫两种艺术手法交织的痕迹。小说中的场景大半是写实的，但有的篇章，如巴黎下水道的奇景纷呈和藏污纳垢，也有浪漫主义的浓墨重彩。对巴黎下水道的描写，让我们领略到巴黎的下水道，原来是别有洞天的地方，而中国没有这样的下水道。中国如果有那么大的下水道，大家就不怕下暴雨了。

北京也好，上海也好，暴雨时积水都是很深的，上海这几年修了下水道可能稍微好一点，但是也不能彻底地消除。前几年下大雨的时候，我回家要经过的地方水都会漫到膝盖，没办法，只能蹚水过去。但是在巴黎不会这样，巴黎的下水道大概有两三米高，走人都是没问题的。

所以说法国人早就意识到会下暴雨的，把下水道修得非常宽敞。藏污纳垢不光指下水道那个地方很难走，而且坏人也可能蹲在你旁边。下水道内奇景纷呈，藏污纳垢，让·瓦尔让身背受伤的马里于斯长途跋涉，遇到下陷的泥坑而免于一死,在出口处又遇上泰纳迪埃和沙威,无奇不有。

雨果通过浪漫和现实两种手法的灵活运用,让人大开眼界,一波未平、一波又起,剧情的跌宕起伏牢牢抓住了读者的心。

再比如,在人物塑造方面,雨果也基本上是通过现实主义的方法描绘让·瓦尔让的。他能扛起陷在泥沙里的马车;冒险在高空救出跌落在半空中的水手,随后又摔下去,落在两艘大船中间,潜水逃脱;在大批警察包围中,他不仅自己翻过高高的围墙,而且把柯赛特也弄进了修道院。

修道院的那个章节,我觉得有点模仿《基度山伯爵》。《基度山伯爵》里主人公逃出紫杉堡监狱,就通过挖地道。大仲马很注重细节:挖出来的泥土怎么解决?他先把没人用的房间给填满,然后通过铁窗向外抛撒,下面就是地中海,抛多少都没关系,这样解决了泥土如何处理的问题。然后主人公躲进麻袋,被人抛到地中海里面去。这个过程思维缜密,也很精彩。

《基度山伯爵》开头的描写是非常精彩的,我觉得雨果吸收了它的精华。让·瓦尔让要出来的话,怎么出来?修道院刚好死了一个修女,他就把修女弄出来,自己躺到那个棺材里面去,然后他被抬出来,还给埋上了。恰好还没憋闷死掉的时候,他的棺材又被挖了出来。他从修道院逃出来的办法,有点像是《基度山伯爵》里的主人公逃出监牢的办法,当然方法上面稍稍有些变化。所以我觉得雨果应该吸收了一点大仲马创作小说的精华。

让·瓦尔让毫无惧色地将烧红的烙铁按在自己赤裸的手臂上,然后又神不知鬼不觉地从窗口逃走;他几次都能死里逃生,令人扼腕称奇。让·瓦尔让几乎是一个半神半人的人物。雨果宣称,小说写的是他"从恶走向善,从错误走向正确,从假走向真,从黑夜走向白天,从欲望走向良知,从腐朽走向生命,从兽性走向责任,从地狱走向天堂……起始是七头蛇，结尾是天使"。雨果是通过浪漫主义手法去描写他的经历的。

分析完浪漫与现实相结合的艺术手法，下面，我想谈谈这个小说运用的对照原则。

雨果在《〈克伦威尔〉序》里提出一条新的美学原则："丑怪就存在于美的旁边，畸形靠近优美，滑稽怪诞藏在崇高的背后，恶与善并存，黑暗与光明相伴。"这条对照原则贯穿于雨果的创作之中。

浪漫派作品中，对照原则的应用其实不是很多。雨果创造了对照原则，也几乎贯彻在他所有的小说中。对照原则是他的小说一个很突出的特色。对照原则在《巴黎圣母院》里面运用得出神入化，而在《悲惨世界》里的使用同样也很精彩。

比如人物形象的对照。雨果善于做人物的对比，让·瓦尔让与沙威是一对矛盾体，互为对照。一个虽是罪犯，但要改恶从善，另一个虽是警察，但执法过严；一个不断做善事，却屡屡碰壁，另一个不断做错事，也未见步步高升；一个平安死去，另一个以自杀告终。

让·瓦尔让与福来主教是彼此相关的另一对。让·瓦尔让由恶至善，而福来主教是善的化身；后者是善的本源，前者是善的扩散。

沙威与泰纳迪埃又是互有关联的一对。沙威是一条看门狗，不管什么人都乱吠一气，但本质上并不能说很坏；而泰纳迪埃是恶的化身，狡猾、阴险、恶毒、工于心计。泰纳迪埃的妻子与他构成夫唱妇随的又一对，形体上一胖一瘦，一大一小，精神上虽是同样歹毒，但妻子只是他的跟屁虫。

芳汀和柯赛特的身世形成对照，芳汀悲惨，而柯赛特是先苦后甜，她享受到了母亲得不到的幸福。

马里于斯和吉尔诺曼老人是一对。他们都是犟脾气，一个年轻气盛，决不让步，爱情热烈专一；另一个年老体衰，出于爱对后代不得不让步，性格轻薄，爱寻花问柳。

雨果的对照手法，已不再像在《巴黎圣母院》中所做的那样，仅仅限于美丑对照，而是以不同类型的性格、经历、精神特点、点与面等的差异作为对照物，使对照艺术得到更充分的运用。对照艺术使得人物形象更为鲜明，避免雷同，而在叙述上也更为曲折有致，增加兴味。

我觉得虽然《悲惨世界》的对照艺术不像《巴黎圣母院》那样突出，但是小说从各个方面更加深入、更加立体地发展了对照艺术，所以它也有进步的地方。

以上我主要谈了这部小说浪漫主义与现实主义相结合的手法和人物对照的艺术，下面再把这两个主要的艺术特点总结一下。

《悲惨世界》从描写穷人的世界，描写人道主义的思想，到后来进一步发展到描写共和思想，是这部小说思想境界上的高度体现。在艺术上浪漫主义和现实主义交织描绘广阔的社会生活，充分运用心理描写和对照艺术，是这部小说杰出艺术手法的体现。

这部小说因为比较长，一下子读不完。你平时随手翻翻也可以，可以分段看，因为它是分阶段的，不是像《红与黑》那样一气呵成的小说。

我在翻译这部小说的时候，也有一些考虑。我想在保持简洁的同时，文字也要出彩，而且我自己的译本也是一种创造，比如对主教名字的翻译。如果平译一部那么长的小说，读者就会觉得没味道，看不下去。

我翻译时，会选择一些比较少见的成语，这些成语可能大家平时不是很熟悉，但是在字典上能够找到。我觉得一些不常用的词语也是能够用活的。

通过这些努力，我力求让读者阅读完了我翻译的作品也能有所收获，比如在语言方面。我的用意就在这个地方。

有时我翻开现在的小学生课本，一看成语一大堆，比我们那时候的成语多得多了，我想，小学生对成语也学得很多。有些成语可能一般人阅读的时候不知道什么意思，或者说忘掉了，但其实他是学过的。

比说这个词——胶柱鼓瑟，什么意思？胶柱鼓瑟是固执的意思。但是，一般人都不知道，因为口语交流里不常用，但实际上报刊中都会出现。我选择的成语大多会出现在报刊上，说明这些词还是活着的，我们就应该使用它们。

翻译不变通也不行。比如对一个姑娘，老说她漂亮，这页是漂亮，过几页就要是美丽。如果不掌握很多的同义词，你不要进行翻译，因为读者感到译者词汇量很贫乏，就会不大欣赏，只有不断地变换词语，才能让读者有新鲜感。我翻译《悲惨世界》也是这样，力求让读者有所收获。

既然大家都喜欢读书，读文学作品，我想，不能光看故事内容，那是不够的。看故事内容，我知道这个小说写了什么，意义何在，它艺术上有些什么手法。既然是世界名著，它一定是有所成就的，一定有意义表现在什么地方。你不能就这么简单几笔：描写细腻，人物刻画很突出，语言很华丽。这样太简单了。

要仔细地分析人物是怎么写的，雨果是这样写让·瓦尔让的，是那样写其他人物的，对于我们来说也是一种启发。我希望通过这些分析讲解，能够增加你的知识，扩大你的视野。

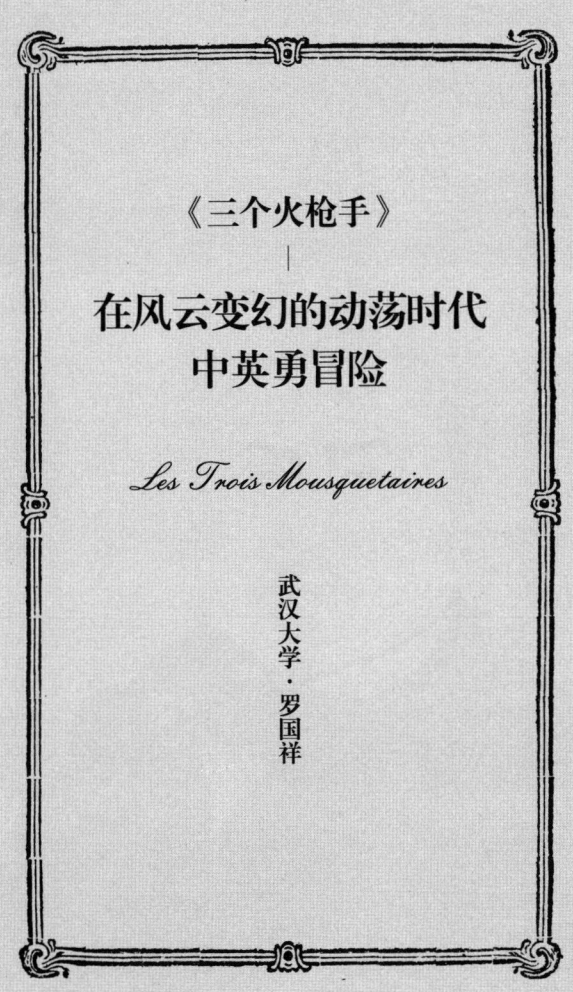

《三个火枪手》

在风云变幻的动荡时代中英勇冒险

Les Trois Mousquetaires

武汉大学·罗国祥

亚历山大·仲马

📖 作品介绍

《三个火枪手》是法国作家亚历山大·仲马创作的长篇小说。讲述世家子弟达达尼昂为了实现自己的梦想到巴黎投军,加入了国王路易十三的火枪手卫队,和其他三个火枪手阿多斯、波尔多斯和阿拉密斯成为莫逆之交。他们为了保护王后的名誉,突破黎塞留设置的重重障碍,从英国首相白金汉公爵那里取回王后的钻石,挫败了黎塞留挑拨路易十三和王后的阴谋,捍卫了路易十三的王位。

这是一部具有浓厚历史背景的小说,以法国国王路易十三和权倾朝野的红衣主教黎塞留貌合神离这一时期的历史事实为背景,展示了当时法国社会的宏伟画卷和风云变幻的宫廷斗争,揭示了当时法国内部权力斗争和社会矛盾的复杂,也塑造了火枪手们英勇、忠诚的形象。

🖋 《三个火枪手》思维导图

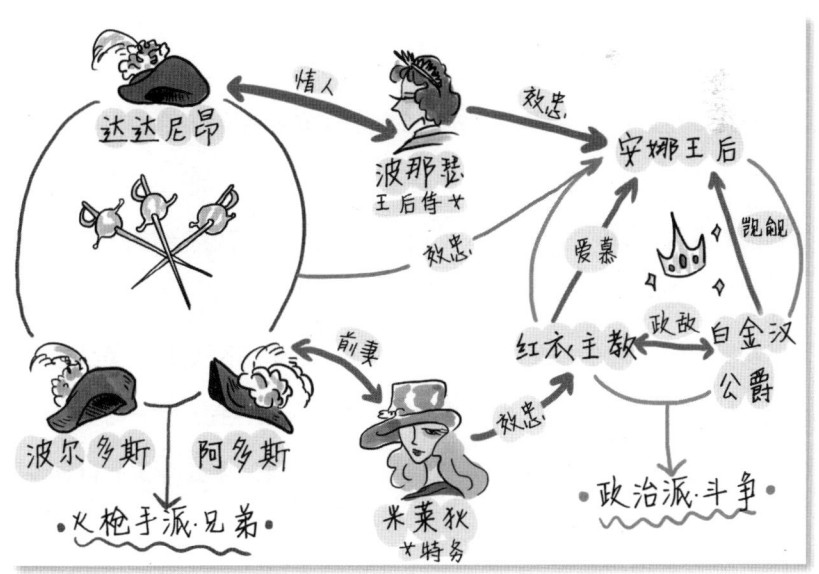

第一节
刀光剑影四结义,枪手骑士多爱情

《三个火枪手》是法国伟大的通俗小说家亚历山大·仲马最著名的小说之一,也许你已经读过这部小说了,但可能你对作者究竟有多伟大还不清楚。大仲马去世一百多年后,他的骨灰被从家乡的墓地中起出并运到巴黎,安葬在了伏尔泰、雨果那样的文学大家才能入住的先贤祠。

2002年,法国的"大仲马之友协会"提出将大仲马的遗骸迁入先贤祠时,全法国上下发起了激烈的讨论。有不少反对的声音,认为他只是一个通俗小说家,不应该进入伟人才能进入的先贤祠。而家乡父老也不愿让他离开家乡。最后,法国时任总统希拉克为此专门签署了总统令,大仲马才最终移灵先贤祠。

总统令写道:"大仲马应该安眠在他的作家老朋友雨果的身旁。"移灵仪式那天,时任总统希拉克亲自主持了安葬仪式。当天晚上,大仲马的遗骸棺盖着象征法国的蓝色盖布,那块盖布上写着我将要介绍的《三个火枪手》里最广为人知的话"我为人人,人人为我"。

众所周知,大仲马是一位通俗作家,他的小说满足了广大民众的阅读需求。《三个火枪手》里的那句"我为人人,人人为我"是一句全世界人民都知道的名句,不但普通民众喜欢,甚至哲学家、社会学家和世界各国许多政治家也常常拿来引用。

那么,《三个火枪手》这部几乎人人都深受触动的小说,究竟是一部怎样的作品，讲的又是一个怎样的故事呢？

《三个火枪手》其实是一部历史小说，是大仲马根据在王室图书馆无意中看到的一本《国王第一火枪队副队长达达尼昂回忆录》里的人物情仇和历史事件，由他本人和他的长期合作者奥古斯特·马凯一起完成的，马凯甚至在小说提纲都未商定之前就"已经写出了头几卷"。

巧合的是，《国王第一火枪队副队长达达尼昂回忆录》的作者库蒂茨本人就是一位中篇小说作家，同时，他还是《三个火枪手》故事发生的时代的一名火枪手，这部小说中的主人公就曾是他的副队长。这位副队长曾受命和克伦威尔往来，执行过逮捕国家财政总监富凯等重大任务。1673 年，在即将被授予元帅权杖时，他死于战场。

其余的三位火枪手也确有其人。他们是表兄弟，同在火枪队服役，但库蒂茨在小说中把他们写成了亲兄弟；大仲马和马凯则把他们写成了互不相干，有着天壤之别的贵族子弟。

总之，大仲马和马凯在这本偶然发现的《国王第一火枪队副队长达达尼昂回忆录》基础上写出了情节跌宕起伏，如电影般令人眼花缭乱的惊险传奇故事。为了方便讲解，我把这部小说浓缩成 42 个字：

刀光剑影四结义，枪手骑士多爱情。
自古宫廷阴谋多，主教王后米莱狄。
拉罗谢尔法英战，公爵命丧主教赢。

《三个火枪手》的讲解，我们就将按照这三部分的顺序来安排。首先是：刀光剑影四结义，枪手骑士多爱情。

小说故事发生于 1625 年。在那个时候，由于文艺复兴和宗教改革的影响，市民阶层逐渐富裕起来。那些平日只会吃喝玩乐的贵族逐渐坐吃山空，在有些花钱买了贵族头衔的平民面前常常很没有面子。

因此，许多破落贵族都有外出闯荡的冲动，达达尼昂就是其中之一。因为国王的火枪卫队队长特雷维尔是他父亲的好友，达达尼昂得到关照。那时红衣主教是由教皇任命的，红衣主教黎塞留兼任首相，说白了，他的任务就是监视国王是否遵守教规教义。

所以当时许多国王和红衣主教的关系都不好，《三个火枪手》中的国王路易十三和红衣主教兼首相黎塞留的关系也是如此。火枪队长担心这位朋友的儿子有可能是红衣主教的密探，所以没有立刻接纳达达尼昂，而是先推荐他做一名红衣主教卫队士兵。

在当时的法国，宗教权力和世俗权力之间的较量大多是暗斗，公开的斗争不多。也正因为如此，作为红衣主教卫队队员的达达尼昂，才有可能和火枪队中合得来的那些队员常在一起，成为生死之交。

除了火枪队队长，达达尼昂在火枪队中第一个结识的就是武功高强，却沉默寡言的阿多斯。和中国传统武侠小说一样，这两位生死兄弟也是不打不相识。达达尼昂不小心撞了阿多斯负伤的胳膊，于是两人约好决斗，但这时达达尼昂发现阿多斯身上有伤，于是放弃决斗并把自己的金疮药给了他。

年轻小伙儿的侠义行为使阿多斯对他刮目相看。但那时，贵族阶层的所谓骑士荣誉传统使他们不得不三天后再次决斗。他们打得正欢时，红衣主教的卫队长带着几名士兵来逮捕他们，因为这位铁腕治国的主教禁止决斗，希望以此保证社会的安定。国王的火枪队和红衣主教的红枪队互不买账，于是打了起来。

作为火枪队长老朋友的儿子，达达尼昂本来就对红衣主教颇有成见，于是站在火枪队一边，把对方小队长刺成重伤。这件事惊动了国王路易十三，他听说自己的卫队打败了红衣主教的卫队，破例接见了这四名火枪队员，还顺手赏了达达尼昂四十块皮斯托尔（金币），因为在他看来，达达尼昂是四人中最勇敢的。

可是达达尼昂转身就把钱分了，"哥儿几个人人有份儿"——典型的"有福同享，有难同当"的思想。这次的决斗和国王的接见，让这四人结成了莫逆之交。他们的誓言就是"一人为大家，大家为一人"（"un pour tous，tous pour un"），大多数译者都把这句名言译为"我为人人，人人为我"。

这句话里包含着很重要的意识，这种意识是西方社会主义思想的源头之一，影响过马克思和恩格斯的共产主义思想，也和中国儒家大同社会理念中的仁爱互助等思想相契合。

他们兄弟几人是如何践行这句誓言的呢？

作为那个时代的武士（也称为骑士），火枪手们人人都有自己的爱情故事，即便在爱情问题上，四位生死兄弟也团结一致，互相帮助，即使付出鲜血的代价。

达达尼昂的情妇是王后的贴身侍女，她受命从法国送一封密信给英国白金汉公爵。达达尼昂决定为情人分忧，其余几位火枪手决定一同前往。此时红衣主教已经得到线报，火枪手们去英国的道路上危机重重。他们奋勇冲杀，在快到英吉利海峡时，四人里三人受伤，只有达达尼昂一人到达英国，完成了爱人的使命。

小说中，他们总是形影不离，无论是日常生活中和人发生争执时，还是在维护国家统一的战争里，四人总是团结一致，共同战斗。用大仲马自己的话来说，他们都"受仗义和为爱情而冒险的骑士性格"驱使。

其实，这种骑士精神对法国社会文化影响深远。当代著名作家、法国文化部前部长马尔罗的电影《希望》，体现的就是西班牙内战时国际纵队战士们团结一心，不畏牺牲，与法西斯拼死血战的战斗故事。这些故事也有真实的历史背景，马尔罗就是这个部队的指挥官。

这种骑士精神在《三个火枪手》中表现得十分突出，这其实也是前面所说的"我为人人，人人为我"的精神。

什么是骑士精神呢？

骑士精神是欧洲，特别是从中世纪的法国开始出现的一种贵族文化。对西方文学有些了解的人都知道亚瑟王，聚集在他身边的圆桌骑士就是整个欧洲贵族骑士的"祖宗"。他们是一群武艺高强、忠君爱国、为人知书达理、风流浪漫的人。

这些人的故事被写成文学作品，就被称为"骑士文学"或"艳情文学"。《三个火枪手》中的故事，甚至法国王后和英国白金汉公爵之间的艳情，都带有十分浓厚的骑士文化色彩。

四兄弟中最年长的阿多斯是位典型的贵族，他优雅高贵，勇猛顽强，知识渊博，阅历丰富，而且"他身上有一种难以界定的优点"。这种优点具体是什么，我将稍后揭晓，因为这涉及另一位重要人物。

第二位兄弟阿拉密斯出身名门，是位大帅哥，他虽然是虔诚的基督教教徒，但为了追求一个高贵的女子毅然加入火枪队，出生入死也在所不惜。这是典型的为爱情而献身的骑士精神。

最后一位叫波尔多斯，他身强体壮，是一位自尊心很强的人。他在战斗中受伤却不承认，说自己是摔伤的。养伤时他一无聊就去赌博，最后不仅输光了钱，连马也输给了别人，于是赖在店里白吃白喝。

不过，波尔多斯并不是火枪手中唯一的"无赖骑士"，就连阿多斯这样十分在乎自己高贵身份的贵族骑士，也曾因受伤且身无分文，带着跟班抢了一家饭店的食品储藏库，直到自己养好伤。

可能有读者会认为，这非但不像国王卫队的士兵，更不像高贵的骑士，简直就是土匪嘛！正如我所说，法国乃至欧洲历史上的贵族的确有其辉煌、高尚的一面，但与此同时，也有其蛮横、不可一世的一面，他们可以为爱情不顾一切，当然也可以为生存而耍无赖甚至抢劫。

如果你想了解关于欧洲古代骑士更多的故事或知识，可以找些骑士文学作品，特别是关于"十字军东征"的历史类书籍或者小说读一读。古代的作品例如法国中世纪骑士爱情诗《特里斯丹和伊瑟》等，现代的作品例如诺贝尔文学奖获得者显克微支的长篇历史小说《十字军骑士》、乔治·泰特的《十字军东征——以耶路撒冷之名》等。

《三个火枪手》中，即使在和外国军队或叛军进行正规战争时，包括火枪手们在内的王国军队都没有统一的后勤补给，几乎所有的军粮、马匹甚至枪支弹药都得自己想办法。他们中一部分人甚至需要靠情人的资助才能筹备到上前线所需要的一切物资。

所以大仲马在书中写道："那个风流时代的大部分英雄，如果不是情妇将多少装满的钱袋系在他们的马鞍上，他们既不能崭露头角，也不能进而功成名就。"大仲马说得一点没错。在那个年代，许多落魄贵族，甚至著名的政治家、作家和思想家背后，都站着一位甚至几位有钱有势的贵妇人，其中最有名的就是卢梭和华伦夫人。年轻的主人公就是最典型的例子。

他刚到巴黎就出手救了一位女子，并对她一见钟情（法文的说法是coup de foudre，意思是"被电到了"），这位女子就是王后的漂亮侍女波那瑟。

自己喜爱的人居然是当今王后的贴身侍女，这对一无所有，带着一把剑就来巴黎闯荡的外省青年是十分重要的，达达尼昂之所以爱得猛烈，爱得舍生忘死，有利可图也是原因之一。

下一节，我将谈一谈《三个火枪手》中的宫廷秘事。

第二节
宫廷贵族间的生死较量

上一节中我曾说过,达达尼昂受情妇之托去伦敦送一封信,这才引出了四位兄弟同生死共命运,有难一起上、有钱一起花的故事。

那么,达达尼昂成功完成的是一项什么差事,最后竟得到王后的奖赏呢?

原来,红衣主教黎塞留暗恋王后,王后却对他没有任何感觉。所以他一有机会就设计陷害情敌白金汉公爵,甚至冒用王后的名义给他写了一份密信,约他来巴黎约会。公爵出发之后才知道是陷阱,但他非但不回英国,反而利用黎塞留给他造成的困境,向王后表示,不见一面绝不离开。

王后起初断然拒绝,但又担心公爵做出什么荒唐事。要知道,无论是在小说中,还是真实历史上,这位白金汉公爵都是一个相貌英俊、风流倜傥的大贵族,而且是英国的权贵人物,对国内国际的种种大事常常随意而为,整个英国甚至许多欧洲国家都被他搅得动荡不安。但历史上的白金汉公爵并没有骚扰过法国王后。

可是两国宫廷之间的这段风流韵事和争风吃醋,为什么就成了火枪手们为之出生入死的原因呢?

话题回到达达尼昂秘密前往伦敦。达达尼昂的任务不光是送信,还要从白金汉公爵那里带回一枚钻石别针,那枚别针是王后送给白金汉公爵的信物。这位英国实权人物为了逼法国王后答应他今后能再来巴黎约会,竟然威胁要出动强大的英国海军,帮助法国海港城市拉罗谢尔的分裂势力。

王后知道白金汉公爵一定干得出这种事儿,他曾在王后面前公开扬言:"为达此目的,就是把世界搞个天翻地覆,我也在所不惜。"于是她只好答应白金汉公爵来巴黎秘密幽会,并给了他那枚别针作为信物。这可就不得了了,因为那枚别针是国王送给她的!

王后与白金汉公爵的事儿很快被黎塞留知道了。无论是历史上的黎塞留还是《三个火枪手》中的黎塞留,为了维持自己的政治权力,同时也为维护国家安全,他的密探们遍布法国,乃至其他欧洲各国。

妒火中烧的红衣主教策划了一个能够让王后和国王同时出丑的阴谋。他派自己最得力的女特务米莱狄潜伏到白金汉公爵身边,毁坏或偷走别针,同时,他建议国王举行一次盛大的晚会,尤其提出请王后戴上国王送的那枚别针出席。

其实在这之前,红衣主教就已经派出米莱狄偷走了别针十二颗钻石中的两颗。国王虽然也已经猜出了他的目的,但在面子和嫉妒心之间犹豫后,还是决定举行舞会,验证王后是否真的红杏出"国"。

此时的王后该如何是好?办法只有一个:必须派人去英国取回别针。可是王后只有女仆波那瑟可信赖,波那瑟孤身一人很难顺利到达英国,究竟派谁去呢?波那瑟信不过丈夫(因为在她看来,他可能已被红衣主教收买),和达达尼昂商量之后,就出现了我们前面讲过的达达尼昂为情妇出生入死的骑士英雄行动。

达达尼昂见到白金汉公爵后,公爵这才发现别针上的钻石少了两颗。公爵急忙招来英国最好的首饰匠,迅速补齐两颗钻石,做到和最初的一模一样。

达达尼昂又匆匆赶回法国。在路上,他遭到红衣主教卫队的追捕,但凭着机智勇猛，他一路拼杀，在千钧一发之际，把镶嵌着十二颗钻石的别针送到了王后手上，一场危机化解了。王后重赏了达达尼昂。达达尼昂保护了王后的隐私，保全了国王的面子，也破坏了红衣主教的阴谋。

看到这里，你是不是觉得历史上那位大权在握、威风十足的红衣主教黎塞留是个绝对的反面人物呢？这个问题，我在后文中将为你详细分析。

我在前面说过，围绕着火枪手们的兄弟情义，以及爱国情怀发生的故事，但比起几位火枪手的爱情奇遇故事，描写这些的篇幅却要少得多，这是为什么呢？

其实很简单，大仲马是一位通俗作家，他创作这些小说时希望尽量把故事写得扑朔迷离，引人入胜。爱情是文学永恒的主题嘛，可以吸引尽量多的读者，同时自己也可以获得更多的稿费。

大仲马是法国最高产的作家之一。由于想把故事写得生动有趣，让人欲罢不能，大仲马平日里就特别留意各种具有传奇色彩的民间传说和犯罪档案。他用恩爱情仇把这些故事串联起来，再加上他在游历过程中看到、听到的各种材料，就形成了一部部出色的文学作品。

所以大仲马对源自中世纪法国骑士冒险故事的历史文化资料特别重视，《基度山伯爵》《玛戈王后》《红屋骑士》等都是根据史料改编的。我现在介绍的《三个火枪手》，就是大仲马在一位真实的火枪队军官的回忆录的基础上，重新创作而成的法国文学史上的经典作品。

大仲马究竟如何抓住复杂故事线索的线头，对这些杂乱的原材料进行加工的呢？

这个线头就是火枪手达达尼昂和女特务米莱狄之间惊险复杂的生死较

量。从这个线头入手，整个故事就能变得条理清晰了。我们给这个线头起个名字，姑且就称它为阴谋与爱情。

大仲马在《三个火枪手》中以大量的篇幅描写了上流社会生活中的阴谋与爱情，特别是贵族骑士（也就是那几位火枪手）的爱情，以及他们在爱情中遭遇的爱与恨、乐与苦、忠贞与放荡。

波那瑟发现丈夫被红衣主教收买而出卖王后甚至自己时，她义无反顾地爱上了达达尼昂，此时，后者的目的就达到了。同时，达达尼昂不顾千难万险，帮助自己心爱的人完成了王后交给她的使命，因此获得了王后的破例接见并得到重赏。

我们可以认为，达达尼昂对波那瑟的爱虽然夹杂着利益上的考虑，但是他也的确是真心爱着波那瑟的。达达尼昂对波那瑟爱得勇敢猛烈，同时也希望从这段爱情中收获现实利益的回报。他对波那瑟爱得"不拘一格"。

有所图倒还情有可原，那么爱得"不拘一格"又作何解呢？

有一天，达达尼昂在街上游荡时随意走进一座教堂，发现教堂里有两位贵妇人跪在祭坛前忏悔，达达尼昂认出其中一人竟是自己初来巴黎时路上碰到的一个奇怪的女人。他跟踪后发现这个女人自称温特伯爵夫人，带着侍女凯蒂来到巴黎。

达达尼昂以追求侍女凯蒂为幌子靠近主仆二人，他无意间得知这位伯爵夫人让侍女传信给自己的情人到家中幽会。达达尼昂便乘机假冒伯爵夫人情人的笔迹，要求幽会时不开灯。达达尼昂得手了。

天快亮时，伯爵夫人发现上当了。在疯狂撕扯的过程中，达达尼昂看见她肩膀上有一个百合花烙印！这可差点吓掉达达尼昂的魂儿了！能让武艺高强、久经考验的达达尼昂吓掉魂儿，这个百合花烙印究竟代表着什么？

这个女人是谁？她身上的百合花烙印是怎么来的？要回答这些问题，就要说一说三个火枪手中的大哥阿多斯了。阿多斯曾是一位大贵族，娶了一位绝色女子为妻，可是他忽然发现，自己妻子的肩上竟然有一个百合花烙印（当时法国法律规定，不贞洁或偷过东西的人身上要被打上百合花烙印作为惩罚。如同《水浒传》中被判刑之后会被在脸上烙印，武松被人陷害后就曾被打上过这种烙印）。

达达尼昂在黑暗中幽会的那个所谓伯爵夫人就是阿多斯的前妻。阿多斯发现心爱的人原来是这样的人，出于贵族面子不得不与她离婚，并在"处罚"时放了她一条生路。但她的这次出现就不如此简单了。

这是一位什么样的女人？

这位女人在小说中十分重要，她串联起了法国红衣主教、法国国王和王后以及掌握着英国国家大权的白金汉公爵之间的复杂关系，也是了解英法两国关系最重要的线索。

她的名字叫米莱狄。米莱狄这个人物是真实历史上黎塞留任法国首相期间庞大情报机构中的女间谍们的缩影，在我们前面提过回忆录里也出现过这个人物，只不过在那部回忆录中，米莱狄只是那个年代一个不安分的女人，美丽但阴险毒辣。

可是大仲马却慧眼识珠，匠心独具，在小说中，他让这个女人先嫁给了心高气傲但有情有义的大贵族阿多斯，又让她侥幸逃脱，之后米莱狄又凭着美色和聪颖，成了红衣主教最得力的女间谍。

这样，大仲马就把一件平常的家事演化成关乎国家大事的复杂事件，同时也把阿多斯塑造成了一位有情更有义的真君子。阿多斯所爱的女人虽然是个贼，但他给了她一条生路，因为在他看来，这毕竟是自己爱过的女人。

但是这一次，达达尼昂的一夜风流又把她牵扯出来时，阿多斯震怒了，他带着达达尼昂等三人活捉米莱狄，并且决定亲自对这个坏事做尽的女间谍执行死刑。米莱狄既是使自己尊贵身份受辱的坏女人，又是情敌的爪牙，还是毒死王后侍女的凶手，更是自己所支持的国王在政治上的对手，这一次，作为国王卫队队员的阿多斯毫不留情地处死了她。

在那个年代，国王的卫士必须忠于国王，这是从中世纪就开始形成的贵族骑士文化中骑士的品质之一。但是我们发现，即使小说中有浓厚的各为其主的氛围，即使在国家利益、整体利益面前，阿多斯依旧没有将米莱狄交给国家审判机构，而是选择自行处死这个女人。这也许出于贵族骑士的自尊心，因为倘若交出米莱狄，就会暴露这个坏女人曾经是自己的妻子。

许多人认为米莱狄是"女人比男人更凶残"的典型。站在国王卫队，即火枪手们的角度，米莱狄竭力为主教服务，杀死了白金汉公爵，毒死了达达尼昂的情人波那瑟，罪该万死。

但在我看来，站在法国国家整体利益的角度上，米莱狄不但无罪，而且有功。我们认为她有罪，是因为她先前曾是一个"贼配军"，但大仲马并没有具体描写过她究竟犯过什么罪。此外，她为了完成任务，下毒、色诱等阴险毒辣的招数尽数使出，可谓无所不用其极。无论她当时是否意识到，她的行动对于当时的法国来说，都是有功的。作为替法国时任首相黎塞留服务的情报人员，如果不是她冒着极大的危险去英国设计杀死白金汉公爵，英国的舰队就会抵达拉罗谢尔，支持分裂分子的叛乱行为。如果那样的话，法国军队的拉罗谢尔围城战能否取得胜利，法国何时能够统一就都很难说了。

米莱狄是那个年代中许许多多为巩固法国政权，与欧洲其他各国争霸，使法国最终强大起来做出了巨大贡献的女性之一。大仲马慧眼识珍珠，将库蒂茨的回忆录中一个普通的坏女人的经历进行了精心的舍取、包装、升华和独具匠心的展开，让她在法兰西的那个特殊时期惊心动魄的政治和军事斗争中扮演着重要的角色。

虽然在小说中她是"女人比男人更凶残"的典型，但恰恰因为这一点，米莱狄的形象和达达尼昂的形象一样，深深地被刻在全世界读者的心中。在法国文学中，类似米莱狄这样表面"庄严优雅"，实际则不尽然的女性人物其实有很多，我们可以在梅里美的《高龙巴》、莫泊桑的《羊脂球》中找到她们。

第三节
"历史是用来挂小说的钉子"

拉罗谢尔围城战是路易十三在位时期法国一件重要的政治事件,也是红衣主教的一次重要的军事行动。

对于这场围城战,红衣主教有着十分重大的政治目的和不可告人的私人目的。先说政治目的。路易十三的父王亨利四世留给胡格诺教派,免于天主教派屠杀的那些重要城市,那时只剩下拉罗谢尔了。他必须摧毁这座反对派最后的堡垒。对于这时最需要中央集权的法国来说,拉罗谢尔就是祸根,它在不断地滋生内乱和外战。

我一直提到的法国红衣主教究竟是什么人?他真的是《三个火枪手》里处处和国王、特别是王后作对的奸臣吗?这次围城战又对《三个火枪手》的英雄事迹的展开有什么重要影响呢?

黎塞留是法国历史上几位少有的伟大的政治家之一,也可以说是17世纪强大的法兰西的缔造者之一。他幼年丧父,先是学习哲学,后来作为宗教界代表逐渐进入法国社会上层。

他担任过安娜王后的随身司铎,相当于宗教事务秘书。但在真实的历史中,这位红衣主教是教皇的宠儿,并没有暗恋王后。得到教皇青睐的黎塞留担任了法国御前会议主席,同时出任国务秘书,实际上相当于总理,所以通常简单地称他为首相兼红衣主教。

黎塞留大力鼓励本国产品出口,限制奢侈品进口,鼓励、支持开展海外贸易，积极向外扩张。他支持建造了军民合一的船队，为法国海军正规化打下了坚实的基础。

黎塞留也是法国最重要的中央集权设计者和维护者之一。为巩固中央集权，服务于对外交往，他建立了遍布海内外的情报网。《三个火枪手》中那个十分美貌、聪明、阴险毒辣的米莱狄，就是黎塞留众多间谍、密探的象征。

《三个火枪手》作为一部历史背景浓厚的小说，法国西南部的海港城市拉罗谢尔在这个故事中也扮演着举足轻重的角色。无论是小说中火枪手们的英勇善战、赤肝义胆、爱国情怀，还是法国走向强国之路初期，英法两国之间的海上霸权之争，抑或两国王室内男女情感的交集、纠纷，拉罗谢尔都是一个重要的关键点。

我在这里先简单介绍一件法国宗教史上的大事。大仲马没在小说中介绍，因为在法国，这件大事人人皆知。

小说中路易十三的父王是亨利四世，他是法国历史上一位伟大的国王。他颁布了法国历史上第一份信仰自由敕令，叫《南特敕令》(Édit de Nantes)，允许新教和天主教共存。

这虽然是宗教史和政治发展史上一个巨大的历史性进步，但他没想到的是，法国的一些新教徒，在同样以新教徒为主的英国人的支持下，盘踞在一些地方省份企图对抗中央政府，使法国的对外贸易甚至国家统一都受到巨大的威胁，而拉罗谢尔恰恰就是法国大西洋一侧的重要港口之一。

攻下新教徒在法国最后的堡垒拉罗谢尔，这就是小说中的红衣主教的政治目的。顺便说明一下，路易十三虽然是个昏君，而且与红衣主教矛盾重重，甚至还是情敌，但在这个关乎国家利益的问题上，他们的观点却是高度一致的。

那红衣主教的私人目的是什么呢？这也是《三个火枪手》故事中至关重要的线索。

这个目的就是，红衣主教要借保证国家统一的战争消灭情敌。红衣主教的情敌就是英国重臣白金汉公爵，白金汉公爵相当于英国的摄政王，拥有决定英国发动对外战争的权力。此时他正在调集舰队准备进攻法国，以解拉罗谢尔之围。

黎塞留发动拉罗谢尔围城战，主要目的是维护中央集权，同时也可以消除外国插手法国内部事务的隐患。这就是他在发动这次围城战之前先派间谍前往英国，试图刺杀白金汉公爵的原因。

无论为了自己的爱情还是国家利益，白金汉公爵都是黎塞留必须铲除的死敌。所以他一方面和国王一起领兵围攻拉罗谢尔，一方面派出杀手前往英国暗杀白金汉公爵，因为白金汉公爵是这场战争的关键人物。

在红衣主教看来，这样就既能保卫国家的安全和统一，又能除掉自己的情敌，以解心头之恨，此外还可以羞辱国王，进一步巩固自己的政治地位。这就是红衣主教发动这场围城战的目的，虽然黎塞留暗恋王后这条情节是虚构的。

但是最后，大仲马让读者看到了一个历史上真实存在过的圆满结局：年轻的大侠达达尼昂荣升火枪队副队长，英勇善战的达达尼昂和火枪手们都收获了圆满结局，同时，更重要的是法国在国际政治斗争中获得胜利，这使法国中央集权的拥护者们皆大欢喜。

小说中白金汉公爵被刺杀也的确是真实事件，不过他被杀后并没有像小说所描述的那样，英国舰队因此就没有开往拉罗谢尔，相反，他们只是推迟了出兵日期。

大仲马对于这段历史的取和舍的确十分高明，因为这样一来，小说就可以只聚焦英勇善战的四位火枪手，而不需要费力描写法国的庞大军队是如何打败强大的英国舰队的。大仲马在《三个火枪手》中，只用了区区两万余字就写完了历时一年多的拉罗谢尔围城战，其中还描绘到几位火枪手在战斗间隙的军营生活细节，结束得十分精彩。

作品的主角看起来明显是达达尼昂，但为什么小说标题是《三个火枪手》呢？

达达尼昂刚进火枪队时，因火枪队长担心他是红衣主教派来的卧底，就推荐他去红衣主教的卫队报到了。后来，达达尼昂做了火枪队的副队长，成了名正言顺的火枪队成员。

四位朋友中的阿拉密斯其实是一名喜欢研究神学、用拉丁文写诗的年轻人。无论在小说中还是在库蒂茨的回忆录里，除了参加过四次战斗，他在大多数时间里都在研究神学、写诗和思考如何得到他钟情的那位贵妇人的青睐。因此，我们可以认为他是一位"临时火枪手"。

此外还有一种解释，这种解释认为大仲马是把达达尼昂作为主要人物来进行创作的。我个人认为，如果只看小说的主要故事情节，这部作品改名为《达达尼昂与三个火枪手》也是可以接受的。

很多读过《三个火枪手》的人都觉得这部小说特别像我们中国的武侠小说，有人甚至认为大仲马就是法国的金庸。

金庸自己就说过，写小说《连城诀》后曾经"忽然惊觉，狄云在狱中得丁典授以《神照经》一事，和《基度山伯爵》太接近了"；此外，大仲马有一句名言,"历史是什么?是我用来挂小说的钉子",而金庸的小说基本上也都有其真实的历史背景。

所以,关于大仲马和金庸,无论用影响比较还是平行比较,都是一个很有意义的研究课题。在学术界也有很多关于这方面的研究,这里我就不展开讨论了。

《三个火枪手》这部作品,我个人比较喜欢李玉民翻译的版本。

World Classics Courses
{法国卷／French Volumes} （下册）

世界名著大师课

柳鸣九　王智量　蓝英年——————主编

天地出版社｜TIANDI PRESS

图书在版编目（CIP）数据

世界名著大师课.法国卷 / 柳鸣九，王智量，蓝英年主编. — 成都：天地出版社，2020.11
ISBN 978-7-5455-5805-0

Ⅰ.①世… Ⅱ.①柳…②王…③蓝… Ⅲ.①文学欣赏—法国 Ⅳ.①I106

中国版本图书馆CIP数据核字（2020）第114498号

SHIJIE MINGZHU DASHI KE：FAGUO JUAN

世界名著大师课：法国卷

出 品 人	陈小雨 杨 政
主 编	柳鸣九 王智量 蓝英年
责任编辑	王继娟 王子文
封面设计	今亮后声 HOPESOUND · 小九
责任印制	董建臣

出版发行	天地出版社
	（成都市槐树街2号 邮政编码：610014）
	（北京市方庄芳群园3区3号 邮政编码：100078）
网 址	http://www.tiandiph.com
电子邮箱	tianditg@163.com
经 销	新华文轩出版传媒股份有限公司

印 刷	北京文昌阁彩色印刷有限责任公司
版 次	2020年11月第1版
印 次	2021年2月第2次印刷
开 本	710mm×1000mm 1/16
印 张	33.5
字 数	434千字
定 价	88.00元（全二册）
书 号	ISBN 978-7-5455-5805-0

版权所有◆违者必究

咨询电话：（028）87734639（总编室）
购书热线：（010）67693207（营销中心）

如有印装错误，请与本社联系调换

目录
Contents

269

《基度山伯爵》

快意恩仇之时的善恶抉择与人性考验

罗国祥

291

《包法利夫人》

浪漫激情与不安性格的悲剧

车　琳

317

《茶花女》

风尘女子的高尚灵魂与纯洁之爱

郑克鲁

335

《萌芽》

现代工人的悲惨境遇与觉醒之路

高建为

365

《羊脂球》

人的灵魂是否高贵与身份的尊卑无关

车　琳

393
◆
《约翰·克利斯朵夫》
一个天才音乐家跌宕曲折的奋斗史
余中先

423
◆
《追忆似水年华》
追寻生命中逝去的美好时光
许　钧

453
◆
《小王子》
在茫茫星辰中寻找充满爱和温情的星球
张国龙

481
◆
《局外人》
置身于荒诞的处境，人应该如何生存
柳鸣九

505
◆
《鼠疫》
以正义对抗人间的灾难与荒诞
郭宏安

《基度山伯爵》
快意恩仇之时的善恶抉择与人性考验

Le Comte de Monte-Cristo

武汉大学·罗国祥

📖 作品介绍

《基度山伯爵》是法国作家大仲马创作的长篇小说。远洋货船"法老号"的代理船长唐戴斯在与恋人订婚之际,不料遭到下属唐格拉斯陷害而被捕入狱,痛失了本该属于他的美好爱情和前程。唐戴斯吃尽了牢狱之苦,所幸期间结识了一位学识渊博的老神父法利亚。神父去世前,告诉唐戴斯一座叫基度山的孤岛上有一笔巨大的财宝。后来唐戴斯成功出逃,找到了藏于基度山的巨额宝藏。此后他改名为基度山伯爵,踏上了报恩与复仇之路。

《基度山伯爵》以基度山伯爵扬善惩恶、报恩复仇为故事主线,情节跌宕起伏,迂回曲折,堪称世界通俗小说中的经典之作。

《基度山伯爵》思维导图

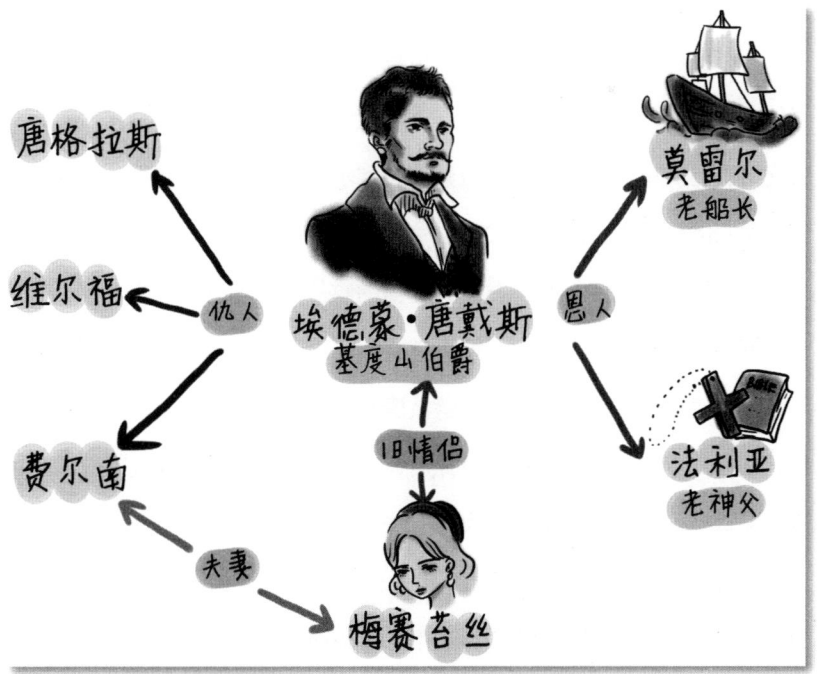

第一节
粗糙的珍珠如何被打磨成稀世珍宝

在《基度山伯爵》这部小说中,一对年轻情侣中的男性,在订婚仪式上突然被警察带走,关进了死牢。未婚妻悲痛欲绝,老父亲欲哭无泪……怎么会这样?这位小伙子究竟犯了什么滔天大罪?

话说1815年的一天,法国南部的马赛港迎回了大名鼎鼎的远洋货船"法老号"以及年轻的代理船长唐戴斯。唐戴斯春风得意,因为船主莫雷尔很赏识他,准备升他为船长。唐戴斯一上岸,就立刻赶回家见了年迈的父亲,并且与相恋多年的姑娘梅赛苔丝商议两人的婚事。

万万没想到,唐戴斯的下属唐格拉斯是个小人。他用左手写了一封告密信,诬陷唐戴斯帮助拿破仑谋反,唆使深爱着梅赛苔丝的表兄费尔南将信交给当局。审理该案的代理检察官叫维尔福。此人为了向上爬,甚至放弃了父亲的姓氏,只因他的父亲是拿破仑的支持者。

维尔福在审理此案时,发现这封信的收信人是自己的父亲。他担心这件事如果被别人发现,自己的前途就将毁于一旦。于是他销毁密信,同时下令逮捕唐戴斯。船主想尽办法营救唐戴斯,结果却连唐戴斯究竟在哪里都无从得知。实际上,唐戴斯被抓后,马上就被带进了关押危险政治犯的海岛监狱,被关押在那里的人大都有去无回。

唐戴斯在死牢里整整待了14年,在此期间,他结识了一位学识渊博的老神父法利亚。在法利亚的影响下,唐戴斯逐渐变成一位博学多才、人情练达却又心地善良的硬汉。

老神父最终不幸离世。去世前,他告诉唐戴斯一个秘密,一座叫基度山的孤岛上有一笔巨大的财宝。唐戴斯将老人的尸体搬到自己牢房的床上,伪造出自己待在牢房中睡着了的假象,然后钻进运送神父尸体的麻袋中,被狱卒扔进大海。

唐戴斯的海员经历帮助了他,他像是浪里白条,轻松地钻出麻袋,游到一个小岛上,并与一条走私船上的船员成为好友。他跟随这伙人跑了许多地方,终于到了基度山岛,找到了宝藏,成为了亿万富翁。之后,唐戴斯化名基度山伯爵回到法国,通过多方打探调查,终于明白自己被陷害的所有经过,掌握了仇人的资料。于是,他开始了一场周密的报恩和复仇计划……

小说中的三个坏蛋,怎么轻而易举地就将唐戴斯送进了死牢呢?

这一切都是因为拿破仑。没有他,唐戴斯和心爱的姑娘也许就会拥有幸福美满的结局。我们都知道,拿破仑是法国大革命胜利成果的获得者,也是用武力推翻了欧洲许多封建王朝,最后自己却加冕为皇帝的法国政治家和军事家。

但在欧洲各国封建势力的联合反击之下,拿破仑曾经两次被流放。可以说,就是拿破仑这一段被流放和复辟的事变,直接导致了《基度山伯爵》中的小说主人公一系列惊心动魄的复杂经历和酣畅淋漓的复仇故事。

在小说中,年轻海员唐戴斯的老船主是位拿破仑派。他临死前曾委托唐戴斯送一封信给巴黎的另一位拿破仑派政要,但唐戴斯不知道信的内容。结果这封信,连同唐格拉斯的告密信一起,都落在了检察官维尔福手里。于是,"基度山伯爵"的故事就开始了。

拿破仑的复辟不是故事而是历史,大仲马的小说《基度山伯爵》的故事确实有真实的历史背景。大仲马有一句名言："历史是什么？是我用来挂小说的钉子。"他的作家生涯就是从写历史题材剧本开始的，如《安东尼》《亨利第三和他的宫廷》等。后来，他把主要的精力转移到小说创作中，而他的小说也大都有其历史背景。从1844年到1846年的三年间，他发表了《三个火枪手》《基度山伯爵》《红屋骑士》《蒙梭罗夫人》等著名小说，一举奠定了自己作为法国著名作家之一的地位。

大仲马的作品大多数是历史题材，但《基度山伯爵》的故事背景却是大仲马所生活的那个时代。这是怎么回事呢？

大仲马曾看到一本纪实作品，叫作《从巴黎警察局路易十四时代至今的档案中摘录的回忆录》，其中有一章叫《金刚石和复仇》，记录了1807年巴黎发生的一桩连环杀人案，他非常感兴趣。档案记录了一位叫皮科的皮鞋匠在与心爱的姑娘订婚后，被嫉妒他的几个无赖陷害入狱，亲人、爱人遍寻无门，皮科从此杳无音信。在狱中时，一位老神父传授给了皮科各种知识，并在临终前指定皮科为他所有财产的继承人。七年后，皮科出狱，计划复仇，但在复仇中又被人杀害。

杀死皮科的人，在临终前把事情的来龙去脉告诉了牧师，向他做了忏悔，并同意在自己死后把这份记录寄给法国的司法部门。这位忏悔牧师便按照对方的遗愿，把这份记录寄给了巴黎警察局。

大仲马被这个案件深深吸引住了，他准备把这颗"粗糙的珍珠"打磨成"宝石"。他最早设定的情节是这样的：罗马有位自称贵族的人来到巴黎住下来，表面上到处寻访参观，但他实际上原本就是巴黎人。年轻时他莫名其妙地被抓进监狱受了十年牢狱之苦，这次回来，就是为了报仇。

但大仲马此前的文学作品大多是历史题材，而这次他打算写的是现实题材，因此有些拿不准。他找到长期合作的老朋友马凯先生，和他说了自己的写作计划，马凯直率地指出了这个写作计划的不足。

第一，大仲马忽视了关于案件主人公最重要的部分，也就是他和他美丽的未婚妻之间的爱情；第二，大仲马忽视了主人公在牢里与那位神父一起度过的十年，而这两段经历都是对皮科最后复仇行为不可或缺的铺垫。

大仲马说，我会写到这些故事，但我想用倒叙手法。但马凯觉得如果用倒叙的手法，需要的篇章将会很长，而太长的倒叙会分散读者的聚焦点，在他看来，这是不可取的。此外，大仲马本来想把皮鞋匠皮科改成一位士兵，像他自己的父亲，但马凯建议把主人公写成一位海员，因为"这样会更富有浪漫意味"。

最后，大仲马听取了马凯的建议，他们一起决定把故事最早的场景定在马赛。大仲马连夜完成了新的写作计划，他把故事的场景分为三部分：马赛——罗马——巴黎。第二天，他和马凯一起制订了前五卷的写作计划：第一卷描写主人公怎样被捕入狱；第二、三、四卷描写主人公的狱中生活；第五卷则把注意力放在主人公的越狱和报恩上。

《基度山伯爵》的历史事件基础不仅有《金刚石和复仇》，还有大仲马所处的那个时代的真实历史背景，甚至还有大仲马本人及其家族史的故事。

大仲马的祖先本来是定居于法国西北诺曼底省的贵族，有侯爵爵位，但是当爵位传到大仲马的祖父时，家道已中落，成了所谓的佩剑贵族（Noblesse d'épée）。什么是佩剑贵族呢，其实就是穷贵族，"穷得只剩一把剑的贵族"。

无奈之下，他的祖父只好只身前往圣多明各岛寻求出路，结果竟真的发了一笔财。据说，他发财后买了一名叫仲马的漂亮女黑奴。仲马为他生下了一个男孩，取名托马·亚历山大，他就是大仲马的父亲。

家境逐渐好转后，他们就回到了法国，在巴黎定居下来，生活不再拮据，他的祖父也不再是佩剑贵族了。可是，大仲马的父亲托马是位混血儿，他的身体里流淌着加勒比黑人的血。我们都知道加勒比海盗，他们都是习惯了自由自在的海岛生活的彪悍男人。基因所致，托马也不喜欢巴黎上流社会的虚伪浮华。

托马特别崇拜拿破仑，认为像南征北战的拿破仑那样的男人才是真正的男人，所以他决定去拿破仑的军队当兵。可是他的父亲认为侯爵的儿子去做一名普通士兵有辱尊严，不许他去。桀骜不驯的托马一生气，声明改姓自己母亲的姓，用仲马的名字入伍当兵，当然，也就放弃贵族爵位了。不幸的是，在他入伍第三天，他的父亲就去世了，这个家族的贵族家谱也就此中断。

这个丢掉贵族头衔的混血儿在拿破仑的军队中屡立战功，很快晋升为将军。1802年，他的夫人为他生下了一个男孩，就是后来的大仲马。大仲马的父亲在他四岁时就去世了。由于当时正处于法国大革命后的军事斗争时期，将军去世的时候，家里几乎一贫如洗。

由于父亲的原因，大仲马对拿破仑非常崇拜，他和妈妈也常常被人称作"拿破仑派"，没少受歧视。1815年，拿破仑率领部队，从滑铁卢败退到巴黎时，恰巧从大仲马门前经过，孩童时的大仲马亲眼看见他所崇拜的英雄低着头走了过去。后来他才知道，拿破仑被流放到了大西洋上的圣赫勒拿岛。

接下来，大仲马父亲的许多好友纷纷被捕入狱，大仲马一家的生活也处处受到影响，母亲甚至考虑过让儿子改回祖父时的侯爵姓氏，避免因为父亲的姓氏而影响儿子的前程。可是儿子却坚定地说："我叫亚历山大·仲马，不叫别的。"就这样，大仲马长到了16岁。这一年，他和一位成衣店老板的女儿坠入爱河，可是相恋两年后，女友却被她的家庭强嫁给了别人。

我上面说的所有的这些真实故事，都在某种程度上被大仲马写进了《基度山伯爵》。好在同样在这段时间里，仲马结识了几位热爱文学的朋友，其中一位军官对他说："你要相信我的话：生活中除了恋爱和打猎，还有别的，还有工作！学会工作吧，学会工作就是学会做一个幸福的人。"

于是，此时还不知工作为何物的仲马开始拼命学习，他跟着这位朋友学习意大利语和德语，他们一起翻译意大利小说，阅读德文原版的《少年维特之烦恼》，他还和之前认识的朋友勒万一起，开始创作剧本。

不过这些剧本一直得不到读者和观众的认可，大仲马便只带了仅有的七个法郎和一支父亲留下的猎枪到巴黎闯荡去了。他随后结识了著名演员塔尔玛，并在对方的帮助下定居巴黎。再之后大仲马又结识了雨果和其他当时的大文豪，并成功上演了合作撰写的剧本《狩猎与爱情》，从此便走上职业作家的道路。

大仲马是一位浪漫主义阵营里的历史小说家，《基度山伯爵》不仅是他小说中的经典之作，更被公认为通俗小说中的典范，曾被翻译成几十种文字，还被多次拍成电影。在小说中，如果没有大量的金钱，面对十分凶残且经济和政治地位强于自己的三个仇人，唐戴斯想讨回公道是不可想象的。那么，被人陷害后受尽苦难的唐戴斯利用金钱，先报恩后报仇，再远走他乡的故事究竟给我们传达了什么呢？

第二节
"钱王"与"钱魔"的较量

让我们思考这样一个问题:"金钱的力量"究竟是如何左右故事情节发展的呢?

金钱在法国早就有两个代名词:"王"与"魔",法文原文是:L'argent roi(钱王)和 L'argent sale(钱魔——直译应为"肮脏的钱")。"钱王"的意思是有钱就是王者,王具有最高权力,但同时王也代表着一种体现正义力量的"王道"。

法国是个基督教国家,国王登基需要由教皇加冕,这意味着,国王希望民众认为他的王位是由上帝认定的,所以是合法的,而合法即正义。早在大仲马所处时代之前的 16 世纪,基督教教派之一——新教就出现了。

新教教义认为,人有权利获得财富,但不能通过抢劫和非正常手段,如欺骗和暴力;通过正常手段获得的财富是按上帝的旨意获得的,因此得到财富的人们是"钱王",是推动社会进步发展的重要力量。

《基度山伯爵》里,唐戴斯的巨额财产来自法利亚神父的遗赠,是合法的。

更重要的是,他没有用这些钱花天酒地,而是用来惩恶扬善。唐戴斯得到这笔合法财产后的一切开销,都是在不违背上帝意愿的前提下进行的。而且每当他为报恩或报仇而花费一大笔金钱时,大仲马都会让他笔下的这位伯爵进行一番自我检讨,反问自己,这样做是否合乎上帝的意愿。

这一点在他对第二个和第三个仇人复仇之时表现得特别突出。

基督教精神中最重要的是爱心，即正义与宽容之心，所以基度山伯爵利用金钱毫不留情地复仇的同时，也利用金钱帮助他的恩人和需要他帮助的人。"钱王"之"道"可以体现为爱，同时，也体现为宽容。

在许多法国人，尤其是新教基督徒看来，上帝虽不反对自己的造物拥有财富，但上帝一直教导人们不能自私，要学会分享，要在有能力的时候帮助需要帮助的人。小说中，唐戴斯虽然少年时受了些基督教思想的影响，但还算不上虔诚的基督徒，长期的牢狱之苦使他开始慢慢思考人生，开始在监牢里大声背诵祷告词，特别是在奇迹般结识法利亚神父后，他真正懂得了小时候母亲教给他的祷告词中的含义：懂得感恩。

在唐戴斯看来，老船主、法利亚神父，和把他抚养成人的老父亲就是他的上帝，他感恩上帝的具体行为就是报答他们。所以，家财万贯的基度山伯爵将财富用来帮助需要他帮助的人。这时，他在富裕中领悟到"贫"（pauvreté）的快乐和高贵。正如法国宗教哲学家雷文·布勒瓦（Léon Bloy）认为的"La misère est dégradante, tandis que la pauvreté est noble"（"'悲'是一种堕落，'贫'是一种高贵"）。

十分巧合的是，汉语中的"贫"恰恰是由"分"和"贝"两个字组合而成的，而据考古发现，贝在古代中国曾被作为货币使用。那么，是不是可以说，汉语中"安贫乐道"的做人境界，与雷文·布勒瓦的观念也算有某种异曲同工之妙呢？

在这部小说中，处理财富的伦理观在基度山伯爵向最后一个仇人——唐格拉斯复仇时，以及唐戴斯原本的恋人梅赛苔丝处理本来应该由她和儿子继承的不义之财时，体现得最充分。

唐格拉斯因嫉妒唐戴斯而写诬陷信，最终使之被捕入狱后，在法国对西班牙的战争中靠倒卖军火发了一笔财，后来去了巴黎，通过妻子和一名政府部长秘书的暧昧关系获得有用信息，靠着金融投机聚集了更多的财富，成为一位大银行家，号称在他的银行可以无限量贷款。

唐戴斯首先以汤姆森-弗伦奇公司的名义给唐格拉斯写了一封信，请他为一位叫基度山伯爵的客户开一个"无限贷款"的户头。自此，小说开始了一场"钱王"与"钱魔"的较量。

当然最后还是基度山伯爵胜利了，唐格拉斯在巴黎上流社会中面子尽失，狼狈出逃罗马，走上了一条由基度山伯爵给他设计好的不归路。究竟是什么不归路？这里我先卖个关子，留到后面再讲。

我们先来看看唐戴斯当年的恋人梅赛苔丝的金钱观。

梅赛苔丝虽然在唐戴斯入狱后，在费尔南的死缠烂打之下和后者结了婚，但是她始终没有忘记唐戴斯。当她在巴黎的上流社会里遇见一位自称基度山伯爵的外国贵族时，她立刻认出了这位昔日的爱人。但她不敢表现出来，因为此时她已经是德·莫尔塞夫伯爵夫人，并且有了一个叫阿尔贝的很优秀的儿子。

基度山伯爵花重金收集到费尔南在战争中投靠英国人，王朝复辟后却当了将军，背叛恩人并将恩人杀害，又将恩人的妻子和女儿当奴隶卖钱等犯罪证据，随后将之公之于众。费尔南不堪其辱，身败名裂，最终开枪自杀。

梅赛苔丝面对自己有着继承权的遗产毫不心动，和她儿子一起将这笔财产捐献给了济贫院中的孤儿寡妇。之后，懂事的儿子决定去当兵，要跟过去一刀两断，决心靠自己的努力获得幸福。梅赛苔丝同意了儿子的要求。

这时，儿子一言不发递给母亲一封信，信中有这样一段话：

  我为我的未婚妻带去了一百五十枚金路易，那是我没日没夜地工作辛辛苦苦攒下的。这笔钱是给她的，是特地留给她的；我知道大海是变化莫测的，所以就把我们的这笔财产埋在了我父亲住的屋子的小花园里，这座屋子就在马赛的梅朗小路上。

这是唐戴斯留给她的！

  梅赛苔丝举眼望着上天，目光中充满着一种难以形容的表情。
  "我接受，"她说，"他有权给我一份带到修道院去的财产。"
  说着，她把信藏在胸口，挽起儿子的手臂，以一种或许连她自己也意想不到的坚定的步子走下楼去。

  她回到了当年和唐戴斯订婚的那座小院子，找到了埋在无花果树下的钱。一百五十枚金路易不是一笔很大的财产，但它是唐戴斯辛辛苦苦挣来的，是合法的、干净的、高尚的、美的。这比费尔南留给她的一百多万脏钱少很多，但它却在关键时刻成为"钱王"，具有无限的魅力，在梅赛苔丝面前金光闪烁，温暖地抚慰着她那颗被费尔南揉碎了的心。

  在大仲马看来，是在新教教义影响下产生的金钱观让梅赛苔丝毅然舍了巨额脏钱，获得了能让她破碎的心得到修复的"钱王"！

  唐戴斯对唐格拉斯不义之财的"豪夺"和对济贫院的"给予"，都是对新教教义的践行，而梅赛苔丝同样践行着新教教义。梅赛苔丝在自己对巨额不义之财的"舍"和唐戴斯入狱前留给她的小钱的"取"之后，她变贫穷了,然而她破碎的心却得到了修复,她重新变回了那个圣洁高尚的渔家姑娘。她对来见她最后一面的唐戴斯说:"我在这里会像当年的梅赛苔丝一样地生活,也就是说靠自己的劳动来生活。""因为天主给我的自由意志,使我从绝望中得救了!"

如前所说,汉语中具有明显的儒家思想烙印的成语"安贫乐道"的思想境界,是否真的暗合了法国宗教哲学家雷文·布勒瓦的"'悲'是一种堕落,'贫'是一种高贵"这句话的思想境界呢?

在中国儒家文化语境中,"安贫乐道"的意思是真正的君子因为崇尚道义,即使因此贫穷也心安理得,不纠结,因为这是符合仁义之道的。

显而易见,在世界上任何地方,这样的人都是儒家思想中的君子,都是高尚的、可贵的。那么雷文·布勒瓦所说的"'悲'是一种堕落"又怎么理解呢?

现代法语中,misère 这个词一般意为悲惨,指不幸或苦难。在骑士精神盛行的中世纪,类似中国君子的欧洲骑士是一群具有早期人文主义精神的贵族。他们武艺高强、行侠仗义,再苦再难也决不低头服软,颇有些中国古典小说《水浒传》中那群梁山好汉的豪爽仗义、替天行道的浩然之气。

西班牙作家塞万提斯的《堂吉诃德》中那位坚持行侠仗义的贫穷老骑士,就是中世纪西方骑士维护正义和自身尊严的典型之一,虽然也常常有读者把他当成笑料。

法语里有句话直到现在也很常见,即"crier, pleurer la misère"(就是"哭穷"的意思)。而没有自力更生精神,靠"哭穷"求得别人施舍的行为几乎在任何地方都是被人瞧不起的,因而说"'悲'是一种堕落"也就不难理解了。

订婚宴上，梅赛苔丝在爱人唐戴斯被抓走后，痛苦万分，无依无靠的她在费尔南的死缠烂打之下，特别是被人告知唐戴斯已经死在监狱中后，她屈服了，pleurer la misère——"哭穷"了。在走投无路的情况下她接受了费尔南，和他结了婚。

这在大仲马，或笃信新教的基度山伯爵看来就是堕落了。所以，当她放弃了本可合法继承下的巨款，将之捐给济贫院后，唐戴斯虽宽恕了她，但依旧只愿意以基度山伯爵的身份和她交流。

"夫人"，伯爵说，"我已经不能给您带来幸福了，可是我想给您一些安慰：您肯把它们当作一个朋友对您的安慰吗？"

……

"您不愿意对我说声再见吗？"伯爵向她伸出手去，说道。

……

梅赛苔丝发颤的手刚一触碰到伯爵的手，她就冲进楼梯，在伯爵的眼前消失了。

我们可以看到，在已经成为基度山伯爵的唐戴斯的眼里，恩与仇、爱与恨已经不是单纯的个别的恩仇及爱恨了。他已经在十多年的磨难，特别是在法利亚神父的影响和帮助下成了一位富裕而高贵，冷峻而知感恩，支持正义且慈悲宽容的绅士。那么，化名基度山伯爵的唐戴斯是如何知恩图报、冷峻复仇且慈悲宽容的呢？

第三节
以牙还牙，以眼还眼

《基度山伯爵》（*Le Comte de Monte-Cristo*），法语原文意为"基度山的故事"，如前所述，这部小说是以真实素材为基础写成的复仇主题的小说。所以 1907 年香港出版的第一个中文译本就译为《几道山恩仇记》，2007 年内蒙古人民出版社的版本则译为《基督山复仇记》。

从书中我们可以得知，唐戴斯的仇人都损人利己、丧尽天良，靠着阴谋诡计，成为暴发户。他们身居高位，富甲一方。但他们的钱是脏的，在干净的"钱王"面前不堪一击。

那么，《基度山伯爵》中的成功复仇究竟有哪些特点？

对唐戴斯来说，报复那些害得自己家破人亡，痛不欲生十几年，自身却身居高位、富甲一方的仇人，绝不是一件容易的事。复仇目标的艰巨性决定了复仇过程的复杂性。同时，我们还可以看到，由于唐戴斯，或者说小说家本人的宗教观念和政治倾向，唐戴斯的复仇不同于古今中外的许多复仇故事和真实案例。

《基度山伯爵》中的复仇过程和其他小说或戏剧中涉及的复仇故事一样，与故事发生时的社会环境紧密相关，与个人、家庭、男女爱情有着错综复杂的关系。

同时大仲马的笔力气势磅礴，小说充满艺术张力，读者仿佛置身其中，与故事主人公一起喜乐、一起愤怒、一起复仇。唐戴斯就是在经历了这一系列的喜怒哀乐，痛到极点之后开始猛烈反击的。

但是唐戴斯的复仇又有其特殊性。14年之久的残酷的牢狱之痛，新教徒母亲的影响，特别是法利亚神父的渊博学识、洞明世事对他的影响，使得年轻能干，但涉世不深、思想单纯的唐戴斯变成了刚毅果敢而又情感细腻，疾恶如仇而又仁慈宽厚的大侠。

从决定复仇的那天开始，他就一直怀着强烈的仇恨，精心筹划每一个步骤，审视每一次复仇的结果和尺度，修正自己复仇的手段。最终不但大仇得报，酣畅淋漓，而且宽严适度，令读者大呼过瘾之余不由自主地产生思考。

我们仔细分析一下他的复仇逻辑。

唐戴斯的第一个仇人是费尔南。这个人物和唐戴斯是同乡，同样具有加泰罗尼亚人的血性，他和唐戴斯一样精力旺盛，聪明能干。但和唐戴斯三观不同，他为了娶到心爱的女人，不惜采用卑鄙的手段，协助唐格拉斯陷害唐戴斯。

之后，他先在拿破仑的部队里当兵，可是在滑铁卢战役的前夜开了小差，后来又为了金钱背叛了对他十分信任的希腊总督。他杀死了总督，残忍地将他的女儿海黛以四十万法郎的高价卖给了奴隶贩子。靠着这些血淋淋的金钱，他当上了将军，成了巴黎的大贵族。

虽然以费尔南此时的身份地位，想要复仇并非易事，但依唐戴斯超群的武艺，他完全可以像皮鞋匠那样，找机会刺杀这个早已高高在上、戒心全无的仇人。但那样就不是唐戴斯的复仇方式了，他要的是基督教徒式的、贵族式的、高贵体面但同时也是以牙还牙式的复仇方式。

他精心安排，花钱将费尔南卖掉的总督女儿海黛买下带在身边，接着花钱请黑帮绑架费尔南的儿子阿尔贝,以基度山伯爵的名义救了他,使他对自己心存感激。接下来向外透露阿尔贝的父亲背叛国家和恩公(即希腊总督)等罪行。费尔南因此受审。被剥夺了贵族头衔和公民权的费尔南回到家中,看到已经知道他罪恶真面目的妻儿出走。这时唐戴斯亮出真实身份,费尔南开枪自杀。

如上所述,唐戴斯的复仇方式是一种以其人之道还治其人之身的方式,用得到上帝认可的"干净钱"开路,设下陷阱,让仇人一步步进入圈套,最后漂亮地狠狠一击,没动拳脚也没动刀剑,只用他那特有的低沉的男低音说了一声"我是唐戴斯",就把仇人彻底击垮,让他再也爬不起来。唐戴斯践行了《圣经》中那句对仇人要"以牙还牙,以眼还眼"的教导,酣畅淋漓,大快人心!

如果说唐戴斯对费尔南的复仇是对双方几十年情仇的痛快了断,那么对维尔福的复仇则带有很浓的政治色彩。

维尔福本是法国王朝复辟时期马赛的地方检察官,但维尔福的父亲却是一位坚定的革命者,他在王朝复辟时期仍忠于拿破仑,唐戴斯带的那封密信就是要交给他的。作为拿破仑的忠实追随者,他始终坚持自己的政治立场,与持有保王派立场的儿子坚决斗争。

在这个人物的身上,我们可以看到大仲马自己的影子。在他的将军父亲的影响下,大仲马从小就十分崇拜拿破仑。著名的"百日政变"期间,少年大仲马曾亲眼见过两次拿破仑,只可惜第二次是拿破仑从滑铁卢战败后回巴黎,正好从大仲马家门前经过,大仲马看见了拿破仑茫然又失望的目光。

这目光和成千上万革命者被处决的场景深深地刺痛了大仲马的心,但他拒绝改回自己的贵族姓氏以逃避在政治上受到歧视和打击。从某种意义上说，唐戴斯的复仇心理之下，暗藏着大仲马为法国大革命后被迫害者复仇的情绪。

至于维尔福，你有可能觉得他是为了保护父亲才扣下那封告密信，将唐戴斯投入死牢的。错！维尔福是一个彻头彻尾的恶棍和逆子，他所做的一切都只是为了向上爬。他为了获得父亲不菲的遗产，居然可以将父亲软禁起来。

大仲马用了很大的篇幅描写维尔福和他的父亲之间的政治分歧和家庭矛盾，连对自己女儿的婚姻问题也因政治而和父亲产生分歧。开始时，维尔福想把前妻生的女儿嫁给复辟王朝红极一时的费尔南将军的儿子，费尔南的罪恶败露后，又想把女儿嫁给一名因为政治原因而在决斗中丧生的保王派将军的儿子，遭到老父亲的反对。

维尔福兴冲冲地把新女婿带到家中，试图逼父亲立遗嘱把财产留给女儿时，老父亲拿出了一份保存了几十年的因政治分歧而进行的决斗文书。那个时候两人（一般是贵族）决斗，需要有证人并立下生死文书，这份文书是具有法律效力的文件。

未来的孙女婿读完这份文件时完全崩溃了，当然，这桩婚事也泡汤了。为什么呢？因为在决斗中杀死那个保王派将军的，正是维尔福的老父亲！

维尔福的如意算盘彻底失败。维尔福和老父亲之间的斗争，实际就是拿破仑追随者和保王党之间的斗争，维尔福老父亲在关键时刻暴露自己就是杀死了保王派将军的人时那自豪的神情，简直就是少年大仲马拒绝改回贵族姓氏时那份豪情的再现！

当然，作为小说家，大仲马并没有把自己直接写进去，而是塑造了唐戴斯这样一位与法国大革命毫不相干的无辜受害者，由他出面，为大革命中那些为了建立一个自由、平等、博爱的新法国而受难甚至牺牲的革命者复仇。

无耻的维尔福最终在和唐格拉斯妻子的私生子案件中，被自己的私生子揭露罪行，他受到巨大打击，歪歪倒倒回到家中时，发现对前妻的女儿和老父亲下毒的现任妻子和小儿子已双双服毒自杀。这时，假扮成神父的唐戴斯对已经半疯的维尔福说道："我是被你埋在伊夫堡地牢里的一个可怜的人的幽灵……我是埃德蒙·唐戴斯！"

唐戴斯的出现，彻底击垮了维尔福，维尔福完全疯了。

但是，唐戴斯是一位得饶人处且饶人，复仇与宽恕拿捏得恰到好处的复仇者。

唐格拉斯其实是唐戴斯最大的仇人，因为那封诬告信就是唐格拉斯写的，唐戴斯14年的牢狱之苦，父亲悲惨的死，自己失去未婚妻的屈辱，这些血海深仇全是因他而起。可为什么唐戴斯选择了让仇人饿死的方式复仇，而不是杀了他，或者夺来他的钱财，以补偿可怜的未婚妻梅赛苔丝呢？

那是因为唐戴斯虽是一位孝子，但也是一位虔诚的基督徒。唐格拉斯在尝到了几乎饿死的滋味之时，终于想起了诬告唐戴斯，以及因此害得唐戴斯的老父亲活活饿死的经历，他似有忏悔之意。而且，唐戴斯的一系列复仇计划实施后，唐格拉斯的罪孽已经受到了严酷的惩罚。这时，新教的宽容思想使唐戴斯宽恕了这个罪人。

在监牢的那些年里，唐戴斯对少年时接受的基督教教义细细重温，同时，在博学的法利亚神父的教导之下，他已成了一位虔诚的新教教徒，在对待仇敌的看法上与天主教派的观点已不尽相同。

对天主教来说，做坏事的人，就是上帝的敌人，就应该被消灭。天主教遵循的《旧约》中的复仇原则是：以牙还牙，以眼还眼，毫不留情地杀死敌人。

新教遵循的《新约》中，却有许多关于宽恕仇人的故事和教导。《新约·歌罗西书》中有这样一句话："所以你们既是神的选民、圣洁蒙爱的人，就要存怜悯、恩慈、谦虚、温柔、忍耐的心。倘若这人与那人有嫌隙，总要彼此包容，彼此饶恕。"似乎有些中国人所说的"得饶人处且饶人"的意味。

所以，唐戴斯的复仇中有冷酷的一面，也有宽容的一面。在唐格拉斯遭到严厉报复，开始反思并忏悔时，唐戴斯就宽恕了他，放了他一条生路。这个行为有些像《圣经》中著名的大卫复仇（他一次又一次地放弃了杀死仇敌的机会）。

唐戴斯不但自始至终没有亲手杀死仇敌，而且每次复仇后都会静思自己的行为是否过分，维尔福疯了之后，他在回答恩人儿子的话时答非所问，若有所思地说："天主希望我别做得太过分！"所以他才对最大的仇人唐格拉斯网开一面，宽恕了这个有忏悔之意的仇人。

总而言之，《基度山伯爵》这部小说与其说是报恩和复仇的故事，倒不如说是大仲马把自己在基督教新教思想影响下建立的金钱观、善恶观、爱情观和社会责任感，以报恩和复仇的复杂故事生动地展示出来，是西方文学中复仇题材的经典之作。

我们也就不难理解为什么这部小说被译成了各国文字，被多次改编为影视作品，被缩写成各种各样的口袋书，以及各种连环画，等等。无论你喜欢哪一种，都可以找到合适的故事载体。

我个人比较喜欢的还是译林出版社出版、周克希翻译的版本。读完我的讲解，不知道你是否获得了审美愉悦，得到了新的启示呢？

我在法国留学的时候去过几次马赛。马赛现在有两个港口：一个是现代化的、能进出巨轮的新马赛港；一个是老马赛港。老马赛港历史悠久，在小说中，唐戴斯就是从那里被秘密押送到伊夫堡监狱的。

我到了伊夫岛（伊夫堡即建在伊夫岛上），导游绘声绘色地向我们讲述基度山伯爵的故事，极力渲染那个阴森恐怖的地牢。当我踏上嶙峋怪石下的地牢口，进入大仲马在小说里描述的唐戴斯和法利亚神父度过了十几年的地方，我不由得闭上眼睛，想象当年唐戴斯在这四面石壁，与外界隔绝的环境里备受煎熬的感觉。在那以后，我曾经无数次地梦见自己进入了一个山洞，却怎么也不出来。不过，我60岁以后就几乎没再做过这个梦了。

从伊夫岛回到马赛，我们发现了许多和《基度山伯爵》有关的街道和其他地名，比如"基度山街""法利亚神父街""埃德蒙·唐戴斯街"等，当然，还有一条"亚历山大·仲马林荫大道"。

大仲马也去过马赛，创作《基度山伯爵》之前是为了考察，《基度山伯爵》走红以后就经常去，而且每次去都要亲自去老码头买些海鲜，亲自下厨，做一道美味佳肴。据说，曾有人问他："仲马先生，听说唐戴斯也会做这道菜，是真的吗？"

大仲马说："当然会呀，就是他教我的！"

如果有机会的话，你也可以去马赛看一看，感受一下那里的氛围。相信你会对这部小说的体会更深切。

《包法利夫人》
——
浪漫激情与不安性格的悲剧

Madame Bovary

北京外国语大学·车 琳

福楼拜

📖 作品介绍

《包法利夫人》是法国19世纪现实主义文学大师福楼拜的代表作，小说讲述的是一个受过修道院教育的农家女爱玛的悲剧故事。修道院时期，少女爱玛就对当时流行的小说里描绘的浪漫爱情充满幻想。婚后，平庸的婚姻生活令她感到失望，她瞧不起当乡镇医生的丈夫包法利，内心憧憬着传奇式的爱情。侯爵庄园的一次舞会点燃了她内心的激情，也诱使她在婚姻之外寻求浪漫，可她的两度偷情非但没有给她带来幸福，反而使她在不知不觉之中成为高利贷者盘剥的对象。最后，她积债如山，走投无路，在绝望之余，只好服毒自尽。

小说以科学般的冷静和准确，展现了一个女性的日常和情感经历，写出了爱玛试图摆脱平淡婚姻、追求理想爱情却终致毁灭的悲剧。《包法利夫人》被誉为西方现代小说的奠基之作。作为19世纪自然主义文学的代表之作，它不仅在社会价值层面具有广泛意义，在艺术上亦是公认的典范。

《包法利夫人》思维导图

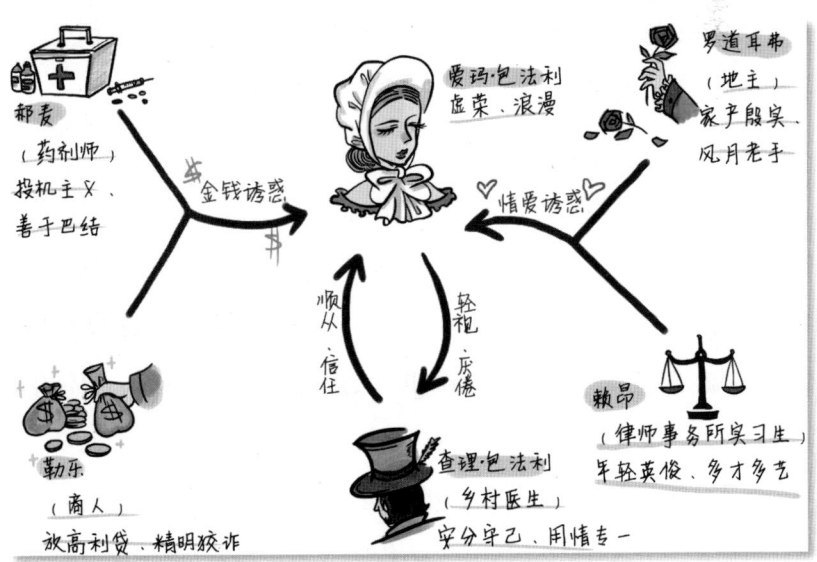

第一节
从爱玛到包法利夫人

《包法利夫人》这部小说，我读过不止一遍，每一遍都有新的感悟和发现，正如意大利作家卡尔维诺所说的："经典是那些你经常听人家说'我正在重读……'而不是'我正在读……'的书。"第一次读这本书，只觉得是一个女人的爱情故事，后来再读的时候，就会发现这部小说讲述的是所有人的故事：这个人物像一面镜子，揭示了人性的普遍本质。《包法利夫人》是19世纪法国作家福楼拜的杰作，从发表至今，在世界范围内广泛传播。

法语词典中收录有"bovarysme"这样一个名词，我们暂且将它翻译为"包法利情结"，这个词便来源于《包法利夫人》（*Madame Bovary*），这足以说明这部作品影响深远。下面让我们一起走进包法利夫人的生活世界和精神世界，去探究这部小说经久不衰的原因。

首先，我们来认识一下小说的作者居斯塔夫·福楼拜（Gustave Flaubert）。福楼拜出生于法国西北诺曼底地区鲁昂市一家市立医院，他的父亲就是这家医院的院长。顺便说一下，鲁昂（Rouen）也是17世纪法国著名戏剧家高乃依（Pierre Corneille）的故乡。二十多年前，我曾经专程参观这两位文学家的故居，穿过几条安静的街道，两座古宅之间步行即可到达。此外，鲁昂市中心还有中世纪圣女贞德遭受火刑的纪念遗址。总之，鲁昂是一个具有悠久历史的文化名城，《包法利夫人》中的一些故事情节也发生在这里。

福楼拜出身于医生世家，他的祖父行医为生，父亲在鲁昂市一家最好的医院工作，当了32年外科主任，这个职务后来由福楼拜的哥哥继任。如果了解福楼拜这一段家世，我们就知道小说中的病例为什么会被叙述得那么细致和准确，而且，小说最后出现的一位名医身上还带有福楼拜父亲的影子。

福楼拜没有以医生为职业，但他的血液里有家族的遗传基因：福楼拜的父亲和哥哥是解剖人体、救治病人的外科医生，而福楼拜自己一辈子则解剖人的思想，揭示人的内心活动；在从事文学创作的时候，福楼拜有着外科医生一般敏锐的观察力，对人间百态进行细致的审视；他的笔就是手术刀，对社会现实和人的内心世界进行冷静的描述和揭示。

《包法利夫人》到底讲述了一个什么样的故事呢？

现在我们来解读作品和人物，我依据的是著名翻译家李健吾的中文译本。

小说主要发生在"七月王朝"期间，即1830年到1848年间。这是法国大革命后又一个王朝复辟时期，这也是巴尔扎克的《人间喜剧》中大多数小说的历史背景。这段时期正是中国的鸦片战争前后，当时的法国社会动荡，没有顾得上参与英国人发起的第一次鸦片战争。

小说的中心人物自然是包法利夫人。她的名字是爱玛，本来姓卢欧，在法国，未嫁的姑娘跟父亲姓；包法利是她在结婚之后从丈夫的姓氏。因此，小说中首先出场的人物是查理·包法利，那时他15岁，这个年龄才开始正式上学，是一个新生。

查理·包法利从小资质平平，12岁在家里开始读书认字，可以说是输在了起跑线上。在学校里，新生难免成为同学们取笑的对象，尤其是他戴着一顶不伦不类的帽子，滑稽好笑。小说后来写到包法利先生睡觉时也需要戴帽子，帽子可以说是这个人物的一个标志性形象。

青少年时期的查理·包法利身体健康，性情温和，非常自律，无论学习上有什么困难，他"靠死用功，在班上永远接近中等，也一直保持下来"。查理·包法利还是一个孝顺儿子，一路按照父母的意志安排，先是读了职高的医学专业，连考两次终于获得医生执照，可以挂牌行医了；接着，又遵循母亲的意见，少夫老妻，娶了一位45岁的丑陋寡妇，因为他母亲以为这位妇人很有家产，觉得娶了这位寡妇，儿子便没有养家糊口的负担。

这样，福楼拜仅用了一章的篇幅，就简练而生动地描绘了查理·包法利这个人物的成长经历和性格特点，为后面的故事做了必要的铺垫。

我们要介绍的是不是这位包法利夫人？当然不是，而是另外一位。

这时候，女主人公爱玛·卢欧出场了：原来是她的父亲卢欧老爹摔断了腿，派人来请年轻的乡村医生包法利去接腿，这次出诊使他遇到了年轻漂亮的爱玛。查理·包法利借着治病的理由三天两头地去卢欧家，其实也是因为心里爱慕着爱玛，但绝对还没有非分之想，不过，这已经引起自己夫人的嫉妒。

没过多久，镇上保管这位寡妇财产的公证人携款逃跑，包法利一家人此时也忽然发现这女人原来号称拥有房产也是撒谎，于是她遭到公婆的唾弃，落下了心病，终于有一天吐血而亡。之后的几个月，服丧期间的查理·包法利心里还是惦记着爱玛，于是鼓起勇气，又去卢欧老爹家，为的是求婚提亲。

卢欧老爹愿意把女儿嫁给包法利吗？爱玛自己愿意吗？卢欧家应该算

是那一带的一个富农,一个小地主家庭,但是他自己既不擅长农事又不精通田庄管理,也不喜欢操劳,生活倒是比较考究,这样就只能啃老本了。这一类富农地主也是希望改变社会地位和阶级成分的,可惜不能靠自己,就只能寄希望于子女了,于是卢欧夫妇把独生女爱玛送到修道院附设的寄宿学校。

送到修道院学校首先是因为可以学习文化,而且传统上法国贵族家庭也喜欢把女儿送到修道院接受教育,这是平民女子学习贵族社会谈吐和礼仪的一条途径。爱玛本是农家姑娘,几乎没有机会进入贵族社会,甚至未来定居城市的机会也渺茫,但是却在修道院接受了一脑门子的贵族思想、情感和习惯。

回到家以后,她也不像一般的农家姑娘会料理农活,卢欧老爹也说女儿一点用处没有,有人把她带走的话他并不难过。包法利虽然不是他理想的女婿,但他品行端正、生活节俭,也不计较嫁妆;而且医生在乡村也算是有学问之人,虽然不算富裕,但还是有一定社会地位。况且卢欧老爹一直对包法利救治他的断腿有感恩之情。

至于爱玛,她在修道院读了很多风花雪月、天马行空的言情小说,却生活在现实的狭小圈子里。在乡村农舍如何遇见王侯公爵?查理·包法利已经是难得遇见的陌生男子了,母亲早早去世,她在父亲的屋檐下也住厌倦了。总之,在这个姑娘待字闺中的时候,生活没有提供更多的选择,这桩姻缘很容易地定了下来。跟我们的风俗一样,婚礼酒席和闹洞房之后,爱玛便成了包法利夫人。

有人说,《包法利夫人》讲述了一个女人堕落的故事。既然堕落,自有原因。

在人生中本是最美好的年华，爱玛·包法利到底经历了些什么？

首先，爱玛与查理是否相爱？可以确定的是，查理·包法利是深爱着爱玛的，福楼拜这样描写查理在婚后的幸福感："他心爱的这个标致女子，他一辈子占有。宇宙在他，不超过她的纺绸衬裙的幅员。"查理信任爱玛，满足她的一切生活需求，这种挚爱直到爱玛死后依然存在。但婚后，爱玛却把爱情转移到别处去了。

平心而论，爱玛在修道院习得的文字、音乐和绘画能力的确培养了她与一般乡村女子不同的敏感和情趣。例如，她在楼上和查理说话时，"咬下一瓣花或者一片叶来，朝他吹过去，鸟儿似的"；她懂得料理家务，做菜时会想到在餐盘上摆放成精致的图形；送账单给病人时会附上一封措辞婉转的书信，"不落索欠的痕迹"。

然而，爱玛很快对日复一日的婚姻生活感到失望。其实这种感觉与爱玛少女时期的阅读经验有关系。在修道院里，她爱读书，这本身是一件好事，可惜的是她只读一种培养浪漫情调和幻想的书，书中无非是才子佳人的海誓山盟、风花雪月的爱情或是生离死别的伤感。于是，在15岁的年纪，她的爱情观、人生观、世界观和价值观就被这样塑造成形，不满足平淡的生活，一心追求激情，期待惊险和奇遇。爱玛也越来越讨厌修道院的清规戒律，所以被父亲接回了家。

福楼拜在第一章里已经铺垫了查理的性格。在爱玛眼里，"查理的谈吐像人行道一样平板，见解庸俗，如同来往行人一般衣着寻常，激不起情绪，也激不起笑或者梦想"。我们必须佩服李健吾先生用最准确的词语翻译出了福楼拜简练的语言风格。如果查理娶了一位同样相貌平常、安分守己的农村女子，粗茶淡饭里也许会品尝出一种真实的幸福。他虽然呆板平凡，缺乏幽默感，但毕竟是一个正经做人的男子、一个治病救人的乡村医生。

可是，爱玛想要的是以前在书上读到的"欢愉、热情和迷恋"这些字眼儿。于是，按照爱玛的思维方式，她已经在幻想"有没有方法，在其他巧合的机会，邂逅另外一个男子"。这时，爱玛·包法利的生活中"出了一件大事"，令她回味无穷。

出了什么大事呢？

那就是昂代尔维利耶侯爵庄园的舞会。在复辟时期，这位侯爵位高权重，这时希望在"七月王朝"东山再起，于是决定深入群众，为争取选民而做一些惠民工程，不料大夏天得了口疮。包法利先生治好了他，侯爵有意答谢，便邀请医生夫妇参加晚宴和舞会。爱玛在这里第一次见到如此多的达官贵人，第一次见识到上流社会的排场。

书中写道：晚饭之后，舞会之前，"爱玛重新梳妆，小心在意，仔细从事，好像一个女演员初次登台一样"。当查理走过去要拥抱自己漂亮的妻子时，爱玛表现得对丈夫很嫌弃。当小提琴的前奏曲和喇叭响起时，"她走下楼梯，想跑下去，总算克制住了"，这个动作描写生动地反映了爱玛急于参与上流社会社交生活的内心冲动。

爱玛充分享受舞会上与贵族男子共舞的愉悦，而且对他们进行了细致的观察，"他们的燕尾服，缝工分外考究，料子也特别柔软……肤色是阔人肤色，白白的"。

在舞会上，爱玛也发现花园里有乡下人经过，他们的脸贴住窗户，往里张望。她不由想起自己结婚前在乡下的田庄、泥泞的池塘、苹果树下穿着劳动服的父亲；她也看见自己在牛棚里挤牛奶。爱玛在发现、在对比不同阶级之间的生活差异，过去和现在，两种截然不同的生活场景在她的意识里模糊了,她想要否认自己经历的现实生活。

舞会延续到早晨二四点钟,查理连五小时站在牌桌前面看人打牌,自己一窍不通,所以回到房间时"如获大赦"般解脱,而爱玛却"尽力挣扎不睡,延长这种豪华生活的境界"。福楼拜把这个女子的心理描写得如此透彻。

这场舞会对爱玛产生了重要的影响,以至于她不能轻易地回到原来的生活中,仿佛"在她的生活上,凿了一个洞眼,如同山上那些大裂缝,一阵狂风暴雨,只一夜工夫,就成了这般模样"。福楼拜用一串比喻把爱玛的灵魂刻画了出来,这一夜繁华在爱玛的心里刻下了痕迹,而此后便是摆脱不了的失意。

舞会的回忆成了爱玛的排遣,在她的心头留下了惆怅。她无可奈何地回到现实,小说写道:

> 她的漂亮衣着,甚至于她的缎鞋——花地板滑溜的蜡磨黄了鞋底,她都虔心虔意放入五斗柜。她的心也像它们一样,和财富有过接触之后,添了一些磨蹭不掉的东西。

在这一段对舞会的描述中,福楼拜既描绘了集体的场面,也有对爱玛的特写,从爱玛的梳妆,到动作神态,一直到她起伏不定的心思,可以说是洞悉人物、深入骨髓。作家之所以花费如此多的笔墨描写舞会经历,是因为这个场合是包法利夫人一生中第一次,也是最后一次,像她想象的那样接触上流社会。她的双脚再也不能踏在原来的地上,而她的双手也永远够不着想去的天堂。这是一个悬在半空中的女人,注定要重重地摔在地上。

从此,爱玛生活在一种想象甚至幻影中,她把邀她跳舞的贵族子爵想象成理想中的爱人，虚构她的生活。她幻想着巴黎风情，不仅买了巴黎地图，而且还希望从描写巴黎的小说中找到那里的氛围、生活方式或是上流社会的逸闻。

她越是沉浸于幻想，就越无法忍受现实，看不起任何人和任何事，她希望丈夫查理功成名就，然而查理·包法利是一个除了成家立业没有更大野心的人。她的幻想使她越来越偏离和忽略生活本身，性情越来越乖戾任性，穿着不修边幅，一日三餐食而无味，度日如年，成天在空虚无聊中怨天尤人。

眼看着爱玛像一朵花儿枯萎下去，包法利先生如何是好呢？

查理心疼不已，带她去鲁昂看病，医生说需要换换环境。离开行医四年、刚刚立稳脚跟的地方，对包法利先生来说并不合算，但是他决心为心爱的妻子做出牺牲，于是找到了一个新的地方行医，叫作永镇。与道特乡下相比，这里毕竟是一个村镇，居民主要是各色各样的小资产者，有开旅馆的老板娘，有税务员毕耐先生，而将在爱玛的生活中产生重要影响的是精明的药剂师郝麦和奸诈的商人勒乐。

在这节中，我们讲述了一心幻想浪漫生活的爱玛嫁给了乡村医生查理·包法利，她对平淡的婚姻生活十分失望，过得很不开心。那么，搬家到永镇以后，包法利夫人的生活会发生变化吗？抑或会继续从前那样的生活？

第二节
包法利夫人的浪漫与痛苦

随着故事场景从道特转移到永镇，小说自然地从第一部分上卷进入到第二部分中卷。

爱玛在永镇是不是更加健康和幸福呢？

她是带着身孕来到永镇的，不久便当了妈妈。其实她本来可以成为一个漂亮的幸福妈妈的。她一心想要儿子，结果生了女儿，所以并不喜欢，几乎是一直把孩子交给奶妈或是用人喂养。给女儿起名字的时候，她对那场刻骨铭心的舞会的回忆派上了用场，由于记得当时侯爵夫人呼唤一个年轻姑娘白尔特，她就选定这个名字给女儿。女儿是否就因此有了贵人的福分呢？我们最后再讲小白尔特的结局。

包法利夫人是一个不能满足于现状的女人，福楼拜用老练的笔触，不仅刻画了这个少妇的相貌，而且仅用一个比喻就把她的灵魂入木三分地挖掘了出来：

> 在她的灵魂深处，她一直期待意外发生。她睁大一双绝望的眼睛，观看她的生活的寂寞，好像沉了船的水手一样，在雾蒙蒙的天边，遥遥寻找白帆的踪影。

就在永镇，她冷淡了丈夫和女儿，不知不觉爱上了年轻英俊的赖昂，他是一个预备读法律专业的大学生。其实在她到永镇的第一天，她便与赖昂找到了共同语言，与他攀谈了两个小时，因为这个小伙子多才多艺，能画水彩画，能看乐谱，和爱玛一样也爱看小说。而包法利先生似乎天生没有文艺细胞，偶尔爱玛不得不倾诉的时候，她也会和他提到某部小说某个情节，但是查理只会应答，并不能与爱玛交流。

顺便说一下，"包法利"这个名字，法语读作"Bovary"，与牛的形容词形式"Bovin"有些相似，而包法利先生的性格也有点"牛"——认真，有毅力，忠厚木讷。爱玛与查理谈小说、谈戏剧、谈逸闻时，也觉得有点"对牛弹琴"的感觉。

表面看来，爱玛这时候还是一个遵守妇道的女子，安详温柔、忧郁矜持，而且颇有气质，用药剂师的话来说，就是做县长夫人也不过分。然而，福楼拜却文笔犀利，他写道，"衣褶平平正正，里头包藏着一颗骚乱的心"。这时候的赖昂虽然爱慕着爱玛，但他还不够成熟，胆怯使他不能够驾驭这份感情。就在两个人犹犹豫豫之间，厌倦了永镇的年轻人决定去巴黎读完法律，爱玛陷入了愁闷之中，她的心就像已经裂缝的墙，不需要多大的力气便可以动摇。

福楼拜对生活场景和人物心情的描写总是巧妙而不露痕迹，同时他也用这些描写推动故事情节向前发展。他在书里写道："外省窗户有代替看戏和散步的作用。"爱玛常常透过窗户"眺望浮云"，这在她是一种心情的表达，她也喜欢靠在窗户上看外面发生的事情和经过的人。从前她经常临窗看赖昂走过。

有一天，爱玛透过窗户看见一位衣冠楚楚的绅士，他带着用人来找包法利医生看病。在文学作品里，窗户往往是传情达意的媒介。想想《水浒传》里第二十四回，武大郎上街卖烧饼快要回家了，潘金莲去收窗帘，结果叉竿不小心从手中滑落，碰到了从窗下经过的西门庆，这两个人从此认识并勾搭上了。

包法利夫人看见窗下走来的这个人是罗道耳弗。此人家产殷实，拥有一座庄园，就在永镇附近。这个单身富贵男子喜欢到处寻花问柳，这时他在医生家看见了标致的包法利夫人，这个风月老手一眼看穿了爱玛的苦闷生活和心情，觉得有机可乘。

这是一个什么样的机会呢？

原来永镇要举办盛大的农业展览会，这是一个理想的社交场合。从写作手法上看，这一段落实在精彩，在电影还没有发明之前，福楼拜几乎就运用了类似蒙太奇的手法来描述情节：一边是农展会上地方官员在广场上致辞和颁奖，一边是罗道耳弗和爱玛在会议厅窗户前谈天说地、谈情说爱，两边的话语风马牛不相及，却被穿插在一起，这段对话要隔行跳读才能联系上各自的逻辑，这种相互交叉便产生了一种特别的现实效果和讽刺效果。

回到故事本身，在农展会后，罗道耳弗有意玩失踪，六个星期后才露面，于是心神不定的爱玛轻易地落入了罗道耳弗的怀抱，而且为自己从此开启了另外一份感情生活而兴奋。领略到激情的爱玛常常在查理天不亮出诊之后就悄悄离开家，一路快步前行，穿过崎岖不平的乡间道路，去罗道耳弗的庄园中幽会，路上有一次甚至被打猎的税务员毕耐先生误当作猎物击中。爱玛过起了她的双面人生：一面是包法利夫人，另一面是罗道耳弗的情人。

作品中最令人感慨的一个段落是这样的：查理深夜出诊回来，以为爱玛已经入睡，不敢惊动她，他望着可爱的妻子女儿，对未来充满憧憬，要勤奋工作，省吃俭用，抚养女儿成人，使她接受良好教育，将来物色一个好人家，过上幸福的生活，心中想象着他的女儿将来和妻子站在一起就像一对姊妹花；其实，这时候的爱玛只是假装睡着，她在做别的梦——她和情人乘着马车到达了一个遥远的城市，风景旖旎，建筑辉煌，充满异国风情，生活安逸富足。这可是真正的同床异梦啊！

爱玛抑制不住对这个浪漫梦乡的向往，于是劝说罗道耳弗带她远走他乡，过只有他们两个人的生活。此时，她已经开始准备行装，要求商人勒乐购置远行所需物品，与情人制订了下个月私奔的计划。然而在这不到一年的时光中，尽管爱玛依然沉浸在爱情里，罗道耳弗热情的火焰却渐渐冷却。就在临行前一天，罗道耳弗决定放弃私奔计划，为此还写了一封虚伪的绝交信给爱玛，以为爱玛着想为借口，打算离开一段时间避避风头。

爱玛收到这封绝情的信时，会是什么心情？福楼拜描绘得非常精妙："她靠着窗台，拿起信来又念，气得直发冷笑"，同时她还不能忘了罗道耳弗，"她恍惚又看见他，听他说话，两只胳膊还搂住她"。由于罗道耳弗要逃去鲁昂只有永镇这一条大路可走，尽管天色黑暗，爱玛还是借着灯光认出了他的车子，她"喊了一声，直挺挺仰面倒在地上"，浑身抽搐，后来"又晕过去"。爱玛受了刺激，精神错乱，大病一场，一连43天萎靡不振。这个多情的女子这次是真的很受伤。

病中的爱玛得到查理的悉心照料和陪伴，精神渐渐复原。查理决定带她去鲁昂看戏散散心，没有想到遇到了从巴黎回到家乡准备学位考试的赖昂，于是小说也进入到第三部分下卷。

接下来，爱玛又是如何应对这一次重逢的呢？

离开爱玛三年的赖昂再次看见她，"热情又醒过来了"，而且他已经不再是当初那个怯懦的青年，有心把爱玛追求到手。而爱玛一方面担心提防，因为罗道耳弗带给她的创伤还在隐隐作痛，另一方面却感受着"被诱惑的愉快"。两人相约第二天共同参观鲁昂教堂，爱玛努力祷告希望上天迅速帮她做出决定来。然而假如内心力量不够强大，神灵也无法帮助。她的心越发乱了。在庄重肃穆的教堂里，两个参观者却春心荡漾，急不可待，最终匆匆离开，在鲁昂城里云雨合欢。这是福楼拜对人性的深入刻画和讽刺，也是他的高超写作技艺所在。

这第三部分就以鲁昂为主要故事场景，因为爱玛每周都会想尽一切办法来城里与赖昂幽会。然而，出门需要有借口，爱玛让查理相信她每个星期去鲁昂是为了学习钢琴，"从这时起，她的生活只是一连串谎话，好像面网一样，用来包藏她的爱情"。

路费、旅馆费都需要爱玛承担，她从此陷入了财务危机。勒乐是一个典型的资产阶级商人，精明奸诈，他诱惑爱玛赊账购买各种生活必需品和非必需品，当爱玛无钱付账时，勒乐借机唆使她借高利贷，期票写了一张又续一张，直到最后勒索爱玛以家产为抵押。

在爱情方面，爱玛和赖昂也渐渐从激情落入平淡，互相厌倦，正如书中所说的，爱玛又在这婚外情中"发现婚姻的平淡无奇了"。商人勒乐一面继续维护与顾客爱玛的生意，另一方面让同伙起诉爱玛催还欠款。爱玛经常收到传票公文，应付不了，也麻木了，而查理对妻子背着他所做的一切都毫不知情。

最后，当律师带了见证人来到包法利家里记录要扣押的物品和家产时，爱玛突然生起了一种内疚和遗憾，想要挽救什么。

这时，债台高筑的爱玛如何走出困境呢？

她鼓起勇气,来到鲁昂找银行借钱,可惜到处吃闭门羹;来找赖昂,可这个年轻人也无能为力;她去找罗道耳弗,没有想到这位昔日情人以一种掩盖愤怒的镇静,冷冰冰地对她说:"我没有钱。"此刻的爱玛觉得天旋地转,她曾经把自己所有的梦想都系于某个男人身上,可是最终被这些男人玩弄和抛弃。可惜,爱玛从浪漫的、远离现实的梦里醒悟得太晚了,醒来时她已经没有活下去的力气,于是到药剂师郝麦家里趁人不注意抓了一把砒霜一口吞下。

爱玛之死是全书中最为悲怆的段落,福楼拜不仅描述了她身体上越来越重的痛苦,也把她精神上的变化,丝丝入扣地表现出来。在弥留人世的最后时刻,她感觉"一切欺诈、卑鄙和折磨她的无数欲望,都和她不相干了"。匆匆赶回家的查理悲痛欲绝,这个可怜的男人深爱着爱玛,但是却不了解妻子如何落入此般境况,连连说:"难道你不快活?难道是我不好?可是我尽我的力来着!"这三句话道出了他的不解、他的自责和他的无奈。

临终的爱玛终于明白这世上最爱她的人就在身边。查理曾经常常被她忽略和鄙视,此时终于听到爱玛说:"你是好人,你!"她把手放在查理的头发上,似乎要抚摸他,这是多么难得的爱意,可惜这个温柔的手势让查理更加忧伤,因为就在爱玛似乎比以往都更爱他的时候,他却要马上失去她。

爱玛四肢抽搐,七窍流血,疼痛难忍,脉搏微弱。最后,爱玛要来一面镜子,端详了很久,泪流满面,一声叹息,倒到枕头上,又像触电的尸首突然坐起来,披头散发,发出一种疯狂的笑声,一阵痉挛之后倒在床上,再也没有醒来。爱玛的最后一句话是"瞎子!",好像是在责怪自己像瞎子一样过了一生,临死才看得清楚。而在这时,正有一个盲人在窗外街道上用沙哑的声音唱一首民歌,民歌说的是一个农村小姑娘一边干农活一边想情郎的故事。

以现实主义写作著称的福楼拜给包法利夫人安排的这个临终方式极具抒情性和象征性，充分渲染了场景和人物的悲剧色彩，仿佛一切都是命运的安排。

爱玛死后，她爱过的两个男人过着怎样的生活？

罗道耳弗白天在树林里打猎，晚上在自己的庄园里安睡，过着安逸的生活；赖昂不久当上了公证人，与另外一个年轻女子结婚。她的丈夫查理已经因为她而倾家荡产，他虽然一点一点知道了爱玛的恋情，但是依然爱着她，常常带着女儿去公墓看望爱玛。平日里他每天情绪低落，衣衫不整，不出门，不见客，也不出诊。

有一天，他坐在花棚底下的长凳上，头仰靠着墙，闭着双眼，嘴巴张大，手里还拿着一股又黑又长的头发，那是爱玛的长发。女儿小白尔特来叫爸爸吃饭，轻轻推了他一下，没有想到他倒在了地上，原来他坐在长凳上已经死了。

小白尔特只好投奔祖母和外公，可是他们相继去世和瘫痪。一个远房姨妈收留了她，然而家道贫寒，无奈把小姑娘送进一家纱厂做童工。这就是小白尔特的命运，她并没有因为妈妈给她取了豪门舞会上听来的这个名字而过上贵族生活。

这一节我们讲述了爱玛与两个男人的婚外情，她并没有因此而找到自己想要的幸福。包法利夫人的故事无疑是一个悲剧，这个人物也因为揭示了人性的本质而成为文学长廊里的一个经典形象。在下一节，我们将一起来探讨这部作品里的人物形象和意义，分享一些你可能不了解的作品内外的故事。

第三节
什么是"包法利情结"

我们现在来回顾一下包法利夫人的短暂一生：她出身于一个富农家庭，自幼失去母亲，在修道院学校里读过书，喜欢浪漫的幻想。在小说中，她的故事前后延续了9年时间，一开始因为父亲治病而遇到乡村医生查理·包法利，不久嫁给了他，在婚后8年中，爱玛过了四年半的沉闷家庭生活；之后遇到了浪荡公子罗道耳弗，两人来往了近一年，最后被他抛弃；后来，她又与年轻的大学生赖昂在鲁昂重逢，两人过了将近两年的偷情生活，而爱玛为了这份婚外恋倾其所有，债台高筑，最后服毒自杀。这便是故事的全部。读完小说，让人唏嘘不已，感觉到人生的悲剧滋味从作品的书页中延伸出来。

其实，爱玛是一个有生活原型的人物。1848年，鲁昂报纸报道了一条社会新闻：德拉马尔夫人看不起自己的丈夫（她的丈夫也是医生），与人私通，并暗地里借债，结果债台高筑，陷入困境，加上第二个情夫与她绝交，于是服毒自尽。

如今已经无人记得当年这个鲁昂女子的姓氏，但是包法利夫人已经是法国文学乃至世界文学中家喻户晓的人物形象之一。生活中发生的一些不同寻常的事件看上去匪夷所思，像小说里的故事，可它的确是真实的。生活永远是创作的源泉之一。另一方面，文学创作的力量便在于此，虚构人物被塑造得如此鲜活和生动，以至于比现实中的人物更让我们有真实感，印象深刻。

在《包法利夫人》这部作品中，你认为哪个人物最具有悲剧性？

有人会说当然是爱玛·包法利，但其实查理·包法利的结局同样令人悲伤。我们现在来分析和总结一下这两个人物。

有人说，爱玛是个农家姑娘，不应该读书，不应该有非分之想。这话有一定道理，但是也不完全合理。再平凡的女子也会梦想遇见自己的白马王子，每个人都会向往更加美好的生活，至于爱读书，这本是一件好事。

遗憾的是，爱玛读书只读一种，用今天的话来说就是言情小说。在她的价值观和爱情观还没有形成的少女时期，这种单一的阅读产生的影响把她带离了现实生活的轨道。所以，作为文学老师，我不是特别赞成学生时代只读言情小说或只读武侠小说，阅读面还是要宽广一些，历史题材、人物传记都是可以增加我们对现实感知的读物。

回到人物本身，爱玛的问题在于沉溺于幻想与梦境，总以为爱情在另外一个男人身上，"生活在别处"，因而忽略了真实的生活，厌倦了现实。我们需要梦想，但是在梦想没有替代现实之前，还是需要接受现实的。无论是爱情还是日常生活，我们经常会说平平淡淡才是真，而爱玛恰恰是不能接受平淡的人。

查理恰好相反，他是一个脚踏实地、安分守己的人，爱玛是他的梦中情人，从这个意义上说，他是幸福的。不幸的是，他可以用全部的热情去疼爱爱玛，却无法满足爱玛的精神世界，两个人是错轨的平行线，难以相交，只有在婚姻的最初以及爱玛临死之前，才能感觉到他们的相知。

同时，爱玛也并不真正了解查理，或者说，她不屑于去了解眼前这个看上去很平庸的男人。其实，查理也是一个颇有浪漫情怀的人，只不过一般人觉察不出来，而福楼拜不止一次地给了这个男性人物最富于浪漫的描述。

第一次是他初见爱玛时的情形。我们发现这个男人尽管本分和谨慎，但是完全被爱玛不同于凡家女子的容貌和气质所吸引，所以他本来答应三天之后再去探望病人卢欧老爹，结果第二天就去了，而且之后每个星期就去两次，正所谓"窈窕淑女，君子好逑"。

第二次，是在爱玛去世后，他把自己关在诊室里，呜咽了很久，然后提笔写了一段这样的文字："我希望她入殓时，身穿她的新嫁衣，脚着白鞋，头戴花冠。头发披在两肩……拿一大幅绿丝绒盖在她身上。这是我的希望。"操办葬礼的药剂师和教士都觉得这是包法利的"浪漫观点"，劝他说绿丝绒显得多余，而且花销大。而查理很生气地说："关你什么事？走开！你不爱她！"可见，查理并不是不懂爱玛的心。他如此妆点爱玛的遗体，固然有爱的因素，要永存爱人与他最相爱时候的形象，但是也说明他知道只有这样浪漫的妆容最符合爱玛的心意。

第三次则是福楼拜把爱玛之死写得那么凄惨，让这个女人遭受到严厉的惩罚，却把查理之死置于一个最为温馨浪漫的氛围。他这样写道："第二天，查理坐到花棚底下的长凳上。阳光从空格进来；葡萄叶的影子映在沙地；素馨花芬芳扑鼻；天是蓝的；芫菁环绕开花的百合蓊蓊在飞。"等女儿来叫他时，他已经坐在长凳上离开了人世。

都说福楼拜在写作中是不动声色的，可是无论是悲怆的爱玛之死还是浪漫的查理之死，我们都能够感觉到作家的动心动情。查理平庸的现实主义外表其实严严实实地包裹了一颗浪漫的心，只是很遗憾，爱玛没有真正去感受他含蓄的浪漫。这是两个人共同的悲剧，正如查理所说，"错的是命"。

那么，造成爱玛悲剧人生的，除了她的性格，还有别的原因吗？

上面从人物性格来分析爱玛悲剧人生的原因，似乎得出了她是一个自作自受的女人的结论。当然这是主要原因。但是，我们不要忽略了《包法利夫人》这部作品还有一个副标题，就是"外省风俗"，可见福楼拜是非常重视社会环境因素的。

《包法利夫人》的故事发生在穷乡僻壤。在过去的法国，外省被认为是精神和文化生活贫瘠的地方，是平庸生活的代名词，所以爱玛会觉得她被生活的平庸包围了，她的梦想不能满足，她总是需要追求一种别样的新鲜和刺激，所以频繁地去鲁昂与情人约会，并面对地图发挥对巴黎的想象。

而另外一个重要的社会背景，正如译者李健吾先生所深刻剖析的那样，"贵族生活的浪漫情调，不是贫困所能负担得了的，金钱是资本主义社会精神生活的物质基础。一个人可以为爱情而死，但是对于一般人来说，死在债台高筑上，似乎更符合资本主义社会的发展规律"。

在作品的第三部分，福楼拜每写一次爱玛与赖昂的爱情生活，就掉转笔头描述一次高利贷者勒乐的钻营行径，勒乐就是一个把"幸福建立在逼死邻居的高利贷手段上"的资本主义商人。爱情的破灭和金钱的债务这两股力量拧成了一根绳子，束死了已经没有力气挣扎的爱玛。

药剂师郝麦是一个善于利用各种机会和因素的资产者，是一个投机主义者。他排挤医生，作为药剂师竟然当上江湖郎中，挣了不少钱；他还利用地方上的事件进行舆论炒作，与一切可以交往的官员名流打交道，提高自己的社会地位。他固然没有像商人勒乐那样直接逼死了包法利夫人，但也是和其他永镇居民一样围观爱玛堕落而不施救的自私自利者。当包法利夫妇越过越惨的时候，他却越过越滋润。

回到"外省风俗"这个副标题。我们在作品中的确看到了大量关于风俗的描绘，其真实程度堪与法国现实主义绘画大师库尔贝故乡主题的作品相媲美。这是现实主义小说的特征，即在时代与环境中叙述人物活动和描绘特征。在《包法利夫人》中，成功刻画的不仅有包法利夫妇，如上文所提，郝麦和勒乐以及地方官吏、旅店老板娘、乡间农妇、男仆女佣等各色人物都栩栩如生，他们都是典型的自然环境和社会环境中有血有肉的人物形象。

个人因素加上社会因素，爱玛·包法利迅速走到了生命的终点，造成了资本主义社会里一个不甘平淡生活的外省女人的堕落悲剧。

《包法利夫人》是以一个女性人物为题材的作品，讲述了一个女人的短暂一生。爱玛不够自重，她的悲剧命运似乎是咎由自取。

那么，这个人物形象是否也有一些积极意义呢？

我认为还是应该辩证地看待包法利夫人。首先，即使是出身卑微的女子，也应该享有受教育的权利。爱玛毕竟是一个有一定文化的女性，这当然是当时法国乡村阶层希望晋升的结果，但是具体到一个农家姑娘身上，还是有进步意义的。

其次，爱玛欺骗丈夫，不忠于婚姻，但两次婚外情，她并不是为金钱而出卖自己，相反，是两个男人缺少付出；即使在最后落难之时，爱玛去找本镇的公证人借钱，公证人要她以身体交换，爱玛大怒，说"我可怜，但是并不出卖自己"，可见，爱玛并不是完全唯利是图的女人。

最后，爱玛这个人物身上体现了一些女权主义意识，或者说福楼拜赋予了这个人物女权意识。爱玛在生孩子之前，就希望有一个男孩，她的想法是，"男人少说也是自由的"，可是"一个女人，就不断受到阻挠……还处处受到法律拘束"。她意识到女性所受的社会局限，向往像男性那样更加自由的生活。她走投无路去找人借钱时，识破了公证人企图占有她的嘴脸，这时书中写道，"她产生了好斗情绪。恨不得打男人们一顿，啐他们的脸,把他们踏得粉碎"。可见,爱玛到最后,从对男人的幻想过渡到了对男性社会的反抗。

这让我想到了与福楼拜长期保持通信的文坛挚友、法国19世纪著名女作家乔治·桑。与爱玛的相同之处是,她也是出身于乡村农家,接受了一些文化教育,少年时酷爱文学阅读;同样是追求爱情自由的女人,与爱玛完全不同的是,乔治·桑是一个生活在现实中的女人,为了写作和发表作品,她给自己取了男性化的名字,此外还创办报刊,从事社会公益事业,是法国女权主义的先驱。

总之,通过《包法利夫人》这部作品,我们了解到一个生活在法国19世纪偏远外省的普通妇女的生活,她不愿接受的现实和她触摸不到的天堂,她的激情和她的失望,她的爱和她的恨。我们当中可能很少会有人喜欢她,但是我们也恨不起她来,面对包法利夫人,我们心中更多的可能是一种怜悯。

福楼拜用了5年时间写作《包法利夫人》,接下来,我们来看看《包法利夫人》的问世在法国引起了怎样的反应。

1857年,法国文坛有两部后来流传广泛而影响深远的作品遭到拿破仑三世政府的审判,一部是波德莱尔的诗集《恶之花》,另一部便是福楼拜的《包法利夫人》,遭受指责的理由也都相似,就是有伤风化。确实,小说中描述了不道德的通奸行为。要知道,在当时的法国,通奸是一种罪行;而且,作者因为没有直接表示对这种行为的批判而受到公诉人的谴责。

我们知道,福楼拜的写作风格就是尽可能地冷静和客观,他自己也曾说:"我希望我(在创作中)做到不爱不恨,不怜悯不愤怒……不偏不倚的描绘可以达到法律的庄严和科学的精确。"福楼拜确实因其客观性写作而表现出一定的现代性。

不过，我们前面也提到，福楼拜尽管希望隐匿作者自身，但是文字本身仍然会显示出立场，爱玛不就遭到了最严厉的惩罚吗？所以福楼拜的律师塞纳尔这样辩护道："你读这样一本书以后是爱好不道德的行为呢，还是害怕这种行为？这种行为受到可怕的惩处，难道不是引人向善吗？"最终，判决书对书中某些段落加以谴责，但是承认《包法利夫人》是一部认真而严肃的作品，并且宣告作者无罪。

这样，福楼拜以《包法利夫人》继续了巴尔扎克《人间喜剧》的小说传统，即发掘现实、忠于现实，而福楼拜在艺术上更追求完美。马克思的女儿爱琳娜在其1886年英译本导言中对这部作品给予高度评价，称赞作家观察和分析深入细致，人物刻画真实生动，具有诗意和完美的风格。当时，福楼拜刚刚去世6年，在英国，知道他的人还寥寥无几。

如今，《包法利夫人》已经成为世界文学宝库中的经典，被翻译成多国语言，也被多次改编成电影。2016年，中国作家刘震云的小说《我不是潘金莲》被拍成电影，在国外发行时，片名被翻译成《我不是包法利夫人》(*I Am Not Madame Bovary*)。这个译法有一定道理。首先是因为这两个东西方女性人物形象存在共同点，她们都是不忠女人的转喻，尽管她们之间也存在诸多差异；之所以没有把"潘金莲"原样搬到英文片名中，是因为翻译的时候有意采用了归化方法，即用目的语（这里就是指英语）的语言和文化元素来代替陌生的来源语（即中文）的语言和文化元素，以减少英语国家观众理解上的差异和困难，而"包法利夫人"在英语片名中的出现，足以说明这个在国外家喻户晓的人物形象的经典性。

最后，我们还要回到开头提到的"包法利情结"这个词，来探讨一下它的含义。Bovarysme这个词出现于1865年，也就在《包法利夫人》出版后不到十年。正如我们在前面的作品导读和人物分析中所发现的那样，包法利夫人代表了这样一种人格，由对现实的不满产生逃避心理和行为，总是想象自己是另外一个人，容易生活在想象世界而不是现实世界中。

对于我们每个人而言，现实与想象之间都会存在差异，美梦总比现实美好得多。从这个意义上说，我们每个人都或多或少有一种"包法利情结"，只是这种分裂性在包法利夫人这个人物身上格外显著。典型的人物形象总会体现出具有一定普世性的人格特征，这就是经典文学作品所创造的价值。

《茶花女》
风尘女子的高尚灵魂与纯洁之爱

La dame aux camélias

上海师范大学·郑克鲁

小仲马

作品介绍

《茶花女》是法国小说家小仲马的一部长篇小说代表作。女主人公玛格丽特原来是贫苦的乡下姑娘,来到巴黎后开始卖笑生涯。阿尔芒真挚的爱情激发了玛格丽特对生活的热望,她决心舍弃繁华喧嚣的巴黎生活,和阿尔芒住到乡下。阿尔芒的父亲迪瓦尔先生激烈地反对两人的爱情;为了成全阿尔芒和他的家庭,玛格丽特悲伤地给阿尔芒写了一封绝交信,回到巴黎重新开始昔日的荒唐生活。阿尔芒来到巴黎,决心报复她的"背叛"。玛格丽特因此一病不起,在孤寂中去世。当阿尔芒重回到巴黎时,他从玛格丽特留下的日记里知道了真相,悔恨不已。

在法国文学史上,这是第一部把妓女作为主角并进行正面塑造的作品。玛格丽特美丽、聪明而又善良,虽然沦落风尘,但依旧保持着一颗纯洁、高尚的心灵。

《茶花女》思维导图

第一节
"平庸"的故事如何成为不朽之作

古往今来，描绘妓女悲欢离合的爱情故事不胜枚举，比如说《杜十娘怒沉百宝箱》，这在我国是比较有名的。法国也有，比如说莫泊桑最著名的短篇小说《羊脂球》写的就是一个妓女，但这是一个爱国的妓女，和周围那些平庸、卑劣的资产阶级男女形成了一种尖锐的对比。《茶花女》这部小说在1848年发表以后就获得了巨大的成功。作者小仲马是大仲马的私生子，大仲马有黑人血统，小仲马因而也有黑人血统。因为小仲马的母亲是个女工，所以一直得不到大仲马承认。

小仲马出生于1824年，7年之后，也就是1831年，大仲马才承认小仲马是他的儿子。后来小仲马在19世纪的下半叶也有一些作品问世，但是都比不上这部小说。

这部小说在1852年改编成话剧在巴黎首演，再次引起了轰动，人人交口称赞。意大利著名作曲家威尔第在1853年把《茶花女》改编成歌剧，歌剧《茶花女》风靡一时。我想大家可能都听过，这部歌剧独唱也好，对唱也好，都非常好听，乃至传播至世界各国，成为世界著名歌剧之一，《茶花女》的影响也由此进一步扩大。从小说到话剧，再到歌剧，三者都有不朽的艺术价值，这恐怕是世界上独一无二的文艺现象。

所以，尽管小仲马在法国文学史上只能占到二三流的地位，而且在法国人看来，《茶花女》也不是什么了不起的作品，但在法国之外，它受到了广泛的欢迎，这是连法国人自己也想象不到的。

说到作者，小仲马的影响力当然比不上他父亲了。大仲马的作品多，有几十本大家都知道，比如《基度山伯爵》《三个火枪手》等。大仲马的影响还不止于此，他的小说不是多少年出一本，而是一年在好几个刊物上面发表，同时连载。当然，其实，他是有写手的，他让人先起草初稿，然后再来修改，最后定稿的是他自己。但定稿也不容易，他可以把内容整个串联起来，而且还能写得那么生动，这就是大仲马的本事了，所以大仲马的影响力大家还是承认的。

但《茶花女》比较特殊，这部小说篇幅不长，但它起到的影响非常巨大。饶有趣味的是，《茶花女》在我国是第一部被翻译过来的外国小说，可能因为它是一部爱情小说，林纾首先就挑中了它。

近代著名的翻译家林纾是在1898年译出这本小说的，取名为《巴黎茶花女遗事》。这部小说在中国的发行，是中国近代翻译文学的开端。

林纾选取《茶花女》作为第一部译著发表绝不是偶然的，这至少是因为，在19世纪末，《茶花女》在欧美各国已经获得盛誉，使千千万万读者和观众流下同情之泪。《茶花女》这部传奇色彩极其浓厚的作品，不仅是以情动人，而且篇幅不长，完全适合不懂外文的林纾介绍到中国来，而且描写妓女的小说和戏曲在中国古已有之，但是似乎没有一部写得如此声情并茂，把人们内心的感情抒发得如此充沛奔放，对读者的感染力如此之强，因此，《茶花女》的翻译也必然会获得令人耳目一新的魅力和效果。

小仲马的身世和经历跟《茶花女》的产生有直接关系。小仲马是个私生子，19世纪20年代初，大仲马尚未成名，在德·奥尔良公爵那里担任秘书，同时写作剧本。他住在意大利人广场的一间简陋屋子里面，他的邻居是个漂亮的洗衣女工，名叫卡特琳娜·拉贝。拉贝已经30岁了，而大仲马只有21岁，两个人来往密切。

1824年7月27日小仲马诞生,但是孩子出生登记册上"没有父亲姓名"。大仲马给儿子起了名,不过直到1831年才承认了小仲马。小仲马的童年过得并不幸福。据他后来回忆,大仲马在房间里面写作,小仲马由于长牙不舒服,大叫大嚷,大仲马提起孩子就扔在房间的另一头。她的母亲把孩子保护起来,才使小仲马少受了许多打骂。后来小仲马在他的作品中这样写道:"母爱就是女人的爱国心。"这句话表达了他对母亲的感激之情。

大仲马承认小仲马之后,由法院判决把儿子送到寄宿学校。他的同学们辱骂他为私生子,是洗衣女工的儿子,是只有受人供养的母亲、没有父亲的孩子,是黑人面孔的小孩,还说他一文不名,等等。不过,由于大仲马,他从小就踏入了戏剧界和文人聚集的咖啡馆,认识了钢琴家李斯特、诗人兼戏剧家缪塞、巴尔扎克等名人,耳濡目染,小仲马的文学兴趣也得到培养,这对他后来选择的道路不无影响。

大仲马一向过着浪荡的生活,小仲马对父亲颇有微词,可是大仲马幽默地写道:"他真心实意地嘲笑我,但他也真心实意地爱我……我们不时地发生争吵。那一天,我买了一头小牛,我把它养肥了。"大仲马的"言传身教"对小仲马还是起了潜移默化的作用。

从1842年起,他脱离了父亲,过起了独立的生活。他寻找情妇,追逐姑娘。有一天,他在离沃德维尔剧院不远的一个交易所广场上看到一个神秘的女郎,头戴意大利的草帽,她的名字叫作玛丽·迪普莱西,真名为阿尔丰西娜·普莱西。她对富人和社会名流有着自由不羁的态度,散发着光彩和神秘的气息,这些给小仲马留下了深刻的印象。

1844年的一个晚上,小仲马又在杂耍剧院看到了她,她由一个老富翁陪伴着。很快,小仲马就成了她的情人。因为要过那种生活,她要花很多的钱，小仲马为她付了债。在小仲马成年那一天，他的债务高达5万法郎，在当时这是一笔巨款，尤其考虑到他没有任何接受遗产的机会。

1845年夏天，小仲马和玛丽·迪普莱西发生了争吵，断绝了来往。玛丽找上了李斯特，小仲马为了忘掉旧情，埋头创作，由大仲马出资发表了诗集《青春之罪》。在这以前，他还写了一本小说叫作《四个女人和一只鹦鹉的故事》，不过没有什么反响。

1846年2月，玛丽·迪普莱西到了伦敦，秘密嫁给一个伯爵。当时她的身体已经非常虚弱了，不得不到巴黎的巴登-巴登去疗养，而大仲马父子则到西班牙旅行。玛丽在1847年2月3日病逝于巴黎，有两位伯爵给她扶灵，送到蒙马特公墓。

蒙马特公墓是巴黎一个著名的公墓，这个公墓埋葬了很多名人，有的墓修得相当大，相当漂亮。玛丽·迪普莱西也被葬在蒙马特公墓，棺材上面撒满了茶花。

1847年2月10日小仲马在南方的马赛得到了噩耗，回来以后，就躲在圣日耳曼的白马客栈里，花了一个月的工夫，一口气写成了《茶花女》。毫无疑问，玛丽·迪普莱西就是这部小说主人公的原型。一般我们在讲《茶花女》时，都提到它的确是根据真人真事写成的。

小仲马的地位是同《茶花女》这部小说紧密相连的，所以法国的一个评论家亨利·巴塔伊认为："茶花女将是我们的世纪之女，就像玛侬是18世纪之女一样。"玛侬·列斯戈是法国另一部著名小说《玛侬·列斯戈》的主人公。小说家左拉说："小仲马先生给我们再现的不是日常生活的一角，而是富有哲理意味的狂欢节……只有《茶花女》是永存的。"龚古尔在日记中写道："小仲马拥有出色的才华：他擅长向读者谈论缝纫工厂的女工头、妓女、有劣迹阶层的男女。他是他们的诗人，他用的是他们理解的语言，把他们心中的老生常谈理想化。"列夫·托尔斯泰也是很欣赏小仲马的，他说："小仲马先生不属于任何派别，不信仰任何宗教；他对过去和现在的迷信都不太偏好，正因如此，他进行观察、思索，他不仅看到现在，而且看到未来。"

这些作家从不同的角度指出了小仲马的人生态度，以及作品的内容和艺术倾向，这些方面都特别鲜明地体现在了《茶花女》这部小说里面。

我在这一节主要介绍了这部小说产生的一些经过，及主人公的原型。第二节，我想谈一谈这部作品的社会意义和对人物的描写。

第二节
门当户对到底重不重要

小仲马并没有对资本主义社会的丑恶现象做出很深刻的揭露,《茶花女》也不以批判深刻而见长。法国评论家雅克·沃特兰从两方面分析《茶花女》的成功奥秘,他认为"这部小说如此突出的反响,必须同时从一个女子肖像的真实和一个男子爱情的逼真中,寻找深刻的根由","这位小说家通过行文的简洁和不事雕琢,获得叙述的逼真"。

他的见解十分确切,但还不够全面。毫无疑问,《茶花女》是一部爱情小说,应该说,它从生活当中来,又经过了作者的提炼,比生活更高,或者说是被作者诗意化了。

在作者的笔下,男女主人公都有真挚的爱情,一个甘于牺牲自己向往的豪华生活,处处替情人着想,不肯多花情人一分钱,宁愿卖掉自己的马车、首饰、披巾,也不愿情人去借债,还替情人妹妹的婚事考虑。她毅然决然地牺牲自己,成全情人。作者通过人物感叹:"她像最高尚的女人一样冰清玉洁。别人有多么贪婪,她就有多么无私。"又说:"真正的爱情总是使人变得美好,不管激起这种爱情的女人是什么样的人。"所以说,作者高度赞美了玛格丽特的爱情。

另外,男方一见钟情,听不进任何人的劝阻,哪怕倾家荡产也在所不惜,而且又暗中将母亲给他的遗产赠送给情人,此外,他强烈的嫉妒心也是他爱情的深切表现。一直到情人死后被埋入地下,他仍然设法将她挖掘出来,见上最后一面,他的爱情到了无以复加的地步。

值得注意的是,玛格丽特尤其看重阿尔芒的真诚和同情心。她对他说"因为你看到我咯血时握住了我的手,因为你哭泣了,因为世间只有你真正想同情我",而且,"您爱我是为了我,不是为了您自己,而别人爱我从来只是为了他们自己"。

小说这样写的话,一个妓女信任并迷恋一个男子就毫不牵强了。他们的爱情不仅有了可靠的基础,而且是真实可信的。

相比而言,我觉得玛格丽特是更为丰满的人物形象。

一方面,小仲马并不忌讳她身上的妓女习性:爱过豪华放荡的生活,经常狂饮滥喝,羡慕漂亮衣衫、马车和钻石,因而愿意往火坑里跳;另一方面,小仲马深入到这类人物的内心,认为玛格丽特自暴自弃是"一种忘却现实的需要",她过寻欢作乐的生活是因为不打算治好自己的肺病,以便快一点舍弃人生。

但她对社会也有反抗,比如,她喜欢戏弄初次见面的人,认为"她们不得不忍受每天跟她们见面的人的侮辱,这无疑是对那些侮辱的一种报复"。她还愤愤不平地说:"我们不再属于自己,我们不再是人,而是物。他们讲自尊心的时候,我们排在前面,要他们尊敬的时候,我们却降到末座。"这是对妓女悲惨命运的一种血泪控诉。

尽管她为了维持庞大的开销,需要同三四个大贵族来往,但是她仍然有所选择,例如,对待德·N伯爵时她就是坚决推拒的,表现得非常粗暴,不留情面。因此,男主人公阿尔芒认为,在这个女人身上有着某些单纯的东西,她"虽然过着放纵的生活,但仍然保持纯真","这个妓女很容易又会成为最多情、最纯洁的处女"。归根结底,巴黎生活燃烧不起她的热情,反而使她厌倦,因此,她一直想寻找真正的爱情归属。总之,玛格丽特的复杂心理被写得合乎情理。对于这种受侮辱、受损害的人,作者要求人们给予无限的宽容。

小仲马匠心独运之处，还在于他描写的女主人公死后，社会舆论对这类妓女的态度。他通过公墓的园丁揭露那些正人君子的丑恶嘴脸。"他们在亲人的墓碑上写得悲痛万分，却从来不流眼泪"。他们不愿意看到亲人旁边埋着一个妓女！更可恨的是那些做买卖的人，他们本来在玛格丽特的卖笑生涯中搞过投机，在她身上大赚了一笔。在她临终时，他们却拿了贴着印花的借据来纠缠不休，要她还债。

在玛格丽特死了以后，他们马上来催收账款和利息，急于拍卖她的物品。玛格丽特生前红得发紫，身后却非常寂寞。小说这样写道，"这些女人讲究的生活越是引起街谈巷议，她们的过世便越是无声无息"。

这些笔墨非但不是赘写，反而应该说是最真实的风俗描绘，是这部爱情小说不可多得的神来之笔。这是我对主人公玛格丽特的一些理解。

男主人公阿尔芒·迪瓦尔的形象也写得相当真实。首先，在人物的名字上，小仲马颇费了一番心思。仲马（Dumas）和迪瓦尔（Duval），亚历山大（Alexandre）和阿尔芒（Armand），第一个字母都是相同的，作者似乎是要表明男主人公和自己的经历既有相同之处，又有某些区别。

迪瓦尔的冲动、豪爽、毫无保留，甚至提出令人难以忍受的要求，嫉妒、举动庸俗、动辄易怒，常常做出不假思索、带来严重后果的行为，这一切都在于加强效果，靠着这些，小仲马把一个涉世未深的热血青年写得活灵活现。

阿尔芒爱流泪也和当时的社会风气十分吻合。这种男性的软弱还表现在他受到玛格丽特去世的打击时，悲痛得病倒，这跟玛格丽特在死前大胆地自我告白形成了对照，这段写得未免可笑，但却是真实的。

在次要人物中，阿尔芒·迪瓦尔的父亲和普吕珰丝值得一提。迪瓦尔先生体现了当时的资产阶级道德观念。他认为儿子走入了歧途，作为父亲，自己有责任去挽救他，而且儿子的行为已经直接影响到他女儿的出嫁，问题变得特别严重，需要妥善解决。他显然不能被归为无能之辈，从他获得了C城总税务长的职务就可以看出来，他比儿子老练得多，在严词开导儿子没有获得成功之后，他改变了策略，采用了调虎离山之计，把儿子支开，单独与玛格丽特交谈，晓之以利害。

他这样说："你们两人套上了一条锁链，你们怎样也砸不碎……我儿子的前程被断送了。一个女孩子的前途掌握在你手里，可她丝毫没有伤害过您。"这番话句句"在理"，致使玛格丽特无法坚持己见。

应该说，小仲马并没有把他当作反面人物来描写。小说反复写"他为人正直，闻名遐迩……是天底下最值得尊敬的人了"。任何一个资产阶级家庭里做长辈的都会像迪瓦尔先生一样行事，这是毫无疑问的。说实话，现实生活当中，门当户对还是一个比较适用的准则，生活当中往往能看到的都是门当户对的婚姻，不是门当户对的婚姻，往往容易有问题。嫁入豪门就一定幸福吗？那也是未必的。

所以说，迪瓦尔的父亲这样的做法是很自然的。你说他特别坏吧，我觉得，我们也不能用这样的眼光对待他。小仲马遵循现实主义原则，将迪瓦尔先生的务实写到近乎冷酷的程度，跟他儿子阿尔芒的热情、冲动、不计利害关系形成了强烈对照。除此以外，迪瓦尔先生认为妓女是没有心肝、没有理智的人，是一种榨钱机器，这种看法是跟阿尔芒的见解大相径庭的。小仲马的褒贬态度自在不言之中，要由读者自己去判断。

至于普吕珰丝这个人物，这个昔日的妓女如今是时装店老板娘，她也是女主人公的陪衬人物。小仲马对她的贬斥是显而易见的。她由于人老珠黄，已不能出卖色相了，便攀附正在发红的妓女，从中牟利。她对玛格丽特的友谊到了奴颜婢膝的地步,但她每做一件事都要收取酬金。她表面上在开导阿尔芒不要独占玛格丽特,说得头头是道,实际上她是担心玛格丽特从此失去了公爵和德·N伯爵的接济,也就断送了她自己的财路。

待到玛格丽特奄奄一息的时候,她便毫不留情地离开了玛格丽特。小仲马还写她不放过机会去调情。凡此种种,都写出了她与玛格丽特有云泥之别,不是同一类人物。

我觉得,这部小说在主要人物上面写得相当成功,次要人物也写得不落俗套,不同人物也有一定的对照关系,人物总体来说都是写得非常成功的。

下面,我挑出了一些我认为写得很好的段落。这是玛格丽特为了要跟阿尔芒诀别,写给他的一封信当中的一段:

在您读到这封信的时候,阿尔芒,我已经是另一个男人的情妇了。因此,我们之间一切都已结束。

回到您父亲的身边去吧,我的朋友,回去看看您的妹妹吧,她是一个圣洁的姑娘,对我们这些人的悲苦一无所知。在她身旁,您会很快忘却那个叫作玛格丽特·戈蒂埃的妓女使您所受的罪。您曾经甘心情愿爱上她,她这辈子仅有的幸福日子得之于您;眼下她希望她的生命屈指可数。

这一段讲的就是玛格丽特过那种豪华生活的结果:

每天这样狂饮滥喝,势必损伤她那孱弱的机体,我看了真是难过。

不出我的所料，我担心的一件事终于发生了。将近夜宵结束时，玛格丽特一阵狂咳，这是我到来以后她咳得最厉害的一次。我觉得她胸膛里的五脏六腑都撕碎了。可怜的姑娘脸色变得通红，痛苦地合上眼睛，拿起餐巾擦拭嘴唇，一滴鲜血把餐巾染红了。于是她站起来，奔进了梳妆室。

这一节我主要讲了这部小说的社会意义和几个主要人物。应该说，这部小说还是有一定深度的，而且人物刻画得比较成功。这是这部小说获得成功的原因之一。

第三节
女人最向往的生活是什么样的

这一节，我想谈谈《茶花女》在艺术上的一些特点。

这部小说情节写得相当紧凑，从玛格丽特死了，她的东西被拍卖开始，一步一步描写主人公怎么认识茶花女，然后叙述了他们爱情的遭遇，最后在男主人公父亲的干预下，玛格丽特主动退出，因为她身体不好，不久就得肺病死去了。男主人公赶回来，把她的棺材打开之后，很好地埋葬了她。其中对外貌的描写不是很多，但非常确切。比如说他对玛格丽特外貌的描写，我觉得还是蛮好的。小说里是这样描写玛格丽特的：

> 在一张艳若桃李的鹅蛋脸上，嵌着两只黑眼睛，黛眉弯弯，活像画就一般；这双眼睛罩上了浓密的睫毛，当睫毛低垂的时候，仿佛在艳红的脸颊上投下了阴影；鼻子细巧、挺秀，充满灵气，由于对肉欲生活的强烈渴望，鼻翼有点向外张开；嘴巴匀称，柔唇优雅地微启时，便露出一口乳白色的皓齿；皮肤上有一层绒毛而显出颜色，犹如未经人的手触摸过的桃子上的绒衣一样。

他把一个妓女的美貌和她过度的肉欲生活在脸上所呈现出来的形态写得跃然纸上。这段描写表现出一个烟花女子的打扮和气质，还是颇有力度的。

从其他艺术手段的运用则可以看出，小仲马受到 18 世纪启蒙作家孟德斯鸠和伏尔泰的影响。比如，他在介绍上层社会的各类人物时运用了一种罗列式的讽刺笔调。孟德斯鸠和伏尔泰就很善于运用这类手法，他们用罗列式的办法把人物一个个写下来，后来的作家也有很多都运用了这种手法，专注于用一句话勾勒出一个人的丑态。

除此之外，小说结尾玛格丽特的日记是一种变化了的书信体小说的写法，同18世纪的文学传统有着密切的联系。茶花女的主要篇幅由对话组成，无疑深受大仲马的影响。小仲马的对话同样写得流畅自然，十分生动传神。但是他并不满足于大仲马的拿手好戏，已经十分注意人物的心理刻画了。

阿尔芒等待幽会时的焦急心情和种种思虑，玛格丽特内心情感的倾诉，都是对人物心理的探索；普吕珰丝和迪瓦尔先生的长篇开导和说理，又有着巴尔扎克笔下人物精彩议论的影子。小仲马显然是在吸取众家之长，熔于一炉。

我觉得，这部小说还有一个突出的特点，就是运用第一人称的叙述方式。它让主人公直接加入故事，整个故事情节都是由男主人公用第一人称来叙事展开的。

这种写法自然真切，读者读了以后也有身临其境之感，这有助于把小说人物的心理状态传达到读者的心里，做到直接同读者交流。整部小说的写作方式虽然平直，但很自然，小说开始这一段就是很好的例子：

我的见解是，唯有悉心研究过人，才能塑造人物，正如只有认真地学习过一种语言，才会讲这种语言一样。

由于我还没有达到笔下生花的年龄，我只好满足于平铺直叙。

因此，我恳请读者相信这个故事的真实性，故事中的所有人物，除了女主人公以外，至今都还活在人世。

  另外，我在这里搜集的大半材料，在巴黎有一些见证人，倘若我的证据不够的话，他们可以作证。出于特殊的机会，唯独我才能将这个故事实录下来，因为只有我才了解得巨细无遗，不然的话，无法写出一个兴味盎然的完整故事。

这段话其实是很普通的法语，但表达方式是很有特色的。这个开场白用叙述者"我"表达出来。如果译得不好的话，就不能吸引读者。因此在翻译时，我对词语是加以选择过的，看似普通，但实际上把它平凡中的不平凡表达出来。"唯有悉心研究过人，才能塑造人物"，如果翻译成"没有研究过很多人，我就不能创造人物"，效果是不一样的。

  原文说的是"没有到创作的年龄"，我翻译成了"没有达到笔下生花的年龄"，稍微有一点变化。后面他说"我就只能满足于叙述了"，我译成"我只好满足于平铺直叙"。不同词汇效果相差很大。这一段说它重要，是因为它开启了整部小说的写法，表面看起来很谦虚，但实际上他还是很想把这个故事写好的。

  比如小说的结尾：

  我并没有从这个故事中得出这样的结论：所有像玛格丽特这样的姑娘，都能够做出像她所做的那些事情来。远远不是这样。但我却知道，她们当中有那么一位，在她的一生中曾经有过一次严肃认真的爱情，她为此受尽磨难，并最终为此而死去。我仅把我了解的一切奉献给阅者诸公，这是一种责任。

这是概括性的一段话。这个故事看似很平凡，但还是非常重要的。虽然整个叙述是平直的，但是它也有起伏，这是这部小说本身的风格所在。我想这种风格的确是能够为读者所接受的，读者能从这个爱情故事当中领会到作者的意图。《茶花女》这部小说之所以能够在中国广为流传，作者的手法起到了重要的影响。

当然，我们做翻译的人比较重视在翻译完以后写一篇序言，解读一下这部作品的意义和它的艺术成就。我特别重视艺术成就，因为我觉得一部作品之所以成为经典，不仅仅由于它的思想意义多深刻，往往还由于它的写作技巧足够高明，在艺术上取得了很多成就。

所以，我尽力地探索、研究作者有哪些艺术成就是值得我们吸取，包括我写的《外国文学史》也体现了这点。不同之处在于我从两个方面分析每一部作品，甚至每一个作家：第一个方面就是这个作家写了什么内容；第二方面，这个作家在艺术上取得了什么成就。有人说，巴尔扎克的作品文字很粗糙，真是这样吗？那他的成绩是怎么取得的呢？托尔斯泰很注意文字修饰，那么，他的艺术特点在哪里？《外国文学史》中所介绍的一个作家，如果说生平部分是五千字，那至少要花一千五百字或者两千字来告诉读者这些方面。同样，一部作品也是这样，这部作品的思想意义是什么？艺术成就在哪里？都得去挖掘出来。如果说只是描写这部作品情节曲折、描写生动、人物刻画很成功，两三百字，蜻蜓点水式的，我觉得这是不行的。一定要从上面这两个方面进行探索，让读者有一种新的、更深入的体会，这同时也是对我们每一个译者、每一个研究者更高的要求。

《萌芽》
—
现代工人的悲惨境遇与觉醒之路

Germinal

北京师范大学·高建为

左拉

作品介绍

《萌芽》是法国自然主义小说家左拉创作的长篇小说。由于经济危机爆发，资本家对工人的剥削越来越残酷。随着工人们的苦难愈加深重，人们终于抑制不住怒火，发起了罢工。罢工群众带着他们的妻儿，从一个矿坑涌到另一个矿坑，打倒那些不服从罢工秩序的工人，截住升降机的铁索，捣毁竖井的支架和机器，推倒有钱人家的围墙。后来警察赶到，把群众驱散……

《萌芽》有着真实的历史背景，当时法国社会贫富悬殊、矛盾激化，小说描绘了法国从自由资本主义转向垄断资本主义的过渡时期下矿工的艰苦工作和凄惨生活。当时矿工们的工作强度很大，居住条件也十分恶劣。小说通过对罢工运动的刻画和剖析，为受压迫的工人阶级寻找出路，也肯定了工人阶级以罢工进行反抗的正义性。

《萌芽》思维导图

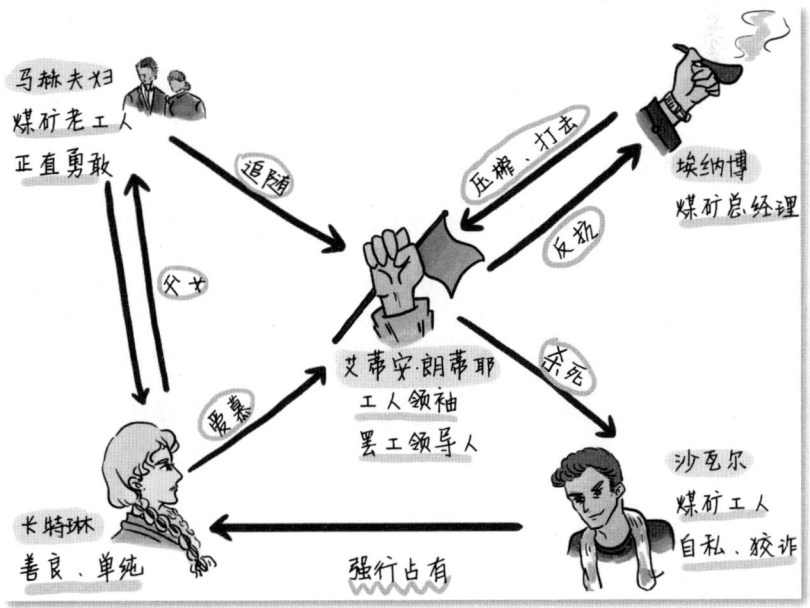

第一节
自然主义是色情文学吗

有一部 20 世纪 80 年代的老电影，名叫《老井》，最后的一个情节是张艺谋出演的孙旺泉在和大伙儿一起打井时遇到坍塌，他和他的初恋情人赵巧英一起落在挖出的坑里，坑上方被土石埋住了，两人生死难测。先前孙旺泉因家穷，倒插门和一个寡妇结了婚，巧英却一直未嫁。在井下，两人面对死亡终于结合。最后，两人都被救了起来，但巧英却离开家乡声称永不再回，因为她不愿拆散旺泉的家庭。

在小说《萌芽》的最后，也有一个类似的情节。罢工领导人艾蒂安和他一直深爱着的姑娘卡特琳因煤矿坍塌被埋在矿井下，面对死亡，两人第一次结合了。与《老井》不同的是，卡特琳最后死在了井下。此外，还有一个不同，当时被埋在井下的还有另一个工人——最初霸占卡特琳的沙瓦尔。艾蒂安和他发生了冲突，用石块砸死了他。

《老井》的编剧是否读过《萌芽》我不知道，但这是有可能的。很多中国优秀作家都是在优秀的外国文学滋养下才写出杰作的。例如茅盾曾在左拉的影响下创作出杰作《子夜》，巴金也曾受左拉影响写过一部叫作《雪》的小说；此外，四川作家李劼人的《死水微澜》也是在左拉作品的启发下写出的。不过受影响和借用、模仿是不一样的，借用和模仿属于"互文性"。

什么是互文性？

"互文性"的英文是 intertextuality（法文为 intertextualité），又译作"文本间性"，是保加利亚出生的法国籍批评家、心理学家克里斯蒂娃提出的一个概念，指一个文本与其他文本的种种关联，包括改写、影射、戏仿、模仿、引用等。"互文性"所指的现象其实相当于中国人说的"天下文章一大抄"，但这里说的"抄"是一个广义的概念，并不单纯指抄一句话、抄一段话这类。

例如路遥的《平凡的世界》也写了矿工的生活。书中所写的煤矿应该是以陕西的一个大煤矿为原型的，当时中国煤矿的状况，可能与一百多年前法国的煤矿差不多，井下坑道低矮狭窄，空气污浊，矿工用十字镐挖煤，挖过以后用圆木撑上新挖出的空间，以防止坑道坍塌，但塌方依旧层出不穷，可以说矿工们在井下干活都是冒着生命危险的。《平凡的世界》写了一次井下事故，在这次事故中，孙少平的师傅死了，而《萌芽》写到的故事就有类似的情节。

谈到这里，可能你要问，矿井下面有没有女工？

据了解，今天各国的矿山都是不让妇女下井的，但在《萌芽》发表的时期，法国的煤矿却可以让女工下井，后来保护妇女被广为提倡，各国这才禁止女工下井。

《萌芽》作者左拉是法国19世纪后期一位著名的小说家，一生勤于写作，共创作大约30部长篇小说，此外还有大量中短篇小说、报刊论文和戏剧剧本。他的多部长篇小说曾在当时成为最畅销的作品，受法国读者长期喜爱并传播到欧美、东亚等其他地区。中国从20世纪第二个十年开始介绍和翻译左拉的小说（最初是中短篇小说），到20世纪末，左拉的绝大部分长篇小说在国内已有译本出版。法国20世纪后期的一份调查显示，左拉的多部长篇小说仍在法国人最爱读的作品名单之中，而他的《萌芽》《娜娜》《小酒店》《金钱》《妇女乐园》等在中国也很受读者喜爱，知名度非常高。

左拉为何能够在世界多个国家有如此高的声望？

要回答这个问题，我们就不得不提到左拉提倡的自然主义。

左拉不仅是一位作家，还是一位文学理论家，他在辛勤写作小说的同时还创作了大量文艺评论和文艺研究论文，提倡自然主义，同时他在自己的创作中践行自然主义理论。在他和文学同道们的努力下，自然主义在19世纪后期的法国文学界形成了一场运动，成为当时最有影响的文学潮流，以后还扩展开来，影响到欧美和亚洲等地的文学创作。可以说，左拉是自然主义文学的旗手和领袖。

可能有很多读者不知道，尽管自然主义对许多国家的文学创作产生了重要影响，但"文革"以前国内对自然主义多有误解，最主要的误解有两条，其一是认为自然主义提倡照相式反映生活，其二是认为自然主义作品是一种色情文学。那时，涉及色情的文学内容几乎都被称为自然主义。

自然主义被看成是色情文学，这一点与左拉小说在描写方面突破禁区有直接关系，他在《戴蕾斯·拉甘》中大胆描写女主人公的性生活，在《娜娜》中更是描绘了女主人公表演的裸体舞蹈和在情人面前的种种淫荡表现。其实，当年左拉的某些小说刚一发表即被人责骂成淫秽文学，但很快，读者的认识就发生了转变。

在法国作家中，左拉本人可以说是在男女关系方面最为严谨的，他一生只与两个女人共同生活过，其中一个就是他的妻子，当年是画家塞尚介绍他们认识的。左拉夫人终生没有生育。后来，左拉与在他家服务的洗衣女工让娜相好，他妻子知道后默认了。左拉为让娜另外安排了住处，最后，让娜为左拉生下了几个孩子。当然，这是题外话了。

谈到这里，我想提一个问题，应该怎样认识自然主义？

自然主义文学是在现实主义文学的基础上发展而来，并由左拉提出来的。提到现实主义，我们自然会联想到法国著名作家斯丹达尔和巴尔扎克，但自然主义与现实主义并不完全相同。

自然主义和现实主义都强调写实，说白了，就是依照生活的本来面目创作小说，也即排除过分的夸张和理想化，更不要超自然的情节。浪漫主义就很夸张，在浪漫主义小说中甚至有近似超自然的描写，在《巴黎圣母院》中，卡西莫多就很夸张地一个人抵挡了无数人的进攻。小说最后，卡西莫多抱着爱丝梅拉达的尸骨，有人拉开他们，尸骨就化为灰烬，这就有点超自然的意味。

那么自然主义与现实主义有什么不同呢？主要的区别有两点。

第一，自然主义强调文学作品中的描述要客观。客观本来是与真实相关联的，真正的真实显然应当是客观的真实，但现实主义作家常常在作品中试图表现自己的倾向，作者的主观倾向一出现，就干扰了作品的客观性。小说的倾向如果过于明显，读者就会很难相信作品的真实性，自然主义强调客观的目的就在这里。

第二，自然主义提倡文学与科学结合，这是适应时代所提出的，左拉的小说就在很多方面结合了当时正在蓬勃发展的科学。

我们再回头来看看左拉是如何从一个打工者成为著名作家的。左拉最初不过是一个打短工者，最后却通过自己的不断奋斗，成为世界知名的作家，因此，他的生平是一部很好的励志教材。左拉的父亲本是一位出生在意大利的工程师，中年时到法国寻找工作，在那里与一个小自己25岁的法国姑娘相遇结婚，1840年在巴黎生下爱弥尔·左拉。左拉3岁时父亲申请去法国一个南方小城市艾克斯修建水渠，于是带着妻子和孩子到了艾克斯。不幸的是，左拉7岁时父亲去世，身为穷工程师的父亲没有留下什么财产，母亲带着左拉，日子过得相当艰难。18岁时左拉来到巴黎，在巴黎上完中学。中学学业完成后，左拉两次参加会考，均以失败告终。由于他参加会考失败，未得到业士学位（这是法国中学毕业生通过会考后获得的学位），无法上大学，只好去找工作谋生，而由于没有业士学位，找工作处处碰壁。

你可能要问，什么是业士学位？

业士学位是法国独有的一种学位，授予高中学习结束后通过会考的学生，有业士学位才能申请上大学，因此，业士考试被看作法国的高考。然而在某种程度上，业士考试比高考更为重要——拿不到业士学位等于高中未毕业，找工作就会十分困难。

左拉一直梦想着成为作家，一有时间就练习写作，因此不愿做需要坐办公室的工作。于是他选择以打短工为生，这样报酬既低又不固定，因此这个时期他的生活非常艰苦，常常变换住处，有时吃了上顿没下顿。冬天最为艰难，因为寒冷，常常要买燃料取暖，所以他总是半饥半饱，不写作时就躺在床上，盖上被子以抵御寒冷。有一个冬天，左拉实在没钱用，只好把外衣脱下去当铺里换钱，穿着衬衣和背心回家。在路上，一不小心就滑进了路边的排水沟，冰冷刺骨的泥水让他哭了起来，这时他真正领略了人世的艰辛。

尽管如此，左拉对前途仍满怀信心。他写了一个座右铭：要么得到一切，要么一无所有。逆向地看，早年的艰苦生活对于作家左拉来说其实很有好处。首先，这样的生活逼迫他拼命写作以改变命运，促使他在年轻时就创作出极为优秀的作品；其次，这样的经历让他有了丰富的人生经验，并对社会有了较为深刻的认识。

22岁时，左拉在父亲的一个朋友的帮助下，进入法国著名的阿歇特出版社工作。最初，他只是个打包工，但凭借着固定收入，生活开始安定下来。当时的许多著名作家都在阿歇特出版社出版书籍，左拉由此结识了不少作家，这也坚定了他从事文学创作的决心。在这段时间里他仍然坚持练习写作，只是没有发表作品的机会。在阿歇特出版社工作一年多后，左拉决心好好利用阿歇特出版社这个重要资源。他壮着胆子把自己写的诗稿放到老板的办公桌上，希望能得到老板赏识，得以出版。老板读了他的作品，对他说诗写得不错，但估计出版后不会太受欢迎，建议他转换创作体裁。此后老板还将他提升为广告部主管，给他加薪。左拉听从老板建议，转向中篇小说创作，自1864年出版第一部作品中篇小说集《给尼侬的故事》后，左拉源源不断地发表小说作品。当时报刊兴起连载小说的风潮，左拉后来有不少小说是先在报刊上连载，之后再作为单行本出版发行的。

左拉一开始创作的中篇小说和长篇小说，市场反响都不太好，主要原因是在风格和方法上，左拉还在模仿当时已经过气的浪漫主义。其实，左拉在创作之初就有独树一帜的雄心，他认为当时的许多文学作品从内容到形式都已不再契合时代的要求，不再能够满足读者的趣味，因此应该寻找一种新的创作方式，只是在那时，年轻的左拉还未找到这种方式。

1867年左拉发表《戴蕾斯·拉甘》，1868年又发表《玛德兰·费拉》，这两部作品奠定了左拉后来的创作基调，是他最早的两部自然主义小说。

这两部小说发表后都取得了相当大的成功，左拉成为很有影响的青年作家。从发表《戴蕾斯·拉甘》起，左拉就因作品的直白和真实受到批评家或读者的攻击，他对此并不在意，但也曾著文为自己辩护。

在《戴蕾斯·拉甘》大获成功后，左拉受到鼓舞，开始构思一部《人间喜剧》式的大型系列小说，准备描写"第二帝国时期一个家庭的自然史和社会史"。这就是后来共用 25 年时间写成的《卢贡-马卡尔家族》系列。从 1869 年 7 月开始写作第一部，1893 年完成最后一部，左拉历时 25 年，以 20 部长篇小说搭建起了《卢贡-马卡尔家族》系列。1877 年《卢贡-马卡尔家族》系列中的第七部作品《小酒店》发表后引起巨大反响，左拉的声誉蒸蒸日上，成为当时法国最有影响的作家。

第二节
生命和钱哪个更重要

首先我要解释什么是《人间喜剧》式。

《人间喜剧》是巴尔扎克所创作的大型系列小说,这个系列几乎包括了所有巴尔扎克的中长篇小说,一共有 90 多部,这 90 多部小说每部自成一体,但各部之间通过时代背景、历史事件和一些反复出现的角色相互联结。

《人间喜剧》的主要特点是以写实手法,广泛描绘一个时代的社会生活。在形式上,《人间喜剧》有一个重要特色就是人物再现法。所谓人物再现法,即一些重要人物在系列中的多部小说里出现,例如伏脱冷在《高老头》中出现过,后来又出现在《交际花盛衰记》以及其他小说中。在《卢贡-马卡尔家族》中,左拉一方面采用写实手法广泛描绘法兰西第二帝国时期法国社会的方方面面,另一方面也学习了人物再现法,让一些人物在《卢贡-马卡尔家族》的不同篇章中反复出现,这些人物是靠着血缘联结在一起的。

左拉的创作以长篇小说成就最高,而他的优秀长篇小说差不多都在《卢贡-马卡尔家族》这个系列中,其中最为出名的有《小酒店》《娜娜》《萌芽》《金钱》等作品。

《萌芽》讲的是一个名叫艾蒂安·朗蒂耶的工人在蒙苏矿区罢工的故事。艾蒂安是《小酒店》中的女主人公绮尔维丝的儿子,他在《小酒店》里也出现过,但当时还是个小孩,左拉对他着墨不多。艾蒂安后来成了里尔一家铁路工厂的机器匠，因为打了工头一个巴掌，被工厂开除，最后来到蒙苏，在蒙苏得到老工人马赫一家的帮助，做了推车工。

推煤车一般由女工负责，当时的煤车是一种小型轨道车，装上煤后每车大约有 700 公斤。马赫的女儿卡特琳也在做推车工，她对艾蒂安很友好。后来，俩人互相有了好感，但不久后卡特琳成为另一个矿工沙瓦尔的情人。做了一段的推车工后，艾蒂安当上了挖煤工。虽然艾蒂安看起来很文弱，但他非常灵巧，头脑也很灵活，因此干起活来从不输给其他煤矿工人。

艾蒂安初到煤矿时，没有自己的住房，只能住在旅馆里。旅馆兼酒店老板拉赛纳原先也是一个工人，因为煽动工人与矿方斗争而被开除。艾蒂安在这里接触到很多工人，其中有一个是俄国革命流亡者、机器匠苏瓦林，他主张彻底打破旧世界、建立新世界。这个人其实是一个无政府主义者。

无政府主义者又怎么会是革命者呢？

19 世纪末俄国人巴枯宁在法国人蒲鲁东的影响下信奉无政府主义学说，主张建立一个没有政府的、绝对自由的自由社会。巴枯宁曾在德国参与过一次革命，后来又参加了"第一国际"，追随者众多。他的追随者与马克思的追随者常常对立，最后，马克思派把巴枯宁派逐出了第一国际。

在这里我讲一个小故事。巴金年轻时曾信奉无政府主义，他原名李尧棠，笔名"巴金"的第一个字"巴"就取自巴枯宁的"巴"。

《萌芽》中还有一段苏瓦林与艾蒂安的争吵。艾蒂安受在里尔时的工人运动领袖普鲁沙影响，相信"国际"的学说，苏瓦林则认为这十分愚蠢，他说："卡尔·马克思主张一切听其自然发展，不要手段，不搞阴谋，是不是？一切都要公开，一味要求提高工资……赶快丢开你们那套进化论吧！要烧毁城池杀掉人类，把一切一扫而光，使这个腐败世界荡然无存，那时候才能建成一个更美好的世界。"当时艾蒂安在理论上没有什么积累，无法与苏瓦林论争。

艾蒂安发现，对于资本家对自己的剥削压迫，许多工人充满愤恨，但又无法反抗。艾蒂安目睹工人高强度的劳动、微薄的工资和穷困的生活，他认为必须同资本家斗争，以争取正当的权利。艾蒂安在里尔时就经常与普鲁沙谈话，到了蒙苏矿区，艾蒂安仍然与普鲁沙通信，在普鲁沙的鼓动之下，他准备在蒙苏矿区建立工人组织。为此，艾蒂安积极阅读有关书籍，增加相关知识，同时鼓动马赫与资本家斗争。

在马赫的帮助下，艾蒂安终于在工人中建立起了互助基金会，每个参加的工人每月交一法郎，在需要的时候供大家使用。为了同工人建立更多的联系，艾蒂安搬到了工人村，住在马赫家里，与卡特琳和她的弟弟同住。虽然卡特琳和艾蒂安两人早就互有好感，但现在卡特琳已经和沙瓦尔在一起，因此他们双方都很克制，只是朋友关系。艾蒂安利用住在矿工村的便利，经常对工人进行宣传，在工人中，马赫和他的老婆孩子成了他最早的追随者。

在建立起互助基金会后，艾蒂安被大家任命为基金会的秘书，同时，因为他常为基金会写东西，基金会还给他一点津贴。他经常帮助工人写信，给遇到困难的工人出主意，自然而然地成了工人的主心骨。这时普鲁沙希望蒙苏煤矿工人能够参加"国际"，但没有一个工人愿意。

什么是"国际"？

"国际"指的是"国际工人协会"，史称"第一国际"，是英国、法国、意大利、德国和波兰等地的工人代表于 1864 年 9 月在英国伦敦成立的工人国际联合组织。马克思出席了会议并成为协会事实上的领袖。后来因协会不再适应斗争需要，于 1876 年在马克思的建议下解散。为什么《萌芽》中的工人刚开始时都不愿参加"国际"，那是因为他们对"国际"不了解。

小说故事随时间发展。到了 10 月，艾蒂安听说矿方对矿工支架的坑木很不满意，可能因此要改变发放工资的方式。原先矿方是将支坑木的工钱与挖煤的工钱一起计算，以后则可能要根据坑木架设的质量发放补贴。艾蒂安意识到矿方的目的是压低工人工资以应对正在出现的经济危机，他预感到在矿方和工人之间将会有一场斗争，因此做好了罢工的准备。到 10 月底快发工资时，矿方果然宣布了新的工资发放办法，新办法从 12 月 1 日起实行。

按照新办法，原先每车煤五十生丁的工资标准将会降低为每车煤四十生丁，减少的十生丁则按架设坑木的工作量支付。工人们算了笔账，不但每车煤所得的工资变少了，而且还要增加支坑木的时间，不满在工人中蔓延。就在 10 月底领取半月工资时，许多工人因为坑木支得不好而被扣了罚款，再加上矿方多次停工导致工人工作量减少，因此许多工人的工资都比从前少得多。发工资那天本该是喜庆的日子，矿工村中却是一片哭声。艾蒂安感觉他组织工人进行斗争的时机到了。

12 月中旬，罢工开始了。矿方十分吃惊，因为就在 12 月 1 日正式实行新的工资办法时工人们还很安静，他们认为肯定有人在暗中组织。果然，正当煤矿总经理埃纳博在家里款待客人的时候，工人派出了代表来与他交涉。工人们提出，矿方的新工资办法实际上"另付的坑木钱弥补不上每车煤减少的十个生丁。工人们最多只能挣回八生丁，除去加固坑木所费的时间不算外，还让公司从中窃去二生丁"，这就使工人们无法生活。既然如此，那就不如站出来勇敢反抗。工人们要求矿方恢复原先发放工资的办法，并且每车煤增加五生丁的工资，如果矿方不答应，工人就不上工。

罢工坚持下来了。艾蒂安成了工人领袖，感觉自己有了力量，但也认识到自己受的教育太少，因此加强了自学。但他并没有掌握好方法，所以他的自学杂乱无章，脑子里装了一大堆互相矛盾的思想。

半个多月以后，罢工仍然没有取得胜利，而互助基金会的几千法郎和别处的捐款都被分发到工人家里用光了。这时普鲁沙不断来信，说要亲自前往蒙苏，鼓励工人的热情。他希望由艾蒂安主持一次秘密会议，动员工人参加"国际"。艾蒂安开头还有些犹豫，因为拉赛纳反对让别处的人操纵本地工人。然而艾蒂安看到工人的困难，认识到如果没有外援，罢工很可能会失败。这时，他的领袖欲也在脑子里发热了，他决定让普鲁沙来动员工人加入"国际"。虽然拉赛纳多方阻挠，普鲁沙还是来了。经过普鲁沙的动员，参加会议的工人都表示愿意加入"国际"，并且替不在场的工人做主，让他们也加入"国际"，也就是说蒙苏的一万工人都参加了"国际"。但是后来"国际"只寄来了四千法郎的援助款，这笔款子还不够工人们用一个星期。

"国际"为什么只寄四千法郎就不再寄了？

"国际"是各国工人的联合组织，没有什么经费来源，所以不可能多寄。我们知道，马克思作为国际工人领袖，自己经常连吃饭的钱都没有，要靠恩格斯资助。

最后，罢工工人的钱全用完了，到了山穷水尽的地步。艾蒂安又一次召开会议，让工人决定是否继续罢工。工人们情绪激昂，在艾蒂安的煽动下都表示希望坚持下去，让资本家知道工人的力量。矿方这时也遭受了巨大损失，但他们不愿意向工人屈服，因此动员了部分工人复工。这一情况被罢工工人知道了，他们愤怒地冲向矿井，阻止打算上工的工人。在怒火中，他们开始捣毁矿井的设备。艾蒂安就势组织工人在各个矿区游行示威，愤怒的工人砸毁了商店，抢了商店的面包。矿主们叫来了宪兵，工人才冷静下来。后来，省长派来了军队驻扎在蒙苏一带以维持秩序。

这时矿方开始大肆解雇工人，马赫被解雇了，艾蒂安躲了起来，但罢工工人仍然不复工。

由于长时间没有开工，矿方损失非常严重，因此招募了一批比利时工人来代替罢工工人上工。罢工工人发现外国人抢了自己的饭碗，十分愤怒，于是在艾蒂安和马赫等人的带领下包围了矿井，与奉命保护矿井和比利时工人的军队发生了冲突。最后军队在受到攻击的情况下开枪，打死14人，打伤25人。工人们溃散了。马赫在冲突中丧生。

发生这样的暴动后，矿方做出和解的姿态，宣布辞退比利时人，并且对罢工工人既往不咎，已被解雇的工人和罢工最坚决的工人只要去上工，就照旧雇用。这时已有不少工人决定上工，已经与沙瓦尔分手的卡特琳也打算回去上班。暂时住在马赫家的艾蒂安此时与卡特琳旧情复燃，不愿意卡特琳一人去受苦，决定陪她下井。

到了井下不久，原先起到保护井壁作用的木板因被仇恨旧世界的苏瓦林锯断，矿脉里的地下水不断涌出，淹没了矿井并最终引起塌方，许多工人被压死在矿井里。艾蒂安、卡特琳和沙瓦尔没能跑出矿井，被困在地下，三人一同挤在一处狭小的空间里。最后艾蒂安与沙瓦尔发生冲突，艾蒂安打死了沙瓦尔，他和卡特琳在井下第一次真正结合。

可能有读者想问，既然艾蒂安早就喜欢卡特琳，为什么不早点表白，让沙瓦尔抢了先？

艾蒂安虽然喜欢卡特琳，但他比较羞怯，而且艾蒂安见到卡特琳时，她当时才 15 岁，艾蒂安并不知道矿区子弟有早恋的习惯，所以没有向她表示，后来沙瓦尔抢先送给了卡特琳一条挂在帽子上的丝带，就强行把她占有了。她成了沙瓦尔的情人。以后沙瓦尔又把卡特琳赶走，抛弃了她。

体弱的卡特琳在地下挣扎了 9 天，最终死在了井下。艾蒂安被救援队挖开矿井救了出来，在医院康复后出院。这时矿方通知艾蒂安，他的身体已不再适合做矿工，但愿意给他一百法郎补偿。艾蒂安谢绝了一百法郎，离开矿区，转向巴黎，因为普鲁沙来信让他去往巴黎，协助自己工作。

第三节
这部小说可以预知未来

《萌芽》是左拉的代表作之一，很能体现作者的艺术风格和特色。它又是一部正面描写罢工斗争（即把罢工当作正义斗争）的小说，在题材和主题上都是一种新的开拓，因此在法国文学史上有重要地位。

我们上面曾经提到中国现代著名作家巴金曾在左拉的影响之下创作小说《雪》，具体情况是这样的：巴金青年时期留学法国，十分倾慕法国文学，尤其对左拉产生了浓厚兴趣，阅读了许多左拉的小说，其中就包括《萌芽》。1932 年，巴金效仿左拉创作了一本描写煤矿工人的小说，甚至最初也将其取名《萌芽》，只是在后来出版时改名为《雪》。

巴金的《雪》是一部什么样的小说？

巴金的这本小说最初曾因题材敏感而被禁止出版，后来改名出版，但影响不大，没有再版，因此读过的人不多。在《雪》中，巴金描写了一个老矿工因顶撞监工而被包工头开除，最终自杀，他的自杀引起许多矿工的愤怒，在一个激进矿工和一个有无政府主义倾向的煤矿职员的鼓动下，他们决定组织工会，结果遭到镇压，被矿警打死好几个工人。此后工人们决定罢工。矿方叫来军队弹压，罢工失败。

这本书受《萌芽》影响明显，很多情节与《萌芽》中的情节相似，如煤矿发生爆炸事故、矿工与矿警对峙等。此外，这本书有个缺点就是篇幅短小，描写粗略，矿工的言语、思想等让人觉得不真实、不准确，而且没有写出工人的声势等。我认为之所以有这些问题，是因为巴金对矿工生活了解不多，也不善于描写群体性运动。虽然他曾于1931年到浙江长兴煤矿待过一周时间，但一周时间显然不能对煤矿生活，尤其是矿工的精神层面有真正的了解。此外，当时浙江长兴煤矿规模并不太大，按《雪》中所写，煤矿只有三千工人，比起《萌芽》写的蒙苏矿区一万多工人少得多。但《雪》的出现，说明左拉对中国文学起到了多方面的影响。

左拉在创作《卢贡-马卡尔家族》的过程中曾表示要描绘当时那个时代中的一个工人家庭，在这种思想下，他创作了《小酒店》，但《小酒店》中的工人大部分是手工业工人，不是产业工人。

横向地看，《萌芽》发表之前，英国曾出现过几部描写工人与资本家斗争的小说，如盖斯凯尔夫人的《玛丽·巴顿》、夏洛蒂·勃朗特的《谢利》和狄更斯的《艰难时世》。这几部写于19世纪中期的小说其实是当时英国蓬勃兴起的工人运动在文学上的反映。因为英国的资本主义工业革命先于法国发生，体现在小说创作上，《萌芽》的出现也晚于以上几部英国小说。

曾有人说《萌芽》是世界上首部正面描写工人罢工斗争的小说，为什么？

上面这几部英国小说，要么并未把工人当作主人公，要么其中的工人并非代表正义的力量，在作品中，作者只表达了自己对工人贫困生活的同情。所以未被看作正面描写工人罢工的小说。

19世纪60年代之后，随着资本主义的发展，法国产业工人的力量逐渐壮大，出现了工人运动高潮，罢工斗争此起彼伏。走在罢工前列的是矿工。仅昂赞煤矿一个地方，19世纪80年代就相继发生过四次罢工。这种现象引起了左拉的关注，他开始有了创作罢工题材作品的打算。1883年秋他开始收集资料,大量阅读有关工人运动的著作,包括介绍马克思主义的著作。1884年初,他又亲自去矿区了解工人的生活情况和劳动情况,甚至加入罢工斗争,旁听了法国工人党会议。1884年4月他开始创作《萌芽》,1885年1月完稿。

由于对工人运动有了充分的了解,同时又接触到了社会主义理论,左拉对工人问题的认识深化了,因而《萌芽》的主题比起《小酒店》来说有重要得多的社会意义。左拉在草稿中写道:"我的小说描写工资劳动者的起义,这是对社会的冲击,使它为之震动;一句话,描写资本和劳动的斗争。小说的重要性就在这里:我希望它预告未来,它提出的问题将是20世纪最重要的问题。"

为什么说小说提出的问题"将是20世纪最重要的问题"?

这是因为当时工人运动风起云涌,各国无产阶级都在联合起来进行斗争,如果不解决劳资矛盾,必然要引起社会冲突甚至动乱。左拉的话也在20世纪得到证实,在20世纪,从俄国开始,世界上陆续发生多次工人起义和革命,由此也诞生了许多社会主义国家。

作者在小说中描写了三种工人类型,通过这三种人在罢工运动中的表现以及他们之间的纠葛,左拉引导读者对工人运动进一步思考并得出结论。

这三种人物就是觉悟工人、先进工人和一般工人。小说中每种工人都至少有一个着墨较多的代表人物,这些代表人物往往性格鲜明,其余的人物则主要在群众活动中出现,性格往往缺少特色,但作者常常能够用寥寥数笔就把他们的某些性格特征刻画出来,使读者感觉其真实可信。

例如觉悟工人中的艾蒂安是左拉重点刻画的人物,苏瓦林则不是;先进工人中的重点人物是马赫，一般工人中的重点人物则是卡特琳。这种分层塑造人物的方法与作品描写群众运动的主题是相适应的，这种手法从多种角度、多种视点观察外界，观察人物内心，能够在描写群众活动场面时，通过一定数量人物的活动给人以厚重感，增强其真实性。

就觉悟工人而言，左拉也设计了不同类型的人物。一种是机会主义者拉赛纳，他原先是一个矿工，由于经常带头闹事被公司辞退，后来开了一个小酒馆。拉赛纳同情工人，暗中支持工人与资本家的斗争，同时与"第一国际"也有联系，但此人的个人主义很严重，他参加工人运动的一个重要原因是希望借此扩大个人影响，树立个人威信。他反对暴力行动，不同意改变整个世界。罢工失败后，他主张工人要与公司达成和解。虽然拉赛纳的某些看法和行动策略是恰当的，但这样的人很难成为坚定的领导人，也很难得到工人的衷心爱戴。

另一种是无政府主义者苏瓦林。苏瓦林原是俄国的职业革命家，后来流亡到法国成为煤矿的机器匠。他信奉无政府主义，认为毁灭旧的世界才能建立新世界，而毁灭旧世界的最好工具就是炸药。当整个地球被血洗过，被大火净化过，一个美好的新世界才会诞生。他主张对资本家使用恐怖手段，他反对罢工，因为在他看来，罢工这种方式过于温和。他不参加工人的集体活动，罢工发生时他一直袖手旁观。罢工失败后，他一个人偷偷钻到矿井下，锯开了保护井壁的木板，致使井下大水涌出，矿井淹没，使得许多无辜的工人死在井下。苏瓦林的无政府主义主张不会得到群众的拥护，因为这种斗争方式利少弊多，给人们带来了深重伤害。

小说中写得最多的觉悟工人是罢工领导者艾蒂安·朗蒂耶。作者对艾蒂安明显有所偏爱，为什么？

艾蒂安受教育程度较高，有与生俱来的反抗性，他正义感强，乐于助人，不计较得失。面对煤矿工人受残酷剥削的现实，他的反抗情绪不断生长。为了寻找解救工人的道路，他钻研社会主义理论，成了有较高觉悟和理论水平的工人领袖。

罢工前，为了组织工人与资本家斗争，他办起了互助基金会，自己担任秘书。后来，他成功发动并领导了煤矿的工人大罢工。但艾蒂安不是单纯的马克思主义者，他的世界观较复杂。他一方面赞同马克思主义学说，另一方面却又信仰社会达尔文主义。他所设想的社会主义中有许多空想的成分。

经过罢工运动的锻炼，艾蒂安的觉悟提高了不少，一方面他有了斗争经验，另一方面他的个人主义也受到了洗涤。他最终认识到：如果人人都争权夺利，那么任何事情都将失败。艾蒂安坚信劳动人民终将战胜资产阶级，但他认为劳动人民最终将通过合法斗争的方式获得胜利。总体看来，艾蒂安的思想比较接近作者本人的思想，作者对这个人物也有所偏爱。

谈到这里，我想提最后一个问题，左拉是社会主义者或者拥护社会主义的作家吗？

我们可以说左拉对社会主义有好感，但说到底，他并不是真正的社会主义者。当时世界上没有建立起任何一个社会主义国家，谁也不知道社会主义制度会是什么样的。马克思、恩格斯在《共产党宣言》中提出："工人革命的第一步就是使无产阶级上升为统治阶级，争得民主。无产阶级将利用自己的政治统治，一步一步地夺取资产阶级的全部资本，把一切生产工具集中在国家即组织成为统治阶级的无产阶级手里，并且尽可能快地增加生产力的总量……共产党人不屑于隐瞒自己的观点和意图。他们公开宣布：他们的目的只有用暴力推翻全部现存的社会制度才能达到。"

这意味着，无产阶级首先通过暴力革命让自己成为统治阶级，然后才在其他方面深入变革。左拉显然不会支持无产阶级以暴力革命的方式成为统治阶级，但他也不反对工人通过合法斗争获得自己的权利。虽然小说最后写道"人们一天一天壮大，黑色的复仇大军正在田野里慢慢地生长，要使未来的世纪获得丰收"。但这只是艾蒂安的希望，并不代表左拉的看法。

第四节
法国本土化的古希腊史诗

《萌芽》原书名是"Germinal",直译为中文意思是"芽月"。

芽月是什么?芽月是 1789 年法国大革命期间,法兰西采用的共和历中的一个月。在共和历中,每一个月份都有一个相应的名字,如芽月、获月等。芽月指的是公历 3 月 21 日至 4 月 19 日这一段时间,也就是初春时期。左拉以芽月作为书名,意在象征工人革命的春天将要到来。照书中的说法,到那个时候,地下的矿工将像幼芽一样破土而出,席卷整个大地。

《萌芽》通过对矿工牛马不如的生活的真实描绘,唤起大众对工人悲惨命运的深切同情。沃勒煤矿的工人,每天天不亮就被罐笼送到离地面几百米深的矿井,钻进只有六十公分[1]高的坑道里用十字镐凿煤。待在这种低矮坑道里的矿工就像"一个被夹在两页书里的小甲虫一样"。

不少矿工因成年累月与煤打交道,得了职业病——硅肺,吐出的痰全是黑的。坑道里空气污浊,又闷又热,有的地方温度高达 35 摄氏度甚至 45 摄氏度。在这种地狱般的环境中只要劳动几分钟就会汗流浃背,但矿工却每天都需要工作十多个小时。为了维持起码的生活,妇女和儿童也需要工作,需要像男人一样下井。女工在井下担任推车工,一车煤有七百公斤左右,她们成天都要弯腰曲背,在井下推着这样的煤车。有的巷道附近因有地下矿层在燃烧,温度高达 60 摄氏度。在这种蒸笼似的地方,有的

---

[1] 1 公分 =1 厘米。——编者注

女工顾不得羞耻，有时甚至脱光衣服干活。

矿主为了多赚钱，舍不得花钱修理矿下设备，使矿井下充满了各种危险，工人的生命安全得不到保障，常有矿工因事故致残甚至死于非命。工作如此艰苦和危险，工人们的报酬却少得可怜。在每个矿工家庭，除了几岁的孩子，一家老小全得拼命干活，这样才能勉强糊口。一旦发生变故，全家人就都得饿肚子。工人的居住条件也十分恶劣，往往一家几代挤在一两个狭小的房间里，就连洗澡也无法避开旁人。

一方面受遗传影响，另一方面由于后天营养不良，矿工子女身体发育都比较差，有不少孩子生下来就是畸形。矿区很多孩子没受过什么教育，虽然小说写到矿工村的孩子们结队上学，但也写到很多孩子十几岁就下井干活，或者到处闲逛，游手好闲。在这种环境下，矿工子女从小就染上不良习气，孩子们往往十多岁就发生性关系，很多人还有酗酒的毛病。这是19世纪中后期煤矿工人生活的真实写照。

在这里我们提一个问题，造成这种状况的根本原因是什么？

我想，你可能会回答是剥削。

为什么现在欧美各国仍然存在剥削，工人的生活又变好了呢？我想有两个因素值得思考：其一，在资本原始积累时期，工人所受到的剥削是十分沉重的，各国皆是如此。资本家剥削工人一方面是为了自身拥有更好的生活条件，另一方面也是为了产业的扩大再生产，而且在某种程度上，这种扩大再生产是永无止境的。其二，沉重的剥削必然引起反抗，所以19世纪各国工人运动蓬勃发展，而正是由于工人的不断斗争，迫使资产阶级不得不重视工人提出的要求，即改善工人生活和工作条件，提高工资待遇。所以，如今欧美各国工人工资待遇得到了较大的提升，工人们的反抗也相对较少了。但即便是现在,法国也依然不断有工人游行示威甚至发起罢工。

在这里有必要简单解释一下"剩余价值"这个概念。从理论上,剩余价值指的是工人劳动产生的价值扣除劳动力价值后剩下的价值,简单来说,就是工人生产的物品转化成钱扣除他所得的工资后剩下的钱。马克思认为剩余价值应该归劳动者所有,资本家占有剩余价值的行为,实际上就是剥削。

但我个人认为,资本家占有剩余价值是有一定的正当理由的。

首先,资本家希望扩大再生产;其次,从权利上说资本家出资购买劳动工具和劳动条件,他应该得到回报。但是过度追求剩余价值、不给劳动者合理报酬必然伤害劳动者,造成劳动者的贫困,那么劳动者就会进行反抗斗争。法国以及西方许多国家明白了这个道理,他们通过提高工人工资和待遇,缓和劳资矛盾,从而避免了革命的发生。

左拉在小说中花了许多篇幅描写煤矿公司的股东格雷古瓦一家的生活,他希望通过与工人生活的对比,引起读者思考工人生活贫困的原因。格雷古瓦一家从不劳动,却拥有宽阔舒适的庭院,一切由用人服侍,吃穿用度都是超出一般工人想象的。他们之所以能这样养尊处优,原因在于格雷古瓦的祖上曾买过一万法郎的煤矿股票。如今,这些股票每年有五万法郎红利,相当于50个强壮工人一年的工资。而格雷古瓦仅是煤矿股东中股份较小的一个,整个煤矿的利润超乎想象。通过这样的对比,我们明白了:超重的剥削是工人贫困的根本原因。读者明白这个问题后显然会萌生对工人的同情与支持。

作品的重要主题之一是通过对一次罢工运动真实深入的刻画和剖析,肯定工人以罢工进行反抗的正义性,并指出工人将是运动的最终胜利者。小说指出,在普通情况下,工人的收入勉强可供给一家人糊口,然而一旦发生变故，工人家庭的生活就可能出现危机，难以为继。

在小说中，沃勒煤矿在全国性经济危机的压力下，矿方企图变相克扣工人工资，工人们的愤怒爆发了；这是因为资本家希望将危机的后果转嫁给工人，致使原本只能勉强生存的工人连吃饱饭也成了问题，他们当然要反抗。正如书中工人所说：反正都是饿死，不如罢工而死。因此他们在工人领袖的组织下举行了罢工。罢工像旋风一样扫荡了矿区，使资本家蒙受巨大损失，让他们领教了团结起来的工人的力量。罢工虽然最终失败了，但意义重大。一方面罢工让工人看到了团结的力量，另一方面也促使资本家考虑改善劳资关系，促成劳资合作，如若不然，后果必然是两败俱伤。

作品还探讨了工人运动应该向什么方向发展，也就是工人运动的路线问题。

受剥削压迫的工人应该怎样斗争？

我认为罢工和游行示威是较好的斗争方式，但不能大搞破坏，这对谁都没有好处。小说中，苏瓦林在井下搞破坏，不少矿工因此死在井下，反而是矿工损失最大。小说通过描写三类工人领袖来探讨工人运动的路线问题，读者可从三类领袖的品质优劣、最终目标等判断谁的路线最符合工人利益、最可能成功。

在艺术风格上，《萌芽》具有史诗风格，显示出自身雄浑博大的气势和蓬勃的生命力。什么是史诗风格？

所谓史诗风格，就是像古希腊史诗那样描写关乎生死存亡的、大规模的、暴烈的群体活动，例如《伊利亚特》中希腊人与特洛伊人之间意义重大的特洛伊战争。作者写罢工，主要从大处着眼，宏观地描绘群众性运动的场面。这样的描写使读者感同身受地体会到人民的巨大力量，从而对群众运动的前因后果产生思考，作品的主题也就通过惊心动魄的艺术场面和艺术形象体现出来。

例如，《萌芽》中三千多人集队去总经理家请愿的场面是作者着墨较多的一段。作者先写工人在各矿井之间冲击，再写他们在平原上的大游行。作者写他们狂乱的动作，冒火的眼睛，震撼人心的吼声，《马赛曲》的歌声，再加上三千多双木鞋踏在地上的嚓嚓声。他们高举在头上的铁棍木棍，密密匝匝，如同树林，打头的是绑在木棍上的一把斧子，就像是整个队伍的旗帜。这时正好是日落时分，落日的红光投射在整个队伍上，把整支队伍染成了红色，像一条血红色的河流在平原上奔腾，汹涌澎湃，非常壮观。

罢工工人冲击梅格拉商店的场面，罢工工人围攻保护矿井的士兵，最后双方发生冲突的场面也都充满气势。这些场面的成功描写说明作者善于渲染和烘托，最重要的一点是作者能通过各种活动，特别是群众性活动赋予人物强劲的生命力，使他们"活"起来。莫泊桑曾称赞此书"没有一部书包含了那么多的生活和运动"，这个评价是比较中肯的。

作为小说，没有细节刻画是不行的，因此小说也选取了几个典型的工人家庭，对他们的日常生活进行了描绘。这些描写非常生动细腻，让读者对工人家庭的具体生活方式和生活状况有了非常直观的了解。

《萌芽》的第二个重要特色是叙述的"非个人化"。什么是"非个人化"？

"非个人化"是左拉阐述自然主义小说时提出的一个原则，指作者在小说中不表明自己的个人倾向。作者虽然同情工人，但在作品中他并没有使用倾向明确的词语，透露他对工人的情感偏向。小说对大部分工人，包括艾蒂安和马赫等人,都未使用过分认可的词语,对大多数资本家也没有使用充满贬义的词句。即使对格雷古瓦这样的不劳而获者,小说也只是客观地描写其日常富足的生活和他们与世无争的心态,让读者在对比中发现剥削的秘密。小说对少数几个工人和资方人物的描绘可能会让读者对这些人物产生厌恶之情,例如工头丹萨尔,埃纳博太太,店主梅格拉,工人萨瓦尔、皮埃隆,等等,这其实也是写实,因为在现实中,这样的人不在少数。

《萌芽》艺术上的第三个特色是刻画与塑造人物时采取分层塑造群像的方法。分层塑造群像为什么是独特的?

西方长篇小说传统与中国长篇小说传统不一样,西方长篇小说总是以一个主人公(或再加上一个女主人公)为中心,小说情节即围绕他(们)展开,一般不会有太多相关情节。《萌芽》中虽然艾蒂安是第一个出现的人物,有关他的情节也最多,但许多篇幅给了别的人物,如马赫、马赫的妻子等。整部作品分成多个中心展开,这就是我们所说的分层塑造群像。

《萌芽》的第四个特色是从生理学和遗传学角度分析和描述人的行为及其动机,这是自然主义创作实践上一个十分重要的特点。

艾蒂安的母亲是酒鬼,艾蒂安就遗传了酗酒的遗传基因,因此他不能沾酒,一沾酒就想杀人。艾蒂安几次跟情敌沙瓦尔打架都是喝酒引起的,而他作为工人领袖,本不应与普通工人打架。罢工工人捣毁机器、冲击商店是因为饿昏了头,失去了理智,这也可以归因于生理原因。性本能使工人毫无顾忌地光天化日就在煤矿旁边的草地上做爱,人人习以为常,这种行为显然是由于矿区少年受教育少，性本能爆发导致的恶果。

生理学和遗传学是科学，在小说创作中运用是一种创举，用得恰如其分就是文学借鉴科学的良好例证。

最后我推荐一个《萌芽》的优秀译本，即由人民文学出版社出版、黎柯翻译的版本。这个译本文笔流畅生动，忠于原文，有助于我们了解作品原文的精神和风格。

《羊脂球》
——
人的灵魂是否高贵与身份的尊卑无关

Boule de Suif

北京外国语大学·车琳

莫泊桑

作品介绍

《羊脂球》是法国作家莫泊桑的中篇小说代表作。小说以普法战争为历史背景，讲述来自不同社会阶层的十个人同乘一辆马车逃往一个港口的故事。马车上的几位有身份的阔太太在得知了羊脂球的身份后，对羊脂球的态度很是恶劣。但当他们饥饿难耐的时候，羊脂球还是慷慨地分享了自己随身携带的食物。她以抗拒普鲁士军官的非分要求，表达了自己的爱国之心。虽然身陷风尘，但是羊脂球的心灵并没有被玷污，依旧保持着纯洁、善良和爱国情怀。

小说塑造了普法战争期间社会各个阶层的众生相，无情地揭露与批判当时人们的爱慕虚荣、贪婪自私、虚假伪善等。《羊脂球》一发表便震惊了法国文坛，奠定了莫泊桑在法国文学史上的地位。

《羊脂球》思维导图

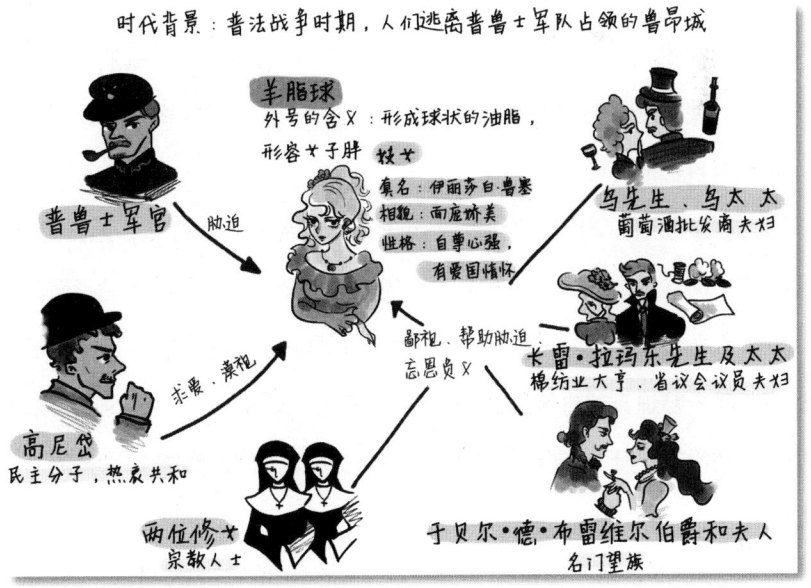

第一节
一场对人性的"逼良为娼"

《羊脂球》(*Boule-de-Suif*)这个名字听起来很特别,它是什么意思呢?

法文中,"boule-de-suif"是一个复合名词,"boule"意思是"球",法语中的"雪球"是"boule-de-neige",其中"neige"是"雪"的意思,而"suif"通常指动物性、植物性或矿物性油脂。因此,"boule-de-suif"的意思就是形成球状的油脂,这个书名在翻译成中文时被译为"羊脂球"。

羊脂球不仅是作品的题目,其实还是女主人公的名字,准确地说,是她的外号。女主人公本来的名字是伊丽莎白·鲁塞,"由于过早发福而闻名,得了一个名副其实的绰号叫'羊脂球'。她个头矮胖,浑身圆滚滚的,肥得油脂流溢,连一根根手指也是肉鼓鼓的",这是小说对她第一次出场的描述。现在的姑娘都以瘦为美,不一定喜欢羊脂球的丰满身材,不过胖姑娘也有自己的可爱。

"她的脸蛋像一只红苹果,又像一朵含苞欲放的牡丹花,脸蛋上部,两只美丽而乌黑的眼睛闪闪发亮,四周围着一圈又长又浓的睫毛,而睫毛又倒映在眼波里。"莫泊桑的描写是多么生动形象,注意细节,这段描述简直就是一幅逼真的肖像画,把一个丰腴而又不失玲珑的女子刻画得惟妙惟肖。还没来得及"鄙视"羊脂球的肥胖身材,你就已经被她娇美的面庞所吸引了。

《羊脂球》这篇小说讲述了她和另外几个法国人在战争期间逃难路上发生的故事,上演了一场对人性的"逼良为娼"。

我为什么选择《羊脂球》这部作品与你分享？

它是法国著名作家莫泊桑的成名作。莫泊桑是中国读者熟悉的作家，有"短篇小说之王"的美誉。他的短篇小说集经常以"羊脂球"为书名，这篇小说也的确是莫泊桑知名度最高的作品，也是体现其写作艺术的代表作。

《羊脂球》虽然以女性人物为主人公，但也可以说是一部战争题材的小说，是以普法战争为历史背景创作的。在19世纪下半叶，拿破仑三世通过政变当上了法兰西第二帝国的皇帝，正是法兰西第二帝国在1856年到1860年间，同大英帝国一起发动了侵略中国的第二次鸦片战争，同时，还竭力恢复法国在欧洲大陆的霸权。普鲁士王国也有称霸欧洲大陆的雄心，并且企图在德意志联邦中扮演重要角色。德法之间由于存在利益冲突，关系长期紧张。

普法战争于1870年7月爆发，开战后不久，法军连连败退。1870年9月1日，在法国东北部的色当战役中，拿破仑三世被俘虏，近十万名法军投降，直接导致法兰西第二帝国灭亡。普鲁士军队长驱直入，占领法国大片地区。法兰西第三共和国政府即时成立，不久，请求停战。法兰西第二帝国成为战败国，不仅政体政权更迭，而且被迫割让土地，给法国人民留下深重的精神创伤。

普法战争开战不久，法国就节节败退，所以《羊脂球》一开篇描写的就是溃不成军的法国部队和萧条的鲁昂城，处处透露出一个"败"字。鲁昂城位于法国北部诺曼底地区，是一座首府，历史文化悠久。普鲁士士兵已经进入这个城市驻扎，大多数市民们谨慎地应对着战胜者，但也有一些勇敢的人暗地里报复普鲁士士兵。

而与我们的故事相关的是十个想要逃离鲁昂的市民，他们各自想方设法办妥了准许离境的通行证，由于命运的安排，这些相互熟悉或不熟悉的人预定了同一辆公共马车，在一个冬天雪后的清晨，一起动身。

马车里这十个人，都是什么来头？

我们试着在头脑中想象一个场景，你正飞在车厢中间以上帝视角观察着所有人。坐在车厢最里侧的是爱占便宜的葡萄酒批发商鸟先生和他的太太。鸟先生总是把劣质的酒以低价批发给乡间小贩，他是一个身材矮小、爱耍花招、善于恶作剧的商人。

鸟先生的右侧是商人卡雷·拉玛东先生和他的夫人。相较于鸟先生，卡雷·拉玛东先生的地位更高，是棉纺业大亨，还是省议会议员，他颇有政治头脑。鸟先生的妻子高大、强壮又干练，而卡雷·拉玛东太太则娇小玲珑，惹人爱怜。

在棉纺大亨的右侧是于贝尔·德·布雷维尔伯爵和他的夫人。他们来自诺曼底地区最古老的名门望族。以上这三对夫妇都是经济收入稳定、生活安逸、有权有势的上等人。

在这三队夫妇对面的是两位修女，她们一个年轻一个年老，都带着病态，"手里拨着长串的念珠，嘴里在念《圣父经》和《圣母经》"，她们是典型的宗教人士。

她们的身旁坐着一男一女，是大家的焦点。男士是别号"民主分子"的高尼岱。高尼岱被所有上流社会人士看作危险分子，因为他所热爱的革命的目标之一就是要破坏上流社会人士所支持的社会道德秩序。在战争时期，他是一个爱国者，主动做了不少军事防卫工作。

而剩下的一位女士，就是我们的主角，外号为羊脂球的女士。

让我们回顾一下，马车上有一对贵族夫妇、一对大资产阶级夫妇、一对商人夫妇、两位修女、一位民主主义者以及羊脂球。莫泊桑将这些人物刻画得活灵活现，入木三分，他们一出场，我们就仿佛看清了他们各自的性格特点和社会地位。

主角羊脂球被同行的旅客认出之后，立刻引起一阵耳语和议论，这是为什么？

原来她是一个妓女。车上其他女士立刻形成了同盟，似乎要和一个不清不白的风尘女子撇清界限。

雪后的道路并不好走，马车甚至还陷进过一个大雪堆。由于战争，沿路的饭馆和店铺都停业了，农民也都把食物藏了起来，害怕被普鲁士士兵抢去。

到了中午一点钟光景，马车上一行人已经饿得难受。下午三点钟，眼看到了一个连人烟都没有的平原，大家正饥肠辘辘时，羊脂球从长凳底下掏出一个大提篮，里面有她为三天旅行预备的食物：仔鸡、蛋糕、水果、甜食等。羊脂球开始吃饭，其他旅客都盯着她，垂涎三尺，羡慕、嫉妒都涌在心头。

毕竟与众人存在着社会地位差异，刚开始时，羊脂球只邀请了几位地位勉强相近或心地善良的同路人一同进餐。

伯爵夫人饿得晕了过去，羊脂球才敢说："天啊，我要是不怕冒昧的话，真想请这两位先生和两位太太也……"因为担心自讨没趣，她还犹豫着是否继续说下去。不过"上等人"也经受不了饥饿的折磨，于是顾不上矜持，都来分享羊脂球的午餐了。很快，十个人就风卷残云般把食物都吃完了。

法国人吃饭必须伴有葡萄酒，可是只有一个酒杯，怎么办？大家居然也都不嫌弃，把杯子边擦一下互相传递着喝。既然已经亲密无间地共享美食，也就不能再彼此不说话，于是人家也都和和气气地交流起来。看到这样的情景，是不是真有一种阶级调和、天下和睦的感觉呢？

马车走了13个小时，终于在一个镇子的旅馆前停了下来。车门打开了，旅客却不敢下来，原来是感到了"下马威"：他们听到一种很熟悉的声音，"腰刀皮鞘触到地面的声音，紧跟着是一个德国人在高声喊叫"。这说明旅馆已经被德国人占领了。

一行人被叫下车来，接着就是依据通行证来验明身份，这时候读者才知道羊脂球的真实姓名是伊丽莎白·鲁塞。晚饭时，德国军官让旅馆老板来叫伊丽莎白·鲁塞小姐去见他。羊脂球回来后完全变了神情，气不打一处来，嘴里还不停地骂着"这个浑蛋"，大家打听缘由，她表示无可奉告。

第二天早上，一行人预备重新出发，却发现车夫被命令不许上路。是谁的命令？发生了什么事情？

就是那个普鲁士军官下的命令。大家百思不得其解，猜不透这个军官为何要扣押他们。这一天就在等待、猜疑和焦虑中过去了。待晚饭时，旅店老板又来问："普鲁士军官要我来问伊丽莎白·鲁塞小姐，她是不是还没有改变主意？"羊脂球依然怒火冲天。这时候，大家终于明白了普鲁士军官是要羊脂球为他提供服务，霎时生出同仇敌忾的情感：高尼岱摔碎了酒杯，伯爵斥责这种野蛮的行为，太太们更是对羊脂球显出同情怜爱，两位修女则低头不语。

第三天早上，大家还是没有得到离开的允许，在无奈中打发着寒冷的冬日时光。第四天还是不能走，众人因等待产生的烦闷渐渐转为对羊脂球的冷淡和怨恨。趁着她出门，大家开始商量如何说服她接受普鲁士军官的要求。莫泊桑在这里用了一个战争的比喻："他们费了好半天的时间商量包围的办法，就好比对付一座被围困的要塞。每人都定好了自己应该担当的任务，应该讲的理由和应该玩的手段。"可见这群法国人完全把斗争的目标转移为自己的女同胞了。

等羊脂球回来，他们从各个角度劝说她。伯爵出身于三代外交世家，他跟羊脂球谈话的态度被莫泊桑描写得入木三分："他跟她谈着话，用的是稳重的男人对卖笑女子说话的那种口气，亲热随便，慈祥和蔼，多少还带点儿轻蔑。"伯爵是以亲切的态度动之以情，修女们则晓之以理，她们说自己本应去看护身染天花的士兵，却被滞留在途中。羊脂球一直沉默不语，她是在抗拒，还是在自我斗争？

第五天早上来了，大家都在等待头一天的轮番劝说产生效果，等待羊脂球改变主意。到了晚饭时间，旅店老板来传话，说伊丽莎白·鲁塞小姐不来用餐了。大家竟兴高采烈了整个晚上，只有高尼岱除外。

那么，这一行人到底能否继续出发上路？

第六天早上，"在明亮的冬日阳光照耀下白雪晶光耀眼。公共马车总算套上马，在门外等着了"。旅客们忙着叫人给他们包扎食物，以便路上食用。羊脂球到得最晚，她"有点激动，有点羞惭"，她谦恭地跟旅伴们打招呼，却得到冷漠的回应，"大家仿佛没有看见她这个人，也不认识她"，"仿佛她的裙子里带来了什么传染病"，所有人都躲着羊脂球。

走了三个钟头后，大家都有些饿了，纷纷拿出午餐，开始享用。而羊脂球出发匆忙，什么也没有准备。这时，没有一个人来关照她。伯爵、富商、太太和修女们若无其事地享用自己的午餐，完全忘记了在前一程路上是靠了羊脂球的食物才挨过难关的。

羊脂球感到自己"淹没在这些正直的恶棍的轻蔑里：他们先是把她当作牺牲品，然后又像抛弃一件肮脏无用的东西似的把她抛掉"。她悲从中来，拼命忍住不哭，但是止不住的泪水还是流下来。小说的最后一句话尤为感人："羊脂球一直在饮泣。夜色茫茫，有时在歌曲的两个节拍之间，传出她未能忍住的一声呜咽。"

这便是羊脂球的故事，令人唏嘘不已。作家福楼拜在第一次读完这篇小说之后便对莫泊桑称赞说，你笔下的这个姑娘很有魅力。羊脂球身上的慷慨正气和爱国情操令人肃然起敬，同时，莫泊桑也把她的故事写得真实可信，不会让人觉得做作或突兀。

《羊脂球》的故事发生在普法战争这个真实的历史背景之下，故事中的地点，甚至小说中的旅馆都是真实存在的，作品中的好几个人物也有现实生活中的原型：女主人公羊脂球的原型是鲁昂城里一个名为阿德里安·勒盖的妓女，是莫泊桑的一位叔伯给他讲述了这个妓女的故事，而这个叔伯后来成了高尼岱的人物原型，卡雷·拉玛东先生的原型也是鲁昂城里的一位名流。当然，小说中人物的姓名都是虚构的。

在了解了这个故事之后，你对这些人物有怎样的看法呢？

第二节
人性善恶与地位尊卑有关系吗

《羊脂球》的故事背景是普法战争。可能一说到战争背景，你就会觉得有些枯燥。但是其实有一篇我们特别熟悉的短篇小说，也是以普法战争为题材创作的，你能不能想到？

这就是都德的《最后一课》。《最后一课》的故事发生在即将被普鲁士占领的法国东北部阿尔萨斯和洛林地区，作品从一个儿童的视角来观察即将被殖民的一群普通法国人民对本国语言的留恋，此时学校的语言课即将从法语变为德语。

这两篇作品的特点都是以小见大，如果说《最后一课》是以事件为核心构思作品，表达战争失败的局面中法国人强烈的爱国情感，那么《羊脂球》则是以人物为中心，揭示出了战争环境中的人性善恶。

读了小说之后，你对羊脂球这个人物会产生怎样的情感？是鄙视，是尊敬，还是同情？

通行证上记录了她的职业，她的社会身份是一个无法抹去的标记。无论在马车上还是在旅馆里，无论是她的法国同胞还是普鲁士军官，在人们的第一印象中，她就是一个地位卑微的妓女，是自己所鄙视的对象。

然而，她又是令人尊敬的。

首先，她是一个有自尊的女子。在马车上，大家刚知道了她的身份，便开始放肆地议论起来，以"婊子"称呼她，认为她是"社会耻辱"的一种。

他们虽然放低了声音，但是仍然引得羊脂球抬起头来。我们来看看她的反应："她把同车的旅客扫视了一圈，目光大胆，并无惧色，且带有挑战的神情。"俗话说，"人不犯我，我不犯人，人若犯我，我必犯人"，羊脂球感觉受到了侮辱，但她并不忍气吞声，她选择以目光还击周围人的侵犯。

这种感情不仅体现为个人尊严，也体现为一种对集体和国家的荣誉感。鲁昂城被敌人占领之后，家家户户都要接纳几个普鲁士士兵。羊脂球原本也不愿意背井离乡，她以为自己可以做到像其他鲁昂市民一样，留在家中，接纳几个普鲁士士兵。可是，她一见到敌人，便控制不住自己，称呼敌人是"普鲁士猪"，感觉"受了奇耻大辱，哭了整整一天"，她恨自己不是一个男人，能有机会跟他们拼个你死我活。她虽然是一个风尘女子，但也是一个有气节的女子。

马车载着一行人到达旅馆后，普鲁士军官要求每个人都下车。莫泊桑描写了这样一个细节：最先下来的是两个恭顺的修女，伯爵、商人夫妇也都表现得恭恭敬敬，而羊脂球和高尼岱坐得最靠前却最后下车，有意"要在敌人面前表现出大义凛然的气概"，羊脂球一方面"尽力显得比同车的那几个正经女人更为高傲"，另一方面也在"竭力控制自己，保持冷静"，可能怕自己忍不住又向敌人掐过去。

到了晚上，旅馆里，高尼岱想让羊脂球与他过夜，她坚决不肯，很生气，她觉得在这个有敌人存在的地方就是不能做这样的事情，这在高尼岱心里"唤醒了他那一息残存的尊严感"。可见，在一群各种阶级混杂的法国人中，羊脂球，这个看上去最低贱的女人却是最在乎尊严的，她在乎的不仅是个人的尊严，还有强烈的民族尊严。

我们在上一节中提到了普鲁士军官以扣押全车人为筹码，要挟羊脂球就范。在这个情节中，首先产生的是敌我矛盾，继而变成了羊脂球与同行的法国同胞之间的矛盾。在这里，羊脂球被推到冲突的焦点。

这是小说的高潮之处，这里最尖锐的矛盾就是羊脂球不愿同意服从普鲁士军官的淫威。她抗拒普鲁士人的要求，大骂敌人。有了前面各个细节的铺垫，我们知道，羊脂球在大是大非面前一定会做此选择。一连数晚，每晚她都一样的冷淡和坚决。这种对敌人的抗拒毫无疑问就是一种爱国立场和气节的体现，是应当赢得人们尊敬的。

可是，在集体性暴力的残害下，羊脂球最终却成了一只孤独和无辜的羔羊，这是为什么？

她的反抗没得到同胞的有力支援，那些她所信任的同胞反而把她推到普鲁士人怀中，以换取自己行动的自由。她的牺牲不但没有得到众人的理解和宽慰，反而遭受冷遇。没有人愿意跟她说话，没有人跟她分享哪怕一点点食物，所有人都嫌弃她、躲避她。羊脂球"对这些旅伴感到气愤，同时感到羞愧，羞愧的是没有坚持到底而让了步，被他们假仁假义地推到这个普鲁士人的怀中，被他所玷污"。

当我们看到她忍不住地呜咽和涌上面颊的泪水，我们心里涌起的是对她无限的怜悯，而不是鄙视。因为在莫泊桑的笔下，这个卑微的女子实在有着高贵的情操，可惜被那些虚伪的上等人践踏了。

修女劝她，人若有罪，而"这些罪如果是为了天主的光荣或是为了他人的利益，那么教会便会毫不困难地加以宽恕"。羊脂球信仰宗教，修女的这句话最终说动了她。

与她同行的体面人提出许多合情合理的理由，但这些理由其实都是他们在欺骗她，正如羊脂球所感觉到的，是"假仁假义"，最后连宗教都变成了胁迫人的工具。这篇小说之所以令人动容，是因为无辜者受到了伤害，而迫害者却逃脱了惩罚。

如果只刻画了一个具有爱国情怀的普通女子形象,那么莫泊桑只成功了一半,他的另外一半成功在于他给当时的法国社会画了一幅素描。我认为,往往在极端环境中,人的本性会更容易显现出来。战争就是这样一个环境,借助这个环境,莫泊桑在《羊脂球》里把人性复杂的一面挖掘出来了。通过故事中的矛盾、冲突,他揭穿了羊脂球身边各位同胞的众生相。

那么,关于战争本身,莫泊桑有何种思考?

首先,关于侵略者,莫泊桑并没有对他们不加区别地对待。他讽刺了霸占羊脂球的普鲁士军官,在他看来,这就好比普鲁士霸占了法兰西一样无法忍受;但是同时,他也写到一些普通士兵不过是被征召的贫家子弟,这些人甚至会帮助驻扎地周围的法国人民干活。

在面对敌人的立场上,莫泊桑也保持了辩证的态度。他赞颂英勇抗敌的爱国勇士,"这些无名英雄不声不响地抗敌,比光天化日之下的战斗更要危险,但又得不到扬名天下的荣耀",也钦佩羊脂球这样一个普通女子的爱国情怀;同时,他也发现并善意提示了法国人的圆滑和世故:"只要不在公共场合跟敌对国士兵亲近热乎,在自己家里客气一些并不为过。"所以晚上的鲁昂城居民家中有时会出现敌我围炉、谈笑风生的画面。

回顾一下《羊脂球》中旅馆里的场景,我们会发现,这个场景中其实体现着敌我关系的复杂性:普鲁士军官是敌人;旅店老板是法国人,可是他成了敌人的传声筒;车夫还是原来的车夫,不过在旅店中他一直执行着旅店老板传达的普鲁士军官不让出发的命令,而且他曾在镇上的咖啡馆同那个普鲁士军官的勤务兵亲如兄弟般坐在桌前。

可见,莫泊桑并不是那种以是非判断的态度来描述战争和被卷入战争中的人,他的成功之处恰好是客观地呈现了战争环境中各色各样的人的性情和立场。这是一种真实和人性化的体现。

值得一提的是,在现在的法国,《羊脂球》的读者已经不多了,这正如现在很多法国人并不像中国人那么熟悉都德的《最后一课》。我曾经与一位法国朋友聊过这个话题,他认为这可能恰好与作品的战争背景有关系,今天的法国和德国同是欧盟的重要国家,大家都有意回避历史上不愉快的交战时期,也就不会主动传播以普法战争为背景的文学作品。如今,经历过普法战争、第一次和第二次世界大战,德国和法国之间既有竞争也有合作,而普通民众之间一直交往密切。据说,德法两国之间跨国婚姻的数量还在逐年递增呢!

尽管如此,《羊脂球》依然以其独特的艺术魅力打动着今天的读者。

《羊脂球》使莫泊桑成了"莫泊桑",那么这部作品究竟体现了作家哪些高超的艺术创作手法呢?

第一点,对比反衬在《羊脂球》中是运用最为明显的。

首先,伯爵夫妇、大资产阶级夫妇和商人夫妇一路上炫耀自己的万贯家产,表现出对穷人的蔑视,而且"由于羊脂球的身份的曝光",三位太太"突然间彼此成了朋友,几乎是知己之交了。在她们看来,好像在这个无耻的卖淫女人面前,她们必须把她们为人妻的尊严拧成一股劲"。这样一来,车厢里的社会阶级对立就自然形成了,一面是富贵的、体面的、正经的,另一面是低贱的、无耻的、不正经的。

在旅馆里,羊脂球的生活是最不平静的。她拒绝和高尼岱发生肉体关系,原因是不愿被同在旅馆中的侵略者发现这种行为,让自己的国家和民族遭到敌人的耻笑。这个依靠出卖肉体为生的女子在这个场合中显现出的是非感和原则是她的那些同胞们所没有的。她虽然身陷风尘,但是心灵并没有被玷污,依旧保持着纯洁、高尚的情操。

最大的反差和对比则出现在一个人与一群人的抗争中:羊脂球首先抗拒普鲁士军官的非分要求,接着是要对付同胞们的轮番进攻,"鸟先生怒气冲天地主张把这个'贱货'连手带脚捆起来,交给敌人","鸟夫人的市井下流脾气一下子爆发出来",认为羊脂球"没有权利拒绝这个人或接受那个人","太太们寻出一些委婉曲折的说法和文雅可爱的措辞来表达最猥亵的事"。

莫泊桑的表述真是犀利,三言两语就拨开了名流贵族们罩在脸上的高贵面纱,露出他们的嘴脸来。当这些上等人的命运都系于一个烟花女子的态度、行为时,他们哪里还会"信奉宗教、服膺原则"?更不用提面对敌人时的爱国心了,他们不但自己屈服,而且要说服羊脂球屈服于敌人的淫威。

莫泊桑选择将地位低贱的妓女作为正面形象描写,与上流社会精英进行对比,这本身就颠覆了一般的社会伦理和秩序,极大地深化了作品对上流社会进行批判与讽刺,揭露贵族和资产者的道德沦丧和虚伪,同时赞扬小人物身上的正直和善良,对平凡百姓予以同情和褒扬的主题。

《羊脂球》突出的艺术手法的第一点是对比反衬,那么你是否想到了第二点?

第二点就是莫泊桑在塑造人物时极其注重细节。他的短篇小说脱离了19世纪文坛上一度流行的浪漫色彩和传奇手法,在他的作品里,我们很少发现惊天动地的事件、匪夷所思的遭遇或是浓墨重彩的形象。莫泊桑着重表现人物的真实内心和自然本性,他在挖掘人物内心世界时,并不刻意进行心理描写，因为他相信，人的心理状态一定会通过相应的言语、行为或神情表现出来，作家要做的，就是抓住和呈现这些细节。

例如，同一辆公共马车上的十个人物出场时，莫泊桑把各个人物的外貌、神色描写得十分贴切，符合各自的性格和社会地位，在描写他们饿困乏力、打哈欠时，有这样一句话："有人张开嘴巴大声打，有人打得文雅些，还用手去捂住往外冒热气的嘴巴。"可见，性格、教养与社会地位各不相同，同一种举止，也因人而异。

当羊脂球给同伴们分享午餐时，大家传递着唯一的酒杯喝葡萄酒，于是只好"前一人喝后，把杯子抹一下，后一人再喝"，而高尼岱先生"偏要选择羊脂球唇迹未干的杯沿喝"，显然对羊脂球有特殊的好感。

正如著名的法国文学研究专家、翻译家柳鸣九先生所表述的，莫泊桑做到了通过人物在日常生活中的自然状态，与一定境况情势下必然有的、最合情理的行动、举止、反应、表情，揭示出其内在心理与性格真实。

第二点是极其注重细节，那么第三点是什么呢？

第三点，莫泊桑擅长典型化和凝练浓缩，这在《羊脂球》里充分体现了出来。他把情节安排在两个有限的空间里：故事的前半段发生在一辆公共马车里，后半段则发生在路途中的一个旅馆里，而故事的所有的矛盾也全部集中在这两处。

矛盾具体体现在何处？

首先，我们已经了解到逃离鲁昂城的十个市民由一对贵族夫妇、一对大资产阶级夫妻、一对商人夫妻、两位修女、一位热衷民主活动的单身男人和一位妓女构成。莫泊桑之所以选择这样十个人物，是因为他们具有典型性和代表性。

若不是在非常情形中，这些人物是不会同乘一辆马车的，而战争环境为故事的发展提供了合理的可能性。无论是在车厢这样一个密闭狭小的空间里，还是在旅馆里，法国社会的政界人士、商界人士、宗教界人士、企图通过革命获得社会晋升的普通百姓，以及地位最低贱的风尘女子都集中在一处，这样对于揭示不同社会阶层的特征、他们之间的差异和矛盾是最有利的。

一个公共马车车厢成为法国社会的缩影，一家旅馆则成为展现占领者与被占领者之间关系的空间。在这个特定的空间里，每种人的立场都暴露了出来：德国占领者显示出一副颐指气使的战胜者姿态，法国社会精英对敌人卑躬屈膝，却对自己的同胞实行精神绑架，为了自身利益而牺牲民族尊严和同胞利益。

在漫长的五天中，十个法国人从战时缔结的临时友好关系变成了多数人对一个人的胁迫关系，从"敌我矛盾"转化为内部冲突，使国家与国家、人与人之间的矛盾冲突在有限的空间里达到了顶点。战争背景就像四面摆满镜子的空间，把平常可以隐藏起来的人性本质毫无遮拦地暴露出来。这便是莫泊桑的高度凝练的小说艺术。

这一节中，我们结合《羊脂球》文本，探讨、分析了莫泊桑高超的写作艺术。这部作品确实是短篇小说的典范之作。在19世纪的法国，短篇小说曾经一度流行，但它并不是一种主流的文学体裁，而莫泊桑把短篇小说的写作艺术提升到一个前所未有的水平，他善于撷取生活化场景，进行逼真自然的描绘，细致而又简练，他本人也以短篇小说写作跻身于著名作家之中，这在法国文学史上并不多见。在下一节，我们将介绍作家莫泊桑是如何炼成的，以及你可能不太了解的生活中的莫泊桑。

第三节
传奇的"短篇小说之王"

在前两节中，我们讲述了《羊脂球》的故事，也探讨了莫泊桑的写作艺术。这一节，我要介绍一个可能对你来说有些陌生的莫泊桑。

有这样一件趣闻轶事：1889 年，巴黎举办世界博览会，为了表现工业文明和科学技术的进步，工程师埃菲尔建造了一个高达 312 米的铁塔，将之矗立在巴黎塞纳河畔。有人仰视、歌颂它，可是也有人并不喜欢它。莫泊桑就是后者之一，他在文章中写道，无论走在巴黎的哪个角落，一抬头就能看见这个丑陋无比的铁架子，为了逃避它，我只有离开巴黎了。今天，埃菲尔铁塔已经成为巴黎的象征，而在当时的文人看来，埃菲尔铁塔却与周围的风景毫不协调。可见，对事物的认识和接受都需要一个过程。

你是否敢说自己足够了解莫泊桑？

莫泊桑是中国读者很早就熟悉的法国作家之一。在 20 世纪最初 20 年里，法国文学被大量译介到中国，当时在中国流传最广的法国作家大都是生活于 19 世纪的作家。这其中，有四位作家的作品被翻译得最多，他们分别是大仲马、雨果、凡尔纳和莫泊桑，莫泊桑最早被翻译到中国的作品就是短篇小说。

我在中学时代读过莫泊桑的短篇小说集，那时的英语课文中还有一篇是短篇小说《项链》，语文课本中也选入了《我的叔叔于勒》，当然，我们教材里所用的都是改写或译文。在大学里，我学的是法语语言文学专业，自然就多了接触法文原作的机会。

对于所有法语专业学生来说，莫泊桑的作品是在法语入门之后最先接触的文学文本，因为莫泊桑的语言简洁而不失高雅，是对法语入门之后非常适合的文本。对于非法语专业的读者而言，莫泊桑的小说同样也是值得品味的文学作品。

在中国，莫泊桑的作品不仅译本多，而且几乎都是名家译作，质量上乘。李青崖、盛澄华、张冠尧等著名翻译家都是莫泊桑的译者。我们所选读的《羊脂球》也有多个中文译本，质量也都很好，考虑到语言风格与今天的读者的接近程度，我们的讲解中选择了赵少侯先生和柳鸣九先生的两个译本。

由于目前国内各种莫泊桑短篇小说选集中所选入的篇目基本上都是现实主义风格的作品，中国读者熟悉的往往就是这一种维度的莫泊桑。

下面我们就一起来认识一个另一种维度的、你不了解的莫泊桑。

莫泊桑1850年出生于法国西北诺曼底地区，1893年于巴黎去世，年仅43岁。为什么他会英年早逝？其中既有莫泊桑家族遗传病史的原因，也有他个人生活方式的原因，我在后面会为你一一道来。

莫泊桑的父亲是一个见异思迁的男人，母亲则是一个大家闺秀。在19世纪的法国传统社会中，女性很少能够接受文化教育，而莫泊桑的母亲却有不同于一般女性的文学素养。莫泊桑继承了母亲的文学素养，他上中学起便对诗歌和戏剧表现出兴趣。莫泊桑9岁时曾离开诺曼底地区，与父母一同在巴黎短暂生活过一年，随后父亲留在巴黎的一家银行工作，10岁的小莫泊桑和母亲及弟弟回到故乡。他在诺曼底的自然风光里长大，留下了最美好的童年回忆，也终生留恋着这一片故土。

莫泊桑后来去巴黎攻读法律，可惜不到一年，普法战争爆发，中断了他的学业。莫泊桑参加过普法战争，并且也曾被普鲁士人击败过，在《羊脂球》的开篇，我们读到："接连好几天，溃退下来的队伍零零落落地穿城而过，他们已经不能算作什么军队，简直是一帮一帮散乱的乌合之众。"这一段描写其实就是20岁的莫泊桑亲身经历过的生活。

普法战争结束后，莫泊桑决定定居于巴黎。他先是在海军部当了小职员，后来调入教育部工作，公务员生涯在他的人生经历和文学创作中都留下了深刻的痕迹。他闲暇时喜好划船或打猎，晚上会写作或参加聚会，有时也难免出去寻花问柳。最终，这个风流放荡的才子染上了梅毒，在当时，这是无法治愈的一种传染性性病，梅毒对他的身体影响巨大。

莫泊桑在文学上所取得的成就离不开一个人的悉心指导，他就是福楼拜。

原来，莫泊桑母亲的家族与福楼拜的家族是世交，福楼拜的教父便是莫泊桑的外祖父，这样一来，莫泊桑的母亲从年轻时便和福楼拜是好友。正是由于这一层友谊，福楼拜后来成了莫泊桑写作上的导师。福楼拜了解这个年轻人的文学才华，也经常督促他写作，他说，你就是为写诗而生的，多写些吧，其余的事情都没有意义。

在福楼拜的鼓励下，莫泊桑先是创作了一些诗歌和戏剧作品，继而又转入小说创作，同时还为当时的主流报刊撰写文章。

那么，举世闻名的《羊脂球》是如何创作出来的呢？

1879年，即普法战争结束8年之后，莫泊桑创作了《羊脂球》。

当时，他和其他四位青年文人经常去作家左拉在巴黎郊区的梅塘别墅聚会，以文会友。有一天，这梅塘六文人决定以普法战争为题材，各自创作一篇作品，编成合集。1880年，题为《梅塘之夜》的小说集出版，其中莫泊桑贡献的一篇《羊脂球》最为成功，这篇作品成为莫泊桑的成名作，使他一夜之间蜚声文坛，这篇作品也是其写作技艺达到成熟的标志，奠定了莫泊桑在法国文坛的地位。

福楼拜也称赞这篇小说是"将流传后世的杰作"。他看到自己的弟子声名鹊起，非常欣慰，而就在这一年的5月8日，福楼拜猝然离世。莫泊桑为此悲痛不已，他终生感念福楼拜把他的小说创作艺术传授给自己。

福楼拜传授给了莫泊桑什么写作技巧？

首先，作者需要精确细致的观察，以发现人物或事物的独特之处。福楼拜对他说："对你所要表现的东西，要长时间很注意地去观察它，以便能发现别人没有发现过和没有写过的特点，任何事物里，都有未曾被发现的东西。"正是在福楼拜的指导下，他通过长期的练习和实践，培养了一种从深入严谨的观察中，综合得出来的审视事件与人物乃至宇宙万物的独特方式。

其次，作者需要对自己的语言表达进行锤炼，福楼拜曾经要求他"只用一句话就让我知道马车站有一匹马和它前前后后五十来匹是不一样的"。所以，莫泊桑力求"一个字适得其所的力量"。语言无须华丽，但必须清晰准确、简洁生动。

正是由于这双重修炼，莫泊桑作品中的自然景色、生活场面和人物形象都别具特色，他可以言简意赅地表现一个事物、一种性格和一种状态。同样是以普法战争为题材，《羊脂球》以自身更明显的独创性和表现力而独占鳌头。

莫泊桑文学创作的黄金时期从此开始，他已经形成自己的写作方法和风格，并且笔耕不辍，每年会出版两到四部作品。第一部短篇小说集《泰利埃公馆》两年间再版十余次；他花费六年时间写作的第一部长篇小说《一生》，一年中销售了两万五千册（一般来说，在我们这样一个人口大国，现在进入全国畅销书排行榜的图书是以月销售两千册为底线的，也就是说一年两万四千册就可以参评。那么，在一百多年前的法国，一年销售了两万五千册的小说绝对是超级畅销书了）。曾在巴黎生活的俄国文豪托尔斯泰对这部小说评价很高，称它是法国文学中仅次于《悲惨世界》的杰作。莫泊桑的第二部长篇小说《漂亮朋友》出版后供不应求，在一年内加印了37次。

莫泊桑成功的写作生涯为他带来了富足的生活：他用第一部短篇小说集《泰利埃公馆》的稿费，在他的故乡诺曼底地区建造了一幢别墅，这成了他和他的文人朋友们的度假胜地；他在《漂亮朋友》出版后购买了一艘私人游艇，取名"漂亮朋友"。他经常旅行，足迹远至英国、意大利和北非。

每一次旅行都会带给他灵感，激发他创作，旅行后，他几乎都会带回丰硕的创作成果，要么是小说集，要么是为报刊撰写的报道。如果我们观察莫泊桑的作品清单，会惊讶地发现他几乎所有的短篇小说集和长篇小说都出版于1880年到1890年这十年间。

那么，莫泊桑的文学创作中都有哪些常见主题呢？

莫泊桑的文学创作的常见主题与作家的生活经历密切相关。

第一类是诺曼底地区人们的生活风俗。他的作品取材广泛，并不局限于巴黎生活，而是把诺曼底地区的自然风光、生活风俗和人情世故也融入了他的作品中。在为数众多的此类作品中，《我的叔叔于勒》最为有名，此外还有《一个诺曼底佬》《一个农庄女工的故事》《在乡下》《真实的故事》等。在这些作品中，莫泊桑一方面表现了对下层人物的积弊的批判，另一方面也表达了对普通劳动人民的同情。

第二类题材是巴黎的小职员生活，他本人就曾是其中一员，10年的公务员生活为他的创作提供了广泛的素材。他熟悉这群人的生存状况和精神状态。他们属于小资产阶层，生活拮据而平淡，但又爱慕虚荣、渴望进入主流社会，有奋斗也有挣扎，有得意也有失望。这一主题方面的代表作有大家熟知的《项链》，还有《一个巴黎市民的星期天》《一家人》《遗产》等。

第三类便是普法战争题材。莫泊桑是这一历史事件的亲历者，有着丰富的战争见闻和深刻的体验感受，因此成为对这场战争叙述最多的法国作家之一。莫泊桑并不致力于描绘残酷的战争场面，也没有进行宏大的战争叙事，他擅长的还是见微知著，通过小人物的故事来反映人性善恶，反映战争对人的影响。除了最著名的《羊脂球》，还有《米隆老爹》《索瓦热婆婆》《菲菲小姐》《俘虏》《一场决斗》等，同时，从这些作品的创作时间来看，战争题材的小说创作贯穿了莫泊桑写作生涯的始终。

你有没有发现莫泊桑特别善于刻画女性人物？

作为一个女性读者，我常常惊叹于莫泊桑对女性的复杂情感和微妙心理的理解，无论是活泼的少女还是饱经沧桑的老妇人，无论是上流社会女性还是普通的妇女，无论是母亲、女儿、妻子还是情人，他都可以把她们表现得恰如其分。在这些女性人物中，有的善良可爱，也有的虚伪恶毒。莫泊桑笔下也经常出现妓女形象，比如在《羊脂球》和《菲菲小姐》中，但是他很少带着歧视的目光去描写她们，而是更多地把她们当作普通的女人去看待，比如《泰利埃公馆》里的青楼女子。这些女子，有的物质欲望过强，有的却正直善良，爱国情操也超过普通市民。

雨果、巴尔扎克、左拉和小仲马都写过风尘女子，我国作家老舍笔下也出现过妓女形象，这是为什么呢？或许正是因为在当时的社会条件下，她们生活在社会底层，承受着生活的辛酸和无奈，又不断接触着形形色色的人，所以更好地揭示了人生和社会残酷却真实的一面。

总之，莫泊桑刻画的每一个女性形象都让你感觉真实而丰满、鲜明而生动。这一方面是源于他的生活经历：由于父亲的疏离，莫泊桑一直亲近母亲，受到女性的影响更多，成年后的莫泊桑在私生活中也接触过很多女性；另一方面也是因为莫泊桑确实有着非同寻常的洞察力和想象力。

莫泊桑的现实主义写作最为出彩。但是，现实主义是不是意味着把现实原封不动地搬到作品里来呢？并非如此。莫泊桑有一段这样的经典表述，他认为，现实主义作家，如果他是一个艺术家的话，并不应该像展示照片一样向我们实录生活场面，而是呈现比现实本身更全面、更动人、更确切的一种图景。莫泊桑本人就是这样实践的。他善于在琐碎的日常生活中去除粗糙和零散的现象，挑选最具特征的细节，凝练地表现比现实更具真实性的场景。这就是说，现实主义小说不等同于全部的真实，而是典型化和特征化的真实，"真实有时候就是像真的一样而已"。

莫泊桑的作品中还有一类题材被一直忽略，究竟是什么题材呢？

由于我们过多地强调了其作品中现实主义写作的部分，有时会忽视一些奇幻主题的作品。比如《奥尔拉》就是这种类型中的一篇代表作。这是一部日记体小说，叙述者就是第一人称"我"，"我"始终感觉到周围有另一个"我"的存在,当我在花园里要摘一朵玫瑰花时,花朵不翼而飞,仿佛有一只无形的手把它摘走了;当"我"在夜间起来喝水时,忽然发现瓶子里的水被人喝了一半。总之,"我"觉得时时刻刻受到一个隐身人的压迫,而为了消灭这个隐身人,在疯狂中,"我"放火烧毁了自己的家,希望把他困在房子里。这个叙述者"我"在日记中记录了种种奇异的经历和精神错乱的过程。

在《水上》这篇作品中,莫泊桑着力描写人物在夜间的无名恐怖心理,小说中出现了幻觉场景。在《他是谁》这篇小说中,莫泊桑描写了种种难以理解的细节,表现了一种怪诞的神秘主义氛围。这一类小说虽然数量不多,但是在莫泊桑晚期作品中出现得越来越多。

在19世纪中后期,法国文坛出现了一种奇幻文学,神秘主义的倾向和奇幻怪诞的效果是这一流派的创作特征,莫泊桑应当也受到了这种创作倾向的影响。但是也有人认为,他晚期作品中奇异的氛围与他本人的身体和精神状况不无关系。

莫泊桑年轻时便感染了梅毒,这种慢性疾病一点点侵蚀他的身体,直到无医可救。莫泊桑还是一个悲观主义者,比他的老师福楼拜更加悲观。在生命的最后几年,他一方面怀着对死亡的恐惧,一方面沉浸于孤独,甚至还产生了一种妄想症,这也是因为家族的遗传因素:他的弟弟因疯癫而死亡。莫泊桑多方求治,但是并没有什么效果。

他甚至曾经尝试用手枪自杀,幸好他的仆人之前已将子弹退出。在那之后,他被送到精神医生布朗什的诊所,在那里度过了一年半失去清醒意识的痛苦时光,于1893年7月6日离开人世,此时,距离他43岁生日还有一个月。莫泊桑的文学生涯短暂却多产,正如他自己所说:"我像一颗流星一样,坠入了文学生涯,我将如闪电一般飞出去。"

今天，我们探讨莫泊桑在法国文学史上的地位时，可以确定地说他是短篇小说创作数量最多、成就最大、影响最广的作家。他的三百余篇短篇小说描绘了19世纪法国社会的方方面面，构成了一幅规模壮观的社会风俗画卷。

但是我们也不能忘记这位"短篇小说之王"同时也是位优秀的长篇小说作家，十年间，他出版了六部质量上乘的作品，尤其是《一生》和《漂亮朋友》，堪称杰作。短篇小说的创作是莫泊桑创作长篇小说的基础，他的长篇小说中，集中呈现了原本分散在短篇小说中的对人生和社会的观察和思考。

总之，我们既要看到莫泊桑在短篇小说创作上的成就，也不能忽视他是一个优秀的长篇小说作家；我们既要知道莫泊桑是一个现实主义作家，也不要无视他作品中越来越浓烈的奇幻色彩，那种怪诞融入了他生命中的痛苦。

在这几节中，我们从莫泊桑最著名的作品《羊脂球》出发，全面了解了作家的生平、创作经历和写作艺术。我想我们可能需要很长时间才能从多重维度上认识作为普通人和作为作家的莫泊桑。

《约翰·克利斯朵夫》
——
一个天才音乐家跌宕曲折的
奋斗史

Jean-Christophe

中国社会科学院·余中先

罗曼·罗兰

📖 作品介绍

《约翰·克利斯朵夫》是法国作家罗曼·罗兰的长篇小说代表作。主人公约翰·克利斯朵夫出生在德国莱茵河畔一个小城市的穷乐师家庭里,他在父亲的严格管教下学习音乐,并表现出出色的音乐天赋。克利斯朵夫经历了很多次失败的爱情,他因此一度萎靡不振,还因为在一个酒馆闯祸不得不到巴黎避难。青年诗人奥里维使他的生活出现了转机,但不谙世故的克利斯朵夫仍被人利用,卷入一个又一个是非之争……主人公的一生,可谓跌宕起伏,到了晚年,他才终于达到一种精神宁静的崇高境界。这是一个天才音乐家充满苦难与传奇的一生,他对自由生活满怀渴望,对艺术和美锲而不舍,对现实的一切禁锢勇敢反叛。小说通过主人公的经历,反映了当时社会中一系列矛盾冲突,并宣扬一种高蹈的人道主义和英雄主义。

《约翰·克利斯朵夫》思维导图

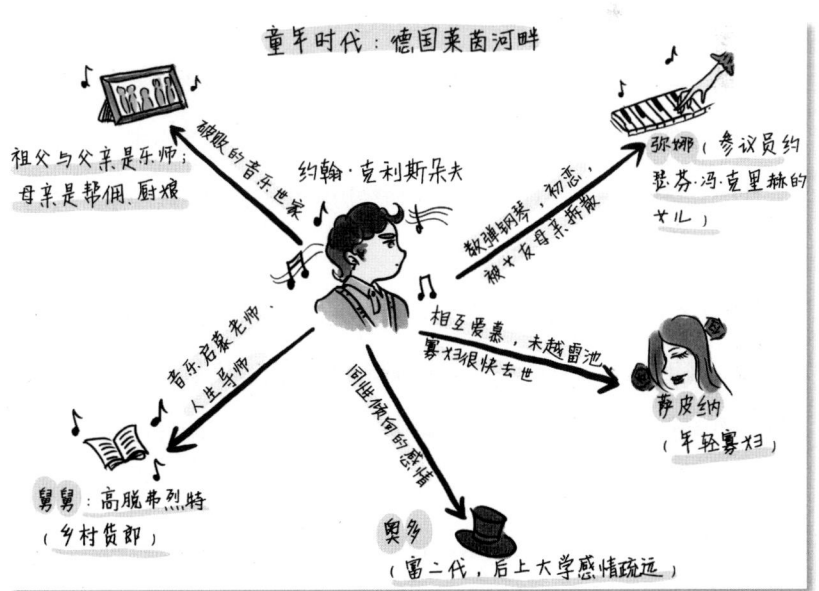

第一节
被傅雷救活的法国文学巨著

曾经有人说过，《约翰·克利斯朵夫》是一部男人必读的书。什么叫男人必读的书？小说的主人公约翰·克利斯朵夫是一个男人，克利斯朵夫从童年到少年，再到青年，经历了很多事情，从一个天真无邪的少年，变成了一个对自己、对社会有清醒认识的成年人。从这个意义上来说，它当然是一本男人必读的书。但是这些问题在女性的身上也会遇到。所以它同时也影响到了世界各国千千万万的女性。当一个人很小的时候读这本书，他会知道人生成长的艰难，而到老年时再读，可能又能体会生命的终极意义。

说了这么多，《约翰·克利斯朵夫》到底是一本什么样的书呢？

简单来说，这部小说描写了天才音乐家约翰·克利斯朵夫的一生，主人公童年时要与贫困抗争，长大以后又要与各种感情纠缠不休，同时还要与人性的丑恶做斗争。小说以他的生命经历为线索，力求展现第一次世界大战之前欧洲广阔的社会生活。

《约翰·克利斯朵夫》的作者是罗曼·罗兰。他生于1866年，死于1944年，终年78岁。这位小说家小时候身体很弱，但他的心灵十分敏感，非常喜欢音乐。他从著名的巴黎高等师范学院毕业以后，曾经获得奖学金，去罗马读研究生，研究历史，后来在巴黎大学教艺术史。罗曼·罗兰最开始创作的文学作品大都是历史剧，后来，他的戏剧作品开始转向某种英雄主义，这点当然跟作家对人类命运的关注有着紧密关系。譬如《七月十四日》这部作品，大家知道，7月14日是法国的国庆节，1789年7月14日巴黎民众举行起义，攻占巴士底狱，是法国大革命开始的日子。

后来，罗曼·罗兰在20世纪初期为他心中的三位英雄写下了《贝多芬传》《米开朗琪罗传》《托尔斯泰传》这三部传记，它们合称为《三巨人传》，又称《名人传》。当然，在他所有的文学作品当中，《约翰·克利斯朵夫》应该说是他最有代表性的一部。

能读到这么好的一部作品，我们当然要感谢作者罗曼·罗兰，但是中国的读者恐怕更应该感谢傅雷先生。傅雷先生是《约翰·克利斯朵夫》最早的译者，早在20世纪30年代后期就开始翻译这本书，在我看来，他也是这部小说最成功的译者。傅雷先生吃透了这部小说的精神，他在译序中说的几句话，至今仍然是我的座右铭。

他说：

> ……而青年成长的途程就是一段混沌、暧昧、矛盾、骚乱的历史。顽强的意志，簇新的天才，被更其顽强的和年代久远的传统与民族性拘囚在樊笼里。它得和社会奋斗，和过去的历史奋斗，更得和人类固有的种种根性奋斗。一个人唯有在这场艰苦的战争中得胜，才能打破青年期的难关而踏上成人的大道。

为什么我会把这几句话当作我的座右铭呢？

这要从我的青年时代说起。1970年，我16岁，正赶上知识青年上山下乡。我当时是在杭州湾的钱塘江口，参加浙江生产建设兵团围海造田的劳动。那时并不知道，是不是要在海涂待上一辈子，也不知道是不是能够再回到城里，什么时候才能回到城里。在农村劳动的时候，没有什么书可读，我一度感到十分迷茫，看不到希望。就在这个时候，我偶然见到了一本残破不全的小说，叫《约翰·克利斯朵夫》。我被它深深地吸引，几乎可以说是一口气地读完。

小说主人公约翰·克利斯朵夫不怕生活的艰辛，也不怕连连受到挫折，更不甘心于自我堕落。他在哪儿跌倒就从哪儿爬起来，坚持不懈地与命运相抗争。他的勇气和毅力鼓舞了我，让我在上山下乡的环境中，始终保持住奋斗向上的信念，最终如愿考上了大学。正如傅雷先生所说："所以在你要战胜外来的敌人之前，先得战胜你内在的敌人；你不必害怕沉沦堕落，只消你能不断地自拔与更新。"

受这部小说影响的不仅仅是我。这部小说自 1937 年在中国刊出了第一卷的中文译本，一直到 20 世纪 80 年代，影响了几代中国人。我非常希望你也能读一读这部小说，因为你会在约翰·克利斯朵夫的反抗中看到希望，得到启示，体会到一种超然的境界。

不过，这样一部著作，虽然对中国人影响巨大，但一定有很高的文学地位吗？

记得十多年前，有一个研究法语的同行托我在巴黎访学期间购买一本罗曼·罗兰的原版《名人传》，也就是三位名人的传记——《贝多芬传》《米开朗琪罗传》《托尔斯泰传》。当时我在巴黎跑了很多家书店，都被告知该书已绝版，没有重印。一开始我还有些纳闷：为什么在中国一版再版的书在法国却绝版了？绝版之后也不再重印了？而且在两家比较大的图书馆里，我也没有找到这本《名人传》。这件事让我相当惊讶。我因此也就明白了罗曼·罗兰的一些书籍在中国的影响力和在法国的文学地位，实际上是两码事。

记得当年阅读罗曼·罗兰的《约翰·克利斯朵夫》和都德的《最后

一课》时，我确实深深感动，它们给了年轻时代的我非常强大的精神支持。但后来当我熟悉了法国文学史以后，我对罗曼·罗兰和都德这类作家的地位，有了更清醒的认识。他们毕竟不是法国最优秀的、一流的文学家，其作品的精神内涵与文化维度，和雨果之类的大文豪相比，还是有一定距离的。

不论是长篇小说《约翰·克利斯朵夫》，还是短篇小说《最后一课》，它们在法国国内的影响并不是很大，至少不像我们想象的那样灿烂、那么辉煌。它们的影响力可能远不如其他的一些巨著，比如说普鲁斯特的《追忆似水年华》，甚至还不如福楼拜的《包法利夫人》。

当然一部法国文学作品在法国和在中国的地位不一样也是可以理解的。很简单，是我们中国读者和法国读者对罗曼·罗兰作品的不同需要以及不同评价，产生了这么一种结果。

有这么一句话，评价了罗曼·罗兰的文学成就："他的文学作品中的高尚理想和他在描绘各种不同类型人物所具有的同情和对真理的热爱。"这是瑞典文学院 1915 年为罗曼·罗兰颁发诺贝尔文学奖的颁奖理由。我们知道，诺贝尔奖诞生至今有 120 年了，获该文学奖的作家中法语作家是最多的，一共有 15 个人。罗曼·罗兰、法朗士、柏格森、马丁·杜·加尔、纪德、加缪、萨特等作家，都是我们中国读者非常熟悉的。

值得注意的是，20 世纪初期法国获诺贝尔文学奖的几位作家都有某种左派的倾向，尤其是罗曼·罗兰，当然还有法朗士。这种左派的革命性，使得他在当时的中国备受青睐。记得 2014 年中法建交 50 周年时，光明日报社和中国外文局曾经联手主办了一个在中国最有影响的十部法国书籍的评选活动，《约翰·克利斯朵夫》就名列其中。

这一节我们谈到《约翰·克利斯朵夫》是一部文学经典巨著，作者罗曼·罗兰因为它而获得了诺贝尔义学奖，但获了奖并不代表这部书的文学地位有多么崇高。对于中国读者来说，译者傅雷先生在这部巨著的传播中扮演了举足轻重的角色。一百多年来，这部书影响了成千上万的人，在他们的成长过程中给予他们精神的力量。

那么，这部小说为什么能够影响这么多人？克利斯朵夫的一生中遭遇过关于爱情、友情、事业、信念等方面的许多困扰，他是怎样解决的？所谓世人皆苦，苦在哪里？你的人生又与约翰·克利斯朵夫有多少的重合度？主人公生活的时代有哪些不一样的潮流和八卦？下面几节我会为你一一解开谜底。

第二节
草根音乐家的沉浮一生

我们知道西方文学中有一类小说叫作成长小说，也叫启蒙小说。它最早出现于 18 世纪的德国，德语的原文是 Buildungsroman。

那么，什么叫成长小说？

成长小说就是描写从少年到青年再到成年这一发展过程中的"人的成长史"的小说。所谓成长是指我们在告别童年，进入到少年青年时期所经历的历练与考验，由此获得独立思考和行动的能力。德国的大文豪歌德就曾经写过一部小说，《威廉·迈斯特的学习时代》，这部小说被认为是成长小说的原始模型。歌德写的就是主人公威廉·迈斯特的成长过程。

我们现在要谈的罗曼·罗兰的《约翰·克利斯朵夫》，也是一部成长小说。在写约翰·克利斯朵夫这个主人公的时候，作者想到的是跟主人公一样生命不息、战斗不止的众多英雄。我们知道，约翰·克利斯朵夫是个音乐家，实际上，小说当中的这个形象很明显带有贝多芬的影子。罗曼·罗兰写过《贝多芬传》，但是小说主人公约翰·克利斯朵夫并不只是这位音乐家的影子，而是吸收了众多音乐家的成长经历，而后凝练出的虚构的英雄人物。

《约翰·克利斯朵夫》这部小说一共十卷，其中前三卷分别叫《黎明》《清晨》《少年》，讲的是约翰·克利斯朵夫的童年和少年时代。主人公约翰·克利斯朵夫出生在莱茵河畔的一个小镇，他在那里度过了童年和少年时代。他们家属于较贫穷的市民阶层，祖父和父亲是镇上的乐师。他们看到小克利斯朵夫有音乐的天赋，便想把他训练成大音乐家，以求给家族带来名利。不想，他父亲强迫他练琴，反而弄巧成拙，破坏了音乐给小约翰的那种乐趣，也伤害了孩子的自尊心。作家围绕着这些生活细节，以戏剧性的笔触，将市民阶级爱慕虚荣的心理写得淋漓尽致。

约翰·克利斯朵夫正是在这样的市民家庭环境当中成长的。我们在书中看到后来的约翰为了社会正义而斗争，这种行为其实是源于他的童年遭遇。主人公的母亲是在一个有钱人的家里做帮佣。她身份低下，无法保护自己的孩子。有一天，小约翰去看妈妈，结果在与主人家的孩子玩耍时，被主人家的孩子们欺负，于是他奋起反抗。主人家的孩子们扑到他身上，骑在他背上，把他的脸摁在土里头。这时，小约翰的羞愧突然变成了疯狂的怒气，开始反攻。但此时主人家的太太恰好出现，蛮横地殴打小约翰。主人家太太的吼叫引来了仆人们，当然也包括小约翰的母亲。

问题是，母亲在这种场合非但不保护他，反而不问情由地给了他几巴掌，还要他赔礼道歉。受了伤的小约翰愤愤地拒绝了母亲的要求，这时候母亲还推他，把他拉到主人太太的面前要他跪下。小约翰跺着脚大声地吼叫，甚至咬了母亲一口，然后毅然离开了。回到家里以后，小约翰的委屈涌上心头。他不明白自己引以为豪的母亲，为什么会向那些坏人低头。这件事很是刺痛他的心，他第一次体会到卑躬屈膝的意义。

这种社会的不公使得他动摇了原本的认知——譬如说对父母的尊重，对自己人生的信心，以及对别人友好的天真想法。从这个故事中我们可以看到，主人公在很小的时候就已经对这个社会的种种不平等有了感性的认识，正是这种认识坚定了他以后与命运抗争的信念。

到了青年时代，他来到大都会巴黎奋斗。他在艺术方面的探索，也跟当时社会的传统法则产生激烈冲突。一心追求自由的他，遭到了世俗的误解和非议，但他并没有在痛苦当中失望，而是在连连的挫折当中奋起，无论是在巴黎还是德国，还是后来的瑞士，他都不甘于庸庸碌碌，而是踏踏实实地一步一步探索。经过了种种的磨难之后，他终于获得了精神上的某种安宁。

我们可以在几种关系当中看出主人公的成长，比如说与敌人的关系。从在巴黎的经历中我们就可以看出他是如何跟敌人做抗争的。因为他对当时的音乐有自己鲜明的意见，结果无意间得罪了那时的音乐界权威，以及主流媒体。但是，他始终不肯向权威、向世俗屈服，结果到处受到排挤、诽谤，甚至是打击、报复。

即便如此，到了最后，他也学会了宽容。在约翰·克利斯朵夫晚年的一封信中，他是这么说的：

> 使我不快的事这儿并不是不多。我又遇到了当年节场上的熟人，曾经激起我多少义愤的人。他们并没有改变。可是我，我改变了，不敢再对他们严厉了。赶到我忍不住要对这种人不留余地地批判一顿的时候，我就对自己说：你没有这权利。你自以为是强者，可是做的事比这些人更要不得。

有些评论家认为，小说的最后，主人公与他的敌人和解应该是人物性格分裂的体现。但是我认为，如果从成长小说的轨迹来看，这也是符合某种规律的。因为人到了成年、老年，追求的更多是与自然、与社会的和谐，是内心当中的安宁。与敌手的和解，并不是主人公斗争性的磨灭，而是他心中宽容精神的增长，这也是他在人际方面的种种经历带来的结果。

从罗曼·罗兰为《约翰·克利斯朵夫》末卷写的序中，我们可以读到罗曼·罗兰对主人公的这种宽容和仁慈的认识。他是这么写的："我写下了快要消灭的一代的悲剧。我毫无隐蔽地暴露了它的缺陷与德行，它的沉重的悲哀，它的混混沌沌的骄傲，它的英勇的努力，和为了重新缔造一个世界、一种道德、一种美学、一种信仰、一个新的人类而感到的沮丧——这便是我们过去的历史。"除了与敌人相处，作品当中同时也写到了如何独处，如何与朋友相处，这一点我们会在下一节中着重讲解。

总体来说，约翰·克利斯朵夫是真正意义上的英雄人物。约翰·克利斯朵夫像贝多芬一样，他不是没有犯过错误，不是没有受过挫折，也不是没有失落过，他曾经沉湎于性爱，也曾一度借酒浇愁。但是他最终不畏艰难，不媚艳俗，也不甘堕落，为保持人性的纯真和人格的独立，也为了追求人生的真理和艺术的真谛，不懈地奋斗着。

在这部小说的最后，我们可以读到这个人物的心声，他是这么说的："我曾经奋斗，曾经痛苦，曾经流浪，曾经创造……有一天，我将为了新的战斗而再生。"从主人公一生的经历中我们可以看出，无论是成功也好，失败也好，都是主人公主动选择命运的结果。

这一节我们重点介绍了《约翰·克利斯朵夫》主人公童年的经历，以及他生命不息、奋斗不止的鲜明而又复杂的形象。下一节我们将讲解约翰·克利斯朵夫生命中的几段爱情故事，以及他和朋友之间的友谊。

第三节
进一步为爱情，退一步为友情

在这部小说中，有几个女性的形象塑造得十分成功。小说最初几卷已经写了主人公极端朦胧的爱情生活，而小说的第六卷《安多纳德》、第七卷《户内》、第八卷《女朋友们》对此写得相对集中。

那么，一部以一个男性英雄为主人公的小说，为什么还会写到那么多的女性形象呢？

目的当然是通过比较，更好地塑造主人公的形象。作者想要通过描写主人公与这些女性的关系，写出主人公的内心成长史。毕竟，爱情生活是最能体现出一个人物丰富的情感世界和精神境界的。

作者罗曼·罗兰实在太会讲故事了，他通过几位女性，把主人公约翰·克利斯朵夫一生的爱情生活串联了起来，带我们认识了几位不同性格、不同社会阶层、不同精神追求的女性，以及主人公对她们的情感。当然，更主要的是通过这些爱情故事，写出主人公在精神追求上的崇高，他的不甘沉沦，他的永远向上。

在这里，我们不妨分析一下主人公与几个女性人物之间的关系，以及主人公对她们的认识。第一位女性人物叫弥娜。年轻的约翰作为音乐教师去教出生于参议官家庭的弥娜弹钢琴，于是两人有了一段暴风雨般的初恋。两个年轻人相爱，是青春激情的迸发，但是约翰和弥娜由于门不当户不对，遭到了弥娜母亲克里赫太太的反对，这位夫人横加干涉，于是，一段朦胧的爱情也就不了了之了。

第二位女性,是约翰的邻居于莱家的女儿洛莎。洛莎很爱约翰,大概是因为这个姑娘长相稍微差点劲,约翰无动于衷。后来,由于约翰跟别人相恋,单相思的洛莎也终于伤透了心。

第三位比较重要的女性叫萨皮纳。这位二十多岁的小寡妇是约翰在小镇上的邻居。他们两人是真正的心心相通,他们之间的交往清清白白,两个人互相爱慕,但是并没有说透,也没有行动。后来萨皮纳病死,这一段恋情也就成了约翰心中的痛。

在这里,我们可以仔细分析一下两人的关系发展到关键点的故事情节。萨皮纳的哥哥打算给他自己的新生孩子行洗礼,因为妹妹萨皮纳是那个孩子的教母,所以邀请了她到自己的村里去参加庆祝活动。恰巧他叫人把克利斯朵夫也请了一起去。那天下起大雨,萨皮纳和克利斯朵夫已经无法回到镇里,于是萨皮纳的哥哥劝两个人都在村里过夜。萨皮纳和克利斯朵夫住的房间的卧房是相通的,里头有扇门。

小说这样写道:

> 克利斯朵夫没法睡觉。他想到自己就在她身旁,在一个屋顶之下,只隔着一堵壁。他并没听见萨皮纳的屋里有什么声音,但以为是看见她了,便在床上抬起身子,隔着墙低声叫她,跟她说了许多温柔而热情的话。他似乎听到那个心爱的声音在回答他,说着跟他一样的话,轻轻地叫着他;他弄不清是自问自答呢,还是真的她在说话。有一声叫得更响了些,他就忍不住了,立刻跳下床去,摸着走到门边;他不想去打开它,还因为它锁着而觉得很放心。可是他一抓到门钮,门居然开了……

好，小说就读到这里。当时作为年轻读者的我，非常迫切地想知道，约翰到底有没有把那扇门打开。我跳过了两三页的内容，结果发现那道门始终没有打开，于是我心中释然了，既有些为主人公遗憾，又感到一种莫名的欣慰。

那时我不明白，约翰为何没有打开这道门。

当时被我跳过去没有读的内容是这样的：

> 刚才不是上了锁的吗？是的，明明是上了锁的。那么是谁开的呢？……他心跳得快窒息了，靠在床上，坐下来喘了喘气。情欲把他困住了，浑身哆嗦，一动也不能动。盼望了几个月的，从来没有领略过的欢乐，如今摆在眼前，什么阻碍都没有了，可是他反而怕起来。这个性情暴烈的、被爱情控制的少年，对着一朝实现的欲望突然感到惊怖，厌恶。他觉得那些欲望可耻，为他想要去做的行为害臊。他爱得太厉害了，甚至不敢享受他的所爱，倒反害了怕，竟想不顾一切地躲避快乐。爱情，爱情，难道只有把所爱的人糟蹋了才能得到爱情吗？

作为读者，我老是觉得这段美好的、朦胧的爱情是被罗曼·罗兰故意写死的。因为约翰还是青春少年，不能让他过早地拥有一段美好而又持久的爱，要让他在与不同女性的交往中多多历练，在爱的挫折中成长。就这样，克利斯朵夫在他的心灵深处有一个不可触碰的、隐秘的地方，牢牢地保存着萨皮纳的影子，那是生命的狂流冲不掉的。

在约翰·克利斯朵夫的爱情生活中，他最终是清醒的，并没有沉沦在盲目的肉欲里。这一点可以在年轻浪荡的阿达和他的交往中得到体现。阿达野性十足,很直率,代表了肉欲。约翰一度跟她沉溺于放纵的情欲中,后来是约翰舅舅的一顿痛骂,警醒了主人公,约翰才摆脱了这一段放荡不羁的岁月。

再后来小说写到约翰的另外一段刻骨铭心的爱情,里面的女主人公叫安多纳德。一开始约翰跟她去看了一场莎士比亚的戏,因为约翰有富余的票,就带她一起进了包厢。约翰对这个女孩子一见钟情,但是之后,他一直没有再见到这个女孩子,既不知道那女孩子叫什么名字,也没了音讯。多年以后,这个女孩子重新出现,主人公才知道她的名字叫安多纳德,原来是他的好朋友奥里维的姐姐。但是等他们再一次见面,再一次写信,互诉衷肠的时候,这个女孩又不幸病死了。

约翰最美好的几段爱情都以女方的死亡而告终,这使得约翰大受打击。但是他并没有心灰意冷,积极的态度给了他另外的机会。

爱情生活当中的最后一位女性是葛拉齐亚。约翰与葛拉齐亚相识相爱,在葛拉齐亚的丈夫去世以后,约翰跟她一起生活,共同抚养好朋友奥里维·耶南留下的孩子。后来在他和葛拉齐亚之间还有令人激动的故事,在此我们就不再仔细描述,大家可以去找小说读一读,你一定会发现很有启发的爱情故事。

讲述完了爱情故事,现在我们转过来谈一谈约翰·克利斯朵夫与几位同性朋友的关系。

小时候主人公认识了一个叫奥多的孩子,他们俩的关系是青春少年的友谊,但是也有一些同性之间朦胧的爱慕。尽管他们之间谈论更多的是诗歌、戏剧、音乐等艺术问题,但两个少年走得太近了,也是会被人说闲话的。后来奥多考上了大学,两人的关系也就慢慢疏远了。

真正跟约翰同甘苦共患难的朋友是奥里维·耶南。他们俩的关系印证了两句格言，一句是"人啊，你得自助"，另一句是"人啊，你们得互助"。后一句格言实际上是前一句的真正意义所在。

一开始，奥里维·耶南和约翰都非常贫穷，但他们是一条心的。尽管两人花费了不少心力，但始终没有改善他们的境地。友谊使他们做了不少的傻事。约翰·克利斯朵夫借了债，私下替奥里维·耶南印了一部诗集，不料一部也没卖掉。而奥里维怂恿约翰举办一次音乐会，最后却一个听众都没有。当然，约翰跟奥里维·耶南之间也有过误会，但是他们的友谊在误会和挫折中经受住了考验。

约翰本来很喜欢一个叫雅葛丽纳的女孩，但是知道奥里维·耶南也喜欢雅葛丽纳以后，约翰就放弃了雅葛丽纳，只为了成全奥里维·耶南。后来奥里维·耶南和雅葛丽纳相爱了，他们在克利斯朵夫弹奏的巴赫的音乐中紧挨着，坐在井栏上，约翰弹完钢琴以后，站起身来，望着远处的两个人。他走过去把他们俩都搂在怀里，对雅葛丽纳说："你爱他是不是？你们都非常相爱吧？"这对恋人对约翰是感激不尽的。但是雅葛丽纳不愿男朋友奥里维总是跟约翰在一起。于是，为了友谊，也为了朋友的爱情，约翰·克利斯朵夫忍痛疏远了奥里维。

后来奥里维病了，约翰过来守着他，尽到他好朋友的职责。在奥里维·耶南去世以后，奥里维和雅葛丽纳生的孩子，实际上是由约翰和约翰的最后一位爱人葛拉齐亚抚养长大的。

这样一个情节本身就体现了主人公的精神境界。当然。在这部小说当中，我们还可以读到主人公约翰·克利斯朵夫和其他的很多朋友之间的交往。由于篇幅关系，我们就不再一一展开了。

第三节我主要介绍了主人公约翰众多的爱情和友情故事。除了我们提到的这些，还有更多的故事等待着你自己去发现。通过之前的内容，我想你对约翰这个人已经有了大致的了解。我想提这么一个问题：你觉得主人公的经历能不能脱离开他所处的社会背景？如果不能，那你想不想知道当时的社会背景是怎么样的呢？对于这个问题，我将在下一节为你解答。

第四节
欧洲社会的广阔画卷

《约翰·克利斯朵夫》的作者罗曼·罗兰是法国人，但小说主人公，约翰·克利斯朵夫却不是法国人。大家知道他是哪国人吗？约翰·克利斯朵夫是德国人。他少年时代在德国度过，后来为了保护一个他并不认识的无辜女子，打伤了一个德国警察，误以为把警察打死了，才逃亡到法国闯荡的。多年以后，克利斯朵夫又逃亡至瑞士。此外他还曾在意大利、比利时等其他国家游历。他所结交的朋友有法国人、德国人、奥地利人、比利时人、意大利人，这也使得主人公能够见识和熟悉欧洲社会的各色人等。如此，法国、德国、瑞士，还有某种程度上的意大利，都成了小说的背景，这也就给作者提供了能够为读者描绘一幅欧洲社会的广阔画卷的机会。

正如小说的译者傅雷先生所说："可是本书还有另外一副更错杂的面目——无异一幅巨大的历史画——不单是写实的而且是象征的，含有预言意味的。作者把整个19世纪末期的思想史、社会史、政治史、民族史、艺术史来做这个新英雄的背景。"

可以说，这部小说是通过写一个不断奋斗的天才音乐家的人生，反映出人类永久的使命，还反映出整个欧洲社会在一个特殊时期的历史面貌。

在小说第三卷《少年》中，作者成功地描绘了德国社会各界的人们的生活，其中比较精彩的，是于莱一家人。

于莱是小说主人公约翰的街坊。对于于莱一家人的人物形象描绘，在这一章里显得很有特色。这一家人各有各的性格，比如于莱老爹，他十分忧郁，女婿伏奇尔总是无病呻吟，而女儿阿玛利亚又婆婆妈妈，外孙女洛莎则逆来顺受，外孙莱沃那借助宗教逃避社会人生！当时的礼教也好，传统观念也好，使得人们根本没有反抗的意识，反而要用虚伪的礼教去论断人生。这一切使得这家人成了某种程度上规规矩矩的德国小市民家庭。因为于莱一家人与世无争的生活态度，约翰·克利斯朵夫对他们有所反感。小说对于莱一家人的描写体现了德国社会的一个侧面。

又比如生物教员莱哈托，也是他们的邻居。莱哈托夫妇是法国人，小约翰这个德国人通过与他们交谈，了解了基本的法国文化。在小说中，约翰·克利斯朵夫从莱哈托太太那里认识法国，借了不少关于法国的教科书和文学作品，认识了一大批法国作家，比如说有雨果、拉辛、梅里美、伏尔泰、卢梭等，从第一流的到不入流的都有。编这些法国作品的德国出版人往往故意挑选那些法国人创作的批评法国，而推崇德国的文本。可是他们没想到在一个像约翰·克利斯朵夫那样思想独立的人的心目中，这种衬托的方法反而更显出法国人是自由洒脱，敢于批评自己、颂扬敌人的，相对而言，倒是德国人比较呆板。

到了小说的第四卷《反抗》和第五卷《节场》，反映的社会面就变得越来越广阔了，小说背景已经变成巴黎乃至整个法国社会，这也是罗曼·罗兰作为一个法国人最为熟悉的社会生活。其中比较精彩的描绘有巴黎屋檐下的那些邻居。

我们先来看看，小说是如何通过描绘邻居来让读者认识社会的。

约翰通过他新认识的朋友奥里维，认识了共住同一楼的邻居，六楼住的是神父，五楼住的是工程师，四楼住的是一个革命者，三楼则是房东，二楼是有钱的犹太人，底楼住的是退休的炮兵军官。四楼的那位革命者是华德莱先生，据说是一位无政府主义者，革命党人。他参加过巴黎公社的暴动，因此被判了死刑，但侥幸从监狱里逃了出来，走遍了全欧洲。

实际上，所有这些邻居都是法国社会的一种面貌。他们各管各的，住在禁闭的楼房中，吹不到一丝外界的风，但是主人公约翰·克利斯朵夫渐渐地在心中感觉到那些咫尺天涯的心灵，都有爱美的意识。他眼见温情柔和的火焰，无声无息地在亚诺夫妇的心中燃烧；他看到平民出生的工匠是如何天真地向往光明；看到那位军官因为内心的反抗，做些毫无结果的事情；还有那个经常坐在紫丁香树下出神的少女，体会着安天乐命的恬静。

小约翰来到巴黎以后，初步了解了巴黎社会，尤其是文学艺术界的种种面貌。关于文学艺术方面的人士，小说也有大量的描写。我们在这里可以讲一讲主人公眼中所体现的整个欧洲文艺界，包括文学、戏剧、音乐等的情况。

实际上，这些都是约翰·克利斯朵夫比较关注的，作者借助这位主人公的视角，展开论述，描绘了这方面的社会图景。以法国文学为例，主人公约翰很年轻的时候是这样看的，他认为：

> 在小说方面，他只看到矗立在无数俗流之上的巴莱斯和法朗士的几部作品。可是他语言的程度太浅，难于领略前者的思想分析和后者幽默而渊博的风趣。他好奇地瞧了瞧法朗士花房里所培养的橘树，以及在巴雷斯心头开放的娇弱的水仙。在意境高远而不免空洞的天才梅特林克之前，他也站了一会，觉得有股单调的，浮华的神秘气息。他抖擞了一下，不料又卷进浊流，被他早已熟识的左拉的溷浊的浪漫主义搅得头昏脑涨。

我们知道，19世纪的欧洲文学是很热闹的，文学运动上，曾经兴起过浪漫主义和现实主义，后来则有所转向，诗歌上的象征主义还有小说上的自然主义都是新的倾向，而这些在《约翰·克利斯朵夫》这本小说当中也都有所反映。至于文学之外的其他艺术，作者也表达了自己独特的看法。他认为文坛充满了掮客风气，艺术则同样发出铜臭，艺术品成了现代工业的产品。出版物充满了精神卖淫风气，作品的新花样层出不穷，但只是为了给公众怪异的刺激，艺术也成了某些投机分子捞取政治资本的晋升之机等。

这所有的一切正如小说第五卷的标题"节场"所揭示的那样。"节场"可以理解为"节日的市场"。整个文坛就像一个喧嚣的集市，乱哄哄的。

我们说过，作者是把整个19世纪西欧各国的思想史、政治史、艺术史作为一个英雄的成长背景，整部小说就是通过广阔的社会面的描写，衬托了主人公这个英雄的成长经历。

当然，我们也可以从另一个相反的角度上来说，一个人的成长是离不开周围人的影响的；一个人的成长，也离不开周围社会当中有德行的人的鼓励、鞭策、批评。我们在小说当中读到，当小小年纪的约翰一度迷惘的时候，他舅舅就给了他一番忠告，以一个过来人的身份劝导他。当时约翰已经摆脱了阿达姑娘的纠缠，把和几个刚认识的年轻人谈天说地作为排遣。但是这些无忧无虑的光棍汉的谈话和嬉笑使他感到恶心，没什么意义，于是他拼命喝酒，消沉的一面突然就显现出来了，喝得酒气冲天，完全消沉了。

舅舅见此情景，就带他去登高望远，对他进行教育。舅舅是这么劝他的：

人是不能要怎么就怎么的。志愿和生活根本是两件事。别难过了。最要紧是不要灰心，继续抱住志愿，继续活下去……现在是冬天，一切都睡着。将来大地会醒过来的。你只要跟大地一样，像它那样的有耐性就是了。你得虔诚，你得等待。如果你是好的，一切都会顺当的。如果你不行，如果你是弱者，如果你不成功，你还是应当快乐。因为那表示你不能再进一步……一个人应当做他能做的事……Als ich kann（竭尽所能）。

刚才引用的是主人公的舅舅的劝导。在小说中，我们可以看到，小约翰前进道路上的每一步都得到了这样的忠告，这些言行实际上也构成了他成长的环境土壤，也是保障他不断前进、不断自省的精神动力。

这一节我们谈的是小说所展现的整个欧洲社会的广阔画卷，但是《约翰·克利斯朵夫》不仅是一部展现社会现实的经典之作，还是一部隐藏的"古典音乐入门指南"，为什么这么说呢？我们在下一节揭晓。

第五节
一部能听到音乐的小说

音乐确实在这部小说中扮演了重要的角色。音乐的旋律贯穿了主人公约翰·克利斯朵夫的一生，音乐的节奏伴随着这位主人公每时每刻的人生奋斗。作者在小说当中对当时存在的古典音乐所做的极富见解的批评，也让人感到了罗曼·罗兰对音乐的独特见解。

那么，这部小说是如何写音乐的呢？

首先，小说主人公约翰·克利斯朵夫就是个音乐家，从小天才到大英雄，可以说，最初是音乐让他感到了生活的意义。其次，这位主人公约翰·克利斯朵夫的奋斗经历，几乎也都是在音乐家这个职业中实现的。

我们可以看看几个小故事。比如说，作为一个音乐神童，他是怎么在世间万物中找到音乐的奥秘的？小克利斯朵夫坐在奔驰的马车上时，他就快乐地哈哈大笑！那车身车轮隆隆，使他昏昏欲睡，此时马的铃铛"叮咚、叮咚"地响起来，音乐就在空中萦绕了，像一群蜜蜂似的，按着车轮的节奏在飘荡，其中隐藏着无数的歌曲，一支又一支的总是唱不完。小小的约翰·克利斯朵夫觉得这一切妙极了。

又比如说，到了晚上，小约翰·克利斯朵夫躺在暖和的小床上，浑身的疲劳把他压倒了，室内嘈杂的人声和白天的印象在他脑子当中搅成了一片。这时候，他的父亲在隔壁屋里拉起提琴，柔和的提琴声在夜空当中飘荡。

小约翰的音乐启蒙老师实际上是他的舅舅，他的舅舅在这部小说中扮演了很重要的角色，对小约翰的启蒙和成长起到了引导作用。在音乐方面，舅舅就告诉他，音乐实际上是来自生活的每一个侧面。

在书中有那么一段——

小约翰问舅舅，想知道舅舅是不是也编歌。

舅舅回答说：

为什么要编？各种各样的歌都有了。有的是给你伤心的时候唱的；有的是给你快活的时候唱的；有的是为你觉得累了，想着远远的家的时候唱的；有的是为你恨自己的时候唱的，因为你觉得自己是个下贱的罪人，好比一条蚯蚓；有的是为了人家对你不好，你想哭的时候唱的；有的是给你开心的时候唱的……一句话说完，你心里想唱什么就有什么歌给你唱。干吗还要我编呢？

小约翰那个时候已经开始自己编一些曲子了，但舅舅对他的编曲有所批评，认为很难听。

他对小约翰说："你写的时候，心里就没有什么可说的。干吗你还要写呢？"

小约翰认为："我就想写一个好听的歌。"

舅舅就这么教导他说：

对啦！你是为写作而写作的。你为了要做一个大音乐家，为教人家佩服才写作的。你骄傲、你扯谎：所以你受了罚……音乐是要谦虚、真诚。要不然还成什么音乐呢？

我们以上介绍的是主人公小时候受到的音乐启蒙，以及自身音乐才华显露的经过。实际上，他成长以后，也时时刻刻离不开音乐。当然，首先因为音乐是他的职业；其次也正是通过音乐，他才认识到了这个世界，认识了世界上的人，以及人身上的种种美德和恶习，认识到人心的真诚与虚假。

在小说中我们可以看到，正是靠着音乐，他才认识了他最好的朋友奥里维。书中是这么描写他跟好朋友奥里维认识的过程的。在一次音乐会上，克利斯朵夫看到了一对望着他又立刻闪开去的眼睛。那是一对天真朴实的眼睛，虽然有些畏怯，但很明朗，看起来那么率直。不但自己毫无掩饰，你的一切也无从隐遁。那是一个二十多岁的小青年，个子矮得看起来有些弱不禁风。他很喜欢约翰·克利斯朵夫的音乐，而约翰也喜欢他的真诚，这个年轻人就是奥里维·耶南，他成了克利斯朵夫的朋友。

也正是靠着音乐，约翰·克利斯朵夫在多年以后找到了自己曾经教过她钢琴的一个女学生。当时他正在一个大使馆出席晚会，在晚会上，他见到了以前认识的一个女孩子，而之后，这个叫葛拉齐亚的女人也成了主人公约翰·克利斯朵夫心心相印的爱人，两人相伴，度过了一段相当长的日子。

当然，也正是通过音乐，他从一位陌生的农村盲人姑娘的歌声中听出一首原来是他舅舅唱过的歌，因而才得知他舅舅生平当中很多他所不知道的事情。

原来这位舅舅是走村串巷当货郎的，舅舅跟盲人姑娘一家人是多年的朋友，来来回回做买卖的时候总住在他们家。而且，在这位盲人姑娘年轻的时候，约翰·克利斯朵夫的舅舅曾经爱上过她，但是不敢明说，把爱默默地藏在心中。后来那个姑娘不幸失明，也是约翰的舅舅靠着自己的热情和劝慰，让盲人姑娘鼓起勇气，好好地对待自己的生活。舅舅最后一次来到盲人姑娘家是前一年的7月，当时舅舅已经年老力衰，他是听着这位盲人姑娘唱的歌死去的。

当约翰的好朋友奥里维去世以后，心灰意冷的主人公隐居到了瑞士小城，也是靠着音乐，在音乐当中寻找精神的慰藉，在作曲中逃离思想的困惑。

音乐有时候是美好的，但有时候也是很野蛮的。

约翰·克利斯朵夫晚年曾经与一位瑞士医生的妻子安娜有过一段偷情经历，其中的媒介，在某种意义上，就是音乐。安娜二十几岁嫁给了医生布朗，她对丈夫从来就没有过什么爱情，但是她对妇道看得很重，认为所谓的"情爱"是良家妇女应该避免的一种罪恶，所以她几十年来，一直本分地守着自己的丈夫。后来安娜与克利斯朵夫相遇，安娜在他的教唱下，居然能把他作曲的一首歌唱得非常好，让约翰大为惊讶，所以约翰就说：

这颗像祖母一样冷酷的心居然能领会音乐……噢！音乐，打开灵魂的深渊的音乐！

克利斯朵夫还说道：

在日常生活中，普通人的心灵是重门深锁的密室。无处使用的精力，与世枘凿的德性与恶癖，都被关在里面发锈……可是音乐有根魔术棒能把所有的门都打开。于是心中的妖魔出现了。灵魂变得赤裸裸的一无遮蔽……

小说末尾，在经历了很多爱情的挫折后，在最后的爱人葛拉齐亚也终于病故之后，约翰·克利斯朵夫感慨：痛苦的世界的门已经关上，但是音乐的门依然敞开。他的人生在音乐中达到一个新的高峰。

小说中是这么说的，这个时期产生了他最沉痛，同时也是最快乐的作品。他把当时音乐史上所有最高的成就都完美结合，德意志的亲切、深奥而富有奥秘气息的思想，意大利的热情的曲调，法兰西的细腻而丰富的节奏，都被他融合在了一起。

他创作的音乐变得恬静。从前他的作品像春天的雷雨，在胸中集聚、爆发，现在的作品却像夏日的白云，积雪的山峰，有一只通体放光的大鹏缓缓地翱翔，把天空都填满了。

到了小说最后，我们也是在音乐当中读到了主人公的死去。

约翰·克利斯朵夫临终之时，突然听到了一个乐队奏起了他所写的颂歌，于是他紧闭的眼睛里流出了幸福的眼泪，说：

噢，欢乐，眼看自己在上帝的至高的和平中化掉，眼看自己为上帝效劳，竭忠尽力地干了一辈子：这才是真正的欢乐！

小说的作者也通过主人公之口，对19世纪下半叶欧洲各国的音乐，表达了自己的看法，这也是小说反映社会现实的一个重要的方面。例如约翰·克利斯朵夫无法容忍瓦格纳的四联剧《尼伯龙根》系列，认为它汇集了虚伪的理想主义，虚伪的基督教教义，虚伪的中古色彩，虚伪的传说，等等。同时，他把门德尔松、勃拉姆斯、舒曼等看作浮夸感伤的作曲家。他这么说：

> 在门德尔松是那种过分的忧郁，高雅的幻想，四平八稳而言之无物；在韦伯是虚幻的光彩，枯索的心灵，用头脑制造出来的感情；李斯特是个贵族的教士……至于舒伯特，是被多愁善感的情绪淹没了……甚至那伟大的巴赫……也脱不了诳语，脱不了流行的废话与学究式的唠叨。

当然，这些对19世纪欧洲伟大音乐家的看法，只是作者罗曼·罗兰个人的观点，作者的本意无非是要提倡一种英雄主义，鞭挞文化上的某种市侩精神。当他借着主人公的嘴说出对当时欧洲流行的音乐的时候，我们便可以看到那些被世俗所崇拜的所谓好音乐的颓废本质。

最后，我们还要简单介绍一下小说的汉译本的译者——傅雷先生。傅雷是一位音乐的内行，他是文学家、翻译家，但同时也对绘画、雕塑，尤其是音乐艺术十分在行。他翻译过很多艺术史的著作，还写过音乐方面的宏论。

在他的译著《约翰·克利斯朵夫》当中，我们能够读到作为音乐内行的一个傅雷。在这部小说中，音乐的主题通过傅雷的译笔，很好地传达出来了。翻译者在学好音乐、做好人的方面，也给了他的大儿子、音乐家傅聪谆谆教导。

我用了五节的内容来介绍这部小说的方方面面，从主人公的成长过程到他的爱情和友情故事，从小说所反映出来的社会背景到音乐的魅力。读完这些介绍，在你心中肯定会产生更多的疑问和好奇。我希望你能够带着这些未知的问题去阅读这部小说，这样你的收获将远不止于我的讲解。如果你也在成长当中遇到了困惑，我建议你带着自己的困惑，去小说中寻找解决办法。或许，你读完之后，会茅塞顿开，也希望这部小说能够给你带来安慰。

《追忆似水年华》
———
追寻生命中逝去的美好时光

À la recherche du temps perdu

浙江大学·许 钧

马塞尔·普鲁斯特

作品介绍

《追忆似水年华》是法国意识流小说家马塞尔·普鲁斯特的长篇小说代表作。全书共有七卷,叙述者"我"依照时间顺序讲述了自己人生的不同阶段,追寻逝去的时光。小说讲述了"我"在贡布雷的童年生活,还描写了斯万与交际花奥黛特的爱情。"我"在巴黎结识并爱上阿尔贝蒂娜,在巴尔贝克的海滨与她重逢后,两人感情渐浓,后来终于如愿与阿尔贝蒂娜共同生活,但因为受嫉妒折磨,"我"将阿尔贝蒂娜"囚禁"在巴黎的公寓,导致了她的离去……

这部长篇小说包罗万象,文体绵密而复杂,小说中时序颠倒交错,情节结构松散多变。普鲁斯特以纤毫毕现的细腻笔触来呈现"我"的每一种细微感受,借助潜意识、梦幻和想象,交叉重叠地展现似水流年,字里行间回荡着的是对故人、往事的深情挚爱和难以割舍的眷恋。《追忆似水年华》开创了20世纪法国文学的新纪元,被誉为20世纪最重要的文学作品之一,对后世的欧洲文学及世界文学的影响都十分深远。

《追忆似水年华》思维导图

第一节
仅有一部代表作的世界级作家

普鲁斯特是 20 世纪伟大的法国作家,也是一位世界级的文学大师。1871 年,他出生于法国巴黎。如果以 20 年为一代来计算,他比莫泊桑、兰波等作家小一代,与罗曼·罗兰是同时代人。他与纪德、克洛岱尔、瓦莱里被称为 20 世纪初法国文坛四杰,但他在国际的声名远远超过其他三位作家。

他的名声大到什么程度呢?

法国作家安德烈·莫洛亚说过:"普鲁斯特这位巨人在法国统治着 20 世纪上半叶,正如巴尔扎克这位巨人曾统治过 19 世纪那样。"

法国《读书》杂志曾做过一个调查,征求读者心目中欧洲十位"最伟大的作家",普鲁斯特榜上有名,排在莎士比亚、歌德、塞万提斯、但丁、卡夫卡之后,超过了巴尔扎克,在所有法国作家中名列第一。

虽然在文坛享有盛誉,不过实际上,普鲁斯特一生发表的作品并不多。他的代表作是《追忆似水年华》。

还是那位作家安德烈·莫洛亚,他曾说过:"对于 1900 年到 1950 年这一历史时期而言,没有比《追忆似水年华》更值得纪念的长篇小说杰作了。"

影响如此之大的《追忆似水年华》,究竟是一部怎样的作品?

它的篇幅很长，法文原著共有七卷，分别是《在斯万家那边》《在少女们身旁》《盖尔芒特家那边》《索多姆与戈摩尔》《女囚》《女逃亡者》《重现的时光》，即使是经过删减的普通版本，也有两千多页。这部鸿篇巨制，普鲁斯特从1909年开始动笔撰写，一直写到1922年因病去世，写作历时13年。

这样的一部鸿篇巨制，所说的究竟是什么样的故事呢？

如果大家期待从中读到类似大仲马的《基度山伯爵》或《三个火枪手》那样跌宕起伏的故事，那么大家可能要失望了，因为普鲁斯特不是一个擅长讲故事的作家，《追忆似水年华》也不是一部传统意义上的小说。《追忆似水年华》被几条主线同时贯穿，一条是事件，一条是爱情，一条是亲情，还有一条是文学艺术，除此之外，可能还有其他线索，这就导致《追忆似水年华》结构似乎比较松散，内容特别繁杂，所以我们无法用简单的几句话概括它的内容。

尽管如此，我们还是可以从中找到一条重要的线索，那便是叙述者"我"对"似水年华"的"追忆"，更确切地说，是对逝去的时光的追寻。在这七卷中，叙述者"我"依照时间顺序，讲述了自己人生的不同阶段。他尤其珍视那些深深镌刻于记忆中的片段，对这些片段运用了大量笔墨进行描写，仿佛将它们置于显微镜下，不放过任何一个细节与褶皱。同时，因为这个叙述者"我"有一个和普鲁斯特一样的名字——马塞尔，所以人们也常常将《追忆似水年华》当成普鲁斯特的自传。但普鲁斯特自己说过，作品中自称"我"的那个人，和现实生活中的"我"并不是同一个人。

具体来看，在第一卷《在斯万家那边》中，"我"讲述了自己在贡布雷的童年，与斯万的相遇，继而写了斯万与交际花奥黛特的爱情。在第二卷《在少女们身旁》中,"我"先讲述了自己对斯万女儿希尔贝特的爱恋及由此产生的烦恼心情,之后又讲述了某次与外祖母一起在巴尔贝克度过的假期。在这个假期,"我"结识了阿尔贝蒂娜并被她吸引。在第三卷《盖尔芒特家那边》中,"我"随父母搬家至盖尔芒特公爵府邸附属建筑中某个单元,在此开始了新生活,其间,"我"的外祖母终因疾病去世。在第四卷《索多姆与戈摩尔》中,"我"重返巴尔贝克,这次旅行促使"我"下定决心娶阿尔贝蒂娜为妻。在第五卷《女囚》中,"我"讲述了与阿尔贝蒂娜和女佣弗朗索瓦丝的共同生活,"我"受嫉妒与猜疑情绪折磨,将阿尔贝蒂娜"囚禁"在巴黎的公寓,最终导致了阿尔贝蒂娜的离去。第六卷《女逃亡者》在另一些版本中也叫《消失的阿尔贝蒂娜》,阿尔贝蒂娜离开后,"我"费尽力气寻找她的下落,却只等来一封告知她死讯的电报。在此期间,斯万去世。在最后一卷《重现的时光》中,"我"先谈到,自己多年来想成为作家,又苦于能力不足,随后讲述了一次旅行带来的重大发现:在这次旅行中,"我"无意中窥见了艺术创作的真谛,因而终于能够动笔写作,有机会一圆自己的作家梦。

说完内容提要,我不得不再次提醒大家,《追忆似水年华》不是一般意义上的故事书,上文中的情节只占全书很少一部分。过分追求故事与情节不是打开《追忆似水年华》的正确方式,在后文中我会解释原因。

《追忆似水年华》的出版,也是一个耐人寻味的文学事件。从1913年第一卷《在斯万家那边》出版,至1927年最后一卷《重现的时光》出版,出版历时14年。读者朋友们有没有发现,刚才我们曾说过,普鲁斯特是1922年去世的,《追忆似水年华》的最后一卷,却是在1927年,也就是他去世五年后才出版的,这有可能吗?的确有可能,在第四节中,我们会展开来谈。

总之,我们今天看到的法文版《追忆似水年华》中的最后三卷《女囚》

《女逃亡者》《重现的时光》，是在普鲁斯特去世后才出版的。

在中国，《追忆似水年华》存在多个译本，不过将原著七卷完整翻译出版的，目前只有译林出版社的版本。译林出版社出版的这套《追忆似水年华》集合了15位中国法语界的优秀译者，耗时六年多完成，总计两百余万字。我本人有幸参与了第四卷《索多姆与戈摩尔》的翻译工作。《追忆似水年华》在中国的翻译出版的过程，其曲折程度一点不亚于原著在法国的出版，在后文中我会为大家详细讲述这个过程。

通过这七卷书，在大处，普鲁斯特向我们揭示了19世纪末20世纪初所谓的"法国上流社会"；在小处，他则向我们揭示了书中各式各样的人物的内心世界，让我们看到了最为细微深入的情感波折。实际上，普鲁斯特自小体弱多病，因为健康状况，他很少外出，35岁后几乎就不外出了，他的活动范围和朋友圈其实很小。在这种状况下，他怎么能够同时对宏阔的外部世界与幽微的内心世界，有如此精准的刻画呢？我想，我们可以从很多方面去理解和分析。

我们要去分析的，是普鲁斯特的写作受到了哪些因素的影响。首先是家庭对他的影响。普鲁斯特出生于法国巴黎一个富裕的家庭，父亲是当时著名的医学家，母亲出身于一个富有的犹太家庭，知书达理。优越的家庭条件，使得普鲁斯特不需要为生计烦恼，因此，他有大量的时间可以投入到对生活的观察与书写中。他的父母亲虽然信仰不同，但互敬互爱，家庭氛围十分融洽。儿时幸福的家庭生活成了普鲁斯特的美好回忆，在外祖母和父母相继离世之后，他不断依靠纸笔去追忆、去重寻旧时光。

在普鲁斯特的亲人当中，身为医学教授的父亲一丝不苟、严谨认真，也许正因为这个原因，普鲁斯特的性格中也表现出了理性严谨的一面，他时常像科学家那样对情感进行冷静的观察，又像医学解剖那样对情感条分缕析。他的传记作者这样形容普鲁斯特，"在社交界，他继续以研究法国社会的'系谱学和昆虫学'为自己的职业"。普鲁斯特的母亲和外祖母的性格与他父亲截然不同，带给普鲁斯特感性、浪漫、幽默的一面。也许正是这两种性格的完美结合，造就了《追忆似水年华》的张力与和谐。在他的外祖母、他的母亲对他的教育之下，普鲁斯特从小喜爱文学、阅读广泛。这种影响也被他写入《追忆似水年华》，在第一卷中，叙述者的母亲为逗他开心，把他外祖母给他准备的生日礼物——一包书提前给了他，叙述者说道：

> 我高兴极了。妈妈去拿了一包书来，从包装纸看，那些书又短又宽，仅凭这初步印象，（虽然是笼统的，而且还隔着一层纸）它们的吸引力就已经大大超过新年颜料盒和去年的蚕宝宝了。那几本书是《魔沼》、《弃儿弗朗沙》、《小法岱特》和《笛师》。

这几部都是乔治·桑的田园小说。随后他的母亲又为他朗读《弃儿弗朗沙》，叙述者一边听着，一边陶醉其中，他觉得：

> 乔治·桑的字字句句好像是专为妈妈的声音而写的，甚至可以说完全同妈妈心心相印。为了恰如其分，妈妈找到了一种由衷的、先于文字而存在的语气；由它带出行文，而句子本身并不能带出语气；多亏这种语调，她在朗读中才使得动词时态的生硬得到减弱，使得未完成过去时和简单过去时在善中有柔、柔中含忧，并引导结束的上一句向开始的下一句过渡；这种过渡，有时急急匆匆，有时却放慢节奏，使数量不等的音节服从统一的节奏，给平淡无奇的行文注入持续连贯、情真意切的生气。

这一段描写的，可能是听母亲念书的少年的心理，也可能是成年后的作者回忆起少年时的一幕，对自己听母亲念书时的心理进行了想象与重构。无论如何，这段文字已经是一种文学批评，已经表达了一种文学创作观念。普鲁斯特仿佛在暗示我们，他的母亲对他今后创作风格的形成产生了潜移默化的重要影响。

说完了普鲁斯特的家庭对他写作的影响，接下来我们就来谈谈他的健康状况对他创作的影响。

普鲁斯特从小体弱多病，患有哮喘和花粉症。他母亲怀他时，先后遇上普法战争爆发、巴黎公社成立，颠沛流离，最后在他舅公家避难时生下了他。普鲁斯特后来一直把自己的体弱多病归为先天不足。

他9岁时，第一次哮喘发作。那次哮喘发作十分厉害，他父亲当时认为他可能会死去。这次发病也改变了他的人生轨迹，从此以后，他再也无法像其他孩子那样与世界正常接触了。全家对他的健康倍加关注。我们常常能在《追忆似水年华》中看到，叙述者的父母和外祖母因为关注他的健康状况而发生争执，普鲁斯特写道，每逢下雨天，"我"的外祖母都要和父亲闹矛盾，父亲认为在这种天气下"我"应该待在家中，外祖母却认为我应该出门，锻炼强健的体魄。

而在小说之外，在现实生活中，普鲁斯特的健康每况愈下，哮喘发作得越来越频繁，越来越严重。因为白天比较容易发病，他就调整了作息，昼伏夜出，渐渐减少外出次数，最后发展到几乎闭门不出，把自己"囚禁"在一个阴暗的房间，每天待在房间里，看书写作度日。

长期与世隔绝，他有了大量的时间思考、创作，不断修改成稿。他的屋子拉着厚窗帘，铺着厚地毯，后来甚至还安装了隔音软木板。普鲁斯特越来越沉浸于自己的世界，沉浸于《追忆似水年华》的世界，他把里面的人物当作有血有肉的真实人物，有时甚至像谈论现实中的朋友那样与人谈论他们。

另一方面，疾病也许增强了他的某些感官功能和分析能力。普鲁斯特自己就谈论过疾病对写作的影响，他这样说道：

> 只有毛病才能让人发现、了解和分析没有毛病时无法了解的机制……稍有失眠并非无益，这样就能观赏睡眠，在黑夜中投射一点亮光……

言下之意，健康的人不曾真正了解健康，带着病痛的人不仅懂得病痛，更懂得健康。假如普鲁斯特没有受到失眠症的折磨，我们也许永远无法读到《追忆似水年华》开篇描写叙述者在床上辗转反侧、难以入眠的精彩片段；假如他没有受到爱情的痛苦折磨，我们也许永远无法读到第一卷中那么精彩的篇章。

除了以上两点，普鲁斯特的写作还受到社交生活的影响。

父母以及通过孔多塞中学的同学所结识的朋友，为他打开了社交界的大门，也为他的写作积累了大量宝贵的素材。《追忆似水年华》中的许多人物原型就是他们。他的好友卡亚韦和未婚妻让娜·布凯，为小说主要人物——盖尔芒特家的圣卢和斯万家的希尔贝特提供了模型。他在卡亚韦母亲的沙龙里结识了当时赫赫有名的法朗士，后者对他推崇备至。有很多证据表明，法朗士是《追忆似水年华》中的大作家贝戈特的原型。

普鲁斯特虽然频繁出入社交界，但其实并不热衷与人交往，他在沙龙中扮演的角色不是一只花蝴蝶，倒像一只勤劳的蜜蜂，从沙龙女主人和穿梭往来的沙龙客身上采撷蜂蜜，酿造他自己的似水年华。不过，普鲁斯特也明确表达过，将《追忆似水年华》的人物与现实生活中的人直接挂钩是不明智的，他常常把许多人身上的特征综合成一个人物，或者把某个人的多个特征分给不同的人物，比如，他曾说，他把自己的特征分给了叙述者马塞尔、斯万和叙述者的朋友犹太人布洛克这三个角色。从另一个方面，我们可以这样理解，即这三个角色其实都是普鲁斯特的分身。叙述者继承了他的家庭背景，斯万继承了他慷慨的性格、渊博的学识和对文艺的爱好，布洛克继承了他的犹太人身份和德雷福斯主义，可能还有一些普鲁斯特在人前的笨拙与反复不定的性格。

在这一节中，我对《追忆似水年华》做了一个简要的介绍，分析了普鲁斯特的写作受了哪些因素的影响。我们在这一节中分析了三个因素，家庭因素、健康状况因素以及社交生活因素。另外还有一点可能对他的创作产生了最重要的因素，我们将在下一节展开讲述。

第二节
吃一口小点心，回忆起一个世界

影响普鲁斯特写作的第四点，或许也是最重要的一点，就是普鲁斯特敏感的性格。

我们提到过，在法国《读书》杂志的调查中，普鲁斯特排名在巴尔扎克之前。这件事似乎表明，对读者来说，伟大的作家剖析历史风云，呈现社会风貌，更伟大的作家则揭示精神波动，描绘心灵图景。

普鲁斯特经常被人同乔伊斯、伍尔夫和福克纳相比较，《追忆似水年华》也常被认为是法国意识流小说的杰出代表。然而需要指出的是，"意识流"这个概念，似乎更多指向英美小说中的某种传统。

法国文学有悠久而独特的心理小说创作传统，在 17 世纪末就已经有女作家开始创作心理小说，对复杂的心理活动作详尽的分析，到 19 世纪后半期又出现了"内心独白"小说。所以，《追忆似水年华》与其说是意识流小说，不如说是对本国心理分析和内心独白传统的继承。

有趣的是，据传记作家考证，普鲁斯特本人，无论从阅读喜好还是写作意图来看，都更接近一个古典作家。他常说自己想写出《一千零一夜》那样的作品，至少要像圣西门、托马斯·哈代那样写作，但他最后却成了法国意识流小说的代言人。这一方面当然证明阅读是一个非常有意思的过程，阅读的结果常常会与作家的本意大相径庭。另一方面，所谓风格即人，意识流也好，内心独白也好，心理分析也好，其实都与普鲁斯特敏感而细腻的性格相吻合。

在回忆普鲁斯特时，很多人常说他有着一双通灵人的眼睛，这双眼睛仿佛能够看透事物表象，直达事物本质。他的一位朋友提起普鲁斯特，说他有一次盯着一丛玫瑰花入了神，对外界的一切都置若罔闻；另一个朋友说他有一次去探望普鲁斯特，跟他说了一个词，结果无意中诱发他进入神游。

或许普鲁斯特的敏感体质导致他确实比常人更容易受外界触动，进入冥想状态。在《追忆似水年华》中，有一个为人津津乐道的品尝"小玛德莱娜"点心的片段：一个冬日，"我"回到家中，吃了"小玛德莱娜"点心，喝到沾了点心渣的茶水，"我"产生了奇妙的情绪变化。对于这种电光石火间产生的感受，作者这样写道：

> 带着点心渣的那一勺茶碰到我的上颚，顿时使我浑身一震，我注意到我身上发生了非同小可的变化。一种舒坦的快感传遍全身，我感到超尘脱俗，却不知出自何因。我只觉得人生一世，荣辱得失都清淡如水，背时遭劫亦无甚大碍，所谓人生短促，不过是一时幻觉；那情形好比恋爱发生的作用，它以一种珍贵的精华充实了我。

叙述者"我"随后对它进行了分析和解释，最终发现，这种神奇的感觉与儿时经历有关。在这里，普鲁斯特理性的一面展露无遗：他认为一切皆有原因。

所以，对于他常常进入冥想这一点，也许一种更为合理的解释是，普鲁斯特很早就开始构思一部伟大的书，在他与外界元素接触时，他的敏感个性帮助他立即判断出这些元素能否成为这部伟大的书的素材，同时促使他立即进入创作状态。这样说并非没有根据，那位说了一个美丽的词导致普鲁斯特神游的朋友，后来发现这个词出现在了《追忆似水年华》中。

疾病或许也使得普鲁斯特越发敏感，还使他逐渐对他人，尤其是母亲的关心与呵护产生依赖。根据他的传记作者的描述，他甚至常常因觉得母亲对自己关爱不够而产生焦虑，而这种焦虑感又部分地成为他创作的动因。这些因素究竟在多大程度上影响了他的创作，当然需要考证来明确，但它们确实都在《追忆似水年华》中有所体现。例如在第一卷《在斯万家那边》中，开篇时，他就花了几十页写"我"，也就是童年的马塞尔，在睡前等待母亲来与他吻别的复杂心情。

每个人的一生中都可能有过像书中主角等妈妈来吻自己的时刻——希望某件事快点到来，又希望它不要来得那么快，因为到来也就意味着结束。在这样的心情中，等待的时间因为充满希望，反而成为最幸福的时间。所以当我们读到这几页有关等待与希望的文字时，我们会打心眼里理解叙述者马塞尔，我们也感谢普鲁斯特，感谢他将我们每个人都曾体会到，却没有能力表达出来，或者来不及记下就已消逝的细微情绪那么完整而又细腻地表达出来。总的来说，《追忆似水年华》就是这些时刻、这些片段的汇集，所以，它能引起读者的共鸣，受到读者的喜爱。

接下来，我们来谈谈《追忆似水年华》的内容。

七卷《追忆似水年华》，译成中文两百多万字。具体而言，这部作品到底讲了怎样的故事呢？我们前面已经提到，这个问题的答案可能会让大家失望，其实这两百多万字里，并没有什么惊天动地的故事。

第一卷第二部分《斯万之恋》可以说故事性较强，这部分讲述了斯万认识了后来的妻子奥黛特并与之坠入情网的故事，但作者没有把重点放在斯万的恋爱过程上，反而将很多笔墨用在对沙龙的描写和对爱情本质的议论上。说到"爱情"，我要告诉大家的是，在《追忆似水年华》这部作品中，爱情可以说是仅次于"时间"的重要主题。

总之，《追忆似水年华》故事性不强，用法国已故著名文论家热奈特的话来说，整部《追忆似水年华》的内容可以归结为一句话：叙述者马塞尔想要成为一名作家。马塞尔一直想写作，却始终写不出优秀的内容，然而当他叙述完这七卷内容，他无疑与作者普鲁斯特一起，完成了属于自己的杰作。这当然只是热奈特的一种观点。不过有一点可以肯定，这种松散的结构与作者的创作风格有关，与作者想表达的主题有关，还与普鲁斯特的写作习惯有关。

普鲁斯特有很多笔记本，平时有所思、有所感时便记录下来，最后再将一个个片段按照预先的构想拼在一起。这也是为什么很多人说，阅读普鲁斯特的小说与阅读其他小说不同，随便翻开一页就可以开始读下去，因为在《追忆似水年华》中，思想性胜过了故事性。

在这一节中，我们讨论了普鲁斯特本人的性格对创作的影响，也介绍了《追忆似水年华》的内容。在下一节中，我们将要讨论《追忆似水年华》的结构，一起来看看普鲁斯特的作品有着什么样的风格特点。

第三节
如何写出横跨两页纸的长句子

在上一节中,我们曾说到,《追忆似水年华》结构松散。不过,结构松散并不等于没有结构。考虑到我们之前已经提到过的普鲁斯特的古典主义倾向,既然追求古典主义,那就不可能不考虑作品的结构。

其实,普鲁斯特的写作也并非随兴所至。从手稿和资料来看,他从一开始就已经构思了作品的整体布局。据他的传记作者介绍,大约在1911年时,普鲁斯特就认为自己的鸿篇巨制即将完成。但在初稿完成后,他一直对各卷反复修改,一直到出版前夕,有时甚至在将手稿交给出版社后,他还会写信给出版商,明确要求在某些地方进行增加或删节。这样一来,一直到去世,他都在不断修改作品,他的作品也就始终处于变动之中。这就解释了我们在第一节中提到的问题,为什么在作者本人去世后,出版社还能完整出版《追忆似水年华》后面几卷;也解释了为什么他身后出版的几卷在形式上与生前出版的几卷有些许差别。有些传记学者甚至认为,假如普鲁斯特能活到全集出版之后,《追忆似水年华》的后面几卷可能就不会是我们现在看到的样子。

回到刚才所说的整体构思。在普鲁斯特的规划中,《追忆似水年华》呈现为以贡布雷为中心,由斯万家和盖尔芒特家为两边所形成的大教堂结构。这两条边既是地理上的,也是社会阶级上的——盖尔芒特家代表贵族阶级,斯万家代表资产阶级,同时还是心理上的。通过对这两边的描写,普鲁斯特实际上对当时的社会做了一个缩影。

我们无法准确概括出《追忆似水年华》的内容，但这不要紧。对这部小说来说，相比于了解它写了什么，理解普鲁斯特的创作手法、创作风格似乎更为重要。

19世纪的福楼拜曾说过，要就着一点点微不足道的题材，来写一部伟大的书。从这个角度说，普鲁斯特是福楼拜最好的学生。普鲁斯特曾写过一篇评论福楼拜作品的长文，叫《论福楼拜的风格》，这说明他对自己接受福楼拜的影响是有意识的。

那么，普鲁斯特的风格又是什么样的呢？

他的语言有两大风格：长句和隐喻。

我们先来说说普鲁斯特的长句。在《追忆似水年华》原文中，长达十余行的"连环"句比比皆是，有的甚至长达数十行。卷一中有个描写卧室的名句，长达五十余行，跨越两页。

这么长的句子不仅制造了阅读与理解障碍，也给译者制造了极大的困难。那么，普鲁斯特为什么要写这么长的句子呢？这里面有两个原因。

第一个原因，是作者的个性。据普鲁斯特研究专家米伊先生介绍，普鲁斯特从小就有写长句的倾向，在他中学时代的日记里，长达数十行的句子随处可见。

第二个原因，是表达需要。现在公认的说法是，《追忆似水年华》的第一主题是"时间"。也就是说，普鲁斯特试图以艺术手法，追寻已经失去的时间，重现生命之春。怎么追寻呢？靠"回忆"。所以安德烈·莫罗亚说："普鲁斯特的主要贡献在于他教给人们某种回忆过去的方式。"回忆过去，我们大多借助智力与推理，但对普鲁斯特来说，他借助的是当下的感觉与重新涌现的过去的记忆的偶然重合。为了再现这种回忆往事的潜意识的流动过程，普鲁斯特充分发挥了他的语言天才，将语言形式与表达内容融为一体，也就是说，他独特的句法手段与他描述意识流动过程的需要有着不可分割的关系。

那他的句法手段有哪些呢？

我总结了一下，主要有四种，简单地为大家介绍一下。不过在此我想先补充一点，法语和汉语不同，在汉语当中，句子太长，就容易搞不清各部分之间的关系，句意就会混乱；而法语结构清晰，再长再复杂的句子，只要找准了谓语动词，就能理顺句子，理解句意。普鲁斯特的句法，正是很好地利用了法语的这个特点。

他采用的第一种手段是大量使用主从复合句形式，通过联结主句与从句的关系代词、关系副词，不断拉长句子，形成不同的层次。按照法国著名文体学家毕罗的分析，《追忆似水年华》中最复杂的部分层层深入，达到 11 个层级，形成了令人眼花缭乱的从句套从句的结构。

第二种手段是借用插入句或括号、破折号等，插入补充性的或解释性的次要语言信息，加大句子容量，力求文意多变，这方面最好的例子就是我们之前提到过的那个长达五十几行的描写卧室的名句，我来给大家分享一部分，大家可以读一读，判断一下哪里是插入成分：

我想起了冬天的房间。睡觉时人缩成一团，脑袋埋进由一堆毫不相干的东西编搭成的安乐窝里：枕头的一角，被窝的口子，半截披肩，一边床沿，外加一期《玫瑰花坛》杂志，统统成了建窝的材料，凭人以参照飞禽筑窝学来的技巧，把它们拼凑到一块，供人将就着栖宿进这样的窝里。遇到冰霜凛冽的大寒天气，最惬意不过的是感到与外界隔绝（等于海燕索居在得到地温保暖的深土层里）。况且那时节壁炉里整夜燃着熊熊的火，像一件热气腾腾的大衣，裹住了睡眠中的人；没有燃尽的木柴毕毕剥剥，才灭又旺，摇曳的火光忽闪忽闪地扫遍全屋，形成一个无形的暖阁，又像在房间中央挖出了一个热烘烘的窑洞；热气所到之处构成一条范围时有变动的温暖地带。从房间的旯旯旮旮，从窗户附近，换句话说，从离壁炉稍远、早已变得冷飕飕的地方，吹来一股股沁人心脾的凉风，调节室内的空气。

大家应该看得出来，"等于海燕索居在得到地温保暖的深土层里"是一个插入句，在原文与译文中都用括号将其与正文隔开。这句话与正文的文意并不连贯，但它确实以一个形象的比喻，再次强调了房间的温暖。类似的插入句在《追忆似水年华》中频繁出现，实际上是对意识流动的模拟，因为人的潜意识的流动往往是不定向的。

第三种手段是多用分词句。普鲁斯特在运用分词句方面，可谓新奇大胆，一个句子中，有时可见数个分词，有现在分词，也有过去分词，或用于限定，或用于解释，像刚才分享的这个句子，"壁炉里整夜燃烧着熊熊的火""没有燃尽的木柴毕毕剥剥""吹来一股股沁人心脾的凉风，调节室内的空气"，原本在法语中都是分词句。

第四种手段是大量运用比较。《追忆似水年华》最突出的一种句型就是比较句，普鲁斯特利用一些连词或连词短语，将某事物不断地比拟成其他事物。以刚才这一段为例，冬日的房间被比作海鸟筑的巢，壁炉里释放的热气先是被比作一件热气腾腾的大衣，随后又被比作一个暖阁，这样一来，句子被不断扩充，句子容量也被不断扩大。这其实也很符合意识流动的特征——在不受控制的情况下，意识的关注点总是会从一个事物跳跃至另一个事物，在潜意识影响下，人们会将表面看来毫无关联的事物联系在一起，产生出惊奇的效果。从这个意义上说，普鲁斯特是超现实主义的同路人。

简单总结一下，我们可以这样说普鲁斯特大量使用关系代词，形成长河式的句式，这恰恰是为了表现潜意识流动的延绵性；插入句和括号、破折号、分词引出的句子成分，与潜意识流动的不定向性、思维的跳跃性以及叙述者与回忆者的角度来回变换等特点无不密切相关；通过不断增生的比拟，以文字形象模拟了思维的联想功能以及思绪万千的情状。

说完长句，我们再来说说普鲁斯特写作风格的另一大特点：隐喻。

隐喻通常只被认为是一种增添文采的修辞手段，但在普鲁斯特的手下，它不仅是一种修辞，更被用来表达作者想要传达的主题，与作者的创作哲学有关。

在第七卷《重现的时光》中，叙述者对我们说，作为一种写作技巧，隐喻的精髓是把两种感觉并置，以引出它们的相似性。这种相似性如果很明显，以至谁都能一眼看出，那隐喻就没什么价值了。但是，如果能将两种感觉隐藏的相似性揭示出来，见人之所未见，那么隐喻的创造性就体现了出来。这像是写作，写作就是作家以其独有的方式和敏锐的观察力，去理解、揭示事物之间千丝万缕的联系，用文字将这种联系挖掘并表达出来，并让不同事物在互相对照之中，呈现直至当时还不为人所知的一面。这是写作揭示的真实，对普鲁斯特来说，这样的真实是唯一的真实。

在第四卷《索多姆与戈摩尔》开篇，就有一个很有名的隐喻，这个隐喻是关于德·夏吕斯男爵与男性密友絮比安不期而遇的情景的。前几页的内容中，作者像植物学家那样，对植物花蕊和昆虫授粉展开了一番论述，然后他写道：

> 絮比安呢，我平素十分熟悉的那副谦逊、善良的样子瞬间荡然无存——与男爵完美对应——抬起了脑袋，给自己平添了一种自负的姿态，怪诞不经地握拳叉腰，翘起屁股，装腔作势，那副摆弄架子的模样，好似兰花卖俏，引诱碰巧飞来的熊蜂。

在隐喻中，絮比安被比作兰花，德·夏吕斯男爵被比作熊蜂，更为有趣的是，作者还写了两人在看到对方时产生的变化：男爵原本是一副温温柔柔的样子，此刻却像熊蜂一样强势，富有攻击性，而絮比安也抛开了"我""平素十分熟悉的那副谦逊、善良的样子"，开始卖起俏来。联想到作者在上文中所提到的，自然界赋予了植物花蕊某种能力，能够成功吸引蜜蜂注意，获得授粉，我们就能明白，作者这是在暗示，本能是一种强大的东西。寥寥数语，两人的本性一目了然，两人的微妙关系更是昭然若揭。如此一来，本来可能会存在的翻译障碍也被解决了。在法文中，兰花是带有情色暗示的，而在汉语语境下，兰花显然更多地与高洁的品格相联系，但由于普鲁斯特创造性的隐喻，将兰花直译为兰花不会为中国读者制造理解困难，我们也由此得以丰富对兰花形象的理解。

像这样出奇的隐喻，在《追忆似水年华》中有很多，而这种隐喻思维，恰恰也是普鲁斯特用来追寻逝去时光的思维。隐喻的本质就是发掘并揭示两个事物之间的相似性，反过来说，也就是在一个事物之上发掘并揭示另一个事物。最好的例子，还是那个品尝"小玛德莱娜"点心的片段。

我们很多人也许都曾有过这样的体验，不经意间听到一首歌，闻到一种气味，一种似曾相识的感觉就会油然而生。法语里有个词就被拿来形容这种感觉，叫"déjà vu"，有人把它翻译成"既视感"。我们听过的歌、闻过的气味何其多，为什么只有其中一部分会让我们产生这种"既视感"呢？它们应该与我们的一些特殊的经历有关。年长日久，我们自己都已遗忘这些经历，可它们并没有消失，而是融入这些歌曲、这些气味中。很少有人会循着这种似曾相识的感受，认真去追寻背后隐藏的东西。我们总是那么忙，对于这些转瞬即逝的感受，追寻它有什么意义呢？但普鲁斯特这样做了，这也令他成为一代文豪。

长句和隐喻，令普鲁斯特的小说显得那么与众不同，这种与众不同正是普鲁斯特本人所坚持的，他曾经说，"美好的书是用某种类似于外语的语言写成的"。这句话后来受到很多作家与批评家的推崇，法国著名文论家德勒兹还在此基础上发展出了自己的文学批评观。

当然了，《追忆似水年华》的艺术特色不局限于长句和隐喻，美国著名批评家布鲁姆就在《西方正典》中评价过："普鲁斯特诸多才能中最杰出的一项就是刻画人物：20世纪没有一个小说家能像他那样塑造出一长串栩栩如生的人物来。"

普鲁斯特对文学也有过深入的思考，他出版过文学批评著作《驳圣伯夫》，还写过《论福楼拜的风格》等文章。除此之外，他对音乐、绘画等其他艺术领域也了解颇多，有独到而又精辟的见解。在这个意义上重新阅读《追忆似水年华》，我们发现这部书也是一部文艺论集。我们发现其实很难界定《追忆似水年华》的文体，它兼收并蓄，无所不包，在这种丰富性中，作品也获得了不灭的生命。

在这一节中，我们讨论了《追忆似水年华》的种种特点。这部小说有着教堂般的庄严结构，也有着一种大百科全书般的丰富意义；在风格上，它具有长句和隐喻这两大风格特征。相信读完了这一节，你会对这部奇妙的小说有更深的了解。

我们都知道，每一部小说，就像每一个人，都有自己的独特命运。下一节，我们就来谈谈《追忆似水年华》这部小说的命运。

第四节
从自费出版到享誉文坛

我们在前面谈到,《追忆似水年华》可以说是 20 世纪最伟大的文学作品之一,对法国及世界各国的作家产生了不可磨灭的影响,引发了无数的研究与解读。可是,正如很多伟大事物在出现之初都不能为当时的人们所理解,《追忆似水年华》最初的出版,也遭遇了今天的读者难以想象的挫折。很多年里,在别人眼中,普鲁斯特只是一位混迹社交界的业余作家,只知道追逐时尚,缅怀贵族的荣光,他连在普通的报纸、杂志发表专栏文章都十分不易,更何况是出版一部篇幅如此巨大的作品。

在《追忆似水年华》初稿即将完成时,普鲁斯特开始考虑出版问题,可是他接洽的几家出版社都拒绝出版这部作品。

熟悉普鲁斯特的朋友可能都知道,在这些拒绝信中有一封最出名,信是这样写的:"亲爱的朋友,也许是我愚昧无知,但我不能理解,一位先生竟会用三十页的篇幅来描写他入睡前如何在床上辗转反侧。我徒劳地抱头苦思……"当然,今天我们知道,用三十页的篇幅描写入睡前的辗转反侧,正是普鲁斯特的艺术特点,也是他的艺术魅力所在。最令普鲁斯特失望的是,连向来捍卫纯文学的《新法兰西评论》,也拒绝了他的投稿。最后,普鲁斯特迫于无奈,于 1913 年在格拉塞出版社自费出版了《追忆似水年华》第一卷。我们现在看到的第一卷名为《在斯万家那边》,但其实直至出版前,普鲁斯特还在和朋友们及出版社讨论第一卷的书名,他本人最喜欢《夏尔·斯万》这个书名。我们从中可以看到曾流行于 19

世纪的以人物姓名来命名作品的风潮对他的影响。幸好他最终没有选择《夏尔·斯万》，而是选择了《在斯万家那边》，《在斯万家那边》与之后的《盖尔芒特家那边》构成了"似水年华"的两边，令一座恢宏的时光大教堂得以建立。

好在尽管《追忆似水年华》第一卷的出版困难重重，它出版后最终引起了文学界的关注，更博得了一些作家的喜爱。在《新法兰西评论》另一位编委雅克·里维埃（Jacques Rivière）的敦促下，《新法兰西评论》主编——大作家纪德——又把这部作品从头到尾认真阅读了一遍，读后完全被作品征服，给普鲁斯特写了道歉信，信中说道："几天来，我对您的书手不释卷；我如饥似渴地阅读它，感到快乐，感到陶醉。唉！我这样喜爱它，为何又会如此痛苦……拒绝出版此书，将是《新法兰西评论》最严重的错误，也是我一生中最大的悔恨和内疚之一……"

纪德恳请普鲁斯特将其余作品在《新法兰西评论》杂志发表，同时在《新法兰西评论》出版社出版——《新法兰西评论》出版社就是今天法国最重要的出版社之一的伽利玛出版社的前身。这件事意味着普鲁斯特的作品终于作为"纯文学"被文学界接受了。不过，《追忆似水年华》的命运波折还没有结束。就在伽利玛出版社准备出版小说第二卷时，第一次世界大战爆发了，所以第二卷《在少女们身旁》直到一战结束后的1918年，才与读者见面。次年，普鲁斯特凭借《在少女们身旁》赢得自己梦寐以求的龚古尔文学奖，这部小说也如他所愿地为他赢得了全世界读者的关注。

在那之后，《追忆似水年华》剩余部分的出版顺利许多，但普鲁斯特似乎感觉到自己的生命已接近终点。从1920年至1922年去世为止，他拼命工作，创造了奇迹，在1920年出版了第三卷《盖尔芒特家那边》的前半部分，在1921年出版了第三卷《盖尔芒特家那边》的后半部分和第四卷《索多姆与戈摩尔》（一），在1922年出版了《索多姆与戈摩尔》（二）。《追忆似水年华》剩下三卷分别出版于1923年、1925年、1927年，尽管这几卷于普鲁斯特身后出版，但之前我们已经提到，在他去世前，这几卷的初稿已经完成，甚至书名都已由他本人确定，只不过命运没有留给他充足的时间对它们进行反复修改，这也是后三卷，尤其是最后一卷《重现的时光》的句子结构显得更为复杂含混的原因。

读到这里，大家可能会关心一个问题，《追忆似水年华》在中国的命运如何呢？答案是，《追忆似水年华》在中国的命运同样不简单。因为篇幅关系，我无法详细展开，我在《20世纪法国文学在中国的译介与接受》这本书中做了详细解读，感兴趣的朋友可以自行阅读了解。

中国文学界对普鲁斯特的初次正式接触是在他逝世10年后。1933年，《大公报·文艺副刊》刊登了一篇《普鲁斯特评传》，作者是曾在法国勤工俭学的曾觉之。几个月后，《大公报·文艺副刊》又刊登了《追忆似水年华》第一卷开头几段，题为《睡眠与记忆》，这应该是国内对普鲁斯特作品的第一次译介，后来查实这篇译文的作者是卞之琳。卞之琳一直很关注《追忆似水年华》的译介，在全译本的翻译出版过程中，也提出了很多宝贵意见。遗憾的是，30年代的这一次译介似乎没有在国内引发多少反响。在近半个世纪里，国内文学界与翻译界对普鲁斯特一直缺乏兴趣。

直到改革开放后，这一情况才得到改观，尤其是译林出版社，为在中国翻译并推广普鲁斯特及其作品做出了重要贡献。译林出版社在当时克服重重困难，召集法国文学界15位专家与翻译家，从准备翻译到正式出版历时五年多，从1989年起陆续推出译文，在1991年出齐了七卷本《追忆似水年华》中译本。

关于这套书的翻译出版，责任编辑韩沪麟写过不少文章，回忆当时的趣闻轶事。他曾写过一篇《这里有一片平和的净土——记〈追忆似水年华〉的译者们》，他在文章中记录了自己如何寻找并说服15位译者参加这部书的翻译工作，译者们工作又是如何认真负责。他在文中还提到第四卷的译者杨松河和我，写他在一个酷暑来我家串门，看到我和杨松河两人"把双脚浸泡在凉水盆中，正在挥汗剧烈地争论着翻译中出现的问题"，作为责编的他反而不好意思，劝我俩"不要玩命，当心中暑"。回想起这段经历，真的非常难忘。

其实，关于翻译问题的争论，又何止这一次，仅仅确定书名的译文，就费了很多周章。原书名 A la recherche du temps perdu，目前的中文翻译至少有六种：曾觉之版名为《失去时间的找寻》，卞之琳版名为《往昔之追寻》，刘自强版名为《追忆流水年华》，译林出版社版名为《追忆似水年华》，沈志明、徐和瑾版名为《寻找失去的时间》，周克希版名为《追寻逝去的时光》。这些译名体现了译者对原作从内容到形式的理解，反过来说，这也会影响读者对原著的理解，因此，书名翻译的确立其实是件大事。当时译林出版社为此广泛征求意见，还组织过译者们专题讨论，最后定下来两个选择：《追忆逝水年华》和《寻找失去的时间》。为了尽快确定书名，责编韩沪麟只得提议大家投票表决，但最后的结果却是9比9。最后还是柳鸣九想出了一个折中的办法：出版社出书时可用《追忆逝水年华》，而研究者在撰写文学史或评论文章时，建议用《寻找失去的时间》，把《追忆逝水年华》套上括号，放在后面，或加注说明。这个办法得到了大多数人的赞同。

不过译林出版社最终出版时，并没有采用这两个译名中的任何一个，而是用了《追忆似水年华》。导致最后改变的，是卞之琳先生的一篇批评"追忆逝水年华"这个译名的文章，卞之琳先生认为它附庸风雅，风花雪月气太重,学日语译本。

有意思的是,当年持不同意见的译者,也以各种方式将自己当时的选择体现了出来,比如,参与第三卷翻译的许渊冲当时坚持"追忆逝水年华"这个译名,最后用"追忆逝水年华"做了自己回忆录的书名;参与第五卷翻译的周克希当时坚持使用"追寻逝去的时光",当他独自一人开始翻译全书时,就用了这个书名;参与最后一卷翻译的徐和瑾当时坚持使用"寻找失去的时间",他在翻译莫洛亚写的传记《追寻普鲁斯特》时把书名都译成了《寻找失去的时间》,不过他自己独立翻译全书时,倒还是沿用了《追忆似水年华》这个书名。译名的选择,是一个很有意思的话题。

在《追忆似水年华》的翻译工作中,我们遇到的当然不止书名翻译这一个难题。我们前面谈到,普鲁斯特喜欢写长句,喜欢用新颖的隐喻,这些都给翻译提出了很大的挑战,以至于当时翻译这部书的15位译者戏称自己为"敢死队"。不过我们也庆幸,因为自己迎难而上,才将这部20世纪的伟大作品完整地带给了中国读者。1991年全译本问世,新华社、《人民日报》、中央电视台等各大媒体都将它当作重大文学事件进行了报道;次年,这套书获得中国首届全国外国文学优秀图书一等奖。

全译本的出版不仅让中国读者得以见到这部闻名遐迩的世界名著的全貌,也将普鲁斯特与众不同的看待世界的视角与理解生活的智慧带给了中国读者,同时还将许多写作艺术技巧引入中国,这对于当时苦苦探索新的写作方式的文坛来说,无疑是天降甘霖。莫言曾在《小说的气味》一文中说过:"让我们把记忆中的所有的气味调动起来,然后循着气味去寻找我们过去的生活,去寻找我们的爱情、我们的痛苦、我们的欢乐、我们的寂寞、我们的少年、我们的母亲……我们的一切,就像普鲁斯特借助了一块玛德莱娜小甜饼回到了过去。"孙甘露也说:"我一直想写一部书，来结束对过去岁月的回忆。但是，这一事情本身就是一次最严格、最丰富的回忆。我不愿做的正是我必须做的事情……那时候，我，是一个普鲁斯特的模仿者——不是模仿他的哮喘和艺术，而是像他那样半躺着写作。"莫言强调的是再现过往的艺术方式，而孙甘露强调的是内心感受与个体经验的重要性。

还有余华。用余华自己的话来说，他的名作《在细雨中呼喊》是"一部关于记忆的书"，写法与《追忆似水年华》十分相似。2003 年，在为《在细雨中呼喊》的韩文版写自序时，他提到了普鲁斯特，承认了普鲁斯特对他的深刻影响。

普鲁斯特一直饱受疾病困扰，因此用了很多时间，在独处中回忆过去。但是，疾病不是追忆过往的必要条件，健康的读者仍然可以依照普鲁斯特的方法，去寻找我们每个人的过往，毕竟无论生活如何平淡，总会有一些绚烂美好的时刻、温柔似水的年华值得追忆。即使你不是一个作家，你也可以从《追忆似水年华》里学会看待世界、看待时间的方式，这将让你有更丰盛的内心，更美好的生活。

《小王子》
在茫茫星辰中寻找充满爱和温情的星球

Le Petit Prince

北京师范大学·张国龙

安东尼·圣-埃克絮佩里

📖 作品介绍

《小王子》是法国作家安东尼·圣-埃克絮佩里的短篇小说代表作,主人公是一位来自外星球的小王子。小王子曾经访问过六颗行星,他到处寻觅友情,却没有如愿以偿,从第一颗星球到第六颗星球,他先后遇到权欲迷、虚荣狂、酒鬼、贪婪的商人、自私的灯夫等各色的人物,最后在地理学家的指引下,孤单的小王子来到了人类居住的地球。他发现,大人都沉迷于权力、虚荣、金钱、物欲、伪知识等虚幻的事物之中。在茫茫星辰之中,小王子寻找着那颗真正的星球。

小说以孩子式的眼光,透视出成人的盲目、愚妄和虚伪,用纯洁天真的语言写出了人类对爱、友情和美好的渴望。《小王子》也是世界上流传较广、影响较大的童话小说之一。

《小王子》思维导图

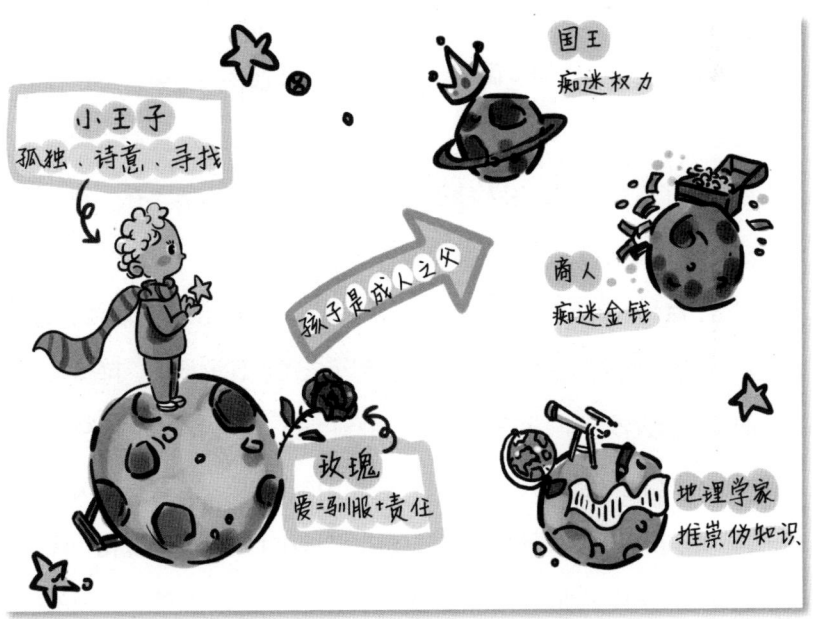

第一节
献给所有 9—99 岁的儿童

说起安东尼·圣-埃克絮佩里，大家可能不太熟悉，但只要一提到《小王子》，相信大家都耳熟能详，因为我们对它实在是"爱得太深"。自从1943年在纽约问世以来，《小王子》已被译成一百多种文字，多次再版，经久不衰。目前，它的全球发行量已多达5亿册，阅读量仅次于《圣经》，被誉为20世纪最伟大的童话。它曾被多次改编成话剧和电影，盛演不断，还被选入许多西方国家的教科书，成为青少年的必读书籍。它的读者覆盖9岁的儿童到99岁的老人。人们不禁要问，它何以具有这么大的吸引力？

小王子就像是一个超凡脱俗的仙童，有一颗金子般的玲珑心。他住在一个袖珍型的小行星上，陪伴他的只有一朵非常可爱的小玫瑰花。小王子深爱着楚楚动人的花，对它呵护有加。但是，玫瑰花的虚荣心却伤害了小王子的感情。于是，不成熟的小王子离家出走，开始了遨游太空的旅行。他先后访问了六颗星球，深深感受到了大人们的荒唐可笑。在一颗点灯人的星球上，他才找到了一个可以作为朋友的人。

但是，点灯人所在的星球地域狭小，根本没有额外的容身之地。最后，在地理学家的指引下，孤单的小王子来到了人类居住的地球，降落在荒无人烟的撒哈拉大沙漠里。小王子先后接触到了蛇、狐狸和坠机的飞行员等。在狐狸的启发下，他懂得了"肉眼看不见事物的本质，只有用心灵才能洞察一切"的道理。这时，他越来越思念自己星球上的那朵玫瑰花。经过交谈，他与飞行员成了朋友，并一起找到了生命的泉水。最终，在蛇的帮助下，小王子的灵魂"离开"了地球，重新踏上了回家的旅程。

这是一个平实无华的童话。它既没有高潮迭起的情节，主人公也没有惊天动地的壮举，故事在平淡的叙述中被娓娓道来。出彩的不是故事本身，而是文字背后的独特感受。它就像是一杯白开水，心急的孩子会觉得它寡淡无味；只有那些真正口渴的、身处沙漠绝境中的人才会一口一口地品尝，才能体验到生命酝酿的甘泉。

这是一本给大人看的童书。"小人儿"当然也可以看。在书的前面，作者特意写道："恳请孩子们原谅我将此书献给一位大人。"因为，所有的大人都曾经是孩子，而这本书可以说是献给所有9—99岁的儿童。作者之所以写这部作品，是为了唤醒在大人们心中沉睡的或丢失的东西——"就像花一样，如果你爱上了一朵生长在一颗星星上的花，那么夜间，你看着天空就感到甜蜜愉快。所有的星星上都好像开着花。"

《小王子》是自传，是童话，也是哲理散文。一方面，它象征性极强，书中处处包含着意象，所有的地域场所、动物、植物、人物等都含有可以解读的意义，它们看上去既明确又隐晦，因此，也就格外的美。另一方面，它又很简单、直接。这本书采用童言无忌的述说方式，其中没有崇高的理想，也没有深远的智慧，强调的只是一些本质的、显而易见的道理。唯其平常，才能让全世界的人接受；也因其平常，这些道理很容易被生活的琐碎所掩埋。

简而言之，《小王子》在富有诗意的淡淡哀愁中蕴藏着一颗让人感觉到圆润光滑的心：它体现为一种人性的孤独，是在带有缺陷的个体上保持至真至善的孤独，而生命的美就是在这种孤独中执着地寻找某种人生价值。

毫无疑问，要理解小王子，我们需要走近作者安东尼·圣-埃克絮佩里。对于大多数中国读者来说，除了盛名在外的《小王子》，很少阅读过他的其他作品。事实上，他作为"天空写作者"，在法国文学史上占有重要而特殊的位置，其代表作品还包括《夜航》《空军飞行员》《人类的大地》《要塞》等。在法国，人们把他看作民族英雄。在他逝世 50 周年（1994 年）之际，他的肖像被印在 50 法郎的票面上。在法国历史上，获得这项殊荣的文化名人不多，只有伏尔泰、莫里哀等人。

安东尼·圣-埃克絮佩里，1900 年生于法国里昂，1944 年消失在地中海上空。他一生热爱冒险，向往自由，是一位将生命奉献给天空的飞行员。所以，安东尼·圣-埃克絮佩里有着双重身份。首先，作为一名飞行员，他是位实干家，在危险与充实的人生中身体力行自己的信念：他曾冒着生命危险，飞行于安第斯山上空的云雾之间；他曾飞越过大西洋和撒哈拉大沙漠，在沙漠中濒临死亡，奋力挣扎，最后得到营救；大敌当前，他不顾伤残的身体，顽强地在天空中与法西斯搏斗，直到为国捐躯。

其次，他还是一位作家，他把飞机作为旅行的载体，从宇宙的高度来观察世界，探索人生；他在黑夜中期待黎明，在满天乱云中向往中途站，在璀璨星空中寻找自己的星球，体验生的喜悦。他笔下的每一个字都发出了真实的鸣响。他的作品不仅是对他的切身经历的回顾，更是他一生的思想写照与行动实录。"人类的生命固然是无价之宝，但我们却总是在行动，总是有所作为，好像有什么东西在价值上超过人类的生命。只有进行中的事情才有意义。""应该把人推向一种坚强有力的生活，这种生活会带来痛苦和欢乐，但只有这种生活才有价值。"

20 世纪开始，飞机使人第一次有了如此广阔的可能。作者在观察地球上的自然景物时，不由自主联想到它同无垠宇宙的关系。《小王子》是他在战争年代完成的作品，也是他生前发表的最后一部杰作。作者肩负着责任感，发出了"爱是一种责任"的呼唤。

小王子之所以能够被酝酿出来，还来自安东尼·圣-埃克絮佩里的一颗童心。他出生于一个没落的贵族家庭，从小受到家族优良传统的影响，他对人类美好理想的信仰极为忠诚。因为4岁丧失父亲，他从小就依恋母亲，在几个姐弟中盼望自己能成为焦点。他老是黏着妈妈，就连妈妈画画时，他都会搬一张椅子坐在旁边，要求她一直重复讲同样的《圣经》故事。长大后，安东尼·圣-埃克絮佩里仍然保有纯真的童心和行为方式，他曾对自己的前妻说："我是男孩，你是女人。"当他沮丧时，往往在童年的回忆中寻求慰藉。

1935年，圣-埃克絮佩里坐在前往莫斯科的火车上。在夜灯下，他看到了一个睡梦中的孩子。那可爱的脸蛋使他想到，每个人都应该是童年莫扎特，是传奇中的王子。同年12月，圣-埃克絮佩里和另一名机械师试图创造"巴黎—西贡"的直飞纪录，中途飞机坠落在撒哈拉大沙漠。在死亡线上挣扎了数天后，幸遇一个当地人救了他们。这两件事成了《小王子》故事的经纬线。

从那以后，圣-埃克絮佩里就经常喜欢在餐馆或咖啡馆、酒吧的餐巾纸上，任意涂抹一个"孤独的小人儿"：有时戴一顶王冠坐在云端里，有时站在山巅上，有时欣赏蝴蝶在花间飞舞。在寄给亲友的信笺四周，他也会寥寥几笔画个"小人像"，犹如他的签名，一眼就知道是谁写的。

一天，圣-埃克絮佩里又在一家餐厅的白桌布上涂鸦，服务员在旁边斜着眼睛，无可奈何，同桌的出版商却产生了兴趣，问他在画什么。他只回答了一句："没什么，一个活在我心中的小人儿！"是啊，这是个孤独、忧郁的小人儿，像个无爹无娘的弃儿。在圣-埃克絮佩里死后出版的《记事本》里有这样一句话："在还需要呵护的年纪，就过早地被上帝断了奶，我们不得不终生像个孤独的小人儿那样奋斗。"出版商对小人儿看了又看，渐渐有了想法，对他说："这个小人儿，你把他的故事写一写怎么样？"他听了这话，也慢慢上了心，开始酝酿心中那个"小安东尼"。

1942年，圣-埃克絮佩里流亡美国。因为《人类的大地》等作品的出版，圣-埃克絮佩里成了文化名人。法国投降后，圣-埃克絮佩里就前往美国寻求希望。纽约是法国流亡者的大本营，当时，法国分成了两大对立的派别——维希派（妥协派）和戴高乐派（主战派）。圣-埃克絮佩里站在国家高于一切的角度，希望两派都能捐弃前嫌，共同对敌，不料却遭到两方的夹攻。同时，当时美国的政治风向也偏向置身事外，美国不愿参与到对法西斯的战争中去。他感到孤独和苦闷。

那年夏天，纽约极其酷热。圣-埃克絮佩里的妻子康素罗在纽约长岛找到了一幢白色的大房子，他们夫妻俩就一起到那里去避暑，同时也为躲避压抑的政治氛围。那栋房子后来就被称为"小王子之家"。《小王子》就是在那里诞生的；他的妻子康素罗也正是书中玫瑰花的象征。

1943年，《小王子》在美国出版。它的出现使评论界和读者都感到意外：一直写飞机的圣-埃克絮佩里竟然写了一篇童话；全世界烽火连天，血肉横飞，这个虚无缥缈的"小王子"想跟大家说什么呢？小王子与他的玫瑰花的故事又是怎么一回事？当时，只有少数的知音读懂了小王子："他写的时候带着病体，悲哀孤独；他要走向牺牲、战争与死亡，深信在那里能找到答案。"他真诚地面对自己的内心，对自己负责，也对身边的爱人负责，还对全人类负责。

这一节，我为你讲述了《小王子》的作者以及这部书是如何诞生的。下一节，我们一起来分析一下小王子这个人物形象有什么特点，以及他为什么会这么深入人心。

第二节
所有的大人曾经都是孩子

小王子是一个神奇的人物。他十一二岁，满头金发，身穿长袍；无父无母，也无兄弟姐妹，更没有国籍；他生活在人类社会之外，不受任何陈规陋习的束缚；他无牵无挂，天真无邪，是永葆童贞的天使化身；他还具有随意在星际间遨游的超人能力。

小王子生而"高贵"，不负王子的头衔。在他那不曾被玷污的纯净内心里，没有贫富之分，没有金钱的诱惑，更没有仇恨、贪欲的立足之地。他只有了解外部世界的好奇心和求知欲。但是，这些还不能完全解释小王子的神奇魅力。小王子更吸引我们的是他天然的孤独与忧伤，是他的纯真与诗性，是他的执着与追寻。

还记得那幅经典的画面吗？小王子站在高高的山间，长长的围巾迎风飘扬，面对悬崖峭壁，小王子开始问候：

"早上好。"他很客气地说。

"早上好——早上好——早上好。"回音答道。

"你是谁？"小王子问。

"你是谁——你是谁——你是谁？"回音答道。

"做我的朋友吧，我很孤单。"他说。

"我很孤单——很孤单——孤单。"回音答道。

小王子为什么孤独？这是一个根本的问题。它是一个关于"存在"的问题，也是一个关于"成长"的问题。在玫瑰花的种子未飘来之前，小王子最初的生活是很有秩序的：打扫星球和火山口，小心翼翼地铲除猴面包树苗，剩下的时间就是看日落。他最多一天看了四十三次日落。小王子为什么那么喜欢看夕阳？他告诉了我们答案："人忧伤的时候喜欢看太阳下山。"

古往今来，几乎对于所有的人来说，夕阳都带有一种悲凉的色彩，以至于无数的诗人都对此生发感叹。"夕阳无限好，只是近黄昏。""夕阳西下，断肠人在天涯。"由此可见，小王子的忧伤是天然的，是作为一种生命本身的孤独存在，也是圣-埃克絮佩里的自我设置所在。他咀嚼了常人没有注意到的生命本身的"落寞"与"孤寂"。

"反正我那里小得很，一直往前跑也跑不了多远的。"对于个体来说，宇宙的行星本来是无穷大的，而小王子所在的行星却是那么的小。圣-埃克絮佩里从宇宙高空观望地球上的生命时，发现它们是那般偶然，又是那样的渺小与脆弱。小王子作为个体精神的孤独，也许是20世纪人们精神孤独的体现。自始至终，他都独自一人在星际间旅行，他所遇到的生命几乎都不能与他产生心灵上的共鸣。他感到失望，不得不继续到其他星球上去探寻。

此外，这还是一种成长所衍生的孤独。童年之所以会成为每个人心中的梦之摇篮，正在于那段时光是我们一生中感觉最温暖、最舒适的，在于有爱我们的人，在于有我们的根，有一个我们依恋的家。

对于小王子来说，他的小行星正是这样的存在。具有讽刺性的是，我们每个人都要离家出走，这是成长的必然；每个人都要经历一番断乳的痛楚，都要独立地面对这个世界。在未与其他人建立起"驯服"关系之前，我们都是孤独的。离家出走的小王子就是这样，在他没有明白自己与玫瑰花的关系之前，他一直都是孤独忧伤的。

人们常说，诗人都带有忧郁气质。正因为敏感，他们才会体验到那种孤独，才更要诗意地栖居在大地上。小王子的世界是一个充满诗意的理想世界。他在与生俱来的孤单中寻找存在的意义，在骄矜的玫瑰中寻找爱情，在羊吃花的不安中感受灵魂的颤动，在一次次地凝视日落中排遣心灵的悲伤。小王子的星球虽然很小，却布满了他的责任和关爱，那里生长着他每天浇水的玫瑰花，还有必须常常铲除的猴面包树苗和需要疏通的活火山，这些都是小王子独有的，也是他真正拥有的。

相反，地球上的许多人行色匆匆，除了空虚的躯壳，只剩下在现实打磨下的麻木和焦虑。卡夫卡说："人类的主罪有二，其余皆由此而来：急躁和懒散。由于急躁，他们被逐出了天堂，由于懒散，他们再也回不去。但也许只有一个主罪：由于急躁，他们受到驱逐，由于急躁，他们再也回不去了。"所以，我们普遍的精神状态是烦恼和忧愁。"烦"成了一种摆脱不掉的心情，但凡遭遇到一点不顺，就容易发脾气，情绪过度紧张。

当我们阅读《小王子》时，我们才发现那些对于爱、美和单纯生活的追求也是我们心底最深处的渴望，小王子也一直是潜伏在我们身上的另一个自我，所以这本书才会有那么多的读者。小王子虽然孤独，却是一个诗意的人。

什么是诗意的生活？"辘轳叫了，好像一只老风信鸡在长睡醒来后的叫声。'你快听'，小王子说，'我们唤醒了这口井，它正在唱歌呢……'""星星多美啊，因为那里有一朵我们看不见的花儿。""沙漠之所以美丽，是因为它在某个地方隐藏着一口井。""既然我住在天上一颗星星上，既然我在其中一颗星星上笑，这就如同所有的星星都在冲你笑，你就拥有无数会笑的星星了！""人人都有星星，但又不完全相同。对旅途中的人，星星指引道路。对另些人，星星只是几团微光。对学者，星星是难题。对我的商人，星星是黄金。但所有这些星都是不出声的。你有的星是别人没有的。"这些都是小王子的诗意，这是一个人对单纯的存在所感受到的新奇和惊喜，它能领略到平凡事物的奇妙之处，就如人生的初见。下雨了，这真奇妙！

小王子的诗意来自他的赤子之心，也是自我的自然本真。《孟子·离娄下》有曰："大人者，不失其赤子之心者也。"因为早期的"尺"和"赤"通用，在古人眼里，幼儿不过尺把高，故称"尺子"，也即"赤子"（与赤子相对应，成人则称为丈夫）。孟子的意思是说："伟大的人，不偏离他纯洁、善良的心。"这里所谓的"大人"，主要指具有伟大人格的人，而不是成年人。赤子之心，就是一颗率直、纯真、善良、热爱生命、好奇而富有想象力、生命力旺盛的心。

小王子第一次遇见飞行员，就要求"我"给他画一只绵羊，他想把绵羊带回家。"我"先后画的几只绵羊都被他否定了，只有那个富有想象空间的箱子得到了小王子的认可。箱子里的绵羊，只有具有赤子之心的人才能看到，它成了小王子的慰藉。这样，小王子的心中就同时装有花儿、绵羊、猴面包树、火山了。

曾经我以为小王子很任性、很固执，和玫瑰花闹别扭，就赌气离家出走，不顾后者的命运；曾经我以为小王子很自私，不懂得关心别人，只知道问其他人问题，自己却从不回答。后来我才明白是我误解了小王子。和玫瑰花的矛盾只是他出走的导火索，小王子的出走是人类在寻找自我意识路程中的出走，是基于寻找生命存在意义的欲念——没有出走，就没有路上的经历；没有经历，也就没有回归后的饱满和成熟。他心里也一直装着别人。临走时,飞行员前来道别。小王子说:"很高兴,你的机器修好了。你很快就可以回家了。"飞行员很诧异小王子是如何知道的,因为飞行员正是来告诉他,自己出乎意料地完成了修理工作。

自从离开小行星,小王子一直在寻找。他到底在追寻什么呢?他离开家周游了六颗星球,可每颗星球上只有一个人,还是怪得没治了的大人。他来到地球时,看不见一个人影,一遇见蛇就问:"人在哪里?在沙漠里有点孤单。"蛇却说:"跟人一起也孤独。"后来遇见一朵不起眼的花时,小王子又问:"人在哪里?"花回答道:"人?我相信有那么六七个。看见也有几个年头了。但是谁也不知往哪里去找。他们随风飘零。他们没根,这使他们受了不少苦。"原来,大人们永远在匆匆忙忙地赶路,只有孩子们才知道自己在追寻什么。

我们再来看小王子出现在绝境中的姿态:"我的小人儿既不像迷了路,也不像要累死、饿死、渴死、怕死的样子。外表上绝不是个走在沙漠中心、远离人烟一千里外的孩子。"他所要求"我"做的事情,在"我"这个大人看来可能不合时宜,但是对于小王子来说却是一桩非常正经的事情。小王子的从容,不顾现实,是本真的魅力。"这位睡着的小王子之所以那么使我感动,是他对一朵花的忠贞,即使他酣睡的时候,一朵玫瑰花的形象也如一盏灯的火焰,在他心中闪光。"小王子的追寻正是"弱水三千,只取一瓢"。

我给大家分享一个故事。佛祖在菩提树下问一人:"在世俗的眼中,你有钱、有势,有一个疼爱自己的妻子,你为什么还不快乐呢?"此人答曰:"正因为如此,我才不知道该如何取舍。"佛祖笑笑说:"我给你讲一个故事吧。某日,一游客就要因口渴而死,我怜悯他,置一湖于此人面前,但此人滴水未进。我好生奇怪,问之原因。答曰:湖水甚多,而我的肚子又这么小,既然一口气不能将它喝完,那么不如一口都不喝。"讲到这里,佛祖露出了灿烂的笑容,对那个不开心的人说:"你记住,你在一生中可能会遇到很多美好的东西,但只要用心好好把握住其中的一样就足够了。弱水有三千,只需取一瓢饮。"对于小王子来说,玫瑰花就是那一瓢饮。

　　人的一生是一个不断进行选择的过程,也是不断超越的过程。一个人的生活只不过是一种设计,每个人都是自己生活的设计师。小王子在这个世界之所以显得"特立独行",是因为他在追寻的过程中做出了自己的选择:他没有在任何一个小行星上停留,他受不了大人们的荒谬行为;他也没有在地球上停留多久,因为地球上的人即使在园里种植五千株玫瑰,也找不到他们寻觅的东西。他最终选择了回到那个玫瑰花所在的行星上去。在成百颗远不可及的星球中间,我们搜寻着那颗真正的星球。那一颗,上面有我们熟悉的田野、亲切的房舍、人间的温情。那正是小王子所找到的。

　　这一节我们分析了小王子的人物形象,下一节我们继续看看小王子都游历了哪些地方,一路上的见闻对他产生了什么影响。

第三节
有自己真正爱好的事物，才活得有意思

《小王子》有一个突出的特点：故事是以儿童的视角来讲述小王子在成人世界里的所见所闻。这样便树立了一个典型的二元对立关系：成人与儿童。作者是在批判成人异化的基础上，呼吁保存儿童的那份单纯与真诚。童话的讲述者是一个飞行员，他在故事一开始就告诉读者，自己在大人世界找不到一个说话投机的人，因为大人都太讲实际了，他们不能够理解飞行员小时候所画的"蟒蛇吞象"的漫画，以至于他一直"孤独地活着"。在旅程中，小王子所见的成人世界更是一个荒谬的世界，大人都具有种种滑稽可笑的行为。

在对大人脸谱化的描述中，作者选择了几种具有代表性的人物：国王、爱慕虚荣者、酒鬼、商人、点灯人和地理学家。他们分别来自小王子所在星球的邻居小行星325号、326号、327号、328号、329号、330号。

国王象征了痴迷于权力欲望的大人。他是一位专制者，不能容忍别人违抗他的命令，还自以为是，觉得自己统治了所有的星球。事实上，他纯属自欺欺人：别人想打哈欠，他就命令别人打哈欠；别人不想打哈欠，他就命令别人不打哈欠，好像其他人的行为都是受制于他的命令一样。他想行使权力的欲望既让人感到可笑，又让人觉得可怜。为了有一个臣民可以一直供自己审判，就让小王子不停地判老鼠死刑再赦免它。

对爱慕虚荣者来说，所有人都是他的崇拜者。他让小王子鼓掌，小王子照做后，爱慕虚荣者就揭下帽子，彬彬有礼地频频致意。小王子又一次

拍巴掌，爱慕虚荣者就再次脱帽行礼。就这样反复进行了五分钟，直到小王子感觉到乏味。爱慕虚荣者却说："你就让我享受被人崇拜的快乐吧，仍然崇拜我吧！"

至于酒鬼，他因喝酒而羞愧，于是不停地喝酒，想要把这件事忘却，由此陷入颓废的泥潭，不能自拔。还有商人，整天忙着计算天上的星星，以为它们都是自己的财富，实际上，他无法管理它们。在点灯人的星球上"一分钟就是一天"，于是他只能不停地点灯、熄灯。最后是地理学家，他只知道闭门造车，从探险家口中拾遗，从不亲身去实地考察，连自己的星球上有没有海洋都不知道。

总之，这些大人都沉迷于权力、虚荣、金钱、物欲、伪知识等虚幻之中，乃至于小王子得出"大人们真是奇怪""奇怪得离谱""大人们真是难以理解""大人们肯定都失常了"的结论。

而且，在那个年代，地球上就已经有"一百一十位国王、七千位地理学家、九十万个高人、七百五十万个酒鬼、三亿一千一百万个爱慕虚荣的人"。至于其他大人，也好不到哪里去。扳道工告诉小王子：坐在火车头上的人在列车上挤作一团，却不清楚自己在寻找什么，就这样成天躁动不安，兜兜转转……人们从来都不会满意现在所处的位置，总是这山望着那山高。

大人们对呆板的数字情有独钟。当你向他们介绍一个新朋友，他们从不会问实质性的问题，他们不问："他说话的声音好不好听？他最喜欢什么游戏？他采集蝴蝶标本吗？"他们总问你："他几岁了？有几个兄弟？他的体重是多少？他的父亲挣多少钱？"如果你对大人们说："我看到一幢漂亮的粉红色的砖房，窗户上盛开着天竺葵，屋顶上栖息着成群的鸽子……"

他们怎么也想象不出这座房子有多么漂亮，必须对他们说"我看见一幢价值十万法郎的房子"，此时他们就会叫起来："多么漂亮的房子啊！"

　　数字是大人世界的普遍的价值标准，因为它代表着金钱和效率，是为大多数人所追逐的目标。人们经常谈论的话题是：工资多少，房价多少，车子多少钱。却很少有人认真思考过，幸福的人生到底需要什么。更为荒唐的是，喝水本来是人正常的生理需要，商人却贩卖解渴的药丸，吃一颗药丸就会让你渴意全无，整整一星期都不需要喝水。这样，每周就可以节省下五十三分钟时间。然而，这样节省下来的时间，人们并不知道要用它们来做些什么有意义的事情。

　　这让我想起了发生在火车上的一件真实的事情。一名大学生和一位已经退休的老大爷在火车上偶然相遇，他们在硬卧的同一节车厢，两人都是下铺。旅途漫漫，对坐的两人很快就聊上了。不知是由什么话题所引起的，老人开始打趣道："你怎么不坐飞机回去呀？飞机多方便，几个小时就到家了，不用在火车上受累。现在的年轻人不都是时兴坐飞机吗？"

　　不料，老人这玩笑性质的话，却引起了大学生严肃的回答："的确，坐飞机前后只需要七八个小时，而坐火车要二十多个小时，但是，多出的这十几个小时对我来说并没有多少用。家里又没有急事，早到家和晚到家区别并不大，我为何要急急忙忙地赶回去呢？至于说在火车上受累，我并不觉得，因为相比于硬座来说，我觉得硬卧已经很奢侈了；而对于那些没有座位的人来说，硬卧就更是天堂了。那么，我为什么不好好享受一下在火车上的时间呢？其实，不论到哪里，时间都一样。"其他人没有料到大学生会有如此强烈的反应，退休老人最后也只能感叹："你真会说！"

　　事实上，大学生的这番话却道出了生活的秘密：许多成人一直在向着所谓的目标奋进,却忘记了更为重要的事——活在当下。相反,孩子永远是活在当下的,他们知道自己在找什么。他们为一个布娃娃花费时间,布娃娃就变得很重要;如果布娃娃被夺走,他们就开始哭泣。反而是大人,因为被更多的外物所迷惑,分辨不出哪些东西重要,哪些只是浮云,只有等真正失去了宝贵的东西才开始后悔。而他们之前觉得重要的东西永远都在未来,都是自己得不到的。事实上,他们的幸福就在已经拥有的东西中。

《小王子》中还有一个特殊的大人,那就是飞行员。飞行员之所以特殊,不仅仅在于他是故事的讲述者,更在于他与作者、小王子三者之间特殊的"同质"关系。换句话说,他们是一体的。作者就是飞行员;小王子就是作者内心的小安东尼。飞行员和小王子,其实是圣-埃克絮佩里的两个自我:一个是不得不长大的"我",现实处境中的"我";一个是拒绝长大的"我",理想心灵中的童年自我。可以说,"飞行员"扮演了媒介的作用,它让现实的作者重新与心灵自画像的小王子进行了沟通,从而让"我"找回了"初心"。

当然,在沟通之初,已经成人化的飞行员与小王子之间无可避免会出现问题。这是儿童世界与成人世界的固有矛盾。在什么是正经事这个问题上,他们产生了一次较为激烈的摩擦。当小王子"拥有"绵羊后,他突然想到了一个问题:"羊要是吃灌木,也会吃花吗?"于是十分担忧地问飞行员。飞行员当时正忙着修飞机,根本没有用心思考这个问题,就随口回答:"它碰到什么吃什么。""连带刺的花也吃吗?""当然,有刺的也吃!""那么花的刺有什么用呢?""刺吗,什么用都没有,这纯粹是花的恶作剧。"这可伤害了小王子对花的感情,他奋力辩解。

飞行员不耐烦了。"算了,算了!我什么也不认为!我是随便说说的。

你没看见,我有重要的事要做。"然而,在小王子心中,"如果我认识一朵世间独一无二的花,它只存在于我的星球上,别的地方都没有,而一只小羊一下子稀里糊涂就这样把它给毁了,难道这不重要?若有人爱上了一株花,这株花拒绝了亿万颗星球,只长在属于他的星球上,他只要仰望星空,想到我的花儿就在那儿,整颗心就陶醉在幸福里。一旦羊吃掉了他心爱的花,对他来说,整个星空都黯淡无光了!"经过小王子的诉说,飞行员才重新明白了孩子的心思。凡是他们所在意的东西,就像他们的生命一样重要。只有这样,飞行员才能再一次进入儿童的世界,懂得小王子的脆弱与宝贵,把小王子当作一件易碎的珍宝,小心地呵护在怀里。在地球上人烟稀少的沙漠净土,在脱离尘世污染和人世纷争的天空、寂静和黑夜中,这位童心未泯的大人也重新回归了本真童年。

"孩子是大人的父亲"——圣-埃克絮佩里一直牢记着英国诗人华兹华斯这句俏皮的名言。所以小王子说:"大人们自个儿总是什么也弄不懂,老让孩子们解释来解释去。"一个人先是孩子,然后才长大成人。既然成为孩子在先,可见孩子是大人的长辈;还有,孩子天真无邪,诚恳,对未来充满憧憬,而成人失去童心,变得虚荣、狡诈、贪婪,应该由孩子来教育大人。小王子与飞行员的关系恰好说明了这一点:正是小王子唤醒了飞行员的童心。这也让我想到了另一个相关的故事。

一天,爸爸下班回到家已经很晚了,他很累也有点儿烦,发现五岁的儿子靠在门旁正等着他。

"爸,我可以问您一个问题吗?"

"什么问题?"

"爸,您一小时可以赚多少钱?"

"这与你无关，你为什么问这个问题？"父亲生气地说。

"我只是想知道，请告诉我，您一小时赚多少钱？"小孩儿哀求。

"假如你一定要知道的话，我一小时赚二十美金。"

"哦，"小孩儿低下了头，接着又说，"爸，可以借我十美金吗？"

父亲发怒了："如果你只是要借钱去买毫无意义的玩具的话，给我回到你的房间睡觉去。好好想想为什么你会那么自私。我每天辛苦工作，没时间和你玩儿小孩子的游戏。"

小孩儿默默地回到自己的房间关上门。

父亲坐下来还在生气。后来，他平静下来了，心想自己可能对孩子太凶了——或许孩子真的很想买什么东西，再说他平时很少要钱。

父亲走进孩子的房间："你睡了吗？"

"爸，还没有，我还醒着。"孩子回答。

"我刚才可能对你太凶了，"父亲说，"我不应该发那么大的火——这是你要的十美金。"

"爸，谢谢您。"孩子高兴地从枕头下拿出一些被弄皱的钞票，慢慢地数着。

"为什么你已经有钱了还要？"父亲不解地问。

"因为原来不够，但现在凑够了。"孩子回答，"爸，我现在有二十美金了，我可以向您买一个小时的时间吗？明天请早一点儿回家——我想和您一起吃晚餐。"

可以说，故事中的小孩儿给他的父亲上了一堂感人的课，他让父亲重新明白了什么才是生命中最重要的东西。

儿童与成人是人类生命形态的两极。相对于成人来说，儿童有其独特的文化。丰子恺曾说:"儿童对于人生自然,另取一种特殊的态度。他们所见、所感、所思都与我们不同,是人生自然的另一面。这态度是什么性质呢?就是对人生自然的绝缘的看法。所谓绝缘就是看待事物的时候,解除事物在世间的一切因果关系,而孤零地观看。这样所见的就是独立的、纯粹的事物本体。我们大人在世间辛苦地生活,钩心斗角,察言观色,习惯于世间因果的网,反而忘却了事物的本相。孩子们涉世不深,心地明净,反而容易看到本真。"

圣-埃克絮佩里所主张的人生观和价值观正是儿童世界的诗化哲学的表现,通过与成人世界的对比,作者在呼唤,让我们不要忘记每个人心中的"小王子",不要忘记他所在意的事。

这一节我们讲了《小王子》故事中体现的典型二元对立:成人与儿童。那么,作者是如何设置故事结局的?故事里的角色有什么寓意呢?我们下一节将继续讨论。

第四节
幸福可以用金钱衡量吗

小王子在辗转几颗星球的旅行后，终于找到了自我的价值和生命的真谛，那就是爱和责任。当一切要接近完美的时候，作者却给了我们一个略带悲伤的结局："你是知道的……距离太远了我没法带着躯壳回去。"于是，小王子决定求助于那条三十秒内就能置人于死地的毒蛇。按理说，小王子能带着肉体在各星球间飞来飞去，没什么障碍，为什么回去的时候却不行了呢？今天，我们主要探讨一个核心问题：小王子为什么选择死亡？（也即圣-埃克絮佩里为什么这么安排）

《小王子》这本书里有一个处于中心的意象，那就是玫瑰花。她是小王子的成长之因——小王子因她而离家出走，她也是小王子最终的成长之果——小王子为她而死亡。如果说小王子的灵魂是生而孤独的，那么玫瑰花就是他孤独的另一半。然而，爱又是矛盾的：小王子爱他的玫瑰花，却又不知道怎么爱她，离开之后又想念她；玫瑰花也是爱小王子的，她依靠他却又折磨他。

在玫瑰降生于他的星球时，小王子清楚地感到她不太谦虚。可是，她实在是楚楚动人，不多时，她爱慕虚荣的性情开始让小王子感到苦恼。尽管小王子对她十分怜爱，但她的做作还是很快让他产生了怀疑。他把那些无关紧要的话当了真，自己也由此而情绪低落。

在离家出走的前夕，小王子闷闷不乐地除了最后几棵猴面包树苗。他知道自己不会再回来了。那天早晨，他感觉自己干所有的琐碎活都十分亲切。最后一次给花儿浇水，准备给她盖上罩子，他竟有了想哭的冲动。

"永别了。"他对花说。

但她没有回答他。

"永别了。"他又说了一遍。

花咳嗽了几声，但这并不是因为着凉。

"我过去很愚蠢，"她终于对他说，"我请你原谅，希望你能幸福。"

他很惊讶这次花居然没有责怪他。他捧着罩子，不知所措地愣在那里。他不理解花的温柔娴静。

"是的，我爱你。"花对他说，"你对此一无所知，是我的错。那不重要。不过，你也和我一样蠢。希望你能幸福……别折腾那罩子了，我用不着它了。"

小王子与玫瑰最初相处的关系是：小王子属于屈从的一方，玫瑰属于主动的一方，双方都不能真正体会爱的价值和责任的内涵。小王子不懂得玫瑰在他面前的伪装都是为了表现自己，在所爱的人面前维持好的形象；玫瑰不懂得如何去关心爱人，如何表达自己对对方的在乎，只知道一味地索取和要挟。由于小王子从朝夕相处的玫瑰那里得不到对自身心灵的尊重，满足不了实现自身价值的需求，于是开始了寻求某种内在价值和普遍真理的旅途，这是一个漫长而痛苦的感悟过程。

在地球上，当小王子看到一座玫瑰花园时，他感到十分伤心。因为他的花儿曾说，自己是大千世界里独一无二的。可是，仅在这座花园里就有五千朵玫瑰花，还是一模一样的！接着，他又喃喃自语道："还自以为富有，坐拥独一无二的花儿呢，而我却仅仅拥有一朵普普通通的玫瑰。这朵花，再加上三座只有齐膝高的火山，而且其中一座说不定是永远熄灭了的，绝不可能使我成为一个了不起的王子的……"

小王子否定玫瑰花的存在和自我价值的时候，也是他最为痛苦和迷茫之际，就在这时，他遇到了自己的人生导师——狐狸。在童话和寓言的传统中，狐狸都是智慧的象征，虽然很多时候也含有狡猾的贬义色彩，但它无疑是聪明的。《小王子》中的狐狸就是一位生活的哲学家：我追鸡，猎人追我。

"对我而言，你不过是一个小男孩，和千千万万的小男孩没有两样。而且我不需要你，你也不需要我。对你而言，我只是一只狐狸，和千千万万只狐狸没有两样。但如果你驯养了我，我们就变得彼此需要。你就是我在这世上唯一的人，而我也是你在这世上唯一的狐狸了……"

当狐狸让小王子驯养它时，小王子想推托："我很愿意，但是我的时间不多，我还要寻找朋友，还要了解许多新鲜的事物。"狐狸却告诉他："人只认识自己驯养的东西。他们再也没有时间去认识什么别的事物。"

就这样，狐狸让小王子重新领悟到自己那朵玫瑰花的独一无二：爱的付出让爱的对象与众不同。她是你浇灌的，是你把她放在花罩中，是你用屏风将她呵护起来，也是你为她除去身上的毛虫。你倾听过她的哀怨、她的吹嘘，有时甚至是她的沉默。因为她是你的玫瑰。正是你花在你的玫瑰上的时间，让你的玫瑰变得如此重要。对于你已经驯养过的，你将永远负有责任。所以，你要对你的玫瑰负责……

我们为什么爱一个人？是因为对方比别人更漂亮、更富有、更出众吗？在一般人眼里，可能你爱的这个人实在普通得很，而我们之所以把对方当作唯一，不是因为对方真的多么出类拔萃，而是因为我们之间建立了独特的"驯养"关系，彼此的奉献和付出使得对方在我们心里变得独一无二和不可替代，双方都在对方的生命里烙下了永久的印记。

在狐狸的启发下，小王子明白了爱是一种驯服的关系，而且，更重要的是积极建立联系。人在这个世界上存活的唯一希望，便是与他人的联系。这种关系既有天然生成的，如我们与父母之间的羁绊，也有需要靠后天养成的，如我们都要独立成家，与自己的爱人、孩子建立牢牢的纽带。

爱还是一种给予，不以索取为前提。爱的发起者须具备爱的能力，能从给予中体会到自己的力量，感受到一种强烈的满足。玫瑰和小王子最初都不懂得爱，前者依赖性太强，后者太被动。

爱还需要耐心，这恰恰是小王子最开始时缺少的。建立联系的过程是非常缓慢的，需要相互适应，逐渐了解对方。

最后，爱意味着责任。"对于被你驯服的对象，你永远负有责任。"

我们不该再用眼睛去辨别事物的真伪，而应该用心去感受，只有用心才看得清。至此，小王子才真正顿悟："我们绝不该听信花儿的话。我们该观赏，闻它们的香气。我那朵花使我的星球香气四溢，而我却不知享受。那个老虎爪子的虚构让我那么恼火，它本该让我产生怜香惜玉之心才是……"

那么最后，小王子对玫瑰花负责了吗？可以说，对于现实的玫瑰花（他的妻子康素罗），圣-埃克絮佩里没有负责到底；对于理想的玫瑰花（精神式的爱），他承担了全部。而这正是理解小王子之死的钥匙。

对于作者圣-埃克絮佩里来说，小王子倾注在玫瑰花上的感情就是他对妻子康素罗的感情。《小王子》是在妻子康素罗的火焰中产生的，是康素罗启发他写出玫瑰的情节，引起他的愧悔——自己对玫瑰竟是那么不公正和负情（在外留情），"当时我年纪太小，不懂得爱她"。在"小王子之家"，他已经懂得了爱的责任，所以，他原想把题词献给妻子。然而，康素罗更愿意把题词献给他的犹太朋友。于是，圣-埃克絮佩里答应战后回来写续篇,那时,她会是梦中的公主,不再是一朵带刺的玫瑰,他要把那部书献给她。可惜,再也没有了后来,只有康素罗的《玫瑰的回忆》。

1944—1945年,康素罗意志消沉。长久以来,她学会了等待的艺术,自从与圣-埃克絮佩里结婚以来,她做的就是这件事——等待,还有祈祷。最残酷的等待,可能是作者出征后几小时的那次。"全世界所有的力量集中在一起也拗不过您的愿望。我一开始就知道的,是的,我早知道您要走。"她接着又说,"您念念不忘洗刷自己,您就是要在枪林弹雨中洗刷自己。"

可以这么说,自从圣-埃克絮佩里走后,康素罗就成了小行星上的那朵玫瑰。

那么,《小王子》中的那朵玫瑰花还在吗?书中一直没有正面提及小王子离家出走后,那朵玫瑰花的命运。但是,小王子从第六颗星球上的地理学家那里得知,花儿只能昙花一现。而在地球上,小王子就已经待了整整一年。

"况且它只有四根刺来抵御整个世界!而我还把它独自留在家里!"这是他第一次萌生了悔意。按照现实的推论,那朵玫瑰花在它的环境中是无论如何也存活不了的,而且早就枯萎了。只是小王子刻意回避了这个问题,或者说是玫瑰花一直活在小王子的心里。这样,小王子之死才是真正的归家之旅,是在精神上的升华,与彼岸的、理想的玫瑰花达成灵魂的契合。

也许可以这么说,小王子如果不死,这本书也就不会这么经典。小王子之死,是圣-埃克絮佩里做出的选择,也是他的必然结局。圣-埃克絮佩里那不同凡俗的生存境遇,迫使他在感情上长年彷徨,只有在孤独和黑夜的飞行中，那些缠绕心头的躁动才会在为国战斗的欲望中得到宣泄和解放。

1943 年 3 月，圣-埃克絮佩里从美国潜回北非，参加戴高乐领导的抵抗法西斯运动。尽管他有在任何气候条件下累计飞行 6500 小时的优异纪录，但由于年龄过大，又多次身负重伤，只被编入空军预备队。

多次争取后，超龄八年的他再次披挂上阵。第八次任务是去侦察法国里昂附近地区，那里也是他童年的故乡。但他从意大利博尔戈起飞，进入科西嘉岛上空后，从此消失得无影无踪。他像传奇人物一样不知所终。事情过去五十多年后，虽经多方努力调查，法国甚至还组织了一个追踪圣-埃克絮佩里委员会，但最终既没找到尸体，也没发现飞机残骸。正如睿智的蒙田应该死在床上，激情的莫里哀应该死在舞台上，浪漫的拜伦应该死在希腊的战场上，他——圣-埃克絮佩里——应该死在空中。"死是这样的甜蜜，当死作为一个自然的结局时……"

"我可怜这样的人，黑夜中他在祖屋里醒来，以为在上帝的星空下可以遮风挡雨，突然面前却是一种征途。"人终生工作往往是在创造一份自己无法享受的财富，尽其平生岁月换来那块光泽的锦帛。圣-埃克絮佩里爱妻子，小王子爱玫瑰，但他又不得不出走，面对这样的处境，作者最终让小王子变成了会笑的星星。这是一种男孩式的完成。

有位英国作家曾说，世界对于偏向思想的人是一出喜剧，对于偏向感觉的人是一出悲剧。圣-埃克絮佩里是个偏向思想的人，也是个偏向感觉的人。无边无际的沙漠，像创世纪的旱地那么凄凉，小王子与飞行员的对话，闪闪烁烁，憨直好笑；他们两人不加渲染的道别，又让人落下眼泪。

掩上这部书时，我们会觉得，沙漠中真有个小王子来过，默许时羞羞答答脸红，生气时金发在风中摇乱。

2004年，圣-埃克絮佩里当年驾驶的飞机的残骸，终于在马赛海附近被发现。他的死，不再是一个巨大的疑问。当然，他和他的作品，依然是一个又一个谜，等待读者去解读。如果有时间，希望你找来这部作品，细细地品读。

《局外人》
置身于荒诞的处境，人应该如何生存

L'Étranger

中国社会科学院·柳鸣九

加缪

📖 作品介绍

《局外人》是法国哲学家、作家加缪的长篇小说。主人公默尔索是一名小职员,他生性冷淡,对周围的一切人事都漠然置之。世上没有任何事情能牵动他的心灵,甚至连他母亲去世也引不起他多大的痛苦。人类社会的一切义务和美德,对他来说也不过是一种重负。他的内心非常空虚,无所事事。后来因为失手,枪杀了一个阿拉伯人,默尔索被捕。面对审判,他却不加抗辩,干脆地承认自己杀人的事实,最终被不公正地判处死刑。默尔索对世界始终冷眼旁观,保持着一个局外人的角色。

小说阐述了现代生活中人类社会的荒诞和陌生感所导致的个体的绝望与虚无,也体现了现代法律制度的虚伪性。加缪是20世纪法国存在主义的代表人物之一,他的作品深刻地揭示了人与人、人与世界之间存在的荒诞关系。

《局外人》思维导图

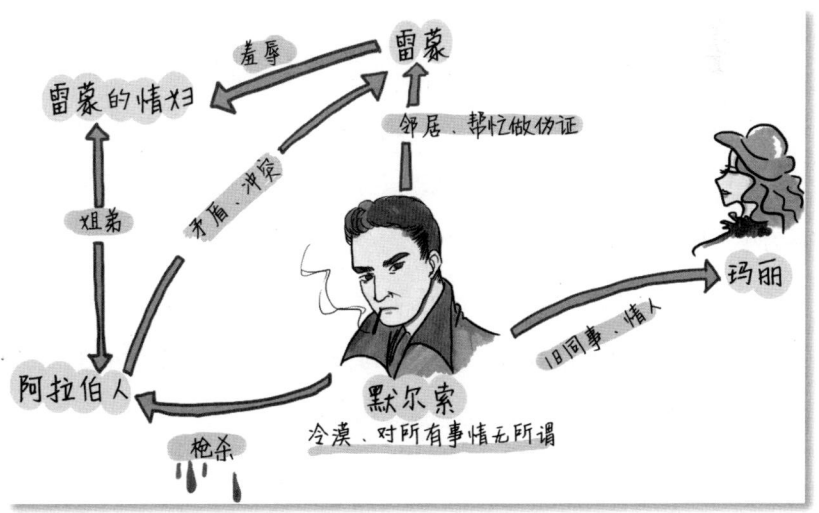

第一节
局内人在做什么

一个 20 世纪的作家,其名字两次成为世界各国大报头版甚至头版头条的标题,这无疑说明了全世界对他的在意程度,标志着他的文学地位、他的重要性。他就是法国人阿尔贝·加缪。

1957 年 10 月中旬,瑞典学院宣布将当年的诺贝尔文学奖授予加缪。加缪得知这个消息时极为震惊,同样,这个消息也震惊了整个巴黎乃至欧美文化界。

为什么大家普遍的第一反应是震惊?人们震惊的原因是他的获奖出乎意料。

首先,因为他并不经由任何重要团体的推荐,而是直接由瑞典学院评选出来的,而且他战胜的法国的其他九位候选人,有好几位都比他声名更显赫、地位更高,如马尔罗、萨特、圣-琼·佩斯以及贝克特等。

更主要的原因是他当时太年轻,只有 44 岁,是 20 世纪法国文学史上最为年轻的诺贝尔文学奖获得者!直到今天,加缪这个名字在世人心目中之所以格外有分量,实与他在青壮年时期就达到了文学成就的巅峰有关。

他再度引起全世界舆论的关注是在 1960 年。1960 年 1 月 4 日,在法国桑斯区附近的维勒布勒万,加缪遇车祸身亡。

这个消息又一次震惊了世界。各国报纸的头版头条大多报道了这一噩耗,正在闹罢工的法国广播电台也特别播出了哀乐,悼念他的逝世。当时担任法国文化部长的马尔罗这样对他盖棺论定:"20 多年来,加缪的作品始终与追求正义紧密相连。"即便是加缪的论敌，也表示了沉痛哀悼。曾与加缪闹翻了的萨特在《法兰西观察家》上发表了令人感动的悼词，他这样评论加缪："加缪在本世纪顶住了历史潮流，独自继承着源远流长的警世文学。他怀着顽强、严格、纯洁、肃穆、热情的人道主义，向当今时代的种种粗俗丑陋发起胜负未卜的宣战。但是反过来，他以自己始终如一的拒绝，在我们的时代，再次重申反对摒弃道德的马基雅维利主义，反对趋炎附势的现实主义，证实道德的存在。"

得知加缪逝世的噩耗后，波伏瓦即便吃下已长期停服的安眠药也无法入眠，她冒着一月份寒冷刺骨的细雨，在巴黎街头徘徊……

生命的终止并不意味着生命的终止，1月4日的车祸并没有使加缪离开我们的视线，反倒成为他在人们心目中闪耀的新起点。

世人对加缪有如此热忱的关注、如此揪心的惋痛，又与加缪英年早逝有很大的关系。他去得太早，毕竟只有47岁。要知道，这个时期的他，正处于创造力勃发、神采高扬的状态。

一个充满活力的人，一个已经获得最高文学殊荣而正要翻开新的一页的作家，如此英年早逝，使世人对他本该拥有的灿烂前景遐想无尽。

面对加缪这样一个充满了生命光辉的不朽者，这样一个在20世纪现实中显赫了一个时代的客观存在，这样一个在人类文化史上永远光华照人的精神象征，我们该如何理解他？加缪身上有哪些方面值得我们注意？

"我是穷人"，"我过去是，现在仍然是无产者"，这是加缪思想最主要的一个基点。

这种状况可以一直上溯到加缪家族的祖辈。他的曾祖原是法国的穷人，穷得没有土地，趁法国大举殖民之际，移民到了阿尔及利亚。他的祖父是个农民，兼做铁匠；他的父亲则因为双亲故去被送进了孤儿院，成年后在家乡做过雇农、酒窖工人，第一次世界大战爆发后应征入伍，于1914年阵亡。

这时的加缪还不满一岁，母亲带着加缪和他哥哥到了自己在阿尔及利亚的娘家，以帮佣为生，勉强维持自己与两个孩子的生活。整个家庭都处在这样的赤贫中。赤贫意味着"什么也没有"，意味着加缪一生下来就生活在没有书本、没有文化、没有历史的世界。他从零开始，把自己视为家庭从原始状态中走出来、走向文明的"第一人"。由此，他给他最后一部小说，亦即他的精神自传取了《第一个人》这个名字。

一直到17岁，加缪都是在阿尔及尔的贝尔库贫民区长大的。加缪一家每年从政府得到若干抚恤金，得以维持最低生活水平。每位家庭成员都要外出挣钱，加缪兄弟也不例外，只是由于母亲的大力支持与艰苦支撑，加缪才未辍学，在阿尔及尔大学完成了他的学业，于1934年与1935年分别获得了文学与哲学文凭。

不论是在中学期间还是大学期间，加缪始终都被贫穷的阴影笼罩着，他口袋里从来都没有什么零花钱。中学时，每当暑假他就要去打工挣钱；到了大学，则去当家庭教师，辅导准备会考的高中生，也当过汽车零件推销员、船舶经纪人的雇员等，以补贴自己拮据的经济状况。

从学校毕业走上社会之后，他又转型为被生计所迫的智力劳动者。他长期在报社任职，做文字工作既是他的兴趣与专长，更是一种不可或缺的谋生手段；在相当长的一段时期里，他都在左翼文化团体工作，这既与他"左倾"的政治态度有关，其实也是维持生活的所需。他在第二次世界大战期间，经常居无定所，长时间寄住在友人家里，这既与他参加抵抗运动有关，也是生计艰难所致；他虽然29岁时依靠《局外人》一举成名，且在文坛开始崭露头角则更早,但他几乎从没享受过富裕阔绰的生活。他获得诺贝尔文学奖之后,才在普罗旺斯的卢尔马兰村购买了一幢别墅,直到生命的最后一年,他来来往往驾驶的仍然是他那辆陈旧的雪铁龙……难怪他成名之后这样说过:"我过去是,现在仍然是无产者。"

瑞典学院在授予加缪诺贝尔奖的评语里这样说道:"加缪是准无产阶级出身,因此,发现必须依靠个人的力量,在生活中跋涉向前……"跋涉向前的冲劲,成为他奋发向上的动力,这种动力造就了他英年的才华,贫困使他得到了足够的磨炼,完整的现代化教育构筑了他的文化内涵与精神高度。

加缪虽是一个通今博古的现代文化人,但绝非一个只在书本中讨生活的书斋型学者,绝非一个靠逻辑与推理建立起自己体系的理论家。他的理论形态充盈着生活的气息,如果他不是从实际生活与书本知识中汲取了营养,他怎么能写出既有深远高阔的精神境界,又充满对现实生活与人类命运关照的著作?

作为"无产者"的基本生存状况在加缪身上刻下的另一个主要的印记,就是他的"左倾"立场以及他与马克思主义的关系。不言而喻,他的生活使他与关怀无产阶级的马克思主义的关系以及与无产阶级的政党——共产党——的关系,可以说是天然的、必定的。正是由于他相信马克思主义是拯救贫苦阶级的理论才走近了它,加入了共产党。

1935年参加共产党后,因在阿尔及利亚问题上持不同意见,加缪于1937年又离开了共产党,这定下了他后半生不跟任何主义、学说、路线、政策随波逐流,不附着于任何实体阵营的自由的"左倾"思想家的基调。

作为一个与时代同在的人、一个"我思故我在"的人、一个靠笔安身立命的人，加缪身上值得我们关注的另一重要事实，就是他在现实社会中的不断斗争。

在法国 20 世纪文学中，我们可以发现不少积极介入现实生活、参加社会政治活动的作家。从广义的角度来说，他们都与实际斗争联系紧密，但在他们之间，介入的程度与参与的层次是大有不同的。有一部分作家的介入与参与，基本上限于发表谈话、签署声明、参加集会等公开活动，这方面的代表有纪德、马丁·杜·加尔、罗曼·罗兰、莫里亚克、西蒙娜·德·波伏瓦、萨特等，萨特更是精于此道的大师与老手。

另一部分作家的介入，则不止于这种表层的形式，他们在基层长期做日常而又具体的工作，可谓严格意义上的实际斗争，其中最为突出的有马尔罗与圣-埃克絮佩里。除了这两个实践型的作家，就要数加缪了。

从大学时代起，加缪就是一个实干的政治活动分子，很早就积极参加亨利·巴比塞与罗曼·罗兰发起的反法西斯运动。投身左翼政治组织后，他在群众中做过具体的宣传工作，也做过带有文运性质的基层工作。在 20 世纪 40 年代反对德国法西斯的斗争中，加缪更是地下抵抗运动中的重要人物，是解放运动的战争组织中的坚强战士，从事过不少秘密工作，特别是情报工作与地下报纸《战斗报》的筹备与领导工作。在那个黑暗的年代，加缪像斗士一样以自己的笔为武器，进行勇敢的、实实在在的战斗。正是由于在反法西斯斗争中的突出贡献，他于 1945 年被授予抵抗运动勋章。

对居于全法国文化界、思想界中心地位的巴黎来说，加缪这样一个出身贫困，有双重种族背景而又与重大社会现实斗争有如此具体、如此深入联系的外来者，无疑要算一种"新鲜血液"。他既不同于巴黎文艺界那种习于以形式与风格的创新为业、以才情为造就自身不朽的手段的文人，也不同于那种在书斋中以隽永的见解与独特的思辨而令世人折服的传统哲人；他带来了新的气息。

加缪全部作品的力度，均来自他的生活实践和身体力行的性格，他的这种力度是很多其他同时代作家所没有的，他的强劲力度与坚韧持久，甚至连他的同类哲人、兄长萨特也比他稍逊一筹。

然而，也正是因为加缪与现实的社会政治有着深层次的、具体而微妙的关系，他本人生前就在各种力量、各种利益的矛盾与冲击的旋涡里被不断冲击，身后也有各种相左的议论、评价；在反法西斯方面，他得到了众口一词的赞扬，收获了完美的英雄称号，但在反殖民主义斗争与共产主义运动这两个重要的方面，他至今仍有着不同评价。

第二节
借"局外"展剖人与人之间的隔膜与疏离感

在加缪的全部文学创作中,《局外人》从很多方面来说,都可谓是他"首屈一指"的作品。

《局外人》酝酿于 1938 年至 1939 年,这时的加缪刚过 26 岁。小说于 1942 年出版,大获成功。1943 年,加缪出版了他隽永的巨著《西西弗神话》。他的另一部小说代表作《鼠疫》的完成与发表则分别是 1946 年、1947 年的事了。因此,从加缪的文学创作历程来说,《局外人》是他一系列传世之作中名副其实的"领头羊"。

《局外人》于 1942 年 6 月 15 日出版,第一版印量为 4400 册,出版后即在巴黎大获成功,引起了读书界广泛而热烈的兴趣。这是加缪的作品从未有过的,作者由此声名远扬,几年之内,报界、评论界对它的佳评美赞一直"络绎不绝"。日后将成为法兰西学士院院士的马塞尔·阿尔朗(Marcel Arland),把它视为"一个真正的作家诞生了"的标志;批评家亨利·海尔称《局外人》"站立在当代小说的最尖端";存在主义哲学代表萨特的文章指出,"《局外人》一出版就受到了最热烈的欢迎,人们反复说,这是几年来最出色的一本书",并赞扬它"是一部经典之作,一部理性之作";现代主义大家娜塔丽·萨洛特在她的现代主义理论名著中表达了这样一个观点:《局外人》在法国当代文学中起了开风气之先的作用,"如像所有货真价实的作品一样,它出现得很及时,正符合了我们当时的期望"。《局外人》的出版成了一种社会现象。

《局外人》篇幅不长，但却成为法国20世纪一部举足轻重的文学作品；它是传统的现实主义风格的，简约精练，含蓄内敛，但却给当时崇尚现代趣味的巴黎文化界提供了新颖的、敏锐的感受……所有这些成果几乎都带有某种程度的奇迹性，究竟是什么原因呢？这很值得人们思考。

　　一部作品要一开始就在较大的社会范围里，与大众有所沟通、让大众感应，获得理解，受到欢迎，那首先就需要有一种近似Lieux Communs（陈词滥调）的成分。在《局外人》中，这种Lieux Communs，可以说就是法律题材、监狱题材，就是对刑事案件与监狱生活的描写。因为这两个方面的状态与问题，是大众在社会层面上都有所关注、有所认识、有所了解的，这些状况与问题，在文学作品中得到反映与描写，也是早已有之，甚至屡见不鲜的。雨果的中篇《死囚末日记》、短篇《克洛德·格》以及长篇《悲惨世界》中芳汀与让·瓦尔让的故事，司汤达（也译作斯丹达尔）的《红与黑》，以及法朗士的中篇《克兰比尔》，都是有关司法问题的著名篇章，读者也因此对这样一个"公共场所"没有陌生感。

　　优秀作品历来在这个"公共场所"中所表现出的几乎都是批判倾向，这构成了文学中的民主传统与人道主义传统，对于这个传统，历代的读者都是认同、赞赏、敬重的。《局外人》把自己定位在这个传统中，并以其独特的视角与揭示点而有不同凡俗的表现。

　　《局外人》最着力的揭示点之一，就是现代司法罗织罪状的邪恶性质。小说主人公默尔索非常干脆地承认自己犯了杀人命案，面对社会与司法机制，他真诚地感到了心虚理亏，有时还"自惭形秽"，甚至第一次与预审法官见面、为对方亲切的假象所迷惑，而想要去跟法官握手时，他一想到"我是杀过人的罪犯"就退缩了。他的命案是糊里糊涂犯下的，应该可以从轻量刑，但法律机器运转的结果却是他被宣布为"预谋打死了阿拉伯人""罪不可赦"者，最后被判处死刑，而且其死罪是"以法兰西人民的名义"这样的高度被宣判的。对默尔索这样性格、这样精神状态的人物来说，这一判决却是最暴虐不过、最残忍不过的，因为它将一个善良、诚实、无害的人物完全妖魔化了，在精神上、在道德上对他进行了"无限上纲上线"的杀戮，因而这完全是司法领域中一出完完全全的人性冤案。如果说传统文学中，芳汀、让·瓦尔让、克兰比尔那种无罪而刑、冤屈程度骇人听闻的司法惨案，放在19世纪法律制度尚不严谨的历史背景下，尚且真实可信的话，那么这样的故事放在"法律制定得很完善"的20世纪社会的背景下，则不可能符合现代读者心中的真实性。加缪没有重复对司法冤屈的表现，而致力于揭示司法对人性的残杀，这是他的现代性的一个重要表现，也是《局外人》作为一部现代经典名著的社会思想性的基石之一。

就其内容与篇幅而言，《局外人》着力表现的正是法律机器在运转中对人性、对精神道德的残杀。调查一开始就不是针对命案本身，而是针对他本人。这样一个与世无争、安分守己的小职员的普通生活有什么可调查的呢？于是，他把母亲送进养老院，他为母亲守灵时吸了一支烟，喝过一杯牛奶咖啡，他说不上母亲确切的岁数，以及母亲葬后的第二天他会了女友，看了一场电影等这些个人行为，都成为严厉审查的项目。一个可怕的司法怪圈就此形成了：由于这些生活细节发生在一个日后犯下命案的人身上，自然就被司法当局加以妖魔化，被妖魔化的个人生活又在法律上成为"毫无人性"与"叛离社会"等判语的根据，而这些判语又导致这个小职员受到"罪不可恕"的严厉惩罚，不但被判死刑，而且是以"法兰西人民的名义"判处他死刑的。这样一个司法逻辑与推理的怪圈，就像一大堆软软的绳索，把可怜的默尔索捆得无法动弹、听任宰割，成为完善的法律制度与开明的司法程序的祭品。

默尔索何止无法动弹，他甚至无法申辩。默尔索在法庭上面对着对他的人性、精神、道德的践踏与残害，只能听之任之，因为根据"制定得很好"的法律程序，辩护律师为他代言，他本人被告诫"最好别说话"，实则已经丧失了辩护权，而他自己其实最有资格就他的内心问题、思想精神状态做出说明。何况在这个意义上，辩护律师只不过是操另一种声调的司法人员而已。

默尔索不止一次感觉法庭上的庭长、检察长、辩护律师以及采访记者都是一家人，而自己完全被"排除在外"。在审讯过程中，他内心发出这样的声音："究竟谁是被告？被告才是至关重要的。我本人有话要说！"没有申辩的可能。他不止一次发出这样的感慨，"我的命运由他们决定"，司法当局"把我这个人排斥出审判过程，把我化成一个零，又以某种方式，由他取代了我"。小说中，司法程序把被告排斥在局外的这种方式，正是现代法律虚伪性的表现，加缪对此进行了着力揭示，人们有理由认为《局外人》这个小说标题的原意就在于此。

如果说从司法程序来看，默尔索死于他作为当事人，却被置于局外的荒诞，那么，从量罪定刑的法律基本准则来看，他则死于荒诞的世俗观念。他的命运并不取决于命案本身，而取决于人们如何看待他，取决于人们对他的生活方式，甚至生活情趣的看法，实际上也就是取决于包含某种观念在内的意识形态。

在这里，意识形态渗入了法律领域，决定了司法人员的态度与立场，从而控制了法律机器的运作。加缪的这种揭示无疑是深刻有力的，并且至今仍有形而上的普遍的意义。意识观念的因素对法律机制本身的侵入、干扰与钳制，何止体现在默尔索案件中呢？

　　加缪在《局外人》中以其独特视角审视现代法律的荒诞，这部小说在这一块"公共场所"中表现不凡，即使对比围绕这个"公共场所"出现过的托尔斯泰的《复活》这样的揭露司法黑暗腐败的鸿篇巨制，它也并不显得逊色，《局外人》简明突出、遒劲有力的笔触倒具有一种特别的震撼力。

第三节
在消极的悲观中，隐匿着积极的抗争

近年来，由于当代欧美文论大量被引入，众人对各种流派的文学评论方法趋之若鹜，使用这些方法成为时髦，致使满篇都是高谈阔论，充满玄而又玄的新词、新术语，但却不知所云的"宏文"遍地开花，倒使可被用来做实实在在分析的社会学批评方法无地自容了。我无意于对各家兵刃做一番"华山论剑"，妄断何种批评方法为优为尊，仅仅想在这里指出，《局外人》的作者加缪是一位十分社会化的作家，甚至他本人就是一位热忱的社会活动家，仅从他写作《局外人》前几年的经历就可以明显看出。

写作《局外人》之前的加缪正处于高度关注社会问题、积极介入现实生活的状态，这让加缪创作出了《局外人》这样内涵深刻的作品。事实上，加缪在一封致友人的信里谈到《局外人》时，曾这样说："我曾经追踪旁听过许多审判，其中有一些是在重罪法庭审理的特大案件，这是我非常熟悉，并产生过强烈感受的一段经历，我不可能放弃这个题材而去构思某种我缺乏经验的作品。"

《局外人》之所以能以短篇幅而成为大杰作，小规模而具有重分量，不仅因为它独特的切入角度与简洁有力的行文风格，表现出了十分尖锐的社会现实问题，还因为其中独特的精神情调、沉郁的感情、深邃的哲理，以及最终传达出的丰富的人性内容。而在小说中，处于这一切的中心地位的，就是感受者、承受者默尔索。

毫无疑问，默尔索是文学史上一个十分独特、非常新颖的人物。他的独特与新颖集中体现在他淡然的生活态度上。在这一点上，他不同于文学史上几乎所有的"小生"[1]主人公。如果说那些著名的"小生"主人公有什么共同点的话，那就是入世、投入与执着，不论情场、名利场、战场还是恩怨场。《哈姆雷特》中的丹麦王子、《红与黑》中的于连、《高老头》中的拉斯蒂涅、《卡尔曼》中的唐·若瑟以及《漂亮朋友》中的杜·阿洛等都不同程度、不同形态地具有这样一种共性。他们身上的这种特征，从来都被世人认为是正常的、自然的人性。

默尔索不具有这种精神，恰巧相反，在事业上，他没有世人通称为"雄心壮志"的那份用心，老板计划调他到巴黎担任较好的职务，他却漠然对待，表示"去不去都可以"。在人际关系上，他没有世人皆有的那些世故考虑，明知雷蒙声名狼藉，品行可疑，他却很轻易就答应了做对方"朋友"的要求。他把雷蒙那一堆拈酸吃醋、滋事闯祸的破事都看在眼里，却不问为什么，反而有求必应，被对方拖进是非的泥潭。他对所有与当下、与未来有关，因而需要加以斟酌的事务都是一种全然无所谓的态度。

在面临抉择时，他的口头禅是："我怎么都行。"他的爱人玛丽建议他俩结婚时，他就是这么不冷不热作答的。即使事关自己的生死问题，他的态度也甚为平淡超然。他在法庭上虽然深感自己在精神与人格上蒙冤，眼见自己被判处了死刑，内心感到委屈，但当庭长问他"是不是有话要说"时，他却是这样反应的，"我考虑了一下，说了声'没有'"，就这么让自己的命运悲惨定案。

我暂时不对默尔索的性格与生活态度做分析与评论，让我们思考这样

---

[1] 传统戏曲中生角的一种，扮演青年男子的行当。——编者注

一个问题：加缪把这样一个人物安排在故事的中心，会给整个作品带来何种效应？

一方面，加缪把这样一个淡然超脱、温良柔顺、老实本分，对社会没有任何攻击性、危害性的人物形象，与在司法当局那一大篇声色俱厉的夸张渲染之下，被夸张描写成魔鬼与恶棍的人物形象相对照，凸显出了司法当局的种种暴虐。如果这是作品所致力揭示的精神暴虐的"硬件"的话，那么，默尔索这样一个不信上帝的无神论者在临刑前被忏悔神父纠缠不休，则揭示了精神暴力的"软件"。执行刑前任务的神父几乎在强行逼迫可怜的默尔索在死前皈依上帝，表示忏悔。通过把默尔索当作社会公敌、人类公敌，这个体系完成了这头羔羊对祭坛的完整奉献。

把默尔索这样性格的人物置于作品中心，让他感受双重精神暴力，正说明了作者对现代政法机制的"精神暴力"的严重关注。只有20世纪的具有现代意识的作家才会这样做。原因很简单，加缪不是生活在饥饿这个社会问题尚未解决的19世纪的作者，他不会像雨果那样，在一块面包上写出让·瓦尔让的19年劳役，他只会像已解决温饱问题的现代人一样，把关注的眼光投向超出生理痛苦的人格痛苦。他让默尔索这样一个人物成为作品中的感受者与承受者，是加缪对现代人权的深刻理解，也是加缪对现代人权的深情关怀。

另一方面，默尔索这样性格的人物，被作为厄运的承受者置于作品中心，必然会产生另一个重要效应，即引起读者深深的人道主义怜悯与同情。如果默尔索是一个感情殇滥、多愁善感的人，他面对厄运必然会有各种虚夸、张扬、浅显的表现，但默尔索性格内向，在面对厄运时，在死刑将要来到时就显得更为含蓄深沉，更具有张力。要知道，夸张与过分是喜剧所需要的成分，而蕴藏、敛聚、深刻才是悲剧的风格，默尔索的感情表现正是如此。在《局外人》中，作者描写默尔索在法庭上有如五雷轰顶的感受，从法院回监狱的路上彻底告别自由生活的感受，都表现出高度的心理真实与自然实在的内心状态。这些描写体现了小说的主要艺术成就，也成为20世纪文学中心理描写的经典篇章。

第四节
如果可以选择，你想过什么样的生活

在任何一部作品中，居于中心地位的人物都会起这种或那种作用，给作品带来这种或那种效果。所以，我们还需要考察的问题是，在《局外人》中，居于中心地位的人物属于何种性质、何种类别。

默尔索这个人物与传统文学中的人物颇为不同，似乎属于"另类"，甚至可以说，他身上那种全然不在乎、全然无所谓的生活态度，在充满了各种非常现实的问题与挑战的现代社会中，似乎是不可能的。所以，对这个人物仔细加以观照时，人们不禁会问：这样一个人物的现实性如何，典型性又如何？

在入世、进取心强的人看来，默尔索的性格与生活态度显然是不足取的。说得好听一点，这是随和温顺、好说话、不计较、安分、实在；说得不好听一点，这就是冷淡、孤僻、不通人情、不懂规矩、作风散漫、放浪形骸，是无主心骨、无志气、无奋斗精神、无激情、无头脑、无出息、温吞吞、肉乎乎、懒洋洋、庸庸碌碌、浑浑噩噩……总而言之，默尔索是在现代社会中没有适应能力与生存能力的人。但实际上，加缪几乎是以肯定的态度描写这个人物的。

塞莱斯特在法庭上作证时把默尔索称为"男子汉""不说废话的人"，这个情节反映出了加缪的态度。后来，加缪又在《局外人》英译本的序言中，对这个人物做出一连串的赞词，"他不耍花招，从这个意义上说，他是他所生活的那个社会里的局外人"，"他拒绝说谎……是什么，他就说是什么,他拒绝矫饰自己的感情,于是社会就感到受到了威胁","他是穷人,是坦诚的人,喜爱光明正大","一个无任何英雄行为而自愿为真理而死的人"。

加缪对这个人物可谓爱护备至。针对批评家称这个人物为"无动于衷"一事,他这样说,"说他'无动于衷',这措辞不当,说他'善良宽和'则更为确切"。在加缪自己对这个人物做了这些肯定之后,我们再来论证这个人物积极的性质,就纯属多余了。

加缪不仅在理性上肯定默尔索这个人物,他在情感上对这个人物也是亲近、亲切的。加缪以他身边的多个朋友为原型而塑造出这个人物,同时还融入了自己在现实生活中的某种感受与体验。根据加缪的好友罗杰·格勒尼埃所创作的加缪评传中的记叙,默尔索身上主要有两个人的影子:一个是巴斯卡尔·比阿,另一个是被他称为皮埃尔的朋友,而两个朋友身上的共同特点都是"绝望"。

巴斯卡尔·比阿是来自巴黎的职业记者,当时在阿尔及尔主持《阿尔及尔共和报》,是加缪的领路人与顶头上司。他酷爱文学,富于才情,在诗歌创作上颇有成绩,也从事过各种各样的职业,包括不那么高尚的职业,如出盗版书等;他具有独特的人格魅力,自外于时俗,轻视现实利益与声名功利,只求忠于自己,自得其乐,有那么一点超凡脱俗的味道;他不仅对加缪,对法国20世纪另一位大作家安德烈·马尔罗、荷兰大作家埃迪·杜·贝隆以及其他一些重要作家均有深刻的影响。罗杰·格勒尼埃把这个人物称为"极端虚无主义者""最安静的绝望者"。

关于默尔索的另一个原型皮埃尔,加缪曾经这样说:"在他身上,放浪淫泆,其实是绝望的一种形式。"可见加缪对这两个原型,都有一个共同的着眼点,那便是"绝望",这一点值得我们在后文中再做一些评析。

至于加缪本人投射在默尔索身上的自我感情，则是他 1940 年初到巴黎后的那种"陌生感""异己感"，"我不是这里的人，也不是别处的。世界只是一片陌生的景物，我的精神在此无依无靠。一切与己无关"。

从成分结构与定性分析来看，虚无、绝望、陌生感、异己感，所有这些正是 20 世纪"荒诞"这一总的哲理体系中的组成部分，从法国 20 世纪文学的走脉来看，马尔罗、加缪们又都曾受巴斯卡尔·比阿这样一个作为"极端虚无主义者""最安静的绝望者"的艺术原型的影响。同时，法国 20 世纪文学以"荒诞"哲理形成了一个脉络，在这个脉络中，《局外人》显然算是一个亮点，自有其特殊意义。

应该注意，1940 年 5 月《局外人》一完稿，加缪只隔四个月就开始创作《西西弗神话》，五个月后，1941 年 2 月即完成了这一部名著。《西西弗神话》可以说是使加缪成为加缪的最有力的一部杰作，是加缪最重要的代表作，是他全部作品的精神基础、哲理基础。它之所以如此重要，就在于加缪在这本书中从哲理的高度描述、阐明了人最基本的生存状况，把人纷纭复杂的生存状况概括、凝现为西西弗推石上山、永不停歇但却劳而无功的图景。

当然，这里的"人"指的是个体的人，而非整体的人类。人生而必死、劳而无功，这是"上帝已死"、宗教已经破灭、人没有彼岸天堂可以期待之后的悲观而绝望的人生观，在这种人生观中，现实世界对人来说只是匆匆而过的异乡。

这种人生观无疑带有浓重的悲观主义与虚无主义，然而，面对着生而必死、劳而无功的生存荒诞，西西弗却坚持推石上山，巨石虽反复坠落山下却仍周而复始。推石上山，永不停歇，这无疑又是一曲壮烈、悲怆的赞歌。一个不到 30 岁的青年，有如此大悲大悯的情怀，对人的状况做出了如此深刻隽永的描述，他的描述在整个20世纪精神文化领域，产生了广泛而又震撼的影响，这无疑给他在壮年荣获诺贝尔文学奖奠定了基石。

《局外人》与《西西弗神话》同属加缪的前期创作，两者的创作仅相隔几个月，一个是形象描绘，一个是哲理概括，两者的血肉联系是不言而喻的。从哲理内涵来说，《局外人》显然属于《西西弗神话》的范畴，在默尔索这个费解的人物身上，正可以看见《西西弗神话》中的某些思想。

在这方面，《局外人》最后一章的重要性是毋庸置疑的，加缪在这章中以十分精彩的笔触描写了默尔索最后拒绝忏悔、拒绝皈依上帝而与神父进行的对抗与辩论。在这里，他求生的愿望、刑前的绝望、对司法不公正的愤愤不平、对死亡的达观与无奈、对宗教谎言的轻蔑、对眼前这位神父的厌烦以及长久监禁生活所郁积起来的焦躁都混合在一起，像火山一样爆发，迸射出像熔岩一样灼热的语言之流，使人得以看到他平时那冷漠的"地壳"下的"地核"状态。

他的"地核"也许有不少成分，但最主要的是一种看透一切的彻悟意识。他看透了宗教的虚妄性与神职人员的诱导伎俩，与其说他的思想是认定"上帝已死"，不如说是认定上帝"纯属虚构"，"世人的痛苦不能寄希望于这个不存在的救世主"。用他的话来说，他很想从监狱的墙壁上发现上帝的面容浮现，但他"没有看见浮现出来什么东西"，因此，他把拒绝承认上帝、拒绝神父的一切说教当作维护真理之举。他也看透了整个人生，他认为"所有的人无一例外都会被判处死刑，幸免不了"；他喊出的这句话几乎跟帕斯卡尔在《思想录》中、马尔罗在《西方的诱惑》中关于人的生存荒诞性的思想如出一辙；他根据自己的经验与所见所闻，深知"世人活着不胜其烦"，"几千年来活法都是这个样子"，对人类生存状况的尴尬与无奈有清醒的认识；他甚至质问道："他这个也判了死刑的神父，他懂吗？"有了这样的认知，他自然就剥去了生生死死问题上一切浪漫的、感伤的、悲喜的、夸张的感情饰物，而保持了最冷静不过、看起来是冷漠而无动于衷的情态，但他却"只因在母亲葬礼上没有哭而被判死刑"，于是，默尔索在感受到人的生存荒诞性的同时，又面临着人类世俗与荒诞的社会意识形态的致命压力。这是他的双重悲剧。

不可否认，默尔索整个的存在状况与全部的意义仅限于感受、认知与彻悟，他毕竟是一个消极的、被动的、无为的形象。无论从哪个方面来说，他都从属于《西西弗神话》，而《西西弗神话》的性质也仅限于宣示一种彻悟哲理。思想的发展使加缪在1947年出版的长篇小说《鼠疫》里，让一群积极的、行动的、有为的人物成为小说的主人公，写出他们对命运、对荒诞、对恶的抗争。紧接着，加缪又于1950年完成了他另一部哲理巨著《反抗者》，阐述人对抗荒诞的哲理，探讨在精神上、现实中、社会中进行这种反抗与超越的方式与道路，从而在理论阐述与形象表现两个方面使他"荒诞—反抗"的哲理体系得以完整化、完善化，与法国20世纪精神领域里萨特的"存在—自我选择"哲理体系、马尔罗的"人的状况—超越"哲理体系共同构成交相辉映的三大灵光。

《鼠疫》
以正义对抗人间的灾难与荒诞

La Peste

中国社会科学院·郭宏安

📖 作品介绍

《鼠疫》是法国哲学家、作家加缪的长篇小说,讲述了一场突然来袭的鼠疫,让一座城市陷入了恐慌和瘫痪。政客掩饰透过,狂妄自大,甚至想利用灾难来获利;投机分子借机销售各种禁品,牟取不正当的商业利益;而更多的普通人则恐慌无助,每天都过着颓废生活。城市被重重封锁,无人能够自由进出,鼠疫也在考验着这座城市的行政管理、生活秩序和人们的道德良心。这时,主人公里厄医生挺身而出,组织同道救助病人,最终控制了疫情的蔓延。

小说通过描写以里厄医生为代表的奥兰市居民面对肆虐的鼠疫,不畏艰险,冒着生命危险联合抗争,力挽狂澜地奋力拼搏,表达了一种在荒诞中奋起反抗,在绝望中坚持真理和正义的人道主义精神,提出人类如何走出荒诞状态的命题。

🖋 《鼠疫》思维导图

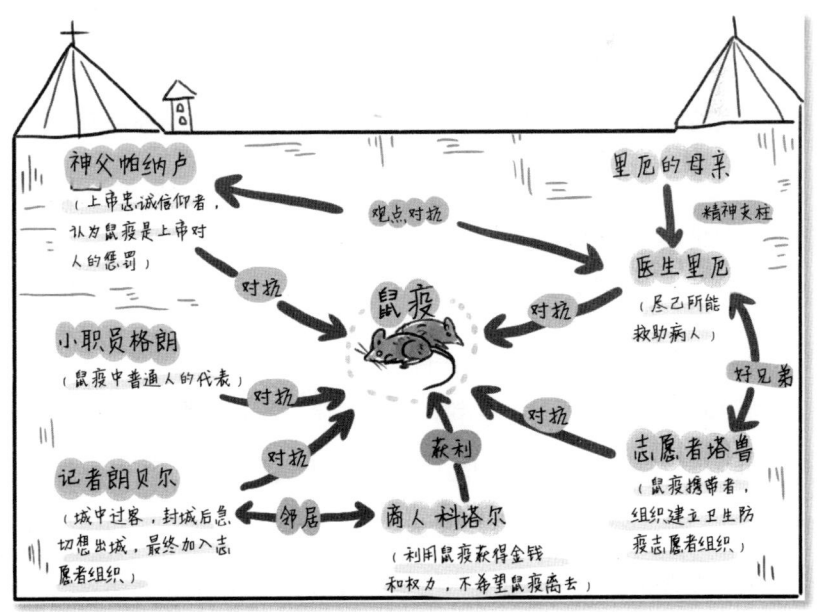

第一节
如何在集体的荒谬与失控中坚守正义

加缪最知名的一部作品可能就是《局外人》。《局外人》自 1937 年 4 月开始构思，到 1940 年 5 月完成初稿，再到 1942 年 7 月面世，一部 5 万字的小说经过了 5 年的酝酿、打磨和修饰方才出版，可见加缪创作态度之严谨，当然严酷的战争环境也可能是原因之一。

1938 年底，刚刚开始写作《局外人》不久，加缪就有了写一本关于鼠疫的小说的念头，从此开始了阅读有关鼠疫的历史，记录有关鼠疫的资料的工作。加缪于 1943 年初完成《鼠疫》初稿，1947 年出版。一部 18 万字的小说，从构思到出版经过了 9 年的艰苦劳作方才完成，作者可以说是厚积薄发，沉得住气，尤其考虑到他一直生活在清贫之中。

有人问加缪，他的小说是否有一个事先拟就的提纲，还是随着写作的过程让故事自行发展。他回答道："两者都有吧。一方面有一个计划，一方面随时更动。"他的方法是："一大堆笔记，写满东西的纸，年复一年，日积月累。一天突然有了一个念头，于是就构思，整合这些乱七八糟的东西。从此开始了长久的、艰苦的工作，将其整理成有序的东西。"

"鼠疫"这个名字，沉重尖锐，振聋发聩，它使欧洲的读者一下子想到了 600 年前发生在欧洲的事情。那时候欧洲流行"黑死病"（疑为鼠疫杆菌引起，故名鼠疫），吞噬了约 2500 万人，将近当时欧洲人口的一半。

在加缪的小说中，人们无意中发现的几只老鼠的死逐渐演化为一场人与死亡之间的大搏斗。

奥兰，阿尔及利亚北部的一座滨海城市，20世纪40年代的某一年的4月16日，里厄医生在门口踢到了一只死老鼠，接着是三只，十二只，"一只装满死老鼠的箱子"，"邻居们的垃圾桶里也装满了"死老鼠；第三天，一个工厂里"清除出了好几百只"；第四天起，"老鼠开始成批地出来死在外面"，楼梯口，院子里，市政大厅内，风雨操场上，咖啡馆的露天座位中间，到处是一堆堆的死老鼠，甚至不少夜行者在人行道上"会踢到一只软绵绵的刚死不久的老鼠"。

4月28日，死老鼠的数量达到8000只左右，人们不知道究竟为何，心情由厌恶转向抱怨、慌乱与忧虑。终于在4月30日，看门人死了，接着两天内死了11个人，其症状是：腹股沟腺炎，淋巴结肿大，发高烧的同时说谵语，发展到最后，患者48小时内死亡。

从老鼠的死亡迅速发展到人的死亡，仅仅半个月，城市的居民由"震惊逐渐转变为恐慌"。医生们意见不一，但是各有各的疑虑，心里未必不认为这是一场鼠疫。里厄医生说："即使我们不确认这是鼠疫的话，它照样会夺去半数居民的生命。"

为了不惊动舆论，省政府只让人张贴白色的小小布告，宣布"奥兰地区发现了几例危险的高烧症"，报纸则"轻描淡写，对此事只作了些暗示"。

大概半个月以后，省政府终于下了决心："正式宣布发生鼠疫。封闭城市。"从这时起，可以说鼠疫已与每个人都有了关系。在灾难面前，城市变成一座孤岛。

鼠疫像个大实验室，检验着每一个人，大家都以自己的方式表明了对待鼠疫的态度。除了商人科塔尔在内的人们组织了志愿防疫队，与鼠疫进行抗争。10个月过去了，第二年"二月的一个晴朗的早晨"，城门重新开放，鼠疫终于过去了。

这时，里厄医生承认，他就是故事的叙述者，他要告诉人们：人的身上，值得赞赏的东西总是多于应该蔑视的东西。同时他也警告人们：鼠疫杆菌永远不死不灭，它能在家具和衣服中沉睡几十年，它能在房间、地窖、皮箱、手帕和废纸堆中耐心地潜伏、守候，也许有朝一日，人们又遭厄运，瘟神会再度发动它的鼠群，驱使它们选中某一座"幸福"的城市作为人类的葬身之地。

这就是《鼠疫》讲述的故事。这部小说以冷静的、平淡的、纡徐不迫的口吻描绘了一场惊心动魄的大灾难。小说"用虚构的故事来陈述真事"，寓意深远，发人深省。真理是客观的，当被以一种平淡的口味说出的时候，往往更加动人。

《鼠疫》的叙述开门见山，又如话家常，有时也近乎单调，然而读者只觉得它朴素，并不觉得它呆板，这是因为行文的质朴使读者卸下了精神上的抵抗，完全为小说的真实性所征服，从内心深处相信作者所说的话是真的。平淡的口吻不会降低小说所述事件的重大性和严酷性，相反，由于口吻和事件之间的不协调，还会在无形中给读者以深刻的印象，从而使小说具有一种史诗的气魄。

加缪深知此中奥妙，他说："斯丹达尔的秘密在于口吻和故事的不成比例。"他从不用慷慨激昂的笔调描绘人与鼠疫之间的斗争，而是不动声色地铺叙事实，反衬出这场生死搏斗的悲壮；相反，他把激烈雄辩的口吻送给了帕纳卢神父，并且有意唤来狂风暴雨，以加强神父布道时的口吻的严峻，声势的凌厉，其结果是使他的第一次布道显得那么笨拙、空洞和可笑。

这本小说甫一出版，即好评如潮，迄今为止已销售了约 600 万册，但是也有一些自以为进步的人指责这本书用细菌取代了纳粹，而未直呼其名，他们说加缪宣扬了一种红十字会式的道德，回避历史和真正的问题，与鼠疫的斗争没有突出明确的政治目标，没有指出传染病的"社会—经济的根源"。数十年过去了，除了极个别的死硬派，这种议论已经不见坚持。加缪曾说："我希望人们在几种意义上阅读《鼠疫》，但是它最明显的意义是欧洲对纳粹主义的抵抗。证据就是，敌人虽未指名，但是人人，在欧洲所有的国家中，都认出了它。"

的确，他在绘声绘色地描写一场传染病，其真实准确达到了令读者身临其境、仿佛自身也被感染的程度。实际上，鼠疫的发生和传播处处都与法国在德国法西斯占领期间的种种现象相呼应、相对照，读者于不知不觉中将鼠疫和纳粹视同一体。历史的面貌和鼠疫的面貌惊人地重合在一起，从而使虚构的事件反映出真实的生活，再向上一层，《鼠疫》揭示了人类和荒诞的关系以及人类面对荒诞时应取的态度。

加缪的荒诞哲学认为，荒诞不在世界，亦不在人，而在两者的关系，这种关系是敌对的，不协调的，然而两者又是不可分的，因此荒诞才成为荒诞。加缪把人发现并获得荒诞感称为"觉醒"，而觉醒在加缪的哲学中只是一个起点，更为重要的是，人一旦认识到这种荒诞性，获得了觉醒，就应该设法寻求解决的途径，而解决的途径就是反抗。

《鼠疫》提出的最根本的问题是：人类如何走出荒诞的状态。加缪在一篇生前未发表的文章中指出："在一个大火熊熊、哀鸿遍野、监狱林立的欧洲，我们应该立即寻到一种清晰的理性和一种行动的准则。"

《鼠疫》表明，这种清晰的理性和行动的准则，作者已经找到了，那就是人在面对恶的时候，应该正视恶、承认恶、抵抗恶、战胜恶；恶虽败而不能绝迹，人虽胜而不能止步——幸福总是存在于相对之中。

正如加缪在给罗兰·巴特的一封信中指出的那样："《鼠疫》结尾宣

布并接受了未来的斗争。"《鼠疫》是一个讲述人与恶之间的反复不断的斗争的神话。

加缪对于人物形象有哪些设计？他依托角色反映出了哪些社会议题，又想表达哪些观点和理念呢？在下一节中，我将为你挖掘"鼠疫"这个故事背后的意义。

第二节
世界末日,你最想成为书中哪个角色

鼠疫,对于奥兰人来说,是一场突如其来、与人人有关的灾难,之所以说"突如其来",是因为"这个城里的居民根本不会预见到发生在那年春天的那些小事件是此后一连串严重事件的先兆";之所以说"与人人有关",是因为人们"发觉大家、包括作者在内,都是一锅煮,只有想法适应这种环境"。

然而,面对这一场灾难,虽然不同的人采取了不同的态度,但最后陆续趋于一致,即团结起来,共同打退鼠疫的进攻。作者选取了几个人物,他们都是普通人,生活在一个平凡的世界里,面对着一个不寻常的事件,有着各自的表现。他们的表现最后证明了:"人的身上,值得赞赏的东西总是多于应该蔑视的东西。"

贝尔纳·里厄是一个务实而充满同情心的人,从社会的底层(工人的儿子)经过奋斗而成了医生。他是第一个提出奥兰城发生的是鼠疫的人。他的信条是:日常工作才是可靠的,要紧的是把本职工作做好。如果他有哲学信念的话,那就是"同客观事物做斗争",而"同鼠疫做斗争的唯一办法就是实事求是"。

所以,神父对他说:"您也是为了人类的得救而工作。"他回答说:"人类的得救,这个字眼对我说来太大了。我没有这么高的精神境界。我是对人的健康感兴趣,首先是人的健康。"

塔鲁说:"使我感兴趣的是怎样才能成为一个圣人。"他则回答说:"我感到自己跟失败者休戚相关,而跟圣人却没有缘分。我想我对英雄主义和圣人之道都不感兴趣。我所感兴趣的是做一个人。"他所说的"人",其实就是"那些既当不了圣人,又不甘心慑服于灾难的淫威,把个人的痛苦置之度外、一心只想当医生的人",所谓"当医生",就是憎恨"疾病和死亡",让人们获得他们力所能及的东西:"人间的柔情"。

所以,他能够一直关心和爱护他的病人,而不管病人的贫富。他知道,"要是说在这世上有一样东西可以让人们永远向往并且有时还可以让人们得到的话,那么这就是人间的柔情"。

总之,里厄医生是一个普通的人,谦逊的人,兢兢业业地做着普通的事,在与鼠疫进行的殊死搏斗中尽了一个医生的职责。他达到了一个真正的医生的境界:治病救人,"获得安宁"。

让·塔鲁是新近才来奥兰定居的,是发生在奥兰的事情的另一位见证人。他是一位知识分子,在与鼠疫的斗争中和里厄医生建立了真挚的友谊。他是小说中唯一被披露了生平的人:他家境富裕,父亲是代理检察长,他在17岁那年参加了父亲的一次审判活动,说到他的父亲,他说"只见他的嘴巴在频繁地活动,一大串一大串的长句子不停地像一条条毒蛇一样从嘴里窜出来",原来他要"以社会的名义要求处死这个人,他甚至要求砍掉犯人的脑袋"。他受到了极大的震动,几个月后,他"离开了富裕的环境",开始同社会做斗争,成了国际主义的战士。但在斗争中,他意识到这样的事实,"在自己满心以为是在理直气壮地与鼠疫做斗争的漫长岁月里,自己却一直是个鼠疫患者","我们的一举一动都可能导致一些人的死亡"。于是,他拒绝"当一个合理的杀人凶手",而"决定在任何情况下都站在受害者的一边,以便对损害加以限制",从而"获得安宁",力图成为一个不信上帝的"圣人"。

为了内心的安宁，塔鲁与里厄医生一起，组织了卫生防疫队，加入了抗击鼠疫的斗争。"塔鲁认为，人是无权去判任何人刑的，然而他也知道，任何人都克制不了自己去判别人的刑，甚至受害者本身有时就是刽子手，因此他生活在痛苦和矛盾之中，从来也没有在希望中生活过。"最后，在鼠疫即将全线崩溃的时候，他"输了"，没有被当成圣人而被鼠疫夺去了生命。

里厄医生并不赞同塔鲁的态度，他不要做"圣人"而只要做一个"人"。他脚踏实地，出于理智和经验而对客观事物采取一种有病治病、无病防病的态度。当塔鲁说自己的雄心没有里厄的大时，里厄以为他是在开玩笑，但是他"只看到一张忧伤和严肃的脸"。

我认为，加缪在这里指出了一种严肃的真实：作为知识分子的塔鲁可以接受各种意识形态的影响，可以把做一个不信上帝的圣人作为自己的理想，但是他想做一个不受政治影响的医生，一个普普通通的本真的人，却是很难很难的啊！

塔鲁和里厄追求的目标是一致的，可是他们走的道路是不同的。他们之间最大的不同在于，一个人希望做"圣人"，一个人希望做"人"；一个人"站在受害者一边"，眼前是一片芸芸众生，一个人融于受害者，自己就是受害者的一分子。这里，我同意加缪的说法："最接近我的，不是圣人塔鲁，而是医生里厄。"

在第一次布道中，帕纳卢神父以一种超然而严厉的口吻说道，眼下流行的鼠疫是天主对奥兰城的居民的惩罚，之所以惩罚你们，是因为你们有罪；这场鼠疫既能把你们置于死地，也能超度你们，向你们指明道路。

在第二次布道中，眼看着居民遭受着鼠疫的折磨，帕纳卢神父在说话中已不称"你们"而称"我们"了。他说,"不要试图去给鼠疫发生的情况找出解释,而是要设法从中取得能够汲取的东西"。

他警告人们,要人们"做出抉择,要么就是全盘接受信仰,要么就是全盘否定","孩子们的痛苦是我们的一块苦涩的面包,但是没有这块面包,我们的灵魂就会因缺乏精神食粮而'饿'死"。

终于,神父病倒了,但是根据他的原则,一个神父不能请医生看病,他死于一种没有"任何淋巴腺鼠疫和肺鼠疫的主要症状"的疾病。死前他对里厄说:"教士是没有朋友的。他们把一切都托付给天主了。"

加缪没有让神父死于鼠疫,而是说"病情可疑",是否是对天主教的一种客气的表示呢?有些读者可能认为神父帕纳卢毕竟参与了对鼠疫的抗击,正如里厄医生所说:"现在我们在一起工作是为了某一个事业,而这个事业能使我们超越渎神或敬神的问题而团结在一起……现在就是天主也无法把我们分开了。"实际上,里厄根本不相信上帝,因为连纯洁无辜的孩子都受到疾病的折磨,人何以能指望天主的眷顾呢!

真正代表里厄医生的思想的——如果他有思想的话——是公务员约瑟夫·格朗。

格朗是一个极平凡的政府职员,他因不能用准确的语言表达他的要求,始终得不到加薪晋级的机会,他的妻子也终于离他而去,但是他这种性格使他能兢兢业业地埋头于防疫斗争中的统计工作,不假思索地用"我干"来回答一切,同时,他又利用晚上琢磨他要写的一篇小说的开头。

在他已经写过的五十多页稿纸上,其实只有一句话:"在五月的一个美丽的清晨,一位苗条的女骑士跨着一匹华丽的枣骝牝马在花丛中穿过树林小径……"但他在"美丽""华丽""枣骝""小径"等词上犹豫不定,反复再三，终于写不出第二句来。

他追求完美。叙述者对他这"看来有点可笑的理想"抱有深切的同情，这不正让我们想起了加缪自己的写作吗？

里厄医生和公务员格朗之间结成的友谊是纯真的、自然的，与塔鲁的友谊却让人感到有些疲倦，因为前者是在目标一致、动力也一致的斗争中形成的，后者就很难说是在动力一致的斗争中形成的了。

鼠疫是威胁到人的生命健康的灾难，与它的斗争容不得"虚情假意"、矫揉造作和哗众取宠，这需要扎扎实实做好每一件平凡的、琐碎的而又具体的事情。"使二加二等于四"，就是里厄的英雄主义，也是格朗的英雄主义。这种英雄主义不是鲜花、掌声和高调的宣言，而是"与鼠疫作战"，是"实事求是"，是"把本位工作做好"，总之，"它只不过是理所当然而已"。

新闻记者雷蒙·朗贝尔不是奥兰人，偶然之下，他来到了这座发生了鼠疫的城市，他也被封在这座城市。刚开始，他很不理解为什么一个外地人要同奥兰人一起面对鼠疫，他把里厄医生对他的劝告视为"大道理"，说他"生活在抽象观念中"。他寻求各种办法，试图离开奥兰，没有官方的道路，就走非法的渠道，企图偷越警戒线。

里厄医生虽然同情朗贝尔的处境，却不能帮助他，他对朗贝尔说："从现在起，唉，您同大家一样，也算是这里的人了。"至于"抽象观念"，里厄医生认为："的确，这场灾祸中也有抽象或不现实之处，但当这种抽象观念涉及人的生死问题时，那就必须认真对待，不能掉以轻心了。"

朗贝尔想到了爱他的女人。追求个人的幸福，本是天经地义，但是，个人的幸福一旦与"公众利益"发生冲突，那么与鼠疫有关的那些抽象观念就要占据上风了。

朗贝尔终于认识到，"要是只顾一个人的幸福，那就会感到羞耻"。无论如何，他已经是这城里的人了，鼠疫成了与他有关的一件事。他留下了，与奥兰的居民共渡难关。

然而，当城门重新打开，他与心上人重温旧情之时，昔日的盼望却已变成"一种烫嘴的、无法辨别其滋味的东西了"。这是选择的结果，舍弃的结果，没有人知道其中的缘由。"他变了，经过这场鼠疫，他已有了一种心不在焉的习惯，尽管他拼命想驱除它，但它像隐藏在心底的忧虑那样继续缠住他。"

叙述者尽管把幸福当作人生的第一需要，但在现实生活中，他不能不把幸福与"羞耻""正直""尊严"等道德观念联系起来，在必要的时候，个人的幸福可以而且必须牺牲。这其实正是加缪本人在现实生活中所取的态度。

里厄医生应该并且能够"代表大家讲话"，这个"大家"包括知识分子塔鲁、神父帕纳卢、公务员格朗、新闻记者朗贝尔以及形形色色的奥兰居民。医生虽然与他们有思想上的分歧和认识上的差异，但是他理解他们，爱他们，赞赏他们的勇气和美德，他愿意和他们"爱在一起，吃苦在一起，放逐在一起"，因为他们有一个共同的信念：与鼠疫做斗争。但是，"这些市民中间至少有一个人，里厄医生是不能代表他讲话的"，这个人就是商人科塔尔。

塔鲁在笔记中写道："鼠疫对他有好处。鼠疫使这个不甘寂寞的人成了它的同谋者。"他是一个有前科的人，是鼠疫给了他"重新从零开始"的机会，别人在鼠疫中煎熬，他却在鼠疫中如鱼得水，大发横财。实际上，他是和鼠疫站在一条战线上的，"具有一颗愚昧无知的心，即一颗孤独的心"，"他从心底里赞成那种导致孩子和成人死亡的东西"。他是恶的化身。

医生对他既不理解，也不同情。

在加缪看来，"愚昧"和"孤独"是人类最严重的缺欠。他说："世界上的罪恶差不多总是由愚昧无知造成的。没有见识的善良愿望会同罪恶带来同样多的损害。"而"孤独还是友爱"，正是他毕生萦绕脑际的疑问。在《鼠疫》中，加缪以科塔尔的疯狂结束了这篇"纪事"，是有着深刻寓意的。

为什么《鼠疫》这部小说没有女主角呢？为什么这本书能够成为一部深刻耐读、经久不衰的作品呢？下一节，我们继续探讨这些问题。

第三节
一部没有女主角的小说

《鼠疫》没有引人入胜的故事，没有瑰丽奇异的景色，没有慷慨激昂的音调，没有缠绵悱恻的情语，它的主要人物中甚至没有一个年轻的女性，这样一部情节并不紧张曲折、人物亦嫌平板单薄的小说，凭什么能够成为一部深刻且耐读的经典作品？

人们可以对书中的观点有所保留，可以嫌行文过于冷静平淡，也可以指责色彩有些阴暗，但是，很少有人读过它而无动于衷，更少有人否认它是一件朴素无华的艺术珍品。这是为什么？恐怕是因为加缪用最简单的语言叙述了一群普通人在面对一场灾难时的一些最简单的行为吧。

所谓"最简单"，就是一些"非做不可"的事，就是"理所当然"的事，唯其普通、平凡、琐碎，才使我们普通人读起来感到亲切，才具有持久长远的生命力。引人入胜、瑰丽奇异、慷慨激昂、缠绵悱恻的故事，当然也会使我们感动，但是这种感动不大会持久。英雄，或英雄主义，只能引起我们的向往之情；真正能使我们的心灵深处燃烧起来的，还是为战胜一场突如其来的灾难而做的平凡的、日拱一卒的工作。

加缪不称《鼠疫》为"小说"，而称其为"纪事"，从构思到成书，历时9年，这部小说出版后一周，即获批评奖，两年内就再版8次，印行16万册，而迄今已发行600多万册，并受各阶层、各年龄的读者喜爱。

一部没有女主角的小说会有这样广大而跨越漫长时间的读者群，在文学史上是极为罕见的，非有震撼人们灵魂的力量才行。这种力量的产生，不能只靠触及时代的热点，表现人性的真实等，还需要有某种更深刻、更古老的因素，例如人与恶之间的斗争、人面对死亡的态度等，这也许只有在神话中才能找到。

加缪在构思写作《鼠疫》时所悬的目标，正是神话。他要创造一个神话，他也要通过神话来表达他的思想。在这里，形式和内容是密不可分的整体。他在谈及自己的作品时说："……一些不说谎的人，也就是非现实的人。他们并不在这个世界上。这大概就是为什么我迄今仍非人们所理解的那种小说家，而是依据其激情和焦虑创造神话的艺术家。"

神话不单纯是讲述故事，神话追求的是普遍性和超越性，不怕单调和重复；故事追求的是曲折性和生动性，最忌枯燥和抽象；然而对于人的灵魂具有震撼力的却是神话，而不是故事。

加缪所赞赏的美国作家赫尔曼·梅尔维尔就是一位神话的创造者，亚哈船长追捕白鲸莫比·迪克的故事就是一个关于"人与恶搏斗"，关于"促使人先是反抗造物及造物主，继而反抗同类和自己的那个不可抗拒的逻辑"的神。这是《白鲸》的主题，《鼠疫》亦可作如是观。

加缪在写作伊始就做了如下的表述："我想通过鼠疫来表现我们所感到的窒息和我们所经历时的那种充满了威胁和流放的气氛。我也想就此将这种解释扩展至一般存在这一概念。"一语破的，创造神话的意图朗然若揭。鼠疫已不仅仅是一种具体的传染病了，它成了象征，而且是多层面的象征，举凡纳粹、战争、人生的苦难（疾患、孤独、离别等）、死亡、恶都可以在这巨大的象征中占一层面。

正如作者为这部小说选择的题辞所言，"用另一种囚禁生活来描绘某一种囚禁生活，用虚构的故事来陈述真事，两者都可取"。加缪取了两种，冶于一炉，创造出一个人抵抗恶、战胜恶的神话。

既然是人抵抗恶，那就离不开人及其生存的世界。加缪十分注意耕耘神话的土壤，让象征在现实中扎根。他指出："像最伟大的艺术家们一样，梅尔维尔把他的象征建立在具体之上，而不是在梦的质料之中。神话的创造者具有天才的特性，仅仅是因为他将神话置于厚实的现实之中，而不是置于想象的流云之中。"

于是，加缪也如同《白鲸》的作者一样，让他的《鼠疫》充满现实世界的无数准确而逼真的细节，让日常生活的平淡的风在其间吹拂，从而更见出与恶相搏之惊心动魄；这是寻常百姓的英勇和尊严，有顶天立地之慨，而无叱咤风云之态。

在加缪的笔下，病鼠的垂死挣扎，患者的痛苦煎熬，医生们的努力，卫生防疫组织的工作，以及封城之后市民的种种反应，咖啡馆、电影院、商店等场所的反常的热闹，黑市的猖獗，等等，这一切都被以一种无可挑剔的现实主义手法，生动准确地呈现出来。有些场面，例如里厄医生与妻子在车站告别、格朗望着橱窗中的木刻玩具泪流满面等，具有一种催人泪下的力量，的确是平淡之中涌动着激情，是日常生活中时时可以见到的。

正是在这种厚重的现实的基础上，加缪构筑了一个"没有女人的世界"。这是某种抽象、某种升华。没有女人的世界是无法呼吸的世界，是恶肆虐的世界，是失去平衡的世界，是人们必须奋起抗争的世界。加缪就这样进入了神话世界，把对于鼠疫的解释"扩展至一般存在"，即人生的本相。

在《鼠疫》中，现实与神话相互依存，缺一不可，现实是神话笼罩下的现实，神话是现实支撑着的神话，其结合是艺术生命力的源泉。加缪说："艺术拒绝日常的真实，就失去生命。然而这生命虽属必要，却并不充分。艺术家不能拒绝现实，是因为他必须给予现实以一种更高的证明。"神话的创造不就是对于现实人生的一种更高的证明吗？

第四节
以虚构描述现实，往往最为残酷

这一节我将为你讲解这部小说的故事魅力，以及加缪所运用的独特技巧。

《鼠疫》被称为"纪事"，其人物塑造也很少求助于想象，然而这也许正是神话人物的特点：真实但不求细腻，鲜明但不求独特，生动但不求丰满。批评家也许可以指责作者多少把人物当成了某种观念的载体，但他绝没有理由说这些人物是些苍白的概念和没有生气的木偶。加缪原本无意于塑造单个的典型，把人物塑造得血肉丰满、栩栩如生，因此也极少施笔墨于人物形体的刻画和音容笑貌的复制，然而他决不放过人物精神活动曲线的每一个起伏或转折。这使他笔下的人物虽面目不清却跃然纸上，虽线条粗略却真实可信，并没有传声筒的毛病。一种深刻的历史感和强烈的现实感使这些人物很自然地进入读者的生活——只要人还需要与恶抗争，而这种抗争看来是永远需要的。

这正是神话人物的特殊的魅力：人们相信其存在，而不必知其头发为棕色还是金黄，其眼睛是灰色抑或蓝色。例如医生里厄，他既能思想，又能行动，他以清醒的头脑和果决的毅力参加一场必需的战斗。他并不抱有任何幻想，也不自诩"为了人类的得救而工作"，他只是履行医生的职责："对人的健康感兴趣"，做好"本分工作"。他的勇气是一个普通人的勇气，但我们知道，普通人的勇气在为了生命和正义而斗争的时候可以产生出多么惊人的力量。

塔鲁则不同，他为了躲避精神上的鼠疫和追求"内心安宁"来到这座丑陋的城市，他的目标高得吓人，他要做一个"不信上帝的圣人"，他需要某种非常的事件来显示和保持他精神上的卓越，因此他感到"做一个真正的人"更为困难。

作者对他有着很深的敬意，然而并不把他推荐为可以仿效的榜样。格朗这位事业上和爱情上都未获成功的小职员，却以其正直，甚至以其平凡赢得作者的同情乃至敬重，他那近乎可笑的对于完美的追求终于因意识到限度而未演化为愚蠢的虚妄，使他能够"一本正经地再不去想他的女骑士，专心致志地做他应该做的事情"。

作者把"这位无足轻重和甘居人后的人物"推荐为"英雄的榜样或模范"，这绝不是无谓的调侃，而是"使真理恢复其本来面目，使二加二等于四"。还有那位新闻记者朗贝尔，他因采访而滞留病城，一心想着出城与情人相会，认为鼠疫与他没有什么相干。他追求的是幸福，然而他终于认识到："要是只顾一个人自己的幸福，那就会感到羞耻。"他加入了抵抗鼠疫的战斗。

帕纳卢神父开始时将鼠疫看作上帝对人类的"集体惩罚"，号召信徒们谦卑地接受，因为他不相信"徒劳无功的人类科学"，但是无辜儿童的死使他受到震动，不得不重新审视自己的信仰。他因拒绝治疗而死，这无谓的死告诉人们，以顺从代替斗争会导致什么。在这场人与鼠疫的殊死搏斗中，真正应该受到蔑视的只有形迹可疑的科塔尔，因为只有他是与鼠疫"合作"的。

总之，《鼠疫》中的这些有名有姓、有言语有行为的人物代表了人在恶的面前所可能有的种种表现，他们在人抵抗恶这一古老的神话中注入了人们经历过的或可以想象的生活真实，使其焕发出新的活力。

《鼠疫》语言朴素明快，从容不迫地记述了这一场灾难的起伏。口吻的平淡与事件的巨大之间形成强烈的反差，这既是加缪向斯丹达尔等古典作家学习的结果，同时也是一切神话都具有的明显特征。没有故意制造的效果，没有耸人听闻的夸张，也没有精心编织的悬念，有的只是老老实实的见证和平平常常的思考，然而深刻的哲理恰恰蕴藏在这里。真理既不在人迹罕至的高山上，也不在玄奥难解的说教里，真理就在人们生活的大地上，就在人们每日的烦恼和欢乐中。这也是那些伟大的神话早已告诉人们的东西。

20 世纪 70 年代，有一位文学批评家说，加缪是一位"为中学毕业班的学生写作的哲学家"，口吻中充满了不屑和轻蔑；到了 80 年代，这位批评家改变了说话的口气，说"加缪是唯一没有经过炼狱的法国作家"，口吻中有一种悻悻的味道；到了 90 年代，法国亚眠大学教授雅克丽娜·莱维-瓦朗齐在 1999 年 10 月号的《欧罗巴》杂志上说："他的年轻的读者和他们的前辈一样，敏锐地感觉到一种没有谎言、没有幻觉的人道主义，感觉到他的苛求的良心和他对绝对的教条及狂热的理论的拒绝；他们感谢他不顾一切地坚持幸福的追求，不顾一切地为人的某种纯洁、为一个团结的世界辩护，由此感谢他帮助他们生活下去。"这些话对于经历过 20 世纪的人，无论是法国人，还是中国人，都具有一种特殊的含义。

如果你对《鼠疫》感兴趣，我非常希望你能去找这部小说来读一读，在故事中体会加缪要传达的观点。

世界名著大师课

喜马拉雅年度付费精品课程

莫言推荐，顶尖翻译家、一流高校权威学科带头人
从上万部作品中遴选出100部传世经典名著

课程介绍

　　这是一门时间跨度大、地域涵盖广、内容丰富的精品课程，邀请了世界文学领域48位名家作为引领人，他们分别来自北京大学、清华大学、北京外国语大学、北京师范大学、中国人民大学、复旦大学、中国社会科学院、浙江大学、南京大学、厦门大学、武汉大学等20所名校的外国文学、中文院系，包括获鲁迅文学奖文学翻译奖的翻译家、各类文学研究奖获得者。这门课程中，每位大师都会带着听众一同阅读自己的"一生之书"——是他们最喜爱、研究最深入，或者是浸淫其中一生的经典作品，其中的许多作品本就是他们的译作——《荷马史诗》《叶甫盖尼·奥涅金》《安娜·卡列尼娜》《红与黑》《悲惨世界》《茶花女》《局外人》《小王子》《老人与海》《汤姆·索亚历险记》《神曲》《不能承受的生命之轻》《变形记》……在课程中，他们会像医生操作手术刀一般地剖析经典，为你搭起通往外国文学名著的桥梁。相信这一档课程，不是阅读经典的终点，而是阅读经典的序幕。

欢迎收听更多精彩有声书

《汴京之围》　　　　　《天下刀宗》　　　　　《光荣时代》
一部惊心动魄的帝国衰亡史　一部百万人追更的武侠故事　一部罕见的反特刑侦长篇

双语彩蛋

名家亲自朗诵，扫码免费试听